TEORIA TRILÓGICA DO TRIBUTO:
UM ESTUDO NORMATIVO SOBRE TRIBUTAÇÃO, COMPETÊNCIA E LANÇAMENTO

CIP-BRASIL. CATALOGAÇÃO NA PUBLICAÇÃO
SINDICATO NACIONAL DOS EDITORES DE LIVROS, RJ

C876t

Costa, Valterlei da
Teoria trilógica do tributo : um estudo normativo sobre tributação, competência e lançamento / Valterlei da Costa. - 1. ed. - São Paulo : Noeses, 2024.

392 p. ; 23 cm.
Inclui bibliografia
ISBN 978-65-89888-92-5

1. Direito tributário. 2. Direito - Filosofia. 3. Impostos. 4. Competência tributária. 5. Lançamento tributário. I. Título.

23-83670 CDU: 34:336.22

Gabriela Faray Ferreira Lopes - Bibliotecária - CRB-7/6643

Valterlei da Costa

Doutorando em Direito Tributário pela USP e em Direito do Estado pela UFPR, com intercâmbio junto à *Universidad Autónoma de Madrid* pela CAPES. Mestre em Direito do Estado e Bacharel em Direito pela UFPR. Ex-Técnico de Finanças e Controle lotado na Procuradoria da Fazenda Nacional. Membro-relator da Comissão de Direito Tributário da OAB/PR. Professor de cursos de pós-graduação *lato sensu* em direito. Sócio do Costa & Costa Advocacia em Curitiba/PR.

TEORIA TRILÓGICA DO TRIBUTO: UM ESTUDO NORMATIVO SOBRE TRIBUTAÇÃO, COMPETÊNCIA E LANÇAMENTO

2024

editora e livraria
NOESES

Copyright © Editora Noeses 2024
Fundador e Editor-chefe: Paulo de Barros Carvalho
Gerente de Produção Editorial: Rosangela Santos
Arte e Diagramação: Renato Castro
Revisão: Georgia Evelyn Franco
Designer de Capa: Aliá3 - Marcos Duarte

Data de atualização: 17.11.2023

2024

editora e livraria
NOESES

Editora Noeses Ltda.
Tel/fax: 55 11 3666 6055
www.editoranoeses.com.br

A Valdemar Gonçalves da Costa,
in memoriam, meu pai.

AGRADECIMENTOS

Ao PROFESSOR JOSÉ ROBERTO VIEIRA, por ensinar-me. Verdadeiro mestre e exemplo a ser seguido.

A Carlos Renato CUNHA, amigo de mais de 30 anos, por revisar todo este trabalho e, assim, contribuir para melhorá-lo.

A Júlio da Costa Rostirola AVEIRO e a Maurício Dalri Timm do VALLE, meus amigos, por conferirem a primeira parte deste estudo, realizando observações mais do que pertinentes.

"O céu sobre o porto tinha cor de televisão num canal fora do ar"[1]. William GIBSON

1. **Neuromancer**, p. 23.

PREFÁCIO

Incontáveis são os modos de aproximar-se a criatura humana de um objeto qualquer, bem como inúmeras são as perspectivas de enfoque temático à sua disposição, no momento que antecede o próprio ato do conhecimento. Mas, algo se torna, logo, inevitável: a decisão sobre o corte metodológico que irá empreender. E, no que tange ao sistema nomoempírico do direito positivo, o processo cognoscente não é diverso. Impõe-se a mesma postura por parte do agente. Assim, ao observarmos o sistema jurídico, esse imperativo se afirma de maneira persistente, porquanto o observador vê-se diante de posições alternativas, cada qual com seus peculiares instrumentos de investigação, abrindo caminho às cogitações da Sociologia Jurídica, da Ética do Direito, da História das Instituições Jurídicas, da Política do Direito, da Antropologia Cultural do Direito e, entre muitas outras, da Dogmática Jurídica. Daí por que, ao surpreendermos o fenômeno existencial de um dado ordenamento de direito posto, somos imediatamente compelidos a eleger um ângulo de observação, abandonando diferentes posturas crítico-descritivas.

Essas considerações, penso eu, caem bem ao Prefácio desta obra. O trabalho que hoje se transforma em livro é marcado pela uniformidade na apreciação do objeto, bem como pela rigorosa demarcação do campo sobre o qual haverá de desenvolver-se a proposta expositiva do Autor, jurista de intensa experiência no trato de questões jurídicas. Nesse sentido, deixa bem claro sua proposta: investigar o direito positivo historicamente dado (aquele vigente no Brasil), dirigindo o foco atencional para um domínio específico – a sistemática do "tributo" – possibilitando, dessa maneira, levantar os elementos necessários ao conhecimento do modo como se articulam e como funcionam as prescrições normativas que instituem tributos (por ele denominadas "normas de tributação"), as regras que as fundamentam ("normas de competência tributária") e, finalmente, os preceitos que resultam da sua aplicação ("normas de lançamento tributário").

No quadro das perspectivas de aproximação, tendo em vista o estudo do objeto "direito" há, como já assinalei, espaço para a escolha de várias formas de estratégia cognoscente. O Autor, contudo, adota uma estratégia peculiar: à proposta epistemológica de isolar o dado jurídico, identificando-lhe as normas, acresceu a verificação de que tais entidades, embora se apresentem no mesmo esquema lógico (homogeneidade lógica), oferecem flagrante heterogeneidade de conteúdo (heterogeneidade semântica). Do quanto foi exposto, decorre a necessidade de recortá-lo, metodologicamente, para que fiquem separadas as porções do direito posto atinentes à tributação.

Segue-se a isso o esforço de identificar os predicados que uma norma deve ter para ser qualificada como "norma de tributação" ou "regra-matriz de incidência tributária", para usar a terminologia que costumo empregar nos textos de minha autoria. Concepção dessa ordem propicia uma análise estática desse fenômeno (nomoestática), surpreendendo essas unidades normativas num determinado instante para indagar sobre seu conteúdo de significativo.

Nesse ritmo de investigação, o Autor apresenta suas inquietações movido pelo interesse de percorrer o domínio semântico dos eixos paradigmáticos, construindo e reconstruindo a "norma de tributação" nos seus constantes movimentos de acomodação (nomodinâmica); enfatiza seu caráter de "norma fundada", levando em conta o vínculo com a norma de competência que lhe serve de suporte de validade ("norma fundante"), sempre atento à sua condição hierárquica.

Ao refletir sobre esses aspectos, Valterlei põe em evidência a importância e magnitude das normas gerais e abstratas estatuidoras das diretrizes a partir das quais serão produzidas as "normas de tributação", examinando, com o devido rigor, o conteúdo desses preceitos de competência. No entanto, considerando que o momento decisivo da ordem jurídica, na linha de obtenção de seus objetivos socioculturais, passa a ocupar-se da marcha do processo de positivação e com o surgimento das normas individuais e concretas, o Autor volta suas atenções também para as "normas de lançamento" de modo que fique determinado seu conteúdo e função.

Ora, ninguém ousaria negar a importância e magnitude do aspecto nomodinâmico do Direito. O ordenamento positivo permanece em estado de incessantes oscilações e ininterruptas acomodações na sequência dos atos ponentes de normas no sistema (positivação), o que provoca o surgimento de novos laços valorativos. Perfeitamente possível, portanto, que o estudioso promova iterativas e imaginárias paralisações, com o fim de tornar possível a análise das relações de fundamentação entre grupamentos de normas, limitando a atividade intelectual a certos núcleos semânticos.

É exatamente aquilo que ele propõe: conjugando as "normas de tributação" com as "normas de competência" e essas com as "normas" de lançamento, faz as devidas aproximações, montando subsistemas de tal forma que, em percursos ascendentes e descendentes, sugestivos de subordinação, chega a sistematizar o fenômeno tributário a ponto de construir uma "teoria trilógica do tributo".

É preciso dizer que Valterlei transita com naturalidade e vigor pelo mundo das reflexões filosóficas, refletindo naquilo que afirma e deixando espaço para absorver outras ponderações que se façam cabíveis. As premissas são claras e objetivas; os argumentos consistentemente estabelecidos, o que dá coesão e unidade ao texto. Além disso empreende, com destreza, amplo instrumental teórico, o que lhe permite promover, fecundo encontro entre teoria e prática, ciência e experiência.

O volume compõe-se de 5 (cinco) capítulos, além da Introdução, cada um deles desdobrado em subcapítulos, preparando as conclusões finais que encerram o trabalho e lhe outorgam a indispensável unidade já mencionada. Nos capítulos 2 e 3, o Autor nos recorda e salienta as premissas em que o livro se assenta. O capítulo 4 volta-se para a análise estática da "norma de tributação", atingindo seu conteúdo e delimitando a estrutura da mensagem. O capítulo 5, por sua vez, circunscreve a referida norma no seu aspecto dinâmico, agora para falar sobre a regra que a fundamenta (norma de competência) e a norma produzida com base nesse preceito (norma de lançamento). O objetivo, repita-se, é sistematizar o feixe de prescrições que disciplinam, direta ou indiretamente, a atividade tributante.

Eis uma contribuição estável, equilibrada, desenvolvida com discernimento e na qual o Autor demonstra, com limpidez, suas construções jurídicas e intelectuais.

É, pois, com imenso prazer que apresento esta obra. Penso que sua leitura atenta trará valiosa colaboração à doutrina jurídica brasileira.

São Paulo, 07 de novembro de 2023.

Paulo de Barros Carvalho

Professor Emérito e Titular da Faculdade de Direito da USP e da Faculdade de Direito da PUC/SP. Membro Titular da Academia Brasileira de Filosofia. Presidente do IBET.

SUMÁRIO

1

INTRODUÇÃO

Acobertada ou não por uma rubrica "esotérica", não é estranha ao homem uma visão de mundo (*weltanschauung*) com lastro nos números e a primeira forma de assim o compreender, conforme nos dá conta sua doxografia,[1] é devida a PITÁGORAS DE SAMOS.[2] E, dentre os números, um parece ter recebido maior atenção, independentemente da forma de sua representação ou numeral:[3] o três. Passa-se, com ele, ao estudo das coisas, ou mesmo à concepção de uma essência para essas próprias coisas, por meio de uma tríade, tríada. Com efeito, por essa linha, o mundo e o três confluem e, assim, se

---

1. "O próprio Pitágoras não chegou a dar forma escrita a suas ideias, tampouco o fizeram seus primeiros seguidores". Jonathan BARNES, *Filósofos Pré-socráticos*, p. 95 (I.5). Daqui para frente, nas notas de rodapé deste trabalho, entre parênteses, depois das referências, indicaremos o capítulo, seção ou parte em que o excerto se encontra na obra citada. Sendo o caso, também se disponibilizará a numeração interna das edições clássicas.

2. "A contribuição original dos pitagóricos é, pois, uma invenção extremamente importante: a significação do número e, portanto, a possibilidade de uma investigação exata em física". Friedrich NIETZSCHE, Os pitagóricos, *in* José Cavalcanti de SOUZA (super.), *Os pré-socráticos*, p. 63.

3. "[...] 'número' tiene dos significados — pues décimos 'número' tanto a lo numerado y lo numerable como aquello por medio de lo cual numeramos — [...]". ARISTÓTELES, *Física*, p. 89 (IV.11.5-8).

algo existe, então ele pode ser decomposto em três, sem que, com isso, perca sua unicidade.

SÓFOCLES, aquele que nasceu em Colono, um dos maiores representante da tragédia, encantou seus concidadãos e legou à posteridade, entre várias obras das quais poucas chegaram até nós, três dramas que foram concebidos em separado — não havendo, inclusive, identidade entre a ordem cronológica de suas produções e a ordem cronológica da história que contam —, mas que a tradição encampa como três partes de um único, algo maior do que a mera soma delas. Deveras, não há como negar que Édipo Rei (430 a.C.), Édipo em Colono (401 a.C.) e Antígona (441 a.C.),[4] individualmente, sejam belíssimas obras, mas que, se executadas juntas, adquirem um significado ainda mais esplendoroso, tal qual um tríptico: exsurge a Trilogia Tebana! E não é só o drama, como um todo, que transpassa por um enredo triásico, pois o próprio ÉDIPO tem seu destino traçado por um terno. Uma sina trinitária: "Édipo, o assassino de seu pai, o marido de sua mãe, Édipo, o decifrador do enigma da Esfinge! O que nos diz a misteriosa tríade dessas ações fatais?".[5]

---

4. As datas entre parênteses se referem à primeira vez que as tragédias foram representadas. Édipo em Colono foi representada postumamente, haja vista que SÓFOCLES morreu em 406 a.C. Informação constante em Mário KURY, Introdução, *in* Sófocles, *Trilogia tebana*, p. 7-16.

5. Friedrich NIETZSCHE, *O nascimento da tragédia*, p. 65 (9). E prossegue: "Há uma antiquíssima crença popular, persa, sobretudo, segundo a qual um sábio mago só podia nascer do incesto, o que nós, em relação a Édipo, o decifrador do enigma e desposante de sua mãe, devemos interpretar imediatamente no sentido de que lá onde, por meio das forças divinatórias e mágicas, foi quebrado o sortilégio do presente e do futuro, a rígida lei da individualização e mesmo o encanto próprio da natureza, lá deve ter-se antecipado como causa primordial uma monstruosa transgressão da natureza — como era ali o incesto, pois como se poderia forçar a natureza a entregar seus segredos, senão resistindo-lhe vitoriosamente, isto é, através do inatural? Este conhecimento eu o vejo cunhado naquela espantosa tríade do destino edipiano: aquele que decifra o enigma da natureza — essa esfinge biforme —, ele mesmo tem de romper também, como assassino do pai e esposo da mãe, as mais sagradas ordens da natureza. Sim, o mito parece querer murmurar-nos ao ouvido que a sabedoria, e precisamente a sabedoria dionisíaca, é um horror antinatural, que aquele que por seu saber precipita a natureza no abismo da destruição há de experimentar também em si próprio a desintegração da natureza". *Ibidem*.

Ainda na Antiguidade, continuando a ressaltar a importância do pensamento fulcrado em um tripé, podemos lembrar o neoplatonismo de PLOTINO, o qual se manifesta por meio de uma trinalidade, pois, no seu entender, o mundo seria formado de três hipóstases (substâncias): o Uno, a Inteligência e a Alma.[6] Isso sem falar, no mais, que foram os antigos que nos legaram o argumento por excelência, o silogismo, o qual, em sua apresentação clássica, é a conexão de três proposições, as quais combinam, em pares, três termos.[7] Assim, a afirmação de que no "um" podemos encontrar o "três" não nos deve causar maiores embaraços, pois não há nela nada que já não tenha sido antes, muito tempo antes, dito.

Ademais, muitos assuntos específicos são tratados de forma ternária. A semiótica[8] é um deles, pois, com Charles

---

6. "Y como quiera que tendemos hacia el Bien, hemos de ascender hasta el principio interior a sí mismo hasta llegar a hacernos uno solo con él en lugar de la multiplicidad, si es que anhelamos la contemplación del Principio y del Uno. Necesitamos ciertamente convertirnos en Inteligencia y confiar el alma a la Inteligencia como si en ella hallase su descanso; así podrá el alma salir de su sueño y recibir lo que la Inteligencia ve, pues es claro que el alma contemplará el Uno por medio de la Inteligencia, sin añadir por su parte sensación alguna ni nada que provenga al menos de la sensación". *Enéada*, Livro VI-3.

7. O argumento silogístico, um entre os vários legados de ARISTÓTELES à humanidade, é o que consiste de duas premissas (a maior, contém o termo que é predicado na conclusão; a menor contém o termo que é sujeito na conclusão) e uma conclusão (o termo médio é aquele que não aparece na conclusão): "Quando três termos estão de tal forma ligados entre si que o último está completamente contido no termo médio e o termo médio está completamente contido ou não contido no primeiro termo, então teremos necessariamente um silogismo perfeito nos extremos. Entendo por *termo médio* aquele que tanto *está contido* num outro quanto *contém* um outro em si mesmo e que ocupa a posição mediana; por *extremos* entendo tanto o termo contido ele mesmo num outro quanto aquele no qual um outro está contido: se A é predicado de todo B e B de todo C, A terá necessariamente que ser predicado de todo C". Órganon: analíticos anteriores, p. 116 (I.IV, 25b 30-40).

8. "Malgrado a diferente origem histórica dos termos 'semiologia' (linha linguístico-saussureana) e 'semiótica' (linha filosófico-peirceana e morrissiana), no presente livro se adota o termo 'semiótica' como equivalente a semiologia [...]. Há tentativas prestigiosas de atribuir aos dois termos funções semânticas diferentes (Hjelmslev, 1943; Metz, 1966; Greimas, 1970; Rossi-Landi, 1973). Digamos que os objetivos teóricos ou os pressupostos ideológicos que aqueles autores procuravam nomear por meio de uma distinção entre os dois termos devam ser reconhecidos e estudados; no entanto, é arriscado jogar com uma distinção terminológica que não conserva um sentido único nos vários

PIERCE, aprendemos como uma teoria, que divide o mundo em três partes, pode ser levada às últimas consequências. Concebe-se, primeiramente, o elemento-chave da linguagem, o signo, em trinca, para fazer incidir sobre o quociente obtido novo recorte tricotômico.[9] Lições que deram muito bons frutos, com Charles MORRIS ensinando que a linguagem apresenta três planos: sintático, semântico e pragmático. Com efeito, para aquele que lecionou na Universidade de Chicago, o processo de semiose envolve três correlatos, a saber: veículo do signo, *designatum* e intérprete; com cada uma das dimensões decorrendo da forma como o signo se relacione com esses correlatos. Metaforicamente, diríamos nós, a linguagem é um grão trisperma, algo que possui três sementes — a sintaxe, a semântica e a pragmática —, que podem brotar todas juntas, concomitantemente, mas, lembrando, nem sempre isso ocorre. Assim, a sintaxe ocupa-se da formação e da transformação de frases, sem se preocupar com qualquer outro aspecto, pois só lhe importa saber como construir uma frase com sentido ou extrair de uma frase uma nova frase também com sentido.[10] A semântica, por sua vez, preocupa-se em determinar as

---

autores que a empregam. Não ousando etiquetar com um expoente cada acepção do termo em questão, buscar-se-ão pouco a pouco artifícios linguísticos com que solucionar tais diferenças". Umberto ECO, *Tratado geral de semiótica*, p. 1 (0.1.1).

9. "Os signos são divisíveis conforme três tricotomias, a primeira, conforme o signo em si mesmo for uma mera qualidade, um existente concreto ou uma lei geral; a segunda, conforme a relação do signo para com seu objeto consistir no fato de o signo ter algum caráter em si mesmo, ou manter alguma relação existencial com esse objeto ou em sua relação com um interpretante; a terceira, conforme seu Interpretante representá-lo como um signo de possibilidade ou como um signo de fato ou como um signo de razão". *Semiótica*, p. 51 (243).

10. "[...] uma 'linguagem' [...] vem a ser qualquer conjunto de coisas relacionadas de acordo com duas classes de regras: *regras de formação*, que determinam as combinações independentes permissíveis de membros do conjunto, sendo tais combinações chamadas frases, e *regras de transformação*, que determinam as frases que podem ser obtidas de outras frases. Estas duas espécies podem ser agrupadas sob o termo *regra sintática*. A sintaxe é, pois, a consideração de signos e combinações de signos na medida em que se sujeitam às regras sintáticas. Ela não está interessada nas propriedades individuais dos veículos do signo ou em qualquer uma de suas relações que não as sintáticas, isto é, relações determinadas por regras sintáticas". *Fundamentos da teoria dos signos*, p. 28-29 (III.1).

condições para que um signo denote um objeto ou, em outros termos, como se liga algo ausente a algo presente.[11] Por fim, a pragmática, conforme consagrada lição, estuda a relação da linguagem com seus utentes, tratando, prioritariamente, do uso dos signos sem, no entanto, confundir-se com a semântica. Nesta (semântica), estuda-se a possibilidade de ligar o ausente a algo presente; naquela (pragmática), focaliza-se o hábito de estabelecer tais vínculos.[12]

E as coisas não param aí, pois, para onde quer que se olhe, lá está ele, o número três, impávido. Na física, as leis ou axiomas de Isaac NEWTON são a trempe da natureza, sendo cada um dos pés representado por uma das leis: do movimento e da inércia; da superposição de forças; e da ação e reação.[13] Na filosofia, Immanuel KANT desvelou que as categorias,

---

11. "Diversamente das regras de formação e transformação que tratam de algumas combinações de signos e suas relações, a *regra semântica* designa dentro da semiótica uma regra que determina sob que condições um signo é aplicável a um objeto ou situação; tais regras correlacionam signos e situações denotáveis pelos signos". *Fundamentos da teoria dos signos*, p. 40 (IV.1).

12. "[...] por que há necessidade de adicionar a pragmática à semântica; se a semântica trata da relação dos signos com os objetos, e se os intérpretes e suas respostas são objetos naturais estudados pelas ciências empíricas, seria de parecer que tal relação dos signos com os intérpretes cairia dentro da semântica. A confusão aparece aqui por não se distinguir em níveis de simbolização e por se separarem termos semióticos dos não semióticos no uso do objeto. Tudo que pode ser designado é um assunto para uma ciência (em princípio) unificada, e nesse sentido todas as ciências semióticas são partes da ciência unificada. Quando se fazem enunciados descritivos sobre qualquer dimensão da semiose, os enunciados estão na dimensão semântica de um nível mais alto de semiose, e portanto, não são necessariamente da mesma dimensão que está sendo estudada. Os enunciados na pragmática sobre a dimensão pragmática dos signos específicos estão funcionando predominantemente na dimensão semântica. O fato de que a dimensão pragmática se torna um 'designatum' para um processo de nível mais elevado de descrição não significa que o interpretante de um signo em qualquer nível dado é um 'designatum' desse signo particular. O interpretante de um signo é o hábito em virtude do qual o veículo do signo pode ser considerado como designado certas espécies de objetos e situações; como o próprio método de determinar o conjunto de objetos que o signo em questão designa, não é um membro desse conjunto". *Fundamentos da teoria dos signos*, p. 56-57 (V.2).

13. "LEI I *Todo corpo permanece em seu estado de repouso ou de movimento uniforme em linha reta, a menos que seja obrigado a mudar seu estado por forças impressas nele*. [...]. LEI II *A mudança do movimento é proporcional à força motriz impressa, e*

conceitos puros do entendimento, sempre aparecem em três nas funções do pensamento.[14] Na política, a melhor forma de organizar o Estado, conforme a convicção de MONTESQUIEU, é tripartindo os poderes.[15] Na área jurídica, merece destaque o trabalho de Miguel REALE, concebendo o direito com três dimensões: a normativa, a fática e a axiológica.[16] Exemplos, aliás, não faltam para cantar loas à primazia do trino em uma festa que ocupe um tríduo.

Ademais, não é possível olvidar uma das formas mais conhecidas de trinalidade, a religião cristã, a qual, mesmo

---

se faz segundo a linha reta pela qual se imprime essa força. [...]. LEI III *A uma ação sempre se opõe uma reação igual, ou seja, as ações de dois corpos um sobre o outro sempre são iguais e se dirigem a partes contrárias*". *Princípios matemáticos*, p. 162 (Axiomas ou Leis do Movimento).

14. "Há sempre em cada classe um número igual de categorias, a saber, três, o que também incita à reflexão, portanto toda a divisão *a priori* por conceitos deve ser uma dicotomia. Acrescente-se a isso que a terceira categoria resulta sempre da ligação da segunda com a primeira classe. [...]. Contudo, não se deve concluir daí, que a terceira categoria seja apenas um conceito derivado e não um conceito primitivo do entendimento puro. Portanto, a ligação da primeira categoria com a segunda, para produzir o terceiro conceito, exige um acto particular do entendimento, que não é idêntico ao que excede em qualquer delas". *Crítica da razão pura*, p. 114 (I.II.I.I.III.11).

15. "Existem em cada Estado três tipos de poder: o poder legislativo, o poder executivo das coisas que dependem do direito das gentes e o poder executivo daqueles que dependem do direito civil. Com o primeiro, o príncipe ou magistrado cria leis por um tempo ou para sempre e corrige ou anula aquelas que foram feitas. Com o segundo, ele faz a paz ou a guerra, envia ou recebe embaixadas, instaura a segurança, previve invasões. Com o terceiro, ele castiga os crimes, ou julga as querelas entre os particulares. Chamaremos a este último poder de julgar e ao outro simplesmente poder executivo do Estado". *O espírito das leis*, p. 167-168 (11.VI).

16. "[...] o Direito só se constitui quando determinadas *valorações* dos *fatos sociais* culminam numa integração de *natureza normativa*". *Teoria tridimensional do direito*, p. 103. Outra forma ternária de trato no direito seria através da semiótica. Assim, "[d]o ângulo discursivo, atendo-se aos três ângulos da análise semiótica, podemos falar em validade [da norma jurídica] na dimensão sintática, semântica e pragmática". Tercio Sampaio FERRAZ JR., *Teoria da Norma jurídica*, p. 96-97. Ideia explorada com perfeição por Gregorio ROBLES: "[...] la Teoría comunicacional del Derecho se divide en tres niveles de investigación o análisis (Teoría formal Teoría de la Dogmática o Ciencia del Derecho, y Teoría de las Decisiones jurídicas), que corresponden, respectivamente en la Lingüística y en la Filosofía del Lenguaje, a los tres niveles tradicionales (Sintaxis, Semántica y Pragmática) [...]". *Cinco estudios de teoría comunicacional del derecho*, p. 11;

sendo monoteísta, professa a tese de que o Deus Único se manifesta em trindade: Pai, Filho e Espírito Santo.[17] Novamente, há "um" e há "três". Aliás, tendo o cristianismo como referência, não podemos deixar de citar que PEDRO negou JESUS três vezes;[18] e que a redenção não faltou, pois Pedro teve a chance, posteriormente, de uma tríplice profissão de fé.[19] No mais, para encerrarmos as ilustrações no campo religioso, mas sem avançarmos para o campo do simbolismo, com suas triquetras e trísceles, vem bem a propósito uma remissão ao Trimúrti, às três formas, conjunto de três deuses,

---

17. Entre as passagens que servem como base para se afirmar que Deus é um e ao mesmo tempo três, destacamos: "Indo, pois, tornai discípulos todos os povos, batizando-os em nome do Pai, do filho e do espírito santo, ensinando-os a cumprir todas as coisas que vos mandei". MATEUS 28:19, *Bíblia*: novo testamento: os quatro evangelhos, p. 155. "A graça do Senhor Jesus Cristo e o amor de Deus e a comunhão do espírito Santo [estejam] com todos vós". II Coríntios 13:13, *Bíblia*: novo testamento: apóstolos, epístolas, apocalipse, p. 297. No entanto, a teoria da consubstanciação somente começou a impor-se com o Primeiro Concílio de Niceia (325), onde se "[...] escreve a primeira confissão de fé, o Credo de Nicéia [...]". *Uma breve história dos Papas*, p. 15. E, com o evento, o Imperador CONSTANTINO sentiu-se confortável o bastante em sua posição e "[...] exilou Ário e seus discípulos". André AYMARD, *Roma e seu império*: as civilizações da unidade romana, p. 385. No entanto, apenas com o Primeiro Concílio de Constantinopla (381) é que o Imperador, definitivamente, "[...] depôs todos os bispos arianos de suas igrejas". *Ibidem*, p. 387.

18. "Pedro estava sentado lá fora, no pátio. E aproximou-se dele uma criada, dizendo: 'Também tu estavas com Jesus, o Galileu' Mas Pedro negou diante de todos: 'Não sei o que estás dizendo'. Dirigindo-se ele para a porta, viu-o outra criada e diz aos que ali estão: 'Ele estava com Jesus, o Nazareno'. E de novo ele negou mediante juramento: 'Não conheço o homem'. Daí a pouco, aproximaram-se os que ali estavam e disseram a Pedro: 'É verdade que também tu és um deles, pois até o teu falar te denuncia'. Então ele começou a praguejar e a jurar dizendo 'não conheço o homem!'. E imediatamente um galo contou. E Pedro lembrou-se das palavras de Jesus, quando dissera que 'antes de o galo cantar, três vezes me terás renegado'. E saindo lá para fora, chorou amargamente". MATEUS 26:69-75, *Bíblia*: novo testamento: os quatro evangelhos, p. 147.

19. "Depois de terem almoçado, Jesus diz a Simão Pedro: 'Simão, filho de João, amas-me mais do que estes?' Pedro diz-lhe: 'Sim, Senhor, tu sabes que te estimo'. Jesus diz-lhe: 'Apascenta meus cordeirinhos'. Jesus diz-lhe pela segunda vez: 'Simão, filho de João, amas-me?'. Pedro diz-lhe: 'Sim, Senhor, tu sabes que te estimo'. Jesus diz-lhe: 'Arrebanha as minhas ovelhas'. Jesus diz-lhe pela terceira vez: 'Simão, filho de João, tu estimas-me?'. Pedro entristeceu-se, porque Jesus lhe perguntava pela terceira 'Estimas-me?'. E diz-lhe: 'Senhor, conheces todas as coisas; tu sabes que te estimo'. Jesus diz-lhe: 'Apascenta minhas ovelhas. [...]'". JOÃO 21:15-17, *Bíblia*: novo testamento: os quatro evangelhos, p. 410-411.

que podem também ser considerados como as formas de manifestação de um único deus.[20]

Por fim, devemos ter em conta, mesmo quando o resultado que temos diante de nós seja uma tetralogia, que ainda assim a essência triádica pode estar presente, pois pode muito bem ter sido a obra concebida como uma trilogia, que ganhou uma introdução ou um prelúdio *a posteriori*. E foi assim com Richard WAGNER, que inicialmente concebeu *der Ring des Nibelungen* (O anel dos Nibelungos) como uma grandiosa ópera trifurcada, mas acabou sentindo falta de um prólogo, de um *Vorabend*, quando disso exsurge o Ouro do Reno, pelo qual ficamos todos sabendo do poder de fluir do rio das muitas histórias.[21] Fechava-se, então, o ciclo do anel: *das Rheingold* (O ouro do Reno), *die Walküre* (As Valquírias), *Siegfried* (Siegfried) e *Götterdämmerung* (Crepúsculo dos deuses).[22]

Todo esse arrazoado em torno de trios, tríades, ternos, trímeros, tripés e tercetos tem, por conta, expor que uma ideia focada no único — sendo, portanto, redutora de mundo — pode, ainda assim, ser desdobrada. Por essa linha, o único permanece, com sua imparidade, mas não há mais um porquê equipará-lo

---

20. "Brahma — Deus hindu, criador personificado do universo. No pensamento indiano clássico, as outras duas divindades principais, VISHNU e XIVA, formam, juntamente com Brahma, uma 'trindade' [...]". John HINNELLS, *Dicionário das religiões*: verbete "Brahma", p. 44.

21. "Um novo dia nasce sobre o Majestoso Reno, rio de águas límpidas e cristalinas. [...]. No fundo do rio, pode-se ver o recorte das grandes pedras em meio ao balanço dos líquens esverdeados que se movem numa coreografia lenta e elegante". A.S. FRANCHINI e Carmen SEGANFREDO, *As melhores histórias da mitologia nórdica*: o anel dos Nibelungos: primeiro ato: o ouro do Reno, p. 185.

22. "[...] Richard Wagner escreveu, nesse ano revolucionário [1848], a primeira parte do conjunto de uma ópera heroica chamada 'Siegfrieds Tod' (A morte de Siegfried). Assim ele começou pela peça final. Um dia o nome da peça seria modificado para 'Götterdämmerung' (O crepúsculo dos deuses). [...]. [...] no ano de 1851, concluiu 'Der junge Siegfried' ('O jovem Siegfried', mais tarde, apenas 'Siegfried'). No ano seguinte, em 1852, são criadas as prosas das 'Wälkure' (Valquírias) e do 'Rheingold' (Ouro do Reno). Com isso, a prosa do 'Anel dos Nibelungos' está praticamente pronta e, a partir de 1853, Wagner começa a compor e trabalha nisso durante vinte e seis anos, vinte e um dos quais somente na composição". Markus HIERSTETTER e S. Reto ARN (org.), *A saga dos Nibelungos*, p. 115-116 (esclarecemos entre colchetes).

a um pensamento monolítico, para o qual dizemos: "Não! Não! Três vezes não!".[23] Modo de raciocinar que pretendemos estender ao estudo do tributo, pois se tributo é norma jurídica, isso se dá em trinca, com a norma de tributação, a norma de competência tributária e a norma de lançamento tributário.

Comecemos pela ideia redutora: direito é norma jurídica, ou melhor, um conjunto de normas jurídicas, todas elas, por um lado, estruturalmente idênticas e, por outro lado, com uma origem em comum. Esses são, respectivamente, os aspectos estático e dinâmico que se manifestam na nomologia. Para a questão estática, por mais estilisticamente diversas que sejam as normas jurídicas, todas elas são (bi) bimembres no formato: dada a hipótese, então deve ser a consequência; ou não dada a consequência, então deve ser outra consequência. Há o mundo, que é contingente, e há a estrutura do mundo, que, detrás da diversidade, é homogênea. Por sua vez, no que se refere ao plano dinâmico, toda norma jurídica é produto da aplicação de outra norma jurídica, o que provoca a inversão do entendimento tradicional, passando a ser o ordenamento quem determina o que é a norma jurídica e não a norma jurídica quem determina o que é ordenamento. Com isso, temos uma estrutura escalonada no direito, sendo que todas as normas decorrem de uma norma primeva, no topo da pirâmide. Ideias que desenvolveremos no *Capítulo 2*, sob a rubrica "Norma Jurídica".

No *Capítulo 3*, denominado de "Norma Tributária", serão desenvolvidas as bases para a distinção da norma tributária como espécie do gênero norma jurídica. Nesse ponto, ver-nos-emos com a tarefa de apontar o que há na norma tributária que a diferencia de outras normas jurídicas. Entretanto, como se adotou a homogeneidade sintática como ponto de apoio para a compreensão das normas jurídicas, não há nada na estrutura normativa que possa vir em socorro dessa demarcação. Assim, devemos procurar em outros planos da linguagem, que não a sintaxe, o cariz da norma tributária. E cremos

---

23. Friedrich NIETZSCHE, *Assim falou Zaratustra*, p. 230 (IV, O grito de socorro).

que os resultados serão frutíferos se nos embrenharmos pela semântica, pois reputamos que tributo, como epíteto de específica norma jurídica, é uma particular forma de saturação dos categoremas normativos.

Nessa altura do percurso, pretendemos já ter realizado a contento a equiparação do termo "tributo" à expressão "norma tributária". Logo, quem conceitua "tributo", na verdade, conceitua "norma tributária". Como isso, a norma tributária não deixa de ser espécie do gênero norma jurídica — com particular conteúdo — e, portanto, não descuidamos de seu caráter unitário, o que nos permitirá dispensar outros enfoques que não o jurídico, por mais legítimos que sejam. Tributo é, nos termos da posição reducionista deste trabalho, norma jurídica com particular conteúdo, *tout court*.

Todavia, não podemos perder de vista que, da uniformidade estrutural, não se deriva o conteúdo particular de norma jurídica alguma, cabendo sua criação à volição de quem, para tanto, é competente. Assim, somente o conteúdo poderá dar-nos conta de se certa norma jurídica é uma norma tributária. Mas qual conteúdo seria esse? A resposta depende de ter como apoio um ponto externo ou interno no direito positivo. Por esse último, seria a própria autoridade que põe a norma jurídica quem a nomearia como tributária. Assim, tributo é o que o direito positivo estabelece. Caso de "conceito no direito". Pelo primeiro, tributo seria a norma jurídica identificada a partir do cotejo com uma proposição — estabelecida por convenção, sem pretender, com isso, fazer as vezes de autoridade competente —, na qual se apontam as propriedades que preenchem a estrutura normativa, com limites na coerência e utilidade. Cenário de "conceito do direito".

Nossa opção será por esse segundo caminho, tendo tributo como norma jurídica, com específico conteúdo, sem que, por isso, queiramos apontar uma essência detrás de rótulos, pois, ao atribuirmos tais e tais propriedades, delimitação semântica, à norma tributária, não trabalharemos com conceitos certos e conceitos errados, uma vez que, para nós, tudo não passa de convenção. Deixaremos claro, portanto, que tributo não é a descrição de particular norma jurídica de dado ordenamento, mas um rótulo aglutinador pactuado. Por conseguinte, nossa preocupação não será com a revelação de um conceito de tributo, o que, geralmente, é feito pela doutrina com pitadas de metafísica. Em sentido contrário, o que buscaremos é uma conceituação de tributo por convenção, a qual, internamente, respeite à homogeneidade sintática da estrutura da norma jurídica e que, externamente, seja útil. Contudo, sentimo-nos constrangidos apenas a defender a coerência interna da conceituação, deixando para outros a verificação de sua utilidade.

Uma vez de posse do que seja conceituar (conceito do direito), então podemos particularizar um de tributo. Para tanto, devemos ter, como linha geral, a homogeneidade das normas jurídicas, resguardando, por um lado, a unicidade conceitual, mas, por outro, com a convenção do conteúdo, dando-lhe um aspecto particular. Entretanto, com isso, não se estará a cuidar de uma norma em particular, mas sim de todas aquelas que possam ser identificadas com uma proposição pactuada, a qual tem função agregadora. Fica, a partir disso, a pergunta: se tributo, como todas as outras, é norma dotada de hipótese e consequência, quais seriam as saturações desses categoremas que lhes seriam próprias? É nesse ponto que a pactuação se mostra decisiva. Não terá o conceito de tributo um mero caráter descritivo, pois nosso trabalho não descreverá nem o que é tributo para uma dada autoridade competente nem descreverá o que seria tributo em um fantasioso mundo das ideias. É construção, o conceito de tributo, com fim conglomerador, de identificação de normas jurídicas tributárias e suas balizas são simples: externamente, a utilidade; internamente, a coerência.

Tributo é norma jurídica, mas não é qualquer norma, é norma com tais e tais propriedades, distinção de ordem semântica, respeitada a estrutura normativa, mas sem pretensões metafísicas ou particularistas. Tributo é, por esse ângulo, encontrado a partir de um selo, conceito do direito, que é aposto às normas jurídicas com certas características, doravante denominado de "norma de tributação". Feito isso, ao realizarmos esse desenlace, pretendemos obter como produto um "Conceito Estático de Tributo", a ser conferido no *Capítulo 4*.

A norma de tributação, nosso conceito estático de tributo, que não é nenhuma particular norma jurídica nem a descrição dessa particular norma, mas um pacto, terá a função de meridiano para o estudo dinâmico do tributo, sendo dela que exsurgirá o estudo em tríade. Com efeito, espelhando o escalonamento normativo, como base, há a norma de tributação, mas, dado seu caráter relacional, num processo em movimento, ora ela é criatura, ora é criadora. Dessarte, com um afastar de passos, deixaremos de contemplar somente a norma de tributação, para apreciarmos, primeiramente, qual é seu fundamento de validade, bem como, na sequência, contemplar quem nela ancora-se em relação de pertinência. Há, assim, para a norma de tributação, um conceito abaixo e, igualmente, um acima, perfazendo uma cadeia de positivação piramidal. Questão que, em detalhes, trataremos no *Capítulo 5*, qual seja, "Conceito Dinâmico de Tributo".

Se tributo é norma jurídica, identificada a partir de um conceito, então deve haver outro conceito que permite identificar sua norma fundante, uma questão de dinâmica normativa. Sendo assim, deve-se conceber outro conceito de tributo do direito, agora como fundamento, mas igualmente por convenção, para reunir, ao seu redor, as normas que permitem a criação daquelas assinaladas como normas de tributação. Se, estaticamente, uma teoria da norma tributária pode-se contentar apenas com o conceito de norma de tributação, que marca as normas jurídicas, dinamicamente, dada a estrutura escalonada do direito, há a necessidade de se apontar qual seria a norma que fundamenta a criação dessas normas jurídicas primeiramente assinaladas, com tudo isso respeitando, ademais, o limite sintático, pois uma norma-de-norma, *lex legum*, não é estruturalmente diversa da norma que, com base nela, é posta. Pretendemos, feito essa especificação, apresentar uma "norma de competência tributária", igualmente pactuada, ideia a ser desenvolvida no *Capítulo 5.1*, a que denominado de "Norma de Competência Tributária".

Agora, se a norma de tributação pode ser norma fundada, criatura, pode também ser norma fundante, criadora, pois a depender do direito positivo, há a necessidade de maior positivação normativa, até que, de fato, exsurja a obrigação tributária. Quando isso é o caso, então a norma de tributação deve ser lida não como norma de conduta de entregar dinheiro, mas como norma de competência, uma regulação de conduta no sentido de disciplinar a produção, modificação e exclusão de outras normas jurídicas. Assim, pode ser o caso de a cadeia normativa não se encerrar com prescrições gerais e eventivas, ligadas deonticamente a descrições abstratas, pois pode carecer a norma de tributação da positivação de outra norma jurídica, nessa ocasião, com mandamento determinado, ou seja, com valor precificado,[24] a alguém específico, em vista da descrição de uma concretude na hipótese. Em suma, o que se encontra aberto na norma de tributação é restringido por outra norma jurídica, à qual designaremos "Norma de Lançamento Tributário", nos termos do *Capítulo 5.2*.

Quando concluído o percurso, desde a forma que concebemos a norma jurídica até a tributação em seu sentido normativo dinâmico, na linha de que a aplicação do direito é criação do direito, passando por questões de ordem propedêutica, como qual é o alcance que damos ao termo "conceito", pretendemos ter deitado raízes de uma teoria do tributo. Teoria que nomeamos de trilógica;[25] pois a imaginamos como

24. Na língua portuguesa, não há o verbo "precificar", e palavras que a partir dele poderiam ser derivadas. (Consultamos, da Academia Brasileira de Letras, o *Vocabulário Ortográfico da Língua Portuguesa*, 5.ed., de 2009). Entretanto, neste trabalho, utilizaremos tais palavras por entendemos que são úteis, definindo, para tanto, que "precificar" significar o ato de pôr preço.

25. Em relação ao termo "trilógico", os dicionários que o contém, uniformemente, dão-no na conta de um adjetivo, que se refere à trilogia. Assim, Caldas Aulete: "*adj.* relativo à trilogia". *Dicionário contemporâneo da língua portuguêsa*: verbete "trilógico", v.5, p. 4067. Bem como Aurélio Buarque de Holanda Ferreira: "***Adj.*** Relativo a trilogia". *Novo dicionário Aurélio da língua portuguesa*: verbete "trilógico", p. 1993.

uma teoria que apenas se encerra, que se dá por saciada, que vê cumprida sua missão, quando concebe tributo como norma jurídica, a partir de um conceito pactuado, transpassando normativamente, na sequência, a tributação, a competência tributária e o lançamento tributário.

Sabemos que a pretensão não é pequena, mesmo assim...

> "Ah, se eu tivesse
> Quem bem me quisesse,
> Esse alguém me diria:
> 'Desiste, esta busca é inútil'.
> Eu não desistia,
> Porém, com perfeita paciência
> Volto a te buscar.
> Hei de encontrar [...]".[26]
>
> Ronda, de Paulo VANZOLINI

> "O conceito fundamental de uma teoria científica do direito parecia ser para mim o conceito da norma jurídica [...]".[27]
>
> Hans Kelsen

Ou, ademais, Antônio HOUAISS e Mauro VILLAR: "*adj.* [...] que se refere a trilogia". *Dicionário Houaiss da língua portuguesa*, p. 2768. Registramos, ainda, que não consta o vocábulo nem em *MICHAELIS*: moderno dicionário da língua portuguesa, nem em Luiz Antonio SACCONI, *Grande dicionário Sacconi*.

26. Disponível em https://www.letras.mus.br, acesso em 27.10.2019.

27. *Autobiografía de Hans Kelsen*, p. 45.

2

NORMA JURÍDICA

Uma tese que se propõe a apresentar o tributo normativamente, com um desdobramento triádico (tributação, competência e lançamento), não pode deixar de expor o que entende por norma jurídica. E para atender a tal necessidade metodológica é que se busca construir uma concepção do direito em termos de norma jurídica, conforme segue.

2.1 UMA "TEORIA DE TUDO"

Atribui-se a TALES DE MILETO a condição de primeiro filósofo.[28] E o pensamento que ficou consagrado como filosófico foi o de que tudo tem uma natureza primeva, no caso, a água.[29] Isso porque, a partir de então, "[...] chega [-se] à consciência de que o um é a essência, o verdadeiro, o único que é em si e para si".[30] A filosofia, portanto, começa com uma restrição do mundo,

---

28. "Segundo uma tradição, que remonta aos próprios gregos antigos, o primeiro filósofo teria sido Tales de Mileto". José Américo Motta PESSANHA, Consultoria, *in* José Cavalcante de SOUZA (super.), *Os pré-socráticos*, p. 15.

29. "[...] *Tales sustentava que tudo originava-se da água* [...]". Jonathan BARNES, *Filósofos pré-socráticos*, p.73 (I.2).

30. Georg HEGEL, Preleções sobre a história da filosofia, *in* José Cavalcanti de SOUZA (super.), *Os pré-socráticos*, p. 42 (acrescentamos entre colchetes).

pressionando os extremos até se chegar a um, pois ele, o mundo, agora é água, o que nos encoraja, outrossim, a adotar uma posição reducionista. Nosso trabalho, com isso, será feito às claras e não se envergonha de se assumir reducionista. O mundo, com toda a sua complexidade, é reduzido a dois grupos, o jurídico e o não jurídico. A partir disso, limitamo-nos ao jurídico. E, dado o jurídico, então, nós o reduzimos à norma. Assim será feita esta obra, sem que, entenda-se bem, coloquemos na "ilegitimidade" outras formas de proceder. Há aqui apenas a defesa de certo *modus operandi* e não, propriamente, uma crítica a outros.

No entanto, não desconhecemos que estudos reducionistas em dias de multidisciplinaridade não são muito bem-vistos.[31] Há uma ideia, um tanto acrítica, de que mais é melhor. Afinal, se você pode estudar um objeto por vários ângulos, por que faria isso por um só? Tal pergunta não nos constrange e a responderemos com outra pergunta: depois do resultado desse estudo por vários ângulos, como se vai dar a ele unidade? Apresentando-o em ordem alfabética? Na verdade, geralmente o que vemos é a presença de dois ou mais trabalhos em mesmo documento, sendo tal justaposição justificada com o rótulo da multidisciplinaridade. Contudo, duas aproximações diversas de um mesmo objeto precisam ser harmonizadas, o que somente pode ser feito se houver uma teoria que dê conta desses estudos parciais. Ora, com isso, a multidisciplinaridade é novamente reconduzida a um, pois a primazia se desloca dos dois enfoques preliminares para a forma de uni-los segundo uma ordem, ou seja, a preocupação passa a ser "juntar coisas homogêneas ou heterogêneas, de modo que apresentem unidade, que pareçam formar um só todo".[32]

Quando Miguel REALE expõe o caráter tridimensional do direito, não está sendo simplesmente multidisciplinar, pois sua preocupação é a compreensão integral do direito, e,

31. Não temos interesse em promover um debate sobre os novos significados que o termo "disciplina" assume quando acoplado aos prefixos "pluri", "multi", "inter" e "trans". Deixamos tal pesquisa aos militantes da área.

32. Antenor NASCENTES, *Dicionário de sinônimos*: verbete "unir", p. 57.

então, "[...] o *jurídico* não é nada mais do que o *social* que recebeu uma *forma*, em virtude da intervenção do *poder axiologicamente determinado*".[33] Quando Goffredo TELLES JUNIOR, no inigualável *Direito Quântico*, narra o universo e a eclosão da vida, passando pela "biologia jurídica", fá-lo não como fito de multidisciplinaridade, mas para reduzir os diversos a um: "[n]ão há *mundo de valores*, separado de *um mundo de seres*. O que existe, certamente, é o *mundo dos seres*. E, no mundo dos seres, certos seres têm valor, outros não".[34]

De todo modo, não nos estamos a insurgir metodologicamente contra os estudos multidisciplinares — isso fica, quem sabe, para um outro dia —, muito menos tentando proibir que se adjetive algo com tal termo; respeitamos o modismo da multidisciplinaridade.[35] A questão é outra, pois entendemos que, ao se reduzir o complexo ao único, o ganho de coerência e profundidade compensa o separar o mundo entre o que pertence e o que não pertence a uma teoria. Claro que se pode argumentar, contra uma posição reducionista, que ela deixa muito sem explicação. Dessa eventual verdade, entretanto, não decorre que se deva explicar tudo, principalmente se esse tudo não possa ser reconduzido à unicidade. Ademais, criticar os modelos do mundo como insuficientes é esquecer o que sejam modelos, pois eles "[...] são analogias abstratas, e não o próprio mundo".[36] Por óbvio, sempre se pode substituir um modelo de mundo por outro, sem que isso signifique, inclusive, garantia de evolução, até porque

33. *O direito como experiência*, p. 110 (V.V).

34. *Direito quântico*, p. 235 (V).

35. "As modas filosóficas mudam com o tempo (ainda que não tão rápido como outras modas), e a atmosfera filosófica de hoje em dia é diferente da que reinava trinta anos atrás. Tudo o que posso dizer em minha defesa é: o fato de que uma teoria esteja em moda não é garantia de que seja a melhor teoria, nem também de que seja uma boa teoria. São necessárias razões que a sustentem". Eugenio BULYGIN, Comentários sobre "Pode haver uma teoria do direito?" de Joseph RAZ, *in* Joseph RAZ, Robert ALEXY e ______, *Uma discussão sobre a teoria do direito*, p. 119. Ademais, é bom não perder de vista uma recomendação que Miguel REALE fez à juventude: "[...] não se deixe levar pelos modismos filosóficos". *Teoria tridimensional do direito*, p. 122 (Suplementos.I).

36. Christopher RAY, *Tempo, espaço e filosofia*, p. 35 (1).

não se consegue chegar a uma fórmula para reconhecer a teoria vencedora.[37] Não raro, modelos já descartados são reapresentados com uma nova roupagem (como exemplo, damos toda uma geração de jusnaturalistas que estão no armário e se autodenominam com outros rótulos), e modelos bem testados (que sem dar conta de tudo, dão conta de muito) são abandonados — não por não entregarem o que prometem,[38] mas por não entregarem o que não prometem[39] —, sem que haja nada mais consistente para pôr no lugar. De todo modo, estamos a falar de modelos e não do mundo e aqueles, quaisquer que sejam, sempre vão ser menos complexos do que este.[40]

Alegar coragem e expor a necessidade de trocar o seguro pelo desconhecido é sempre um bom discurso, principalmente em recintos academicizados, podendo, inclusive, render algumas palmas a quem o proferir, mas o que não autoriza, por isso, a balbúrdia. De nossa parte, quem apresenta uma obra, obriga-se a explicá-la de forma coerente, localizando-a dentro de uma teoria maior, e não simplesmente se dizer como um ser diferente, livre de amarras. Uma coisa é uma teoria de tudo,

37. "Se houvesse apenas um conjunto de problemas científicos, um único mundo no qual ocupar-se deles e um único conjunto de padrões científicos para sua solução, a competição entre paradigmas poderia ser resolvida de uma forma mais ou menos rotineira [...]. Mas, na realidade, tais condições nunca são completamente satisfeitas". Thomas KUHN, *A estrutura das revoluções científicas*, p. 189 (11).

38. "La 'Teoría general del Estado' perderá este carácter de conglomerado más o menos arbitrario y podrá legitimarse como Ciencia auténtica, cuando logre desenvolver y solucionar, *partiendo de un único principio fundamental*, todos los problemas abarcados bajo esta denominación". Hans KELSEN, *Compendio de teoría general del estado*, p. 105 (Introducción).

39. "As teorias sociológicas reprovam o formalismo abstrato de Kelsen, alegando que o direito é um fenômeno social. [...]. [...] Kelsen limita-se a esclarecer que essa pesquisa concreta não é função do jurista, mas do sociólogo. Com as críticas dirigidas pelos jusnaturalistas à teoria pura do direito, aproximamo-nos do problema da justiça. [...]. Aqui também Kelsen responde distinguindo o valor do direito da sua validade". Mario LOSANO, Introdução, *in* Hans KELSEN, *O problema da justiça*, p. XVI-XVII.

40. Um modelo de mundo convenciona o mundo e não simplesmente revela tal estrutura que estaria oculta. Por isso, não nos deixamos impressionar pela pergunta retórica de Paul FEYERABEND: "[...] quem pode dizer que o mundo, que de forma tão estrênua resiste à unificação, de fato é como os educadores e metafísicos querem que seja — ordeiro, uniforme, o mesmo em todo o lugar?". *Contra o método*, p. 312 (19).

na qual todas as teorias são por ela encampadas.[41] Outra coisa, bem diferente, é, no mesmo pedaço de papel, tentar abarcar os pontos mais variados do mundo sem algo que permita uma compreensão globalizante do diverso.[42] De todo modo, a teoria das teorias pode ser um sonho inalcançável e não temos como, nesta altura, sobre ela saber, mas mesmo que esteja por aí, esperando ser descoberta, precisamos, até lá, virar-nos com o que temos para explicar o mundo, e aqui damos nossa pequena contribuição, fazendo isso por meio de uma teoria normativa do jurídico, na qual o direito é reduzido à norma jurídica.

2.2 SER E DEVER-SER

O mundo é e, em razão disso, pode ser descrito; atividade que exige, todavia, uma linguagem. Mas, ao falarmos dessa linguagem, para bem compreendê-la, devemos ter em conta dois grupos de regras, o de formação e o de transformação. Quanto às regras de formação, decorre o possui um sentido de se respeitar uma estrutura específica; quanto às regras de transformação, se respeitada, decorre uma conexão legitima entre o produzido e aquilo que lhe é anterior.[43]

---

41. "[...] seria muito difícil elaborar de uma só vez uma teoria unificada completa de tudo o que há no universo. Assim, em vez disso, progredimos encontrando teorias parciais que descrevam um espectro limitado de acontecimentos e negligenciando outros efeitos ou fazendo determinadas aproximações numéricas. [...]. No fim das contas, porém, esperamos encontrar uma teoria unificada completa e coerente que inclua todas essas teorias parciais como aproximações e que não precise de ajustes para se adequar aos fatos escolhendo-se os valores de certos números arbitrários na teoria. A busca por uma teoria assim é conhecida como 'a unificação da física'". Stephen HAWKING, *Uma breve história do tempo*, p. 205 (11).

42. "A mesma matéria M [...] dá margem aos objetos O', O'', O''', correspectivos às teorias T', T'', T'''. A justaposição dessas teorias não se conduziria a uma teoria T, a qual ocuparia o lugar de um todo relativamente às partes. Teorias diversas, meramente ajuntadas, sem conceitos fundamentais que operem aqueles cortes epistemológicos sobre a matéria a investigar, compaginam conhecimento diversificados sob a forma de enciclopédia, não sob a forma de teoria científica". Lourival VILANOVA, Teoria jurídica da revolução (anotações à margem de Kelsen), *Revista brasileiro de estudos políticos*, v. 52, p. 101.

43. "A seguinte lista mostra os itens que devemos decidir na construção de uma linguagem L. I. *Regras formativas* (= definição da 'sentença em L'). A. Sentenças atômicas. 1.

No nosso caso, num primeiro momento, tomaremos a linguagem em sua relação triádica e, com fins de padronização, valer-nos-emos dos termos "enunciado", "proposição" e "referente" para expor essa relação.[44] Por enunciado, entenderemos aquilo que se percebe sensorialmente: gestos, palavras verbais, tinta num papel *etc*. Por proposição, o significado ou sentido do enunciado. Assim, a proposição não é o enunciado, mas aquilo que se obtém do enunciado. Já por referência, não estamos a cuidar de coisas, mas de fatos, ou seja, de estados de coisas.[45] No entanto, nessa relação triangular, não é a qualquer significado que podemos denominar de proposição, mas apenas aqueles que se sujeitem a certo método de verificação. Por essa seara, proposições não verificáveis não seriam

---

A forma das sentenças atômicas. 2. Os predicados atômicos. a. Predicados primitivos. b. Predicados atômicos indiretamente introduzidos. B. Operações de formação do primeiro tipo: conexões; sentenças moleculares. C. Operações de formação do segundo tipo: operadores. 1. Sentenças generalizadas. [...]. 2. Predicados generalizados. II. *Regras de transformação* (= definição de 'consequência em L'). A. L-regras. (As regras de dedução lógica). B. P-regras. (As leis físicas enunciadas como válidas)". Rudolf CARNAP, Testabilidade e significado, *in Coletânea de textos*, p. 200 (18).

44. A relação triádica é expressa em Gottlob FREGE pelos termos "sinal", "referência" e "sentido": "[...] é plausível pensar que exista, unido a um sinal [...], além daquilo por ele designado, que pode ser chamado de sua referência (*Bedeutung*), ainda o que eu gostaria de chamar de o sentido (*Sinn*)". Sobre o sentido e a referência, *in Lógica e filosofia da linguagem*, p. 131 (7). Charles PEIRCE fala-nos de "*representâmen*", "interpretante" e "objeto": "[u]m signo, ou *representâmen*, é aquilo que, sob certo aspecto ou modo, representa algo para alguém. [...]. Ao signo assim criado denomino *interpretante* do primeiro signo. O signo representa alguma coisa, seu *objeto*". *Semiótica*, p. 46 (I.B.3.1.228). Em Charles OGDEN e Ivor RICHARDS, os vértices do triângulo que usam para ilustrar o tema são ocupados pelas palavras "pensamento", "símbolo" e "referente": "Entre um pensamento e um símbolo são mantidas relações causais. [...]. Entre o Pensamento e o Referente há também uma relação; mais ou menos direta [...] ou indireta [...]. Entre o símbolo e o referente não existe qualquer relação pertinente a não ser uma indireta [...]". *O significado de significado*, p. 32-33 (1). Por fim, podemos citar Charles MORRIS, que utiliza "veículo do signo", "*designatum*" e "interpretante", além de fazer alusão a um quarto elemento, o "intérprete": "[...] aquilo que funciona como signo, aquilo a que o signo se refere, e o efeito sobre um intérprete em virtude do qual a coisa em questão é um signo para este. Esses três componentes da semiose podem ser chamados, respectivamente, o *veículo do signo*, o *designatum*, e o *interpretante*; o intérprete pode ser considerado um quarto fator". *Fundamentos da teoria dos signos*, p. 13 (II.1).

45. "O estado de coisas é uma ligação de objetos (coisas)". Ludwig WITTGENSTEIN, *Tractatus logico-philosophicus*, p. 135 (2.01).

proposições.[46] Ocorre que, indo além, podemos considerar outras formas de proposições fora as que se sujeitam à valência "verdade" ou "falsidade", ou seja, outras além das descritivas, e "[p]asar por alto estas posibilidades tal como antes era común, es cometer la llamada falacia "descriptiva"".[47] Afinal, "[...] no hay nada que impida, desde el punto de vista lógico, que las funciones de valuación sean interpretadas como funciones que asignan valores no vinculados a la noción de verdad [...]".[48] Estabelecido, então, que há outras proposições que não as descritivas,[49] focar-nos-emos nas prescritivas, sem,

---

46. Deixaremos de discutir aqui se, de fato, as proposições podem ser verificadas, já que isso envolveria alguma espécie de definitividade. Basta-nos, neste estudo, uma breve referência a Karl POPPER: "[...] só reconhecerei um sistema como empírico ou científico se ele for passível de comprovação pela experiência. Essas considerações sugerem que deve ser tomado como critério de demarcação, não a verificabilidade, mas a falseabilidade e um sistema". *A lógica da pesquisa científica*, p. 42 (6).

47. John AUSTIN, *Cómo hacer cosas con palabras*, p. 46-47 (I).

48. Gladys PALAU, *Introducción filosófica a las lógicas no clásicas*, p. 45 (2.1).

49. "[...] quantas espécies de frases existem? Porventura asserção, pergunta e ordem? — Há *inúmeras* de tais espécies: inúmeras espécies diferentes de emprego do que denominamos 'signos', 'palavras', 'frases'. E essa variedade não é algo fixo, dado de uma vez por todas [...]". Ludwig WITTGENSTEIN, *Investigações filosóficas*, p. 26-27 (23, itálico na tradução). A palavra "inúmeras" nessa passagem foi a tradução de "unzählige", que também se encontra em itálico no original, cf. Ludwig WITTGENSTEIN, *Philosophische untersuchunger*, s. 11 (23). Entretanto, há aqui um problema, o qual, já adiantamos, não é de tradução. Na língua portuguesa, há diferença entre "numeroso", "[e]m grande número", cf. Aurélio Buarque de Holanda FERREIRA, *Novo dicionário Aurélio da língua portuguesa*: verbete "numeroso", p. 1417, e "inúmero", "m.q. *INUMERÁVEL*", cf. Antônio HOUAISS e Mauro de Salles VILLAR, *Dicionário Houaiss da língua portuguesa*: verbete "inúmero", p. 1641, "que não se pode numerar", cf. *ibidem*: verbete "inumerável", p. 1641. Dito isso, devemos decidir se há muitas espécies de frases, numerosas, mas que, mesmo assim, podem ser contadas ou se há muitas espécies de frases, inúmeras, as quais não podem ser contadas. Dito isso, não se pode perder de vista que a palavra "unzählige", usada por WITTGENSTEIN, foi sim corretamente traduzida por "inúmeras", uma vez, em alemão, "numerosas" tem como equivalente "zahlreiche". No mais, para corroborar esse entendimento, podemos citar que uma aluna do vienense, ANSCOMBE, verteu o termo para o inglês como "countless", e não como "innumerable", cf. Ludwig WITTGENSTEIN, *Philosophical investigations*, p. 11 (23). Logo, não pode haver dúvidas de que foi pretendido mesmo empregar um termo com o significado de "inúmero", mas nisso reside o problema, pois, por mais tipos de frases que haja, parece-nos, eles ainda seriam contáveis. Então, "[...] de quantas maneiras a linguagem pode ser usada? Wittgenstein julgava que nenhuma lista finita de categorias poderia ser uma

contudo, perder de vista que tal proposição, a prescritiva, por várias vezes, torna-se referência da proposição descritiva, havendo de se tomar os devidos cuidados para precisar de qual delas se está a falar (veja-se 2.13). De todo modo, seja prescritiva, seja descritiva, pois não reservamos o termo "proposição" apenas à segunda, firme é a ideia de relação triádica. No entanto, sendo o caso da prescritiva, não há mais que se falar de verificabilidade. A sua regra de formação é outra para que seja considerada uma proposição com sentido. Vejamos!

O mundo é, já o dissemos; e que, para descrevê-lo, há a necessidade de uma linguagem com suas regras de formação, também já o externamos. Regras que nos permitem identificar as proposições bem formadas, as quais devem, ainda, ser verificáveis. Entretanto, nada impede que a linguagem expresse as combinações de coisas, não para coincidir com as que são, o que faz das proposições verdadeiras ou falsas, mas para dar-nos o que deve ser. Agora, não estamos mais diante do mundo que é, mas sim do mundo que deve ser, lembrando, por seu turno, que não existe um mundo do dever-ser em analogia com mundo do ser. Com efeito, não são eles equiparáveis, pois o mundo que deve ser é uma construção da vontade e, portanto, depende do homem, ao contrário do mundo do ser, que simplesmente é, ao arrepio do homem. Não é, assim, o mundo do dever-ser encontrável por meio de uma metafísica qualquer, pois não estava em lugar algum antes de ser criado pela vontade. De igual modo, não é ele um provável mundo do ser, uma previsão de futuro, uma vez que não é, de forma alguma, uma espécie de devir, uma necessidade. O que será, imaginando que seja possível um vaticínio sobre o futuro, não necessariamente deve ser. Logo, o dever-ser é uma combinação própria das coisas que não se liga aos estados de coisas que são ou serão. Os mundos do ser e do dever-ser são

resposta. [...]. Mas essa conclusão um tanto cética deve levantar suspeitas". John SEARLE, *Expressão e significado*, p. X (introdução).

irredutíveis, conforme a famosa "lei de HUME",[50-51] pois se os estados de coisas são ou não são como devem ser, isso não muda, a princípio, o ser e o dever-ser.

O dever-ser é construído pela vontade. Vontade, a partir da liberdade de agir ou não agir,[52] que resulta de um ato do querer.[53] E como a liberdade é ampla, não haveria, num primeiro momento, um limite a essa vontade. O mundo do dever-ser, decorrente da vontade, não teria marcos, a não ser o pensamento. E se sabemos que tudo o que se pode pensar, se pode dizê-lo — já que "[o] que não se pode pensar, não podemos pensar; portanto, tampouco podemos *dizer* o que não podemos pensar"[54] —, então tudo o que se pode pensar, se pode querê-lo. Ou seja, os estados de coisas devem ser, independentemente se foram, são ou serão, bastando uma vontade

50. É conhecida por "lei de HUME" a impossibilidade de se deduzir o que deve ser (*ought*) do que é (*is*): "Em todo sistema de moral que até hoje encontrei, sempre notei que o autor segue durante algum tempo o modo comum de raciocinar, estabelecendo a existência de Deus, ou fazendo observações a respeito dos assuntos humanos, quando, de repente, surpreendo-me ao ver que, em vez das cópulas proposicionais usuais, como é e *não é*, não encontro uma só proposição que não seja conectada a outra por um *deve* ou *não deve*. Essa mudança é imperceptível, porém da maior importância. Pois, como esse *deve* ou *não deve* expressa uma nova relação ou afirmação, esta precisaria ser notada e explicada; ao mesmo tempo, seria preciso que se desse uma razão para algo que parece inteiramente inconcebível, ou seja, como essa nova relação pode ser deduzida de outras inteiramente diferentes". David HUME, *Tratado da natureza humana*, p. 509 (III.I.I.27).

51. A "lei de HUME" também pode ser compreendida como uma questão convencional: "Pero ¿por qué ha de acatarse tal límite? ¿Acaso no podría construirse un sistema deóntico en el que las inferencias prohibidas por Hume fueran válidas? Sí, se podría, ya que la construcción de un sistema depende de nuestra voluntad para la elección de los axiomas". Delia ECHAVE, María URQUIJO e Ricardo GUIBOURG, *Lógica, proposición y norma*, p. 151 (IX.2).

52. "Por *liberdade*, então, só nos é possível entender *um poder de agir ou não agir, de acordo com as determinações da vontade*; isto é, se escolhemos ficar parados, podemos ficar assim, e se escolhermos nos mover, também podemos fazê-lo". David HUME, *Investigações sobre o entendimento humano e sobre os princípios da moral*, p. 136-137 (I.8.I).

53. "Na *deliberação*, o último apetite ou aversão imediatamente anterior à ação ou à omissão desta é o que se chama VONTADE, o ato (não a faculdade) de *querer*". Thomas HOBBES, *Leviatã*, p. 55 (I.VI).

54. Ludwig WITTGENSTEIN, *Tractatus logico-philosophicus*, p. 245 (5.61).

manifestando um querer. O que nos leva novamente ao início: o dever-ser é uma construção da vontade. No entanto, nosso foco não é a vontade *per se*, mas o enunciado dessa vontade e, também, seu significado. O mundo deve ser: esse é o significado do enunciado. Portanto, na relação triádica, não se deve confundir o referente, o estado de coisas que deve ser a partir do ato de vontade, o enunciado desse ato de vontade e, por fim, o significado do enunciado.

Podemos querer o que podemos pensar, mas o que podemos pensar? Não nos parece que a resposta possa ser outra se não: só podemos pensar o que é possível pensar. Só que o termo "possível" apresenta, ao menos, duas concepções: uma lógica e outra empírica. Em sua faceta lógica, aplicado às proposições, firma-se negativamente, não sendo uma contradição, ou seja, não sendo impossível. Por outro lado, em relação à necessidade, há uma certa dificuldade, pois se algo é necessário, então é possível. Todavia, caso não se queira reduzir o possível ao necessário, deve entender-se que nem tudo que é possível é necessário[55] e, com isso, o possível, quando aplicado às proposições, não pode levá-las à tautologia. Assim, as proposições possíveis podem ser verdadeiras ou falsas; já as proposições contraditórias serão sempre falsas e as tautológicas serão sempre verdadeiras.[56]

Entretanto, num trabalho que tem por objeto o direito, o conceito lógico de "possibilidade" não é satisfatório, pois um grau muito grande de abstração pode conduzir ao próprio desaparecimento da delimitação do objeto de estudo. Vamos valer-nos, então, da possibilidade em concepção empírica, que funcionará como uma ligação do dever-ser com o mundo do

55. "A proposição possível [...] é uma proposição. Ela não apenas tem de ser admitida entre as formas lógicas, se é que estas devem ser adequadas para a representação de todos os fatos da lógica, como também desempenha uma parte particularmente importante da teoria da ciência". Charles PEIRCE, *Semiótica*, p. 121 (383).

56. Bem-postas as coisas, "[c]erteza, possibilidade ou impossibilidade de uma situação não se exprimem por uma proposição, mas por uma expressão ser uma tautologia, uma proposição com sentido ou uma contradição". Ludwig WITTGENSTEIN, *Tractatus logico-philosophicus*, p. 233 (5.525).

ser e, assim, deixemos as leis da lógica para valer-nos das leis da natureza. Assim, o conceito de possibilidade exige acordo com as leis da física, as quais independem do homem,[57] e disso resulta, na prescrição, que a combinação das coisas continua não dependendo do que é diretamente, mas passa a ficar ancorada, indiretamente, na possibilidade física de que possa ser. Agora, tal qual se descartam as proposições descritivas, que não podem ser verificadas, excluem-se as proposições prescritivas, nas quais o dever-ser, por impossibilidade física, nunca poderá o ser. Mas, com isso, não se está negando a "lei de HUME", pela qual o dever-ser independe do ser, mas se está precisando, neste trabalho, que o dever-ser somente alcança, tem como limite, o que é possível empiricamente. E não olvidamos que essa ideia possa levar à acusação de quebra da pureza, pois há a construção de uma ponte entre o mundo possível — que é, ao menos em potência — e o mundo que deve ser, o qual, em princípio, é tudo o que se pode querer. Entretanto, desconsiderar qualquer forma de ligação, na verdade, impedir-nos-ia de precisar nosso próprio objeto de estudo, pois o direito é: existe no tempo e no espaço.

2.3 NORMA

Tudo o que for possível empiricamente pode ser querido como um estado de coisas devido e, na sequência, enunciado. Já do enunciado, obtém-se um significado ou sentido, isto é, uma proposição de dever-ser; exsurgindo, assim, uma composição mínima — vontade de um estado de coisas, enunciado e proposição —, a qual é a tríade do dever-ser. Agora, com fins analíticos, o próximo passo do nosso estudo é apontar que, dentre todo o dever-ser possível, apenas nos interessa a

---

57. "[O conceito de possibilidade física] demanda apenas que o fato em questão seja conformado às leis físicas, independentemente do poder humano". Hans REICHENBACH, *Experience and prediction*, p. 38-39 (6) (esclarecemos entre colchetes). Tradução nossa de: "It [concept of physical possibility] demands only that the fact in question be conformable to physical laws, regardless of human power".

conduta de outrem.[58] Logo, a vontade que aqui consideramos é somente aquela que determina como dever-ser a conduta — ação ou omissão — de outra pessoa, podendo essa vontade ser assim enunciada: a conduta de outrem deve ser.[59] Nessa linha, uma vez posto o enunciado, dele obtém-se uma proposição de dever-ser, uma proposição prescritiva ou mais precisamente, no nosso caso, um dever-ser de conduta. Mas como já demarcamos a possibilidade empírica como limite, então teremos uma proposição prescritiva na qual a conduta humana é posta como um dever-ser possível na realidade. Nessa linha, uma vontade pode ser enunciada e dela obtida uma proposição estabelecendo como devida uma conduta humana, lindada ao que é possível ser empiricamente.[60] Essa é, em síntese, nossa proposição prescritiva, ou seja, uma proposição de dever-ser de conduta, com as restrições do possível, segundo as leis da natureza; ponto de vista *estático*. Mas, antes de prosseguirmos, faz-se necessário abrir parêntese para tratarmos, por um lado, da relação entre o enunciado e a proposição e, por outro, da relação entre a preposição e o referente.

A proposição decorre do enunciado[61] e, nesses termos, assumimos que não há proposição sem enunciado. Claro que

---

58. Em sentido próximo, a distinção de Aquino entre lei eterna e lei natural: "No intelecto de Deus, há um plano que exprime a ordem de todas as coisas tendo em vista seus fins; a esse plano podemos dar o nome de lei eterna. [...]. O direito natural consiste naquela parte da lei eterna que remete especificamente ao ser humano". Wayne Morrison, *Filosofia do direito*, p. 81 (3).

59. Não há que se confundir a vontade enunciada nem com a vontade de enunciar tal vontade nem com um enunciado que expressa ter sido essa vontade enunciada.

60. Deixamos de tratar dos casos em que a mesma vontade põe dois enunciados, cujos significados são deveres de conduta que não podem ser, empiricamente, realizados ao mesmo tempo. Analisado individualmente, cada enunciado permaneceria, pois é possível que seja o dever expresso em cada um deles, mas, ao serem tratados de forma conjunta, surge o problema, uma vez que rompem com a regra do possível. Nesses termos, a exigência de possibilidade empírica poderia induzir a se imaginar um legislador racional, pois duas proposições, prescrevendo condutas com sinais contrários, sob a mesma condição, não poderiam ser cumpridas simultaneamente.

61. A proposição decorre do enunciado por convenção, pois a "[...] relação entre o significado e o significante é convencional; resulta de um acordo entre os que a usam [...]. Todavia, a convenção pode ser implícita ou explícita, e está aí um dos

contra essa afirmação pode apontar-se para as normas derivadas, mas nesse caso deve expor-se o que por elas se entende. Se a questão estiver ligada a princípios lógicos, não temos dúvidas em afirmar que não são eles normas derivadas, no sentido de direito positivo, mas construções da ciência do direito a serem aplicadas às proposições jurídicas (veja-se 2.13).[62] Agora, se com a expressão "norma derivada" se quer exprimir um segundo lance de interpretação, quando se passa de uma ligada ao enunciado a uma que seja a interpretação da interpretação, com isso não se afasta que toda proposição decorra de um enunciado, mesmo que mediatamente.[63]

Já "[e]ntre o símbolo [enunciado] e o referente [estado de coisas] não existe qualquer relação pertinente a não ser uma indireta, que consiste em seu uso por alguém para representar

---

limites que separam os códigos técnicos e os códigos poéticos". Pierre GUIRAUD, *A semiologia*, p. 37 (II.I).

62. Se os princípios lógicos não são normas jurídicas, ainda que derivadas, então a própria existência da lógica jurídica fica ameaçada: "Si los principios lógicos no son aplicables al derecho, KELSEN se pregunta qué sentido tiene hablar de una lógica jurídica [...]". Mario LOSANO, *Teoría pura del derecho*, p. 172 (III.VIII.6). Nessa linha, "[l]a lógica que se utiliza en la ciencia del derecho no es ninguna lógica 'jurídica' específica". Hans KELSEN, *¿Qué es la teoría pura del derecho?*, p. 22. Contudo, mesmo que o mestre da Teoria Pura do Direito tenha desde o início negado a possibilidade de ser a decisão judicial meramente o resultado de um silogismo, entendia como aplicável ao direito — de forma indireta, ou seja, às proposições jurídicas — os princípios da não contradição, negando o conflito de normas, e da completude, declarando a inexistência de lacunas. Contudo, tal posição, ao menos no que toca o princípio da não contradição, foi revista: "[...] os dois princípios lógicos mais importantes: o axioma da não contradição e a regra da conclusão não são aplicáveis nem direta nem indiretamente a relações entre normas de direito positivo". Hans KELSEN, Manuscrito direito e lógica (9.6.1965), *in* e ______Ulrich KLUG, *Normas jurídicas e análise lógica*, p. 78.

63. Um caso clássico de norma derivada seria aquele em que de um enunciado se obtém uma proposição, a qual estabelece um fim. Agora, poder-se-ia dizer que quem quer um fim, quer um meio, e obter-se, a partir disso, uma outra proposição, uma norma derivada, mas se deve ter a atenção de que "[...] conquanto seja verdade que o fim valoriza os meios, nem sempre ele os justifica, pois o uso destes pode ser condenável em si, ou ter consequências, cuja importância pode ultrapassar a do fim buscado". Chaïm PERELMAN e Lucie OLBRECHTS-TYTECA, *Tratado da argumentação*, p. 315 (III.II.64). Logo, "[...] pode-se efetivamente querer o fim sem querer o meio adequado; p. ex.: quando não se conhece o meio apropriado. Por sua vez, se se conhece, pode-se, por qualquer uma razão, não querer aplicá-lo; p.ex., porque se considera imoral ou ilegal". Hans KELSEN, *Teoria geral das normas*, p. 23 (4.I).

o referente".[64] O que nos permite enunciados que não correspondam a um estado de coisas, pois, de outro modo, não se poderia enunciar coisas sobre as quais se sabe não verdadeiras. Assim, é possível a construção de um estudo da linguagem que desconsidere a referência, até porque, "[...] do ponto de vista do funcionamento de um código, o referente deve ser excluído como uma presença embaraçante, que compromete a pureza teórica da própria teoria".[65] E se lembrarmos da nossa tríade, e do papel da vontade como referência, então podemos, ancorados nos grandes linguistas, desconsiderar essa vontade, pois somente precisamos do enunciado para conhecer o que deve ser. Claro que, vez ou outra, vemo-nos diante da contingência de ter que encontrar tal vontade, a "verdadeira" vontade, por outros meios que não só a interpretação desse enunciado, seja porque há vagueza ou ambiguidade, seja porque não concordamos com o resultado da interpretação e queremos afastá-lo.[66] Entretanto, dessa casual busca não decorre que a relação triádica deva ser, a todo momento, apontada.[67] Basta-nos lembrar que o enunciado não surge por

64. Charles Ogden e Ivor Richards, *O significado de significado*, p. 32 (1) (padronizamos com os termos usados neste trabalho entre colchetes).

65. Umberto Eco, *Tratado geral de semiótica*, p. 51 (2.5.2).

66. "Quando a lei enuncia um princípio universal, e se verifica resultarem casos que vão contra essa universalidade, nessa altura está certo que se retifique o defeito, isto é, que se retifique o que o legislador deixou escapar e a respeito do que, por se pronunciar de um modo absoluto, terá errado. É isso o que o próprio legislador determinaria, se presenciasse o caso ou viesse a tomar conhecimento da situação, retificando, assim, a lei, a partir das situações concretas que de casa vez se constituem". Aristóteles, Ética a Nicômaco, p. 125 (V.X.1137b20-25).

67. Pode-se dizer que a busca pelo referente conduz ou à reformulação da norma ou à substituição dessa norma. Nessa linha, dispõem Carlos Alchourrón e Eugenio Bulygin que "[...] sólo si la nueva base tiene las mismas consecuencias normativas que la base anterior puede hablarse de reformulación del mismo sistema; si la nueva base no recoge alguna de las consecuencias normativas de la base primitiva o tiene consecuencias que ella no tenía, no se tratará ya del mismo sistema, sino de dos sistemas diferentes". *Introducción a la metodología de las ciencias jurídicas y sociales*, p. 128 (V.4). Posição denominado por Juliano Maranhão de "fundacionalista absoluta", que é quando "[...] as razões de fundo dadas pelos princípios justificadores não só estão fora, como qualquer aplicação destes implica uma tentativa de *revisão* do direito [...]". *Positivismo jurídico lógico-inclusivo*, p. 158 (3.13).

osmose, que não brota do nada. Assim, vamos deixar em suspenso a relação triádica que até aqui nos trouxe, para focarmo-nos num dualismo, no enunciado e na proposição.[68] Dito isso, fechemos parêntese e iniciemos, de pronto, a análise da valência das proposições prescritivas.

Deve ser uma conduta humana. Essa é a proposição prescritiva que se obtém de um enunciado. Mas qual conduta? Qualquer uma, desde que seja possível empiricamente. E desenvolvendo essa ideia, podemos verificar que há modos para a conduta devida, pois, desde ARISTÓTELES, fala-se de modos (verdadeiro, falso; possível, impossível; necessário, contingente),[69] sendo eles interdefiníveis, ou seja, "É necessário e É impossível não têm significação idêntica e, não obstante, estão conectadas inversamente [...]".[70-71] São, assim, modos aléticos os que se ligam ao ser. Por correlação, temos também os modos deônticos, que se conectam ao dever-ser, pois "[j]á na Idade Média se percebeu que um tratamento rigoroso das noções de <u>permitido</u> e <u>obrigatório</u> seria mais ou menos paralelo ao

---

68. Não são poucos os linguistas que reduzem o signo a um caráter dual. Ferdinand de SAUSSURE definiu o signo como a combinação do significante e do significado: "Chamamos *signo* a combinação do conceito e da imagem acústica [...]. [...]. Propomo-nos a conservar o termo *signo* para designar o total, e a substituir *conceito* e *imagem acústica* respectivamente por *significado* e *significante* [...]". *Curso de linguística geral*, p. 81 (I.I.1). Roland BARTHES adota que o "[...] signo é, pois, composto de um significante e um significado". *Elementos de semiologia*, p. 43 (II.1.3). Igualmente, empregando os termos significado e significante, temos Eric BUYSSENS: "[...] para a parte de significação que cabe ao signo, utiliza-se o termo *significado*, enquanto o termo *significante* designa a forma do signo". *Semiologia e comunicação linguística*, p. 79 (V.1). Louis HJELMSLEV, por sua vez, preferindo utilizar a expressão "função semiótica", em vez do ambíguo termo "signo", aponta estar aquela "[...] situada entre duas grandezas: *expressão* e *conteúdo*". *Prolegômenos a uma teoria da linguagem*, p. 53 (13).

69. "[...] é preciso examinar as relações entre afirmações e negações que expressam (afirmam ou negam) o possível e o não possível, o contingente e não contingente, o impossível e o necessário". Da interpretação, *in* Órganon, p. 100 (XII.21a1.35).

70. ARISTÓTELES, Da interpretação, *in* Órganon, p. 104 (XIII.22b1.8-10).

71. "Uma vez que *se aplicar* não é o mesmo que *se aplicar necessariamente* ou *se aplicar contingentemente* [...], fica claro que o silogismo, inclusive, é diferente em cada um desses casos e que os termos não são relacionados do mesmo modo [...]". ARISTÓTELES, Analíticos anteriores I, *in* Órganon, p. 128-129 (VIII.29b1.29-35).

tratamento dos conceitos de possível e necessários".[72] Como síntese, podemos dizer que "o ser" modula-se como possível, impossível, necessário e contingente. Já "dever-ser" modula-se como permitido, proibido, obrigatório e facultativo. Agora, se identificarmos a possibilidade à contingência, então podemos, por paralelismo, equiparar o permitido ao facultativo,[73] quando os modais deônticos são reduzidos a três.[74]

Uma conduta deve ser num dos modos: permitido, proibido ou obrigatório. Esse é o conteúdo da proposição prescritiva, apresentando como limite apenas a possibilidade empírica. Entretanto, ela nada nos diz sobre sua validade. Nada há nela que nos permita afirmar se é válida ou inválida. A proposição descritiva é verdadeira ou, pelo excludente, falsa. Contudo, em relação à proposição prescritiva, apesar das tentativas de redução do dever-ser ao ser, não cabem tais valências.[75] Como afirmamos, há uma tomada de posição, com HUME, de irredutibilidade dos mundos: cada mundo é tratado por uma linguagem própria e as proposições dessa linguagem possuem valores

---

72. Leonidas HEGENBERG, *Dicionário de lógica*: verbete "lógica deôntica", p. 123.

73. "A permissão bilateral às vezes é tomada como quarto modo, o facultativo. Todavia, se o facultativo compõe-se de duas permissões alternativas, não é um modal irredutível à permissão". Lourival VILANOVA, *As estruturas lógicas e o sistema do direito positivo*, p. 77 (II.3).

74. "Há os modos deônticos ou modos de obrigação. Esses são conceitos tal qual o obrigatório (aquilo que nós devemos fazer), o permitido (aquilo que nós temos permissão para fazer), e o proibido (aquilo que nós não devemos fazer)". Georg von WRIGHT, Deontic logic, *Mind*, n. 237, p. 1. Tradução nossa de: "There are the deontic modes or modes of obligation. These are concepts such as the obligatory (that which we ought to do), the permitted (that which we are allowed to do), and the forbidden (that which we must not do)". Vez ou outra, vê-se o artigo em questão como o atestado da lógica deôntica, porém, "[...] o tratamento das propriedades lógicas das normas, com emprego da lógica moderna, não começou com Von Wright, podendo ser identificado já no início do século XX, com as obras de Ernst Mally [...]". Juliano MARANHÃO, Condicionalidade e a lógica de implicação normativa de von Wright, *in Estudos sobre lógica e direito*, p. 78 (3.1).

75. Ao tratar do que chamou de posição naturalista, assim manifestou-se Robert ALEXY: "Cada enunciado normativo se tornaria assim um enunciado descritivo e, como tal, seria comprovável segundo procedimentos das ciências naturais e das ciências sociais de caráter empírico". *Teoria da argumentação jurídica*: a teoria do discurso racional como teoria da fundamentação jurídica, p. 47.

diversos. Com efeito, "[v]alidade não é o mesmo que verdade"[76]. Assim, as proposições prescritivas são válidas ou inválidas, esses são seus valores, não havendo outro. Pode, claro, haver uma metalinguagem que as tenha como linguagem-objeto e, assim, uma linguagem descritiva pode ter por referente uma proposição prescritiva, sendo essa descrição verdadeira ou falsa. Ademais, não desconhecemos que o termo "válido" é, sem dúvidas, ambíguo, com Nicola ABBAGNANO apresentando-nos quatro concepções dele.[77] Entretanto, neste primeiro momento, pois retomaremos o tema adiante (veja-se 2.10), basta-nos utilizar validade no sentido de segundo as regras de transformação, ou seja, validade como "[c]onformidade com as regras de procedimento estabelecidas ou reconhecidas".[78]

Agora, há uma proposição prescritiva que estabelece como deve ser a conduta que põe outra proposição prescritiva. Disso decorre que — indiretamente, já que há uma conduta entre eles— um dever-ser advém de outro dever-ser, quando podemos complementar que o sentido subjetivo, formado a partir do enunciado, pode ser lido, então, como sentido objetivo, uma vez que essa proposição prescritiva decorreria de outra proposição prescritiva. Estamos aqui próximos dos "atos objetivantes" de Edmund HUSSERL, ou seja, aqueles "[...] cuja síntese de preenchimento tem o caráter da identificação e cuja síntese de decepção tem, por conseguinte, o caráter da diferenciação [...]".[79] E, com isso, uma proposição prescritiva, que carece apenas do enunciado para existir no mundo do ser, ganha um caráter objetivo, pois é identificada como válida a partir de outra proposição prescritiva. Nesse ponto, dando mais um passo, é a identificação ou diferenciação que concede a validade ou a invalidade, quando haveria uma proposição prescritiva, regra de

---

76. Leonidas HEGENBERG, *Dicionário de lógica*: verbete "validade", p. 215.

77. São elas: universalidade subjetiva; conformidade com as regras; utilidade ou eficiência; uma particularidade no domínio da lógica estabelecida por Rudolf Carnap. Cf. *Dicionário de filosofia*: verbete "validade", p. 989.

78. Nicola ABBAGNANO, *Dicionário de filosofia*: verbete "validade", p. 989.

79. *Investigações lógicas*: sexta investigação, p. 63 (I.II.13).

transformação, que permite identificar ou dessemelhar outras proposições prescritivas. Linha pela qual dizemos que uma proposição prescritiva, formada de acordo com outra proposição prescritiva, apresenta um sentido objetivo, sinônimo de validade, o que nos permite promover um pacto semântico: a proposição prescritiva — conduta humana obrigatória, proibida ou permitida que deve ser, dentro do empiricamente possível —, quando tenha fundamento numa regra de transformação, a qual necessita também ser uma proposição prescritiva, será denominada de "norma"; ponto de vista *dinâmico*.

Estaticamente, como regra de formação, uma norma é uma prescrição de conduta humana numa das modalidades — obrigatória, permitida ou proibida —, limitada apenas pela possibilidade empírica. Dinamicamente, em razão da regra de transformação, norma é a proposição prescritiva com sentido — significado — objetivo, ou seja, é a proposição prescritiva identificada por meio de outra proposição prescritiva. Há a proposição prescritiva válida e há a proposição prescritiva que atribui a validade. Mas quanto a essa proposição prescritiva que irradia a validade, o que dela se pode falar? Como proposição prescritiva, ela prescreve uma conduta humana — modalizada em proibida, permitida ou obrigatória —, restringida, também, pela possibilidade empírica. Entretanto, de todas as condutas humanas possíveis empiricamente, escolhe unicamente a conduta de pôr enunciado do qual se obtém uma proposição prescritiva tomada em sentido objetivo.

Se pensarmos um conjunto com apenas duas proposições prescritivas, a válida e a que concede a validade, devemos questionar, então, se a proposição fundante é ela também uma norma, pois norma é uma prescrição de conduta humana, um dever-ser, cujo sentido subjetivo é também o sentido objetivo, pois está de acordo com outra prescrição. Ocorre que esta última prescrição não é, ao contrário daquela, uma norma. Para que a proposição fundante fosse uma norma, seria necessário que houvesse uma outra proposição que lhe servisse de fundamento: proposição fundante da proposição fundante, mas procurar o fundamento do fundamento nos levaria a um *regressus ad infinitum*. Frente à essa questão, e para evitarmos um maior arrazoado, eis que vamos retomar o tema no próximo tópico (item 2.4) ao tratamos da norma fundamental, firmemos, por enquanto, que, em algum momento, a busca tem de cessar, o que se faz por meio de um corte epistemológico.

2.4 NORMA JURÍDICA

Do enunciado, obtemos uma proposição prescritiva. E se essa proposição prescritiva apresenta lastro em outra proposição prescritiva, então podemos falar de norma, mas ainda não sabemos se estamos diante de uma norma jurídica. E nem poderíamos saber, pois não há nada intrínseco num enunciado que permita concluir que dele se obterá norma jurídica. Como gênero, norma não é um dever-ser de específica conduta, já que toda e qualquer conduta, desde que empiricamente possível, pode ser devida. Com espécie, norma jurídica também não é determinável pela conduta que traz em seu bojo. A determinação do que seja norma jurídica reside em outro ponto, pois o que nos permite identificar que uma prescrição de conduta humana seja uma norma jurídica é ter sido seu enunciado produzido de acordo com outra norma jurídica. Estaticamente, a norma jurídica, como outras proposições prescritivas, é uma linguagem que constitui um dever-ser, empiricamente possível, da conduta humana, num dos modais deônticos. Assim, apenas por essa faceta, não é possível sua separação das outras normas, uma vez que somente no plano dinâmico será possível apontar seu caráter jurídico. É uma questão, portanto, de relação, pois "[...] na realidade, as normas jurídicas nunca existem isoladamente, mas sempre em um contexto de normas com relações particulares entre si [...]".[80]

A norma jurídica fundada somente é em razão da norma jurídica fundante. Ponto de apoio deste trabalho, só que agora, ao contrário do que fizemos com a concepção de norma,

80. Norberto Bobbio, *Teoria do ordenamento jurídico*, p. 19 (1.1).

vamos alongar a cadeia, tomando que a norma que concede a validade é ela também uma norma jurídica e, portanto, é um produto da ação humana que põe um enunciado que se relaciona com uma terceira norma jurídica. Por essa linha, "[a] norma que empresta ao ato o significado de um ato jurídico (ou antijurídico) é ela própria produzida por um ato jurídico, que, por seu turno, recebe a sua significação jurídica de uma outra norma".[81] Logo, um enunciado (e-a) somente é fonte de norma jurídica (nj-a) se há outra norma jurídica (nj-b) que assim estabeleça, sendo esta última norma jurídica (nj-b) o produto da interpretação, do mesmo modo que (nj-a), de um enunciado (e-b), o qual, por sua vez, foi posto em razão de uma outra norma jurídica (nj-c). Entretanto, essa norma criadora (nj-c) da norma criadora (nj-b) é fruto, igualmente, de um enunciado (e-c) que só pode ser nascente se também sobre ele dispuser outra norma jurídica (nj-d). Como não há norma jurídica que não advenha de enunciado e ele, *per se*, não é fonte de norma jurídica, carecendo, para isso, sempre, de norma jurídica prévia, chegamos a um impasse. Estaríamos frente a um regresso até o infinito. A norma jurídica é posta por uma conduta humana, um fato, que, por sua vez, só pode pôr essa norma jurídica porque há uma outra norma jurídica que assim dispõe. Essa norma que estabelece que certo fato é fonte do direito, por sua vez, também é posta por outro fato. Podemos ir, então, regredindo, passo a passo, mas quando chegarmos ao texto constitucional, produto do fato fundamental, não há mais para onde ir.

O texto constitucional é uma criação humana e não uma revelação. É a partir dele que são obtidas as normas constitucionais que, numa visão hierarquizada, piramidal, são as mais importantes — apreciando a questão de um ponto de vista da interdependência, em razão da sintaxe, deixando a questão

81. Hans Kelsen, *Teoria pura do direito*, 2.ed., p. 4 (I.4). "A norma atua [...] como esquema de interpretação. Ela será elaborada através de um ato jurídico que, igualmente, adquire significado através de outra norma". Hans Kelsen, *Teoria pura do direito*, 1.ed., p. 71 (I.4).

axiológica para outros —, já que são elas, num plano positivado, que dão as amarras do ordenamento jurídico. Entretanto, o texto constitucional também é posto pelo fato fundamental, que "[...] requer outra norma pressuposta para juridicizá-lo, para tornar-se fato jurídico e dar começo lógico à *continuidade normativa no interior do sistema*".[82] E se assim não fosse, estaríamos diante de um ser que cria um dever-ser e transgrediríamos a "lei de HUME". Por isso, para evitarmos contravir nosso supedâneo teórico, há a necessidade de pressupor uma norma como fecho; há a necessidade, pois, de pressupormos a norma fundamental.

Ao tratarmos da norma, deixamos claro que a prescrição que estabelece a relação para que a norma seja norma — e não mera prescrição, ou seja, que tenha sentido objetivo e não só subjetivo — não é ela mesma uma norma. Agora, em relação à norma jurídica, devemos, por coerência, dizer o mesmo. A última norma do ordenamento jurídico não seria ela mesma uma norma jurídica. Isso não significa que desconhecemos as dificuldades que tal posição acarreta — um desfecho do jurídico que não é jurídico—, mas não queremos aqui descarrilar a discussão, mudando o foco do trabalho para a norma fundamental.[83] De certo, vamos dá-la como aceita, nos moldes kelsenianos. Afinal, "[...] mesmo os princípios cuja certeza não é completa podem ter a sua utilidade, se sobre eles construirmos apenas para efeito de demonstração".[84] Assim, tomamos a norma fundamental como "[...] a expressão da necessária suposição de todo o conceito positivista do material jurídico".[85] Isso porque, "[s]e não postulássemos uma norma fundamental, não acharíamos o *ubi consistam*, ou seja,

---

82. Lourival VILANOVA, Teoria jurídica da revolução (anotações à margem de Kelsen), *Revista brasileiro de estudos políticos*, v. 52, p. 74.

83. "A polêmica concentra-se em quatro pontos: a necessidade, a possibilidade, o conteúdo e o *status* da norma fundamental". Robert ALEXY, *Conceito e validade do direito*, p. 117 (3.III.1.1).

84. Gottfried LEIBNIZ, *Novos ensaios sobre o entendimento humano*, v. II, p. 163 [IV.XII.6].

85. Hans KELSEN, *Teoria pura do direito*, 1.ed. p. 125 (V.29).

o ponto de apoio do sistema".[86] É ela o fecho, enquanto construção teórica, a partir do qual, de uma multiplicidade de normas jurídicas, podemos reduzir todas a uma só origem,[87] o que faz com que, ao menos do ponto de vista da unicidade, tenda a ser um sistema.[88] Ademais, "[p]ara tal função [de fechar o sistema], é irrelevante se [a norma fundamental] provém de ato de pensamento, de ato de vontade, ou se é 'eine fingierte Norm' [uma norma fictícia] [...]".[89-90]

---

86. Norberto BOBBIO, *Teoria do ordenamento jurídico*, p. 59 (II.6).

87. A unicidade normativa, de um ponto de vista teórico, é uma entre as muitas coisas que devemos à teoria kelseniana: "[...] Hans Kelsen considera que todo o material jurídico positivo, presente numa certa sociedade, numa certa época de seu desenvolvimento histórico, é organizado num sistema unitário". Mario LOSANO, *Sistema e estrutura no direito*, v. 2, p. 46 (I.9.c).

88. Norberto BOBBIO aponta os problemas de se entender o direito como um ordenamento nos seguintes termos: "[...] os principais problemas conexos com a existência de um ordenamento são os que nascem das relações das diversas normas entre si. Em primeiro lugar se trata de saber se essas normas constituem uma *unidade* [...]. O problema fundamental [...] é o da *hierarquia* das normas. [...]. Em segundo lugar trata-se de saber se o ordenamento jurídico constitui, além da unidade, também um *sistema*. O problema fundamental [...] é o das *antinomias jurídicas*. [...]. [em terceiro lugar] Todo ordenamento jurídico, unitário e tendencialmente (se não efetivamente) sistemático, pretende também ser *completo*. O problema fundamental [...] é o das assim chamadas *lacunas* do Direito. [...]. Finalmente, não existe entre os homens um só ordenamento, mas muitos e de diversos tipos. [...]. O problema fundamental [...] é o do reenvio de um ordenamento a outro". *Teoria do ordenamento jurídico*, p. 34-35 (I.5) (esclarecemos entre colchetes).

89. Lourival VILANOVA, *Causalidade e relação no direito*, p. 56 (I.16) (esclarecemos e traduzimos entre colchetes).

90. Poucos temas da teoria do direito chamam tanto a atenção como o da "norma fundamental" (*Grundnorm*). Afinal, "[...] muito se questiona sobre a natureza desta norma fundamental. Alguns a identificam com o próprio direito natural, outros com o pacto social e não faltam os que a consideram uma ficção da vontade ou, ainda, um juízo apriorístico". Munir KARAM, A sentença como fato criador de normas: debates, *in* Luis Regis Prado e ______ (coord.), *Estudos de filosofia do direito*, p. 147. Levando-se em conta as próprias palavras de KELSEN, inicialmente ele a concebeu como hipotética: "La teoría pura del derecho maneja la norma fundamental como un fundamento hipotético". Hans KELSEN, *Teoría pura del derecho*, 1.ed. p. 85 (V.29). [Pedimos vênia para utilizar a tradução em espanhol de ROBLES e SÁNCHEZ, mesmo havendo em português a tradução de: CRETELLA JR e CRETELLA. É que, para este trecho específico, há nela, na tradução para o português, um equívoco de monta: "A Teoria Pura do Direito opera com essa norma jurídica fundamental como se fora uma situação hipotética". Hans KELSEN, *Teoria pura do direito*, 1.ed. p. 125 (V.29). Entretanto, a norma fundamental não é assumida como jurídica no pensamento kelseniano. *Grundnorm* significa "norma

Do texto constitucional é possível obter norma válida porque há a norma fundamental — pressuposta, não posta — que nos permite ter a interpretação do texto não mais num sentido subjetivo, mas num objetivo. Com isso, a cadeia normativa está preservada, pois todas as normas jurídicas só são válidas porque buscam seu fundamento de validade nas normas constitucionais. Estas, por sua vez, obtidas do texto constitucional, fonte primeira do direito, são válidas porque,

---

fundamental" e não "norma jurídica fundamental". De todo modo, segue o original alemão: "Die Reine Rechtslehre operiert mit dieser Grundnorm als einer hypothetischen Grundlage". Hans KELSEN, *Reine rechtslehre*, 1.aufl., s. 77]. Posteriormente, o austríaco mudou seu entendimento sobre a norma fundamental, passando a entendê-la como fictícia: "A norma fundamental de uma ordem jurídica ou moral positivas [...] não é positiva, mas meramente pensada, e isto significa uma norma fictícia, não o sentido de um real ato de vontade, mas sim de um ato meramente pensado". Hans KELSEN, *Teoria geral das normas*, p. 328 (59.I.d). Mas, nem mesmo esse ponto, sua última palavra sobre o assunto, é pacífico, pois, com base na visão de que a obra *Teoria geral das normas* seria mais um apanhado de textos de várias épocas do que um todo unitário, aponta-se que, "[d]evido ao fato de a *Teoria Geral das Normas* ser a derradeira obra de Kelsen, passou-se a acreditar acriticamente que ele havia mudado a opinião exposta na última edição da *Teoria Pura do Direito*, na qual a norma fundamental é tratada enquanto hipótese lógico-transcendental". Andityas Soares de Moura Costa MATOS, Norma fundamental: ficção, hipótese ou postulado?, *in* Hans KELSEN, *Sobre a teoria das ficções jurídicas*, p. 23. E mesmo sem discutirmos se é hipotética ou fictícia a norma fundamental — o que não é uma mera filigrana, pois se for hipotética, então há a possibilidade de que, de fato, haja uma norma fundamental —, não há como deixar de ressaltar sua proximidade com as ideias kantianas, que pode ser reconhecida ao compará-la com essa passagem de Immanuel KANT: "Na presunção de que haja porventura conceitos que se possa referir *a priori* a objetos, não como intuições puras ou sensíveis, mas apenas como actos do pensamento puro, e que são, por conseguinte, conceitos, mas cuja origem não é empírica nem estética, concebemos antecipadamente a ideia de uma ciência do entendimento puro e do conhecimento de razão pela qual pensamos objetos absolutamente *a priori*". *Crítica da razão pura*, p. 92 (II.Introdução.II). Só que essa vizinhança acaba sendo alvo de numerosas controvérsias, com a acusação, inclusive, de ser a norma fundamental uma inimiga recebida de bom grado, que põe tudo a perder, visto que "[...] ela não é estatuída por um órgão legislativo, mas é pensada por um teórico do direito e, como tal, é fruto de uma concepção filosófica kantiana, enxertada sobre um rigoroso positivismo jurídico. Assim, a norma fundamental elaborada para manter distante todo elemento extrajurídico da cidadela da teoria pura do direito, revela-se um verdadeiro cavalo de Tróia". Mario LOSANO, *Sistema e estrutura no direito*, v. 2, p. 96 (II.12). De todo modo, não podemos olvidar as palavras de Lorival VILANOVA, para quem "[n]ão é a norma fundamental que produz ou traz ao nível da existência, o fato fundamental. Ao contrário, dado o fato fundamental, para colhê-lo em termos de conhecimento dogmático, pressupõe-se a norma que lhe corresponde, põe-se a hipótese normativa básica que tem o fato fundamental por conteúdo". Teoria jurídica da revolução (anotações à margem de Kelsen), *Revista brasileiro de estudos políticos*, v. 52, p. 84.

nos termos da norma fundamental, "[...] devemos conduzir-nos como a Constituição prescreve".[91] Assim, "[...] o conceito de norma fundamental tem a finalidade de impedir que a teoria de Kelsen sobre a criação de normas fique presa em um círculo vicioso ou em uma regressão infinita".[92]

2.5 HOMOGENEIDADE SINTÁTICA DAS NORMAS JURÍDICAS

A norma jurídica, enquanto proposição, é interpretação de enunciado e sua validade advém de outra norma jurídica. No entanto, carece ainda de desenvolvimento a questão de sua estrutura. E por estrutura dizemos "[...] um conjunto de elementos [...] e uma ou mais operações [...]".[93] Logo, a estrutura da norma jurídica é a forma de ligação, por meio de operadores, de seus elementos, para ficarmos no plano sintático, da sintaxe. Assim, essa forma de ligação é o que podemos chamar de "[...] *regras de formação*, que determinam as combinações independentes permissíveis de membros do conjunto [...]".[94]

---

91. Hans KELSEN, *Teoria pura do direito*, 2.ed., p. 224 (V.1.c). Se a norma fundamental possui certo conteúdo, não sendo meramente formal, e se esse conteúdo é ou não contingente, ou seja, se cada ordenamento jurídico possui uma específica norma fundamental, é um dos desafios da doutrina kelseniana. Ao que parece, Hans KELSEN estabeleceu, para cada ordem jurídica, a sua norma fundamental, com conteúdo próprio: "Num Estado até então monárquico, um grupo de pessoas tenta, por meio de uma revolta violenta, substituir um governo legítimo, monárquico, por um governo republicano. Se for bem-sucedido, [...] interpretam-se os atos realizados na execução como atos jurídicos [...]. [...]. Se a tentativa for malograda, [...] o ato executado não será interpretado como uma promulgação de Constituição, mas significará crime de alta traição [...]". *Teoria pura do direito*, 1.ed., p. 126-127 (V.30.a). Assim, para cada fato fundamental, de cada ordenamento jurídico, haveria sua norma fundamental: "Este pressuposto [a norma fundamental] não é um produto da livre imaginação, pois refere-se a fatos determináveis objetivamente [...]". Hans KELSEN, Por que a lei deve ser obedecida, *in O que é justiça?*, p. 257 (IV).

92. Joseph RAZ, *O conceito de sistema jurídico*, p. 89 (III.3.C). Apesar de RAZ explicar a finalidade da norma fundamental, ele mesmo não a entende como necessária: "[...] possível renunciar sem grandes prejuízos à ideia de que a teoria jurídica deve pressupor a norma fundamental". *Ibidem*, p. 184 (VI.2).

93. José Ferrater MORA, *Dicionário de filosofia*: verbete "estrutura", p. 233-234.

94. Charles MORRIS, *Fundamentos da teoria dos signos*, p. 28 (III.1).

No entanto, com isso, chegamos a um ponto no qual uma posição deve ser tomada, pois, até agora, afirmamos que somente se pode identificar se uma norma é jurídica investigando se há outra norma jurídica que lhe dê fundamento de validade. A questão passa a girar, com isso, em torno das *regras de transformação*. Entretanto, de um ponto de vista estático, não haveria nada que permitisse conhecer se uma norma é norma jurídica? Em relação a isso, já pontuamos que estaticamente é ela uma proposição prescritiva. Uma conduta possível empiricamente deve ser, em um dos modos — obrigatório, permitido ou proibido —, essa é a norma jurídica. Contudo, apenas com tal definição, não temos meios de apartar a norma, sem qualquer adjetivo, da norma jurídica, em uma relação entre gênero e espécie, quando a norma jurídica teria todas as propriedades do gênero norma e, portanto, seria uma proposição prescritiva, pois ficaria faltando apontar, ainda, qual elemento diferenciador interno teria? Mas uma resposta a tal pergunta leva-nos ao campo da ontologia da norma jurídica.

Não se deve, sabemos, usar palavras como "ontologia" sem um bom motivo, pois elas produzem demais ruído, e a discussão facilmente pode ser alterada do assunto que se pretende tratar para o significado da palavra em questão. No entanto, nem sempre isso é possível e uma das formas de se evitar tal dissabor é especificando, de antemão, um conceito para o termo polissêmico. Agora, neste trabalho, quando falamos de "ontologia", não é do ser em si que estamos a tratar, mas da essência de um ser.[95] Portanto, podemos reformular a questão: existe uma essência da norma jurídica? Ocorre que, se essa reformulação já é um primeiro ponto, ainda não é suficiente, pois, com efeito, a essência das coisas pode ser vista como questão interna ou externa. Internamente, uma vez admitido um sistema de referências, podemos tranquilamente

95. "Por um lado, [a ontologia] é concebida como ciência do ser em si, do ser último ou irredutível [...]. [...]. Por outro lado, a ontologia parece ter como missão a determinação daquilo em que os entes consistem [...]. Então, é uma ciência das essências e não das existências; é [...] uma teoria dos objetos". José Ferrater Mora, *Dicionário de filosofia*: verbete "ontologia", p. 528.

falar de essência das coisas em relação a ele. No entanto, se questionamos esse sistema de referência, mudamos o ponto de vista, e damos um passo além, pois "[...] a questão externa não é uma questão teórica[,] mas ao contrário a questão prática de saber se aceitamos ou não aquelas formas linguística".[96] Portanto, dentro de um sistema de referência dado, é possível falarmos de essência, ou seja, daquilo que faz o ente diferente de outros entes.[97] Dito isso, vamos construir, então, nosso sistema de referências para poder responder à pergunta.

Podemos afirmar das proposições prescritivas que são ou hipotéticas ou categóricas.[98] Assim, quando a conduta for devida em qualquer situação, a proposição que isso estabelece será categórica; quando a conduta apenas for devida caso se der determinada situação, então será hipotética. E adotando essa formulação, poderíamos esboçar um entendimento de que as normas jurídicas se distinguem das normas morais porque seriam sempre hipotéticas.[99] No entanto, preferimos

---

96. Rudolf CARNAP, Empirismo, semântica e ontologia, *in Coletânea de textos*, p. 124-125 (4) (corrigimos entre colchetes).

97. "[...] do ponto de vista lógico, a essência é aquilo que define uma coisa [...]". Regina SCHÖPKE, *Dicionário filosófico*: verbete: "essência", p. 95.

98. Lição que podemos remontar a Immanuel KANT, com o cuidado de que ele fala de imperativos e não de prescrições: "[...] todos os imperativos ordenam ou hipotética- ou categoricamente. Os hipotéticos representam a necessidade prática de uma acção possível como meio de alcançar qualquer outra coisa que se quer (ou que é possível que se queira). O imperativo categórico seria aquele que nos representasse uma acção como objectivamente necessária por si mesma, sem relação com qualquer outra finalidade". *Fundamentação da metafísica dos costumes*, p. 50 (2).

99. Hans KELSEN nega expressamente que as normas jurídicas possam ser categóricas, excetos as individuais que podem ser ou não: "As normas jurídicas gerais têm a forma de enunciados hipotéticos. [...]. Uma norma jurídica individual também pode ter essa forma hipotética. [...]. Existem, porém, normas jurídicas individuais que não têm caráter hipotético". *Teoria geral do direito e do estado*, p. 54 (I.C.c). E, posteriormente, vai explicitar que ao se referir às normas gerais, nelas está "[...] incluindo as normas gerais de omissão [...]". *Teoria pura do direito*, 2.ed., p, 112 (III.12). Já quanto à norma individual categórica, dá a entender, por fim, que ela é categórica apenas na aparência, pois a hipótese, e sua ocorrência, seria pressuposta: "Se a norma jurídica individual da decisão judicial é categoricamente formulada, então é porque a autoridade que fixa a norma pressupõe os fatos reais da condição: que *pode* ser cumprida ou infringida". *Teoria geral das normas*, p. 26 (5).

uma outra aproximação, com a qual podemos reduzir as normas categóricas a normas hipotéticas, pois, com efeito, os "[...] enunciados escritos na forma categórica podem ser reescritos na forma condicional".[100] Ou seja, se toda e qualquer situação, então deve ser a conduta também pode ser uma norma jurídica. Damos, desse modo, um passo a mais na estrutura da norma jurídica: de um ponto de vista sintático, entendemos a norma jurídica como uma estrutura bimembre, no formato de hipótese e consequência. Só que ainda não podemos distinguir, com base nessa lição, norma de norma jurídica.

Sobre a consequência, já sabemos que uma conduta humana é devida num dos modos (obrigatório, permitido ou proibido), limitada ao possível empiricamente, tudo nos termos da proposição prescritiva, que é válida ou inválida. Já quanto à hipótese, nessa nossa nova formulação, fazem-se necessárias algumas palavras. Ela é igualmente uma proposição. E como tal, decorre de um enunciado posto. Ademais, por questão de coerência, devemos delimitá-la, da mesma forma que a proposição prescritiva, à possibilidade empírica. Entretanto, não mais se aplica a necessidade de que seja uma conduta humana, pois, com efeito, eventos da natureza podem ser a base para que uma conduta seja devida.

Há um mundo do dever-ser, criado pela vontade, e o que deve ser é o estado de coisas. No entanto, de todos os estados de coisas, prendemo-nos, neste trabalho, à conduta humana, estabelecendo como devido o fazer ou o não fazer, num dos modos deônticos. Também, estabelecemos que a conduta somente é devida na forma condicional, aceitando, inclusive, que todo e qualquer estado de coisas pode formar um condicional, e que, por todo e qualquer estado de coisas, limitamo-nos ao

---

100. Lourival Vilanova, *Causalidade e relação no direito*, p.87 (2.9). Assim, um "[...] mandato o permiso de hacer alguna cosa incondicionalmente puede considerarse como un mandato o permiso de hacer alguna cosa bajo condiciones que son tautológicamente satisfechas". Georg von Wright, *Norma y acción*, p. 185 (IX.12). Goffredo Telles Junior, fundamentando-se em Mill, vai numa direção contrária, expondo que "[...] as proposições condicionais [...], reduzem-se a categóricas". *Tratado da consequência*, p. 137 (II.2.3.67).

possível empiricamente, sem que, todavia, haja a necessidade de que, na hipótese, esteja uma conduta humana. E para aqueles que gostam de exemplos, basta imaginar a seguinte norma: se chover em certa região e o pluviômetro acusar acima de tantos milímetros, em um dado período, então deve ser a obrigação, conduta humana, de ligar uma sirene.

Já quanto ao valor dessa proposição, a hipótese, encontramo-nos diante de uma nova situação. VILANOVA expõe que ela "[...] não se guia por valores verificativos (*V/F*), mas segundo observâncias e inobservâncias, por valores de cumprimento (*fulfillment-values*)".[101] Primeiramente, devemos demarcar que há a norma que traz uma situação projetada no futuro e há outra que traz um dado concreto, já realizado. Quanto à primeira, se ela não pode ser verdadeira ou falsa, como o que concordamos, mas também, parece-nos, não pode ser qualificada em razão de ser ou não observada, pois simplesmente há uma projeção de fato que foge a qualquer das valências apontadas. Já quanto à segunda, a descrição de um fato, podemos, sem dúvidas, usar "verdade/falsidade". Afinal, "se p, então ..."; "p verifica-se", portanto "p é"; logo, a segunda proposição que descreve a ocorrência de "p" possui o valor de verdadeira em relação ao mundo, e de observância em relação à premissa maior.

Temos, em resumo, em nossa busca pela estrutura da norma jurídica, duas proposições. Razão pela qual usamos os vernáculos "hipótese/consequência". Assim, hipótese e consequência são tomadas como elementos da norma jurídica, sem que sejam suficientes *per se* para identificá-la, mas sendo, todavia, necessários. De tudo, então, encontramos uma estrutura mínima — frisa-se, necessária, mas não suficiente —, podendo falar-se, assim, de uma composição dual para a norma jurídica, pois "[p]or variado que seja estilisticamente, tecnicamente, idiomaticamente, o modo como o direito positivo de uma sociedade concreta se exprime, onde há regras [...], aí encontramos

---

101. *Causalidade e relação no direito*, p.83 (2.6).

sua composição dual".[102] No entanto, termos como hipótese e consequência somente têm lugar se presente um condicional e, para tanto, vamos valer-nos do "se ..., então ..."; e se não olvidarmos o início deste trabalho, no qual nos declaramos tributários de Hume, resta-nos, com a devida adaptação, ligar a hipótese à consequência por meio do dever-ser, o que nos fornece um "se ..., então deve ser ...".[103] Logo, "se" se dá certa situação (ação, omissão, evento da natureza), "então deve ser" uma conduta. Essa é a norma jurídica, ou melhor, sua estrutura mínima e necessária, mas não suficiente. Exposição estática.

Devemos fazer um breve comentário antes do fim deste tópico. No plano do positivismo analítico, desde a crítica de Dworkin a Hart, vem-se discutindo seriamente o papel dos princípios no direito.[104] E uma forma dura de conceber os princípios leva a afastar-se a ideia de homogeneidade sintática.[105] Entretanto, não vemos como isso seja possível, ao menos

---

102. Lourival Vilanova, *As estruturas lógicas e o sistema do direito positivo*, p. 82 (III.7).

103. "A forma gramatical do princípio da causalidade, assim como do princípio da imputação, é um julgamento hipotético (proposição) ligando alguma coisa como condição a alguma coisa como consequência. Mas o significado da ligação nos dois casos é diferente. O princípio da causalidade afirma que, se A existe, B existe (ou existirá). O princípio da imputação afirma: se A existe, B deve existir". Hans Kelsen, Causalidade e imputação, *in O que é justiça?*, p. 331 (VI).

104. Na verdade, a crítica de Ronald Dworkin não foi particularmente a Hart: "Quero lançar um ataque geral contra o positivismo e usarei a versão de H.L.A. Hart como alvo, quando um alvo específico se fizer necessário. [...]. Meu objetivo imediato [...] é distinguir os princípios [...] das regras [...]". *Levando os direitos a sério*, p. 35 e 37 (2.3). E Herbert Hart, reconhecendo pontos da posição de Dworkin, passou a aceitar a existência de princípios, sem com isso entender que deveria abandonar partes importantes de sua obra-prima, *O conceito de direito*: "Dworkin é credor de grande reconhecimento por ter mostrado e ilustrado a importância desses princípios [não conclusivos] e o respectivo papel no raciocínio jurídico, e, com certeza, eu cometi um sério erro ao não ter acentuado a eficácia não conclusiva deles. Mas também é seguro que não tencionava sustentar através do uso que fiz da palavra <<regra>>, que os sistemas jurídicos só contêm regras de <<tudo-ou-nada>> ou regras quase-conclusivas". Pós-escrito, *in O conceito de direito*, p. 325 (3.ii).

105. A distinção, para a posição forte, entre regras e princípio seria "[...] uma distinção entre duas espécies de normas". Robert Alexy, *Teoria dos direitos fundamentais*, p. 87 (3.I.1). Assim, "[p]rincípios são [...] *mandamentos de otimização*, que são caracterizados por poderem ser satisfeitos em graus variados e pelo fato de que a medida devida de sua satisfação não depende somente das possibilidades fáticas,

não sintaticamente.[106] De todo modo, pode ser que, semântica ou pragmaticamente, alguma divisão seja viável. Por um lado, o semântico, poder-se-ia aceitar um grau maior de indeterminação e de vagueza nos princípios, ou seja, uma maior abertura, como modo de distinção das regras.[107] Por outro lado, o pragmático, na aplicação da norma tida como princípio, poderia o utente querer vê-la prevalecendo no caso individual, mesmo que tenha, para isso, de afastar outra norma, a regra, que se aplicaria de forma mais precisa ao caso. E não por questão hierárquica ou temporal é que se daria o escamoteio, mas por razão de importância axiológica é que seria concederia ao princípio a primazia.[108] Prevaleceria, então, para a aplicação, a norma de destaque, ou seja, o princípio, mesmo que não guarde tão precisa identificação com o caso como a regra.[109] No entanto, a possibilidade de separação das normas

---

mas também das possibilidades jurídicas. [...]. Já as *regras* são normas que são sempre ou satisfeitas ou não satisfeitas". *Ibidem*, p. 87 (3.I.2). Posição que já vem de Ronald DWORKIN: "A diferença entre princípio jurídicos e regras jurídicas é de natureza lógica. [...]. As regras são aplicáveis à maneira do tudo-ou-nada. [...]. Mas não é assim que funcionam os princípios [...]. Mesmo aqueles que mais se assemelham a regras não apresentam consequências jurídicas que se seguem automaticamente quando as condições são dadas". *Levando os direitos a sério*, p. 39-40 (2.3).

106. "Não usarei aqui qualquer definição ou critério de identificação de princípios jurídicos que seja capaz de separá-los da classe das regras ou normas como paramentos de conduta conceitualmente distintos, simplesmente porque não acredito na viabilidade de sucesso dessa tarefa". Juliano MARANHÃO, *Positivismo jurídico lógico-inclusivo*, p. 79 (3.1).

107. Negando a indeterminação como traço distintivo entre os princípios e as regras, temos Riccardo GUASTINI: "[...] a indeterminação não é um caráter suficiente para distinguir os princípios das outras normas. Isso se dá por, pelo menos, duas razões. Em primeiro lugar, na linguagem dos juristas, o uso do vocábulo princípio tem um evidente componente axiológico que o conceito de indeterminação não consegue capturar de modo algum. [...]. Em segundo lugar, a indeterminação [...] é um caráter próprio de qualquer norma jurídica a partir do momento em que cada norma é necessariamente formulada por meio de termos gerais". Os princípios constitucionais como fonte de perplexidade, *in* Anderson TEIXEIRA e Elton de OLIVEIRA (org.), *Correntes contemporâneas do pensamento jurídico*, p. 43 (1).

108. "[...] tratar una norma como un principio significa precisamente presuponer su superioridad — cuanto menos su superioridad axiológica — respecto de otra". Riccardo GUASTINI, *Interpretar y argumentar*, p. 201 (V.8).

109. "As teorias *fundacionalistas* consideram que a prevalência de um princípio justificador da regra sobre a regra significa uma alteração do direito. As *coerentistas*

jurídica em regras e princípios, nos planos semântico e pragmático, não altera a questão sintática e, por conseguinte, a da homogeneidade das normas jurídicas, que fica intocada, sem que o tema dos princípios seja capaz de cindir as normas jurídicas de um ponto de vista estrutural.[110]

2.6 FORMALIZAÇÃO DA NORMA JURÍDICA[111]

Dada uma situação — inclusive toda e qualquer—, então deve ser uma conduta humana. Há nessa ideia uma clara cisão do mundo da linguagem em prescrição e descrição. Nas leis da natureza, ligamos a hipótese à consequência, tendo em vista a causalidade. Linguagem descritiva do mundo. Já no campo da prescritividade, a hipótese é ligada à consequência pelo dever-ser. Com isso, estamos a referir-nos à imputação, uma vez que, "[n]ada é dito pela norma sobre o comportamento efetivo do indivíduo em questão";[112] pois "[...] aquilo que *deve ser* não corresponde sempre ao que é".[113] Assim, para a causalidade, é

consideram que a razão decorrente do princípio pode ser parte do direito, sem que isso implique sua alteração". Juliano Maranhão, *Positivismo jurídico lógico-inclusivo*, p. 155 (3.13).

110. "[...] qualquer norma pode ser reformulada de modo a possuir uma hipótese de incidência seguida de uma consequência". Humberto Ávila, *Teoria dos princípios*, p. 43 (2.3.1.2). Isso, entretanto, não significa que, para esse autor, não haja diferença entre regra e princípio, pois "[a]s regras são normas imediatamente descritivas, primariamente retrospectivas e com pretensão de decidibilidade e abrangência [...]. Os princípios são normas imediatamente finalísticas, primariamente prospectivas e com pretensão de complementaridade e de parcialidade [...]". *Ibidem*, p. 78 (2.4.3).

111. Rigorosamente, se formalizar é dar uma fórmula, então a formalização da norma jurídica somente pode ocorrer quando apresentado previamente um alfabeto da linguagem formalizadora, com variáveis, constantes, conectivos e símbolos auxiliares, bem como a regra de formação para avaliar a fórmula como bem formada. Faltando algo, mais correto é a palavra abreviação. Com isso, não há neste capítulo, propriamente, uma formalização, mas sim uma abreviação, entretanto, para evitar estranhezas, uma vez que a distinção nem sempre é conhecida, usar-se-á, mesmo assim, o termo formalização, por ser geralmente o empregado.

112. Hans Kelsen, *Teoria geral do direito e do estado*, p. 51 (C.a.5).

113. Norberto Bobbio, *Teoria da norma jurídica*, p. 152 (V.39).

uma descrição de uma lei da natureza; para a imputação, é o próprio vínculo entre a hipótese e a consequência.[114]

Esse é nosso mínimo irredutível da estrutura da norma jurídica. E, para fins de simplificação, vamos formalizá-lo, promover uma abstração lógica,[115] usando, para tanto, uma notação a mais próxima possível da do cálculo proposicional clássico.[116] Por essa linha, a hipótese e a consequência são to-

114. "[...] la distinción esencial entre el principio de causalidad y el de la imputación normativa consiste en que en el caso de la causalidad, la vinculación de los elementos es independiente de un acto de la voluntad humana o sobrehumana mientras que en la imputación, la vinculación es creada por un acto de la voluntad humana cuyo sentido es un norma". Hans KELSEN, *¿Qué es la teoría pura del derecho?*, p. 12-13.

115. "E destaco, por abstração lógica, a forma desembaraçando-me da *matéria* que tal forma cobre". Lourival VILANOVA, *As estruturas lógicas e o sistema do direito positivo*, p. 46 (I.6).

116. Não há apenas uma notação possível para a formalização. Assim, "[...] el lenguaje formal representa aquellos vínculos mediante signos especiales, que reciben el nombre de *conectivos extensionales* [...], *signos lógicos*, *constantes lógicas* u *operadores*. Pero no existe un acuerdo generalizado acerca de cómo representar estos signos. Esto da lugar a la existencia de distintas *notaciones*, o sistemas gráficos de escritura de la lógica simbólica". Delia ECHAVE, María URQUIJO e Ricardo GUIBOURG, *Lógica, proposición y norma*, p. 40-41 (II.2). E, dentre as possibilidades, utilizaremos, como ponto de partida, o cálculo proposicional clássico: "[s]e o *CQC* [cálculo de predicados de primeira ordem] é uma lógica de primeira ordem, podemos dizer que o *CPC* [cálculo proposicional clássico] é uma lógica de ordem zero. Essa lógica, que tem suas origens na lógica dos filósofos estoicos, é um subsistema interessante do *CQC*". Cezar MORTARI, *Introdução à lógica*, p. 63 (5.1). Depois, promoveremos os ajustes, com os modos de conduta e a imputação, o que nos põe nas proximidades de uma lógica deôntica padrão (SDL – *standard deontic logic*). Agora, não olvidamos que "[...] poucas são as lógicas tão sujeitas a críticas como SDL". José CARMO, Lógica deôntica, *in* João BRANQUINHO, Desidério MURCHO e Nelson GOMES (ed.), *Enciclopédia de termos lógico-filosóficos*, p. 448. No entanto, *mutatis mutandis*, na citação abaixo, trocando "lógica de predicados" por "lógica deôntica-padrão", entendemos válido para o nosso trabalho o ensinamento de Willard QUINE: "Encontramos uma lógica de necessidade e possibilidade, uma lógica de perguntas, de "deves" ou "não deves", de comportamentos, e de condicionais fortes. Na medida em que a gramática da lógica de predicados é, em princípio, adequada como um veículo da teoria científica austera, esses empreendimentos posteriores não têm parte a desempenhar em nosso sistema teórico do mundo". *Quiddities*: entry "predicate logic", p. 159. Tradução nossa de: "We encounter a logic of necessity and possibility, a logic of questions, of 'shalt' and 'shalt not', of propositional attitudes, and of strong conditionals. Insofar as the grammar of predicate logic is in principle adequate as a vehicle of austere scientific theory, these ulterior endeavors have no part to play in our theoretical system of the world".

madas como fórmulas atômicas e representadas por letras minúsculas do alfabeto latino (p, q, r, s *etc.*). Já para operadores, basta-nos[117] a negação (~),[118] a conjunção (∧),[119] a disjunção (v)[120] e a implicação (→),[121] além de notações próprias para o deôntico, que antes deve ser desambiguado:

> [...] dever-ser é o modal genérico, cujas espécies são: o proibido, o obrigatório e o permitido (positivo e negativo). [...]. Outro sentido do dever-ser é o de forma de síntese dos dados-da-experiência. É no sentido categorial de forma de síntese ou método de ordenação da experiência [...]. Sob esse ângulo, o dever-ser é a contrapartida, no universo social, da causalidade no mundo natural.[122]

Sob o rótulo "dever-ser", temos dois significados distintos. Que a conduta prescrita deve ser num dos modos, aqui temos um ponto; mas que, dada certa situação, então deve ser a

117. "[...] o bicondicional é, de certo modo, supérfluo, pois seu papel pode ser desempenhado com o auxílio do condicional e da conjunção". Leonidas Hegenberg, *Dicionário de lógica*: verbete "conectivos", p. 46.

118. "A *negação* (ou contradição, ou negativa) de um enunciado é, frequentemente, formada pela inserção de um 'não' no enunciado original". Irving Copi, *Introdução à lógica*, p. 228 (8.II).

119. "Quando dois enunciados se combinam pela palavra 'e', o enunciado resultante composto é uma conjunção e os dois enunciados que se combinam têm o nome de *conjuntivos*". Irving Copi, *Introdução à lógica*, p. 227 (8.II).

120. "A *disjunção* (ou *alternação*) de dois enunciados forma-se inserindo a palavra 'ou' entre eles. Os dois enunciados componentes, assim combinados, são chamados *disjuntivos* (ou *alternativos*). A palavra 'ou' é ambígua [...]. [...]. A palavra latina *vel* expressa a disjunção débil ou inclusiva, ao passo que a palavra latina *aut* corresponde à palavra 'ou' em seu sentido forte ou exclusivo". Irving Copi, *Introdução à lógica*, p. 229 (8.II).

121. Não olvidamos que "[n]ão existe um só significado de 'se ... então', mas vários". Irving Copi, *Introdução à lógica*, p. 238 (II.8.III). Muito menos que se pregue um uso restrito do termo "implicação", pois, "[a] rigor (sic), 'implicação' deveria ser utilizada para indicar que uma conclusão (C) deflui de um conjunto de premissas (Γ) [...]". Leonidas Hegenberg, *Dicionário de lógica*: verbete "implicação", p. 101. No entanto, neste trabalho, vemos "[...] $\alpha \rightarrow \beta$ como apenas uma maneira mais simples de dizer $\neg(\alpha \wedge \neg \beta)$". Cezar Mortari, *Introdução à lógica*, p. 137 (9.2.4). No mesmo sentido, podemos citar Copi: "Definimos o novo símbolo '⊃' (chamado *ferradura*) considerando p ⊃ q uma abreviação de ~(p.~q)". *Ibidem*, p. 238 (II.8.III).

122. Lourival Vilanova, *As estruturas lógicas e o sistema de direito positivo*, p. 261-262 (XIII.14).

conduta, isso é outro tópico, e, portanto, precisamos de notações diferentes. Para o primeiro caso, dos modos de conduta, que são três, usaremos (O) para obrigatório, (V) para proibido e (P) para permitido.[123] Já para a separação do mundo entre o que é e o que deve ser, entre a causalidade e a imputação, valer-nos-emos de (D), que é "[...] um conectivo operatório, ou partícula não referente a objetos ou a propriedade-de-objetos. É um functor".[124] No entanto, (D) não é um mero conectivo, ao lado dos conectivos acima listados, pois "[...] o functor D é um functor-de-functor".[125] Por meio dele, não estamos expondo que ou a hipótese ou a consequência deve ser, mas que a implicação entre a hipótese e a consequência deve ser, ou seja, nossa afirmação é que a hipótese imputa a consequência.

Até aqui, dissemos que, dada a hipótese, podendo ser ela toda e qualquer situação possível no mundo fático, então deve ser a consequência, uma conduta humana, também possível de fato, num dos modos: obrigatório, proibido e permitido. Agora, podemos traduzir, alinhavando, para complementarmos mais à frente: (D) $[p \rightarrow (O \vee V \vee P)q]$.[126] Há nisso, claro, uma formalização, mas essa formalização não chega a ser completa. Quando se diz que a norma é prescrição de conduta humana, por mais desprovido que seja isso de matéria, já se deixou o campo da lógica formal em sentido estrito. Com efeito, com essa demarcação, já temos dois tipos de proposições, as que

---

123. "Para os enunciados que obrigam determinado comportamento *p*, é utilizada a notação O(*p*); para os que proíbem (vedam) o comportamento *p*, é utilizada a notação V(*p*); e para os que permitem o comportamento *p*, a notação P(*p*)". Fábio Ulhoa Coelho, *Roteiro de lógica jurídica*, p. 56 (17).

124. Lourival Vilanova, *Lógica jurídica*, p. 102 (III).

125. Lourival Vilanova, *Causalidade e relação no direito*, p. 96 (II.13). "[...] para que a proposição seja modal, é preciso que o modo afete a cópula". Goffredo Telles Junior, *Tratado da consequência*, p.125 (II.2.3.65).

126. "Essa colocação do functor, abrangente da relação formal, evita que se construa formalmente a proposição-hipótese, na fórmula: '$p \rightarrow D(q)$', isto é, como sendo uma proposição-antecedente descritiva, implicando a proposição-consequente de caráter prescritivo. Pois aqui *a incidência do functor é sobre a relação de implicação, que inexistira sem tal functor*". Lourival Vilanova, *As estruturas lógicas e o sistema do direito positivo*, p. 92-93 (IV.1).

tratam da conduta humana e as que não tratam. Distinção não meramente estrutural, mas de conteúdo. Com isso, queremos dizer que um estudo sintático do direito apresenta também conteúdo, mesmo se o qualificarmos de mínimo: cuida de condutas, só que, desde que possíveis, qualquer uma serve.

2.7 NORMA E SANÇÃO

Norma jurídica é uma prescrição de conduta humana que obtém sua validade, ao fim e ao cabo, da norma fundamental. Esse é o plano dinâmico. Estaticamente, por sua vez, a norma jurídica apresenta uma certa estrutura: hipotética prescritiva, ou seja, há uma hipótese ligada a uma consequência por meio do dever-ser. Por outras palavras, imputa-se à hipótese, se verificada a descrição, a consequência, ou seja, a conduta devida. Assim, horizontalmente, a norma jurídica apresenta como característica — necessária, mas não suficiente — uma estrutura dual, cujas partes são unidas pelo dever-ser; verticalmente, norma jurídica é a que decorre de outra norma jurídica; mas isso indiretamente, uma vez que entre elas há a conduta. Agora, ao conjunto de normas jurídicas — que se entrelaçam dinamicamente, e são, de um ponto de vista sintático, homogêneas —, denominamos de ordenamento jurídico ou direito positivo. Afinal, "[...] *o que comumente chamamos de Direito é mais uma característica de certos ordenamentos normativos que de certas normas*".[127] O direito é, portanto, um conjunto de normas jurídicas, mas não só isso, sendo esse todo apresentado como uma ordem coativa ou coercitiva.[128] Mas quando se

127. Norberto BOBBIO, *Teoria do ordenamento jurídico*, p. 28 (1.3).

128. Não vamos prender-nos a eventual diferença entre coação e coerção. A doutrina clássica alemã usa o termo "Zwang", que tanto pode ser traduzido por "coação" como por "coerção" (Edel EHLERS e Gunter EHLERS, *MICHAELIS TECH*: dicionário de economia e direito alemão-português, português-alemão, p. 322-323 respectivamente). Preferimos, dentre essas duas posições aceitáveis, que aqui adotamos como cambiáveis, "coação", por ser desse modo que o termo vem sendo traduzido, quer em espanhol, quer em português. Exemplificativamente, podemos citar: — "[...] Recht ist der Inbegriff der in einem Staat geltenden Zwangsnormen [...]". Rudolf von IHERING, *Der Zweck im Recht*, p. 318 (VIII.10). "El derecho puede [...] definirse

atribui ao direito o caráter de coativo, cria-se uma ponte entre os planos do ser e do dever-ser, rompendo-se com a pureza absoluta do modelo, pois é com base nessa ideia que se defenderá a necessidade de um mínimo de eficácia ao ordenamento jurídico como um todo. No entanto, neste primeiro momento, nosso foco é — separando a coação como característica do direito como um todo da coação como característica da norma jurídica individualizada — verificar se a norma jurídica necessita da coação para assim ser denominada. Em suma, a questão sobre a essência da norma jurídica é reposta agora, para saber se a coação é da sua essência.

Coação ou coerção é um termo ambíguo que pode assumir no mínimo duas feições.[129] Uma, a de fato; outra, mais abstrata, a de ameaça. Em relação à questão de fato, se alguém não realiza a conduta devida, então é coagido. Já na segunda hipótese, alguém é ameaçado com coação, caso sua conduta não seja a devida. Entre essas duas possibilidades, como temos adotado uma posição normativa, vamos descartar a questão fática, prendendo-nos à ameaça. Só que a ameaça, tal como a norma jurídica, também é formulada em linguagem. Logo, é posto igualmente um enunciado por meio de um ato de vontade, que deve ser interpretado na linha de que se a conduta devida, estabelecida pela norma jurídica, não se der, então deve ser cumprida a ameaça de coação. Em outras palavras, em face da ocorrência de uma hipótese, deve ser a conduta num dos modos (obrigatório, proibido e permitido) ou, não sendo a conduta devida, deve ser a coação, que aparece

---

exactamente: el conjunto de normas según las cuales se ejerce en un Estado la coacción". Rudolf von IHERING, *El fin en el derecho*, p. 202 (VIII.10.145). — "In diesem Sinne sind die als Rechts bezeichneten Gesellschaftsordnungen Zwangsordnungen menschlichen Verhaltens". Hans KELSEN, *Reine Rechtslehre*, 2.aufl., p. 34 (I.6.b). "[...] as ordens sociais a que chamamos Direito são ordens coativas da conduta humana". Hans KELSEN, *Teoria pura do direito*, 2.ed., p. 36 (I.6.b).

129. "Como coerção, a pena pode ter uma dupla natureza. a) *Coerção indireta, mediata, psicológica*, vale dizer criação dos motivos psicológicos ao agir. [...]. b) *Coerção direta, imediata, mecânica*, quer dizer, verdadeira e própria violência". Franz von LISZT, *Teoria finalista no direito penal*, p. 43-44 (V).

primeiramente como ameaça. Se à primeira parte da equação chamamos de norma jurídica, vamos agora pactuar que, à segunda parte da equação, ao menos neste primeiro momento, denominaremos de sanção.[130] Dito isso, então podemos reformular a nossa pergunta: é dá essência da norma jurídica a sanção? há norma jurídica sem sanção?

Na estrutura dual, identificamos o mínimo da norma jurídica (regra de formação). Na relação com outra norma jurídica, o caráter de ser norma jurídica (regra de transformação). Agora, devemos entender se e como a coação — apontada como característica do direito como um todo, pois ser coativo é ser minimamente eficaz — concatena-se à essa estrutura. Para tanto, vamos considerar, em relação à sanção, a "necessidade" e a "possibilidade" de ela ser um traço determinante da norma jurídica.

Como necessidade, dinamicamente, dispensamos a coação como traço essencial da norma jurídica, pois é possível conhecer esta sem fazer qualquer remissão àquela, uma vez que a referência à norma fundamental já é suficiente para dizermos que uma norma é direito positivo, ou seja, que faz parte do conjunto jurídico e, portanto, é norma jurídica, não sendo necessário expor que ela, especificamente, é uma sanção ou que se liga a uma sanção. Assim, não há a necessidade de evocar a sanção para dizer o que é norma jurídica. Ademais, uma "[...] tal definição não mais pode ser dita *formalista*, porque define o conteúdo, objeto do direito".[131] O que fugiria, e muito, de uma análise primordialmente sintática como a que empreendemos aqui. No entanto, no plano estático, a mera estrutura dual, que é necessária, não dá conta de apartar o direito de seus congêneres, não sendo suficiente. A índole de hipotética não é característica exclusiva da norma jurídica e, portanto, deve-se associar essa norma a algo mais para demonstrar sua especificidade de

130. "A sanção, do ângulo linguístico, é, assim, ameaça de sanção: trata-se de um fato linguístico e não de um fato empírico. As normas, ao estabelecerem uma sanção, são, pois, atos de ameaçar e não representação de uma ameaça". Tercio Sampaio Ferraz Jr., *Teoria da norma jurídica*, p. 70 (2.5).

131. Norberto Bobbio, *O positivismo jurídico*, p. 159 (II.II.39).

jurídica. Já quanto ao que seria esse algo mais, vamos vê-lo mais adiante, mas podemos adiantar que ele não é imperiosamente a sanção, ao menos não enquanto formulada como coação. Isso porque, expor que uma norma é uma sanção ou se associa a uma sanção, diz muito, mas não diz tudo, pois há várias outras sanções que não as jurídicas.[132] Assim, não é possível identificar a norma como jurídica por ser ela uma sanção ou estar ligada a uma sanção. De tudo isso, temos que a sanção não é necessária, ao menos no plano dinâmico, nem possível, no plano estático, como signo distintivo da norma jurídica.

Ademais, há um problema grave para a definição de sanção quando ela é tida por coação. O direito, como conjunto de normas jurídicas, prescreve conduta humana. E se essa conduta prescrita é causar um mal a outrem, em razão de que esse outrem não praticou certa ação ou omissão quando isso era devido, então teríamos o que podemos chamar de sanção. A dificuldade reside, entretanto, na ideia de mal. Como saber se uma determinada conduta que praticamos em relação ao outro é um mal? Intuitivamente, dentro do nosso senso comum, talvez não tenhamos dificuldades para responder tal pergunta. Mas basta um olhar mais apurado para notarmos que a intuição não transpassa para o campo objetivo. E isso sem aventarmos o sadismo e o masoquismo. É muito comum, por exemplo, que quem pratica a conduta não a veja como um mal, mas como uma correção ou simplesmente uma necessidade;[133] de outro lado, de quem a recebe, pode ser vista a sanção como redenção, como forma de expiar os pecados ou até

---

132. Expondo que os sistemas morais, portanto, não só o direito, possuem sanção, citamos Stuart Mill: "O princípio da utilidade tem, ou não há qualquer razão para que não possa ter, todas as sanções que pertencem a qualquer outro sistema moral. Essas sanções são externas ou internas. [...]. São elas [sanções externas] a esperança de receber benefícios e o receio de reprovação dos nossos semelhantes ou do Soberano do Universo [...]. [...]. A sanção interna do dever [...] – um sentimento na nossa própria mente, uma dor, mais ou menos intensa, concomitante da violação do dever [...]". *Utilitarismo*, p. 132-133 (III) (esclarecemos entre colchetes).

133. "*Porque o Senhor castiga quem Ele ama / E chicoteia todo aquele que Ele reconhece como filho*". Hebreus 12:6, *Bíblia*: novo testamento: apóstolos, epístolas, apocalipse, p. 464.

mesmo como necessidade para que advenha o bem.[134] Logo, o subjetivismo não é o caminho.

Não podemos, ao menos não em uma análise sintática do direito, imaginar que a pena "[...] *deve representar, para aquele que irá sofrê-la, um sentimento de desagrado*".[135] Isso seria abandonar a normatividade e mudar de ares.[136] Mas mesmo alguém com a autoridade de KELSEN se vê tentado a apelar à subjetividade para definir o ato coativo, afirmando ser ele "[...] normalmente recebido pelo destinatário como um mal".[137] Nessa linha, retribuir-se-ia às boas condutas com prazer (sanção premiativa) e às más condutas com dor (sanção punitiva).[138] Ocorre que enveredar por tal caminho significa afastar-se da ideia de direito como conjunto de normas encadeadas entre si, com uma origem comum, a norma fundamental, para graduar, no melhor estilo utilitarista, a dor e o prazer. No entanto, se queremos continuar a investigação da estrutura da norma jurídica, não devemos prender-nos a como as pessoas percebem o conteúdo da norma jurídica. A explicação sintática do direito, mesmo que com traços semânticos mínimos, deve seguir, com efeito, por outra senda.

2.8 NORMA PRIMÁRIA E NORMA EVENTUAL

Dada certa situação, então deve ser a conduta (ação ou omissão). Assim prescreve a norma jurídica; norma que é resultante

---

134. "— Quer dizer que desejava ser chicoteado? [Lenina]. Ainda com os olhos desviados, o jovem [Selvagem] fez um sinal afirmativo. — Para o bem do *pueblo*, para vir a chuva e crescer o trigo". Aldous HUXLEY, *Admirável mundo novo*, p. 119-120 (7).

135. Ernst von BELING, *A ação punível e a pena*, p. 86 (II.I.2) (itálicos constam do original).

136. "Além de psicossociológica, sua determinação [da sanção] é [...] também axiológica". Tercio Sampaio FERRAZ JR., *Teoria da norma jurídica*, p. 68 (2.5) (esclarecemos entre colchetes).

137. *Teoria pura do direito*, 2.ed., p. 35-36 (I.6.b).

138. "A pena, por sua força, é particularmente aplicável para prevenir as ações danosas e a única que é própria para impedir as que são extraordinariamente perniciosas. [...]. A recompensa, por sua força vivificante, é mais adequada para que se façam as ações úteis, e a única para que se executem as que são extraordinárias". Jeremias BENTHAM, *As recompensas em matéria penal*, p. 36-37 (6).

de um texto. E, em símbolos formais, temos: (D) [p→(OvVvP)q]. Toda norma jurídica teria essa estrutura, sem que isso, entretanto, seja condição suficiente para identificá-la, quando estamos a falar do plano estático da norma jurídica e, nesse plano, é ela uma prescrição hipotética; no entanto, há outras normas, além da norma jurídica, que podem assumir a mesma estrutura. Por isso, sem nos dirigir ao plano dinâmico, apenas da posse da estrutura, não saberemos se nos defrontamos com uma norma jurídica, pois somente assim será ela identificada se obtiver sua validade de outra norma jurídica. Disso decorre que é por meio de um estudo vertical do direito que a validade piramidal se apresenta. Não obstante, se continuarmos nossa busca no plano horizontal, ao lado dessa estrutura mínima, verificamos que há, de forma interligada, uma outra estrutura.

As tentativas iniciais, como vimos acima, eram de concatenar a norma jurídica à sanção, lida então como coação. Contudo, o termo coação apresenta uma série de dificuldades, razão pela qual preferimos abandoná-lo quando utilizado como associação necessária de toda e qualquer norma jurídica, deixando-o para o direito como um todo, com seu mínimo de eficácia. Disso não decorre, porém, que a formulação [D (p→q)][139] careça de ser tomada isoladamente, pois há outra norma jurídica, também decorrente, verticalmente, de norma jurídica, que prescreve: se não advir a conduta devida, então deve ser, haja vista a eventualidade de sua não ocorrência, uma outra conduta. Abreviando, temos: [D ($\sim q \rightarrow e_v$)].[140] Essa é nossa proposta.[141]

---

139. Vamos omitir, com fins de simplificação, os modos de conduta (O, V e P).

140. "[...] o problema da representação de 'obrigações contrárias ao dever' (*contrary-to-duties*) [é] uma das questões centrais da lógica deôntica (que tem precisamente como objetivo a possiblidade de especificar quer o comportamento desejado, quer os comportamentos corretores de violações daquele". José CARMO, Lógica deôntica, *in* João BRANQUINHO, Desidério MURCHO e Nelson GOMES (ed.), *Enciclopédia de termos lógico-filosóficos*, p. 448.

141. Tratamos neste trabalho apenas da consequência em caso de não ocorrência da conduta devida, mas também é possível estabelecer-se consequência face à ocorrência dessa conduta devida: "Em relação a um sistema normativo, os atos humanos podem distinguir-se em atos conformes e atos desviantes. Pois bem, em reação aos atos conforme, a técnica do desencorajamento visa *(sic)* proteger o seu exercício

E se trouxer para a exposição o sujeito (S) cuja conduta é devida, podemos desenvolver melhor o tema, pois uma norma jurídica prescreve a "S_1" primeiramente uma conduta, de forma condicional [D (p→S_1q)]. Por causa disso, vamos chamá-la de "norma primária". Uma outra norma jurídica também prescreve conduta, só que agora, a "S_2", mas só eventualmente, ou seja, somente se não se der a primeira conduta [D (~q→S_2e_v)]. Por isso, vamos chamá-la de "norma eventual". Temos duas normas jurídicas, com mesma estrutura, mas diversas no conteúdo, como também endereçadas a pessoas diferentes.[142] Em relação à norma primária, para a hipótese, fixamos qualquer conteúdo desde que a facticidade seja possível; já a consequência, respeitado o limite empírico, deve ser ela uma conduta humana. Nossa sintaxe da norma jurídica, assim, vem acompanhada de conteúdo mínimo. No que tange à segunda norma jurídica, sua hipótese sempre será a não ocorrência da conduta devida, e a consequência, será uma conduta, devida apenas na eventualidade, sem que precisemos entrar em discussões sobre se há nela questões como dor e prazer e como alguém disso se apercebe. Abre-se, assim, o guarda-chuva. Sob a denominação de eventualidade, cabe agora qualquer conteúdo para a conduta: pena, prêmio, inconstitucionalidade, ilegalidade, anulabilidade *etc*. Com isso, estamos prontos para um próximo passo na estrutura sintática da norma jurídica.

Que a norma jurídica, num sentido completo, é (bi) bimembre, já o havia concedido Hans KELSEN.[143] Todavia, em razão

---

[...]. Ao contrário, a técnica do encorajamento visa *(sic)* não apenas a tutelar, mas também a provocar o exercício dos atos conformes [...]". Norberto BOBBIO, A função promocional do direito, *in Da estrutura à função*, p. 14 (7).

142. *Mutatis mutandis*, podemos justificar a diferença entre os destinatários da norma primária e os da norma eventual do mesmo modo que Thomas HOBBES fez com as leis simples e as leis penais: "[...] nas leis que são simplesmente leis, o comando se aplica a todo homem; mas nas leis penais o comando se aplica ao magistrado, que é o único responsável pela violação delas quando as penas previstas não são infligidas; aos demais só lhes compete tomar conhecimento do perigo que correm". *Os elementos da lei natural e política*, p. 182 (II.XXIX.6).

143. Na verdade, que a lei seja composta de duas partes, já apontava, quase 300 anos antes de KELSEN, Thomas HOBBES: "[...] das leis positivas humanas, umas são

da primazia que sua *Teoria Pura do Direito* concede à sanção, resolveu ele, já na primeira edição de sua obra, chamar a norma que contém a sanção de primária (*primär*); já a outra, de secundária (*sekundär*).[144] Dando desdobramento à ideia, chegou ele a afirmar que "[c]aso se admita que a primeira norma, que proíbe o roubo, é válida apenas se a segunda norma vincular uma sanção ao roubo, então, numa exposição jurídica rigorosa, a primeira norma é, com certeza, supérflua".[145] Ou ainda que "[...] a norma 'Não matarás' é supérflua quando vigora uma norma que diz: 'Quem matar será punido' [...]".[146] Nesse ponto, não andou bem o meridiano de Greenwich dos positivistas, pois aquilo que chama de norma secundária, de forma alguma, pode ser considerada supérflua (*superfluous*, *überflüssig*), ao menos não no sentido de desnecessária. Afinal, não nos basta "$\sim q$" para imputar a conduta "e_v", o que daria razão ao flagelo dos jusnaturalistas, mas "$\sim q$" deve estar antecedido de "p", havendo entre eles, no mais, uma associação normativa. Não é possível, assim, reduzir a norma primária à eventual sem modificação de conteúdo. Além de que, a própria terminologia, o uso da expressão "norma primária" para aquela que contém a sanção, não fica imune a sérias objeções. Vejamos!

---

distributivas e outras *penais*. As *distributivas* são as que determinam os direitos dos súditos [...]; estas leis são dirigidas a todos os súditos. As *penais* são as que declaram qual a penalidade deve ser infligida àqueles que violam a lei, e são dirigidas aos ministros e funcionários encarregados da execução das leis". *Leviatã*, p. 242 (2.XXVI). "Mas distributiva e punitiva não são duas espécies distintas de lei, e sim duas partes da mesma lei". *Do cidadão*, p. 221 (XIV.7).

144. "A norma, que determina a conduta que evita a coação — e que é o objetivo do ordenamento jurídico — significa apenas uma norma jurídica com a condição de que deve expressar-se de forma abreviada, por questões de comodidade na exposição, o que somente a proposição jurídica enuncia integral e corretamente: que sob as condições da conduta contrária deve acontecer um ato coercitivo, como consequência. Essa é a norma jurídica em sua forma primária. A norma que determina a conduta, que evita a coação, só pode valer como norma jurídica secundária". *Teoria pura do direito*, 1.ed., p. 93 (III.14.b).

145. *Teoria geral do direito e do estado*, p. 86 (I.IV.C).

146. *Teoria pura do direito*, 2.ed., p. 61 (I.6.e).

Num sentido estrutural, ambas as normas são importantes, pois, logicamente, os quatro membros da norma jurídica na sua formulação completa — a "hipótese", a "primeira conduta" devida e, em caso de "não realização da primeira conduta" devida, a "conduta eventual" devida — têm o mesmo peso. A norma que possui a sanção na doutrina kelseniana — no nosso caso, a norma eventual — não é, assim, a mais importante; não é, com efeito, a primeira entre seus pares, ou seja, não tem nenhum caráter *primus inter pares*, a não ser que se lhe queira atribuir caráter ideológico. Na verdade, "[a]s denominações adjetivas 'primária' e 'secundária' não exprimem relações de ordem temporal ou causal, mas de antecedente lógico para consequente lógico".[147] Devemos, no entanto, ressalvar que Hans KELSEN mudou de entendimento em relação a tal nomenclatura:

> Se se admite que a distinção de uma norma que prescreve uma conduta determinada e de uma norma que prescreve uma sanção para o fato da violação da primeira seja essencial para o Direito, então precisa-se qualificar a primeira como norma primária e a segunda com secundária — e não o contrário, como o foi por mim anteriormente formulado.[148]

Assim, até poderia ser dito que "[o] muito que se divulgou no mundo com referência à norma primária e à secundária também não mais corresponde à última opinião de Kelsen".[149]

---

147. Lourival VILANOVA, *As estruturas lógicas e o sistema do direito positivo*, p. 105-106 (V.1).

148. *Teoria geral das normas*, tradução de: José Florentino DUARTE, p. 181 (35). No original: "Nimmt man an, daβ die Unterscheidung einer ein bestimmtes. Verhalten vorschreibenden Norm und einer Norm, die für den Fall der Verletzung der ersten eine Sanktion vorschreibt, für das Recht wesentlich ist, dann muβ man die erste als primäre und die zweite als sekundäre Norm bezeichnen — und nicht umgekehrt, wie dies von mir im Vorhergehenden formuliert wurde". *Allgemeine theorie der normen*, p. 115 (35). Na tradução de Hugo Carlos Delory JACOBS: "Si se considera que para el derecho es esencial la distinción entre una norma que prescribe cierta conducta, y otra norma que prescribe una sanción para el caso de la violación da la primera entonces se tiene que caracterizar la primera como norma primaria y la segunda como norma secundaria — y no a inversa, como fue formulado por mí en las argumentaciones precedentes". *Teoría general de las normas*, p. 148 (35).

149. José Florentino DUARTE, Palavras do tradutor, *in* Hans KELSEN, *Teoria geral das normas*, p. IX. Marcos Bernardes de MELLO, comentando especificamente a

tradução de Duarte, que acabamos de transcrever, afirma que "[e]sse entendimento [...] deve ser considerado com bastante reserva [...]", e isso depois ter posto em dúvida a tradução realizada pelo primeiro — mesmo que com a ressalva de que "[h]á pequena diferença entre os textos das traduções [...] que, no entanto, não lhe afeta o conteúdo" —, pois a comparou com a sua própria tradução da versão inglesa *General theory of norms*, p. 142, Oxford: Clarendon Press, 1991 — que, por sua vez, foi traduzida do alemão por Michael Hartney — quando chegou a um fim do excerto diverso do da tradução para o português: "[...] e não o contrário como expressei em capítulo anterior". *Teoria do fato jurídico*: plano da existência, p. 65 (II.10.2.1). Há, nessa posição de Mello, dois pontos a serem discutidos. Um é a harmonia da obra *Teoria Geral das Normas* como um todo, pois não há dúvidas de que em capítulos anteriores (15 e 34) — o capítulo discutido em questão é o 35 — Hans Kelsen expõe um posicionamento de acordo com sua formulação original: "[...] se se pressupõe que cada norma jurídica geral seja a ligação de duas normas, das quais uma estabelece como devida uma certa conduta e a outra põe como devida a fixação de um condicional ato de coação por parte de um órgão judicial para o caso de violação desta norma. Eu designei a segunda norma como primária, a primeira como norma jurídica secundária". *Teoria geral das normas*, p. 68 (15). "[...] norma aqui qualificada como 'secundária', a saber, a conduta que evita a sanção [...]". *Ibidem*, p. 180 (34). Quanto a esse ponto, não há dúvidas de que a obra publicada postumamente — e não obra póstuma, como geralmente a ela se referem — possui suas incongruências. E isso porque ela "[...] reúne textos e artigos de Kelsen escritos em épocas muito diversas de sua vida". Andityas Soares de Moura Costa Matos, Norma fundamental: ficção, hipótese ou postulado?, *in* Hans Kelsen, *Sobre a teoria das ficções jurídicas*, p. 16 (2). De fato, já em 1965, Hans Kelsen dá conta a Klug de que trabalha nessa obra: "Seu artigo *Notas sobre análise lógica de algumas afirmações e conceitos teóricos-jurídicos* eu o conheço muito bem e dele me ocupei pormenorizadamente num amplo estudo denominado *Teoria Geral das Normas*, no qual trabalho há bastante tempo". Correspondência com Klug (28.7.1965), *in* ______ e Ulrich Klug, *Normas jurídicas e análise lógica*, p. 91. No entanto, esse longo período de produção da obra não muda um ponto importante: "[n]uma série de aspectos, Kelsen modificou e alterou sua opinião. [...] ela [a obra Teoria geral das normas] deve — não importando o ponto de vista que finalmente se reconheça correto — tornar-se conhecida como a última posição do pensamento de Kelsen sobre a Teoria das Normas". Kurt Ringhofer e Robert Walter, Introdução, *in* Hans Kelsen, *Teoria geral das normas*, p. XVI (esclarecemos entre colchetes). Mais especificamente, num segundo ponto, a tradução do original não pode ser feita sem certa complicação, pois Kelsen usa o adjetivo/advérbio "vorhergehend" (anterior/anteriormente, precedente/precedentemente) de forma substantivada (a palavra escrita em maiúscula em alemão, conforme o original, demonstra isso). Assim, livremente, arriscamos como tradução: "... e não ao contrário, tal como foi por mim formulado no precedente". A frase é, sem dúvidas, ambígua, pois não é possível saber a que *locus* precedente se refere, se à própria *Teoria geral das normas*, capítulo (s) anterior (es), ou à obra (s) anterior (es), como a *Teoria pura do direito*. De todo modo, não nos parece que promover tal desambiguação tenha relevância. Qualquer que seja a referência da frase, não muda ela o fato de ter o autor cambiado sua posição. Contudo, o significado dessa mudança de entendimento é que deve ser tida com ressalvas e não a mudança em si. Assim, parece-nos que Kelsen ter modificado a nomenclatura,

Resta a questão de saber, por fim, como se ligam essas duas normas, a primária e a eventual.[150] Vamos restringir-nos aqui a duas alternativas dentre as possíveis, lembrando que a lógica nos dá o instrumento para a formalização, mas não pode decidir o que seja o direito. Ela entra em jogo apenas com essa posição já tomada. Dito isso, uma primeira possibilidade de união das normas primária e eventual diz respeito à conjunção. Assim, se unimos duas proposições com o conectivo conjuntivo (∧), teremos uma proposição molecular verdadeira se "[...] ambos seus conjuntivos forem verdadeiros [...]".[151] Caso seja possível uma analogia entre verdade e validade, então teremos uma norma válida apenas se a norma primária e a norma eventual forem ambas válidas. Não obstante, o cumprimento espontâneo do direito resta, nesse caso, inexplicado, afastado como não jurídico. Visando a evitar isso, vamos aqui, adotar uma posição mais fraca, ou seja, aquela que une as proposições por meio de uma disjunção inclusiva (∨), ou seja, "[...] só é falsa no caso de ambos os disjuntivos serem falsos".[152] Com isso, podemos conceber apenas a norma primária, sem que a validade dela fique vinculada ao seu descumprimento e ao dever da conduta eventual. Ademais, Carlos Cossio já havia se dado conta disso ao unir a endonorma à perinorma (nossas normas primária e eventual, respectivamente), afirmando que de "[l]a norma completa resulta, por lo tanto, un juicio lógicamente disyuntivo".[153]

---

passando a chamar de primária a norma que antes chamava de secundária, e a que antes designava primária, passando a ser a secundária, não implica necessariamente qualquer mudança significativa em sua *Teoria Pura*, pois pode, sem qualquer contradição, entender que a sanção ainda é o traço distintivo do direito, mas que se encontra na norma que fica melhor designada — *v.g.*, na linha de Vilanova, em razão de uma questão lógica — de secundária.

150. As opções são: "[...] e, ou-(ou-includente), 'se ..., então' [...]. Exclui-se [...] '*ou*-disjuntivo', pois este conectivo exclui a *verdade* ou a *validade* simultânea dos dois membros". Lourival Vilanova, *As estruturas lógicas e o sistema do direito positivo*, p. 120 (V.12).

151. Irving Copi, *Introdução à lógica*, p. 227 (II.8.II).

152. Irving Copi, *Introdução à lógica*, p. 230 (II.8.II).

153. *Teoría de la verdad jurídica*, p. 122 (IV.2).

Em sentido vertical, norma jurídica é a que decorre de outra norma jurídica (afirmação elíptica, por questão de simplicidade, pois omite um fato entre as normas). Entretanto, em sentido horizontal, entendemos que ela possui uma estrutura mínima que é a forma dual, composta por hipótese e consequência. Porém, com mais vagar, investigando o direito, podemos encontrar, no seu conjunto de normas jurídicas, dois tipos de normas, ambas imputáveis, e então reconhecer que essas duas normas se ligam de forma disjuntiva. Só que, com isso, ainda não encontramos algo que nos possa dizer se essa norma é jurídica, pois não há como afastar que outras ordens sociais também possam ser formadas de normas com a mesma estrutura.[154] Assim, na nossa construção do que seja a norma jurídica, de forma necessária, mas não suficiente, em sua fórmula completa, primária e eventual, alinhamos $[D\ (p \rightarrow S_1 q) \vee (\sim q \rightarrow S_2 e_v)]$.[155-156]

---

154. Hans KELSEN encontra na estrutura das normas jurídicas um modo *per se* de diferenciá-las das normas morais: "[...] a ligação entre a norma moral que impõe uma conduta determinada e a norma que, para o caso do cumprimento, estatui como sanção a aprovação, e para o caso do não cumprimento, a desaprovação, não é considerada tão essencial como a ligação entre ambas as normas em questão no domínio do Direito". *Teoria geral das normas*, p. 182 (35).

155. Com a ligação da norma primária à eventual por meio do disjuntivo, alinhamo-nos ao grande Lourival VILANOVA: "O esquema da norma jurídica toma a forma 'deve ser que se H, então C', ou 'D (H→C)'. Abrangendo a norma primária e a norma secundária [nossa norma eventual], temos 'D [(H→C) *v* (não-C→E)]'". *Causalidade e relação no direito*, p. 94 (II.12).

156. Dado "p", então deve ser, por "S_1", "q"; ou dado "~q", então deve ser, por "S_2", "e_v". Quanto a "q", de forma mais especificada, temos (OvVvP)*q*. No entanto, também podemos modalizar "e_v" com O, V ou P? Pela homogeneidade sintática das normas sim, mas há aqui uma questão ontológica própria. A proibição de aplicar a conduta eventual em face de não realização da conduta devida ligar-se-ia à ideia de tolerância: certa conduta é devida, entretanto, caso não ocorra, será tolerada a inobservância e não se aplicará como consequência a norma eventual, não sendo devida a conduta eventual. Todavia, há problema grave com esse ponto de vista, pois, com a aplicação de tolerância às condutas, estar-se-ia retirando a própria juridicidade da norma, já que do direito, de forma geral, diz-se que não recomenda nada a ninguém, ficando, portanto, por essa linha, seu caráter coativo prejudicado. Já a permissão de aplicar a conduta eventual é uma espécie de delegação do caso à conveniência do julgador. Segundo seu alvitre, dada a delegação, ele poderia ou não aplicar a norma eventual, haja vista uma não ocorrência de conduta devida. A ideia, parece-nos, seria renunciar à segurança jurídica e prestigiar ao máximo a concepção de justiça. De todo modo, continua, para a permissão da aplicação da conduta eventual, o problema verificado na proibição de sua aplicação, já que, mesmo em grau mais atenuado, ain-

2.9 NORMA DE CONDUTA E NORMA DE COMPETÊNCIA

O direito é um conjunto de normas jurídicas que prescrevem a conduta humana. Qualquer conduta, desde que seja possível empiricamente. No entanto, pode até ser verdade que a "[...] a felicidade dos indivíduos de que se compõe uma comunidade [...] constitui o objetivo, o único objetivo que o legislador deve ter em vista [...]",[157] mas isso não muda o fato de que uma norma jurídica retira sua validade de outra norma jurídica e não da função que exerce para a felicidade de todos. Que bem se legisle, isso é um desejo de todos, mas não é fonte de validade da norma jurídica o bem legislar. Assim, qualquer conduta humana, desde que possível, pode ser prescrita, e a validade da norma jurídica que prescreve essa conduta não depende de seu conteúdo em si. Essa é a tese positivista, com a qual comungamos.[158]

Do fato, entretanto, de que qualquer conduta pode ser prescrita, não decorre que não possam ser classificadas as normas em razão da conduta que prescrevem. Há, nessa ideia, não negamos, um abrandamento de uma sintaxe pura, mas não devemos olvidar que, num primeiro momento, já fizemos um corte: a consequência da norma, quer da primária, quer da eventual, é uma conduta humana possível empiricamente. Então, neste segundo momento, vamos apenas prosseguir com os ajustes e classificar essas condutas prescritas. Contudo, como há duas condutas prescritas — uma na norma primária, outra na norma eventual — devemos fazer uma cisão desse estudo. Iniciemos, assim, pela conduta prescrita na norma primária, o que nos permite classificar essa norma em duas espécies: conduta e competência.

---

da se encontra em jogo a coação do direito, que poderia ficar prejudicada.

157. Jeremy BENTHAM, *Uma introdução aos princípios da moral e da legislação*, p. 14 (III).

158. "[...] o positivismo jurídico assume uma atitude científica frente ao direito já que, como dizia Austin, ele estuda o direito tal qual é, não tal qual deveria ser". Norberto BOBBIO, *O positivismo jurídico*, p. 136 (II.I.33).

Leciona Alf Ross:

> As normas jurídicas podem ser divididas, de acordo com seu conteúdo imediato, em dois grupos: normas de conduta e normas de competência. Ao primeiro grupo pertencem as normas que prescrevem uma certa linha de ação [...]. O segundo grupo contém as normas que criam uma competência (poder, autoridade) — são diretivas que dispõem que as normas que são criadas em conformidade com um modo estabelecido de procedimento serão consideradas como normas de conduta.[159]

Esse mesmo modo de classificar as normas jurídicas está presente em outros grandes juristas, mas com nomenclaturas diferentes. Herbet Hart fala de norma primária e norma secundária.[160] Norberto Bobbio, que inicialmente se valeu da expressão norma de estrutura,[161] passou a preferir normas de organização ao lado de normas de conduta.[162] E se quisermos voltar um pouco na história, devemos lembrar que a teoria estrutura escalonada do direito — a qual nos permite o uso dos termos inferior e superior para as normas jurídicas[163] — passa

159. *Direito e justiça*, p. 57 (II.7).

160. "Por força das regras de um tipo, que bem pode ser considerado o tipo básico ou primário, aos seres humanos é exigido que façam ou se abstenham de fazer certas acções, quer queiram ou não. As regras do outro tipo são em certo sentido parasitas ou secundárias em relação às primeiras: porque asseguram que os seres humanos possam criar, ao fazer ou dizer certas coisas, novas regras do tipo primário, extinguir ou modificar as regras antigas, ou determinar de diferentes modos sua incidência ou fiscalizar a sua aplicação. As regras do primeiro tipo impõem deveres, as regras do segundo tipo atribuem poderes, públicos ou privados". *O conceito de direito*, p. 91 (V.1).

161. "Existem normas de comportamento ao lado de normas de estrutura". *Teoria do ordenamento jurídico*, p. 45 (2.3).

162. "São normas de conduta as que, limitando a própria obra à coordenação de ações individuais, estabelecem as condições para obter o máximo de independência dos indivíduos que convivem entre si. São normas de organização as que, mediante um trabalho de convergência (forçada) de ações sociais, estabelecem as condições para proporcionar o mínimo de dependência necessário a indivíduos que cooperam entre si". *Da estrutura à função*, p. 121 (6).

163. "A norma que regula a produção é a norma superior, a norma produzida segundo as determinações daquela é a norma inferior". *Teoria pura do direito*, 2.ed., p. 247 (V.2.a). Posição que também encontramos em obra anterior: "A norma que determina a criação de outra norma é a norma superior, e a norma criada segundo essa regulamentação é a inferior". *Teoria geral do direito e do estado*, p. 181 (XI.A).

a ser presente na doutrina com a adoção, por Hans KELSEN,[164] do conceito de *Stufenbau* (construção em nível), formulado inicialmente por um aluno seu, Adolf MERKL.[165]

Variedade à parte quanto à terminologia, de certo temos uma classificação da norma primária em duas espécies, tudo a depender da conduta regrada: a de produzir normas e as demais condutas.[166] Ambas as normas são proposições prescritivas, ou seja, está presente nas duas o dever-ser de conduta (limitado pelo empiricamente possível) na forma permitida, proibida ou obrigatória. Só que há, agora, condutas bem definidas, em razão de um conteúdo semântico a apartá-las, pois o que se permite, proíbe ou obriga é a conduta de pôr enunciado, o qual, uma vez interpretado, dar-nos-á norma jurídica. O que se modula, assim, é a conduta que podemos chamar de "ação normativa".[167] No entanto, isso não muda que tan-

164. "Nos *hauptproblemen der Staatsrechtslehre* (Problemas Principais da Teoria Jurídica-Estatal, 1911) fundamento da Teoria Pura do Direito, Kelsen se concentra, por completo, na análise das leis. A elaboração das leis e a execução das leis permanecem, conscientemente, excluídas. A obra foi dedicada, portanto, a uma consideração estática do direito. Isso mudou, porém, sob a influência do discípulo de Kelsen, Adolf Merkl (1890-1970). No prólogo da segunda edição (não modificada) dos *Hauptproblemen* (1923), Kelsen escreveu sobre o desenvolvimento da doutrina, afirmando que havia 'tomado a teoria do escalonamento como parte essencial no sistema da Teoria Pura do Direito". Robert WALTER, A teoria pura do direito, *in* Hans KELSEN, *Teoria pura do direito*, 1.ed., p. 50 (III.1).

165. "[...] pode-se indicar como *construção escalonada do direito* o fenômeno da experiência o qual os fenômenos jurídicos ou atos estatais não surgem de modo uniforme, mas sim com várias formas de manifestação, sendo que destas uma é condicionante e a seguinte é condicionada". Prolegômenos para uma teoria da construção escalonada do direito, *in Escritos de teoria do direito*, p. 295-296.

166. Há o conjunto universo de todas as condutas humanas possíveis empiricamente. Há o subconjunto das condutas humanas empiricamente possíveis que consistem em pôr, alterar e excluir normas jurídicas. E há o subconjunto complementar. Essa é a teoria detrás da classificação, ou seja, "[...] dado um universo U, e um conjunto A contido em U, o complemento de A, em símbolo $\bar{A}$, é o conjunto de todos os elementos que não pertencem a A". Cezar MORTARI, *Introdução à lógica*, p. 48 (4.4).

167. "Para el modo peculiar de la acción, que tiene como resultado la existencia de prescripciones, acuñamos el nombre *acción normativa*". Georg von WRIGHT, *Norma y acción*, p. 91-92 (V.7). Poderíamos empregar, também, a expressão menos impactante "ação especial": "As normas de uma ordem jurídica têm de ser produzidas através de um ato especial de criação. São normas postas, quer dizer, positivas, elementos de uma ordem positiva". Hans KELSEN, *Teoria pura do direito*, 2.ed., p. 221 (V.1.c).

to a norma jurídica fundada como a norma jurídica fundante apresentam a mesma estrutura.

Vamos expor essas ideias valendo-nos de uma notação ainda mais simples do que a anteriormente usada para a exposição da estrutura da norma jurídica. Um enunciado é posto e dele é obtida uma significação, a norma Np (norma primária). Essa significação estabelece o dever-ser (D) de conduta de alguém (S_1), ou seja, "q", num dos modos obrigatório, proibido e permitido (O ∨ V ∨ P). Esse dever, entretanto, somente se verifica diante da ocorrência de uma situação prévia, de um ser, ou seja, "p". Nesse caso, diz-se que a prescrição é imputadora. Deve ser posto, ainda, outro enunciado, do qual se obtém um dever de conduta eventual, ou seja, Ne_v (norma eventual), de outrem (S_2), no modo obrigatório (O); e dizemos eventual porque apenas deve surgir, prescrição imputadora, diante da não ocorrência da primeira conduta devida, ou seja, "~q". Agora, ambas essas normas, proposições imputadoras, são ligadas pelo disjuntivo (∨). Tem-se, então, a norma completa, qual seja, $Nc \equiv (Np \vee Ne_v)$.[168]

Mas isso ainda não nos diz se estamos diante de uma norma jurídica, pois essa é a estrutura mínima da norma jurídica, em sua forma completa, mas não é uma exclusividade sua. Apenas estamos diante da norma jurídica "N", se presente uma outra norma jurídica, na verdade, uma sobrenorma (sN), que disponha quem é o sujeito a que se permite ou obriga (pode inclusive haver uma proibição de promulgar-se determinadas normas jurídicas), mediante certo procedimento e com tal conteúdo, pôr (ou alterar ou excluir) um enunciado cujo sentido subjetivo deve ser entendido como sentido objetivo, ou seja, como norma jurídica. A essa norma "sN" é que denominamos, com Alf Ross, de norma de competência.

168. $[D\ (p \rightarrow (O, V, P)S_1q) \vee (\sim q \rightarrow OS_2e_v)]$. Assim, se "p", então deve ser, num dos modos, obrigatório, proibido ou permitido, a conduta "q" de "S1" ou não sendo "q", então deve ser obrigatória a conduta "ev" de "S2".

A norma de competência é assim denominada em razão de um conteúdo específico, a conduta de pôr (ou alterar ou excluir) norma jurídica, e não por uma diferença estrutural interna. E se lembrarmos da homogeneidade sintática que aqui adotamos — as normas jurídicas são (bi) bimembres — a norma de competência é apenas uma parte da sobrenorma completa, ou seja, é uma sobrenorma primária (sNp). Há necessidade, portanto, de verificarmos a sobrenorma eventual (sNe_v) que se liga a essa sobrenorma primária, para obtermos a sobrenorma jurídica completa de competência (sNc).

Uma "sNp" prescreve: dada certa situação "sp" (hipótese da sobrenorma), que pode ser toda e qualquer situação inclusive, mediante determinada forma, com certo conteúdo, é permitido ou obrigado, podendo ainda ser utilizado o modal proibido, ao sobresujeito "sS_1" (autoridade)[169] a conduta "sq" (consequência da sobrenorma), que quando põe ou altera um enunciado, cuja interpretação é a norma jurídica N. Entretanto, pode ser que N tenha sido posta sem que se tenha dado a hipótese "sp", ou que não tenha sido respeitada a forma ou, ainda, sem o conteúdo escorreito. O que vamos, aqui, com fins de simplificação, nominar de "~sq". Nesse ponto, então, faz-se necessária a sobrenorma eventual "sNe_v".

Dado que toda parte de norma jurídica é dual, então ambas as partes da sobrenorma são duais e, assim, a norma eventual da sobrenorma é, igualmente, dual.[170] Logo, se uma norma "N" é posta sem as devidas observâncias estabelecidas em sN, ou seja, "~sq", então deve ser, da parte de "sS_2", a

---

169. "Por *autoridad* de una prescripción entendemos el agente que da o emite la prescripción". Georg von Wright, *Norma y acción*, p. 91 (V.7).

170. Que as normas de competência, por serem normas de conduta indireta, são direito vigente, já nos ensinou Alf Ross, mas também lecionou que apenas sob certas condições essa assertiva é possível. "É possível se as normas de competência tiverem como efeito a anulabilidade. [...]. A interpretação também é possível [...] se as normas de competência têm como efeito a responsabilidade. [...]. Se, entretanto, uma norma de competência não tem um ou outro desses efeitos, sua interpretação como norma de conduta indiretamente formulada dirigida aos tribunais não é possível". *Direito e justiça*, p.76 (II.10).

conduta eventual "se_v". Indo além e verificando o conteúdo dessa norma eventual, podemos fazer uma distinção entre, por um lado, as que invalidam as normas postas e, por outro, as demais condutas, tudo na linha do conjunto complementar. Quanto à invalidação, pode ela assumir os mais variados nomes, a depender do tipo de norma que se invalide: inconstitucionalidade, ilegalidade, anulabilidade *etc.*[171-172] O subconjunto complemento, por sua vez, contém as condutas voltadas para a autoridade que pôs a norma jurídica.[173]

A norma jurídica primária, a depender do conteúdo, é norma de competência, ou seja, norma jurídica que prescreve a produção, alteração ou exclusão de outras normas jurídicas. A norma eventual, de igual modo, pode ser classificada a depender de seu conteúdo: normas que invalidam e que não invalidam. No primeiro caso, a conduta é a de invalidar a norma posta em desacordo com a norma de competência. E para essa situação, conduta eventual "se_v" de invalidação de norma "N", podemos valer-nos, ainda, da expressão "conduta de garantia":

---

171. Hans KELSEN usou "*des verfassungswidrigen Gesetzes*" para Lei adversa à Constituição, "*der gesetzwidrigen Verordnung*" para Regulamento adverso à Lei e "*des gesetz- oder verordnungswidrigen Urteils oder Verwaltungsaktes*" para Sentença ou Ato Administrativo contrário à Lei ou ao Regulamento. *Reine rechtslehre*, 1.aufl., p. 94 (V.31.h). Na tradução de CRETELLA JR. e CRETELLA: "É o problema da norma contrária à norma, que se apresenta aqui: a lei inconstitucional, o regulamento e a sentença ou o ato administrativo contrários à lei ou ao decreto". *Teoria pura do direito*, 1.ed., p. 140 (V.31.h). Na tradução de ROBLES e SÁNCHEZ: "[...] el problema de la norma contraria a otra norma superior, el problema de la ley inconstitucional, del reglamento ilegal, de la sentencia o del acto administrativo antirreglamentarios". *Teoría pura del derecho*, 1.ed., p. 97 (V.31.h).

172. "A anulação do ato irregular levanta o problema de sua substituição por um ato regular. A esse respeito é necessário distinguir duas possibilidades técnicas: a autoridade competente também pode ter o poder de substituir o ato anulado por um ato regular, isto é, não apenas anulá-lo como também reformá-lo; mas a elaboração do ato regular pode ser deixada ao encargo da autoridade cujo ato irregular foi anulado". Hans KELSEN, *Jurisdição constitucional*, p. 148 (III.8).

173. "Se o governo edita decretos [...] sob outras condições que não as determinadas pela Constituição, podem ser por isso responsabilizados e punidos os membros do governo que editaram o decreto. Este processo não tem de estar ligado com um processo destinado a anular à lei, se bem que o possa estar". Hans KELSEN, *Teoria pura do direito*, 2.ed., p. 304 (V.2.j).

> Na sua essência, a garantia repousa (embora não se esgote) num juízo de conformidade ou desconformidade perante a norma garantida; procura-se saber se um acto ou uma norma de grau inferior são conformes ou desconformes com uma norma de grau superior e, no caso de desconformes, procura-se inutilizá-las.[174]

Portanto, a conduta de garantia seria uma espécie do gênero "conduta eventual". Na norma de competência, um mínimo semântico, a conduta é de pôr, alterar ou excluir a norma jurídica. Na norma eventual, ligada à norma de competência, outra dose de conteúdo, a conduta pode ser de invalidação ou garantia. Assim, resguardados os casos em que a eventualidade seja voltada à autoridade, a estrutura completa da norma de competência, com conteúdo mínimo, é: em determinadas circunstâncias, que pode ser toda e qualquer, é permitido ou obrigatório, ou mesmo proibido, pôr enunciado, seguindo um procedimento, com adequado conteúdo, cuja significação deve ser tida como o sentido objetivo, ou seja, como norma jurídica, ou, não sendo o prescrito seguido ao pôr a norma jurídica, então deve ser obrigatória a conduta de garantia, de invalidação, dessa norma jurídica posta.

2.10 INVALIDAÇÃO

A norma primária é dirigida a "S_1", já a eventual é dirigida a "S_2". Com isso queremos dizer que, diante da hipótese, ou se dá a conduta devida por "S_1" ou, não sendo a conduta devida por "S_1", então deve ser a conduta devida por "S_2". Nisso reside a apontada homogeneidade sintática do direito, ou seja, todas as normas do ordenamento jurídico possuem a mesma estrutura. E se assim é, então as normas de competência também apresentam igual formulação. Dada a hipótese, então deve ser a conduta — permitida, proibida ou obrigatória — de pôr a norma jurídica "N". Amiúde, de forma mais ou menos genérica, estabelece "sN" o conteúdo que deve possuir

174. Jorge Miranda, *Contributo para uma teoria da inconstitucionalidade*, p. 212 (III.A.106).

"N". Conteúdo esse que pode ser prefixado de forma positiva ou negativa, sendo, na maioria das vezes, usadas ambas as formas. Claro que não significa isso que "N" será cópia de "sN", pois "[m]esmo uma ordem o mais pormenorizada possível tem de deixar àquele que a cumpre ou executa uma pluralidade de determinações a fazer".[175] Além do conteúdo, ainda pode ser estabelecido, por "sN", um rito para enunciar o suporte do qual se obterá N. Com efeito, essa deve ser a conduta de "sS_1" ao criar "N". Ocorre que essa norma "N" produzida pode estar em desacordo com "sN".

Ser e dever-ser, tal divisão é nossa visão de mundo. Assim, por conduta devida, não entendemos a conduta que será, pois é possível compreender que mesmo sendo devida a conduta de pôr norma jurídica, por determinado rito, com certo conteúdo, nem toda norma "N" será posta de acordo com a norma de competência "sN". Não há de se imaginar, portanto, alguma coisa na linha de um "mundo jurídico ótimo",[176] uma vez que a norma jurídica "N" pode ser posta em desacordo com a norma jurídica "sN", mas, nesse caso, então deve ser uma conduta de "sS_2" que a invalide, que a garanta. Ou é a norma "N" válida ou deve ser a norma "N" invalidada.[177]

---

175. Hans Kelsen, *Teoria pura do direito*, 2.ed., p. 388 (VIII.1.a). "Deve haver sempre um espaço, ora maior, ora menor, de livre estimativa, de modo que a norma de grau mais alto, em relação ao ato de produção da norma ou da execução, tenha uma moldura que preencha esse ato". Hans Kelsen, *Teoria pura do direito*, 1.ed., p. 147 (VI.32).

176. "En MJO, el poder legislativo sólo dicta leyes de acuerdo a la Constitución, el poder ejecutivo sólo dicta reglamentos autorizados por las leyes [...] y el poder judicial [...] sólo dicta sentencias [...] de acuerdo y conforme a las normas válidas. En MJO no hacen falta mecanismos como el control de constitucionalidad o la apelación de sentencias". José Juan Moreso, Sobre normas inconstitucionales, *in Normas jurídicas y estructura del derecho*, p. 88 (V).

177. É dessa forma que lemos Hans Kelsen, quando expõe que "[a]s determinações constitucionais que regulam a legiferação têm o caráter de determinações alternativas. A Constituição contém uma regulação direta e uma regulamentação indireta da legiferação; e o órgão legislativo tem a possibilidade de opção entre as duas". *Teoria pura do direito*, 2.ed., p. 302-303 (V.2.j). "A determinação da norma inferior, através da superior, possui [...] o caráter de uma prescrição alternativa". *Teoria pura do direito*, 1.ed., p. 144 (V.31.h).

Com o entendimento de que uma norma jurídica deve ter certo conteúdo e ser posta segundo tal procedimento, deve vir junto à concepção de que nem sempre isso se dará. Ocorre que não ter a temática devida ou ter sido o enunciado produzido segundo uma técnica diversa da prescrita não faz com que a norma "N" seja inexistente. E se nosso ponto de apoio é a doutrina que prega a existência como validade, então podemos afirmar que se "N" existe, então "N" é válida. Com efeito, aceitamos que as normas jurídicas são válidas mesmo que não observem o disposto na norma de competência.

A norma "N" existe, mas pode ter sido posta em desacordo com a sobrenorma primária "sNp". Disso decorre que é, então, invalidável, nos termos da sobrenorma eventual "sNe_v", mas não que seja, desde o início, inválida. "Existem, contudo, diferentes graus de anulabilidade".[178] Tudo a partir de uma questão temporal, pois pode ser a invalidade a partir da existência da norma eventual que invalida ou com efeitos retroativos, desde a existência da própria norma jurídica invalidada. Há, assim, um enunciado posto por "sS_2", que invalida a norma jurídica N, ou seja, que lhe retira a existência, com efeitos *ex tunc* ou *ex nunc*, mas sempre há a necessidade desse enunciado para que deixe de existir a norma jurídica, não havendo, portanto, algo como uma invalidade desde o início, *ab ovo*, que dispense a atuação humana. Se o homem pôs, cabe ao homem retirar, simples assim.[179]

178. Hans Kelsen, *Teoria geral do direito e do estado*, p. 230 (I.XI.H.e). "[...] uma norma pertencente a uma ordem jurídica não pode ser nula mas apenas pode ser anulável. Mas esta anulabilidade prevista pela ordem jurídica pode ter diferentes graus". Hans Kelsen, *Teoria pura do direito*, 2.ed., p. 306 (V.2.k).

179. Deixamos aqui de tratar do caso das normas jurídicas que deixam de existir por se tornarem ao longo do tempo ineficazes, situação para a qual Hans Kelsen utiliza o termo latino "desuetudo", que significa abandono: "A *desuetudo* é como que um costume negativo cuja função essencial consiste em anular a validade de uma norma existente". *Teoria pura do direito*, 2.ed., p. 237 (V.1.g). No entanto, "[...] enquanto não houver *desuetudo* (desuso), a não aplicação da lei significa uma situação de fato antijurídica". *Teoria pura do direito*, 1.ed., p. 131 (V.30.d).

"sS_1" põe "N" ou "sS_2" garante "N". Em linguagem reduzida, essa é a estrutura sintática da norma jurídica de competência em sua disposição completa. No entanto, apesar de falarmos de uma sobreautoridade que invalida a norma, "[...] não pode excluir-se que qualquer indivíduo considere como 'nulo' algo que subjetivamente se apresenta como norma jurídica".[180] Mas isso, claro, "[...] sob o risco de ter a sua conduta, caso seja contrária à norma, considerada pelo órgão competente como delito [...]".[181] Isso porque "S_1" deve conduzir-se conforme "Np" ou "S_2" deve conduzir-se conforme "Ne_v". No entanto, pode "S_1" entender que "N" será invalidada por ter sido posta em desconformidade com "sN" e, então, não agir como devido. Mas, de "S_1" assim interpretar "N", diante do conjunto de normas jurídicas da qual faz parte, não decorre que "S_2" também assim interpretará "N". Pode mesmo "S_2" nem ter a autorização para julgar a invalidade de "N" em face de "sN", sendo tal competência apenas de "sS_2".[182] Logo, as dúvidas, ou mesmo certezas, de "S_1" quanto à validade, ou seja, à existência de N, em razão de seu conteúdo ou correção de sua criação, segundo o procedimento prescrito, não são suficientes para negar a existência da norma jurídica posta. No entanto, ainda resta a questão:

> ¿Por qué ante una ley inconstitucional es necesario acudir ante los organismos judiciales pertinentes y, eventualmente, derogar la norma inconstitucional, mientras que nadie considera seriamente la derogación o la aplicación de una norma emitida por un loco, o por un actor en el escenario?[183]

---

180. Hans Kelsen, *Teoria pura do direito*, 2.ed., p. 307 (V.2.k).

181. Hans Kelsen, *Teoria geral do direito e do estado*, p. 231 (I.XI.H.e). "[...] e, portanto, seja ordenada a execução da sanção estatuída nesta norma jurídica". Hans Kelsen, *Teoria pura do direito*, 2.ed., p. 306 (V.2.k).

182. É o caso, por exemplo, do controle concentrado de constitucionalidade: "Instituir controle concentrado de constitucionalidade significa estabelecer instâncias especiais, e exclusivas, para julgar matéria constitucional [...]". Sérgio Sérvulo da Cunha, Introdução, *in* Hans Kelsen, *Jurisdição constitucional*, p. XIII (4).

183. José Juan Moreso, Algunas observaciones sobre las nociones de orden jurídico y sistema jurídico, *in Normas jurídicas y estructura del derecho*, p. 28 (I.4).

Até agora, fizemos referências a dois pontos que podem ser tratados na norma de competência: conteúdo e procedimento. Entretanto, não tocamos no assunto do sujeito competente para pôr, alterar ou excluir a norma jurídica. Quanto aos dois primeiros pontos, entendemos que o descumprimento do procedimento, bem como o descompasso com o tema, leva à invalidade, ou seja, que a norma de competência deve ser garantida. Ademais, não podemos perder de vista que, se uma norma de competência pode prescrever a forma e o conteúdo, isso não significa que necessariamente precisa fazê-lo para que tenha sentido. Por um lado, basta que prescreva que os enunciados, desde que resultem em proposições bem formadas, postos por certo sujeito, são normas jurídicas, sem qualquer remissão a conteúdo ou a procedimento para positivar o enunciado. Por outro, quanto à autoridade, não pode haver omissão. Assim, minimamente, a sobrenorma deve especificar quem pode pôr a norma, mas, com efeito, já não precisa dizer nem como nem com que conteúdo. Isso porque

> [...] a determinação do órgão é o mínimo do que tem de ser determinado na relação entre uma norma superior e uma norma inferior. Com efeito, uma norma cuja produção não é de forma alguma determinada por uma norma superior não pode valer como uma norma posta dentro da ordem jurídica e, por isso, pertencem a essa ordem jurídica; e um indivíduo não pode ser considerado como órgão da comunidade jurídica, a sua função não pode ser atribuída à comunidade, quando não seja determinado através de uma norma da ordem jurídica que constitui a comunidade, o que significa: quando lhe não seja atribuída autorização ou competência para a sua função por uma norma superior.[184]

Na forma completa, há a autoridade, o procedimento e o conteúdo. Esses são dados da sobrenorma, da norma de competência, para criar uma norma jurídica. No entanto, o procedimento e o conteúdo não são indispensáveis, e mesmo se a sobrenorma os exigir, a inobservância deles não tem como efeito, automaticamente, a invalidade, a qual deverá ser, ainda,

184. Hans KELSEN, *Teoria pura do direito*, 2.ed., p. 261 (V.II.f).

reconhecida. Contudo, esse raciocínio não se aplica à autoridade competente.[185] O enunciado (de dever-ser) é no mundo e, portanto, identificado por mera observação. Para tanto, o foco principal é o sujeito que o positiva. Dispensa-se, assim, a esse elemento, o sujeito, um tratamento diverso do dado ao conteúdo e ao procedimento, pois, com efeito, estamos a tratar de algo *prima facie*. O enunciado, do qual o sentido subjetivo é o objetivo, ou seja, a norma jurídica existe porque foi posta por autoridade competente, mas, em relação a esse órgão, não pode haver, num primeiro momento, dúvidas, mesmo que, depois, um outro órgão se firme, deveras, como competente.

Não olvidamos que tal ponto de contato com a realidade, descendo do pedestal da sintaxe, causa desconforto, pois essa certeza em relação à autoridade competente para pôr a norma jurídica pode ser lida como um mundo jurídico ótimo, o qual já negamos aqui adotar. Todavia, deixamos em aberto a porta do "mínimo de eficácia", pois, sem esse nexo com a realidade, estaríamos impossibilitados de saber se um conjunto de normas imaginado por alguém, principalmente quando minucioso, com muitos detalhes, é ou não direito.[186] No entanto, não pretendemos adotar um realismo jurídico duro, o que nos autoriza a falar do direito como um dever-ser que é. De toda forma, o direito configura-se como um dever-ser que é, uma vez que é posto, havendo, desse modo, uma ponte entre os mundos. E tal ponte é o "mínimo de eficácia", o qual

185. Marcelo NEVES adota uma divisão entre validade e pertinência da norma jurídica. Com base nessa ideia, uma norma jurídica pode ser inválida e pertinente. Quanto à validade, verificam-se questões formais e materiais. Quanto à pertinência, foca-se na suficiência do ato que as pôs: "[...] a lei inconstitucional é norma pertinente invalidamente ao ordenamento jurídico estatal. [...]. [...] pertence na medida em que foi posta por órgão de produção normativa previsto na Constituição (há suporte fático suficiente do ato legislativo) enquanto não forem aplicadas por órgão competente as 'regras de rechaço' do sistema, seja revogação ou ato especial de expulsão por invalidade. Isto porque o sistema jurídico funciona com base no princípio da autoridade, o que implica, do ponto de vista pragmático, a imperatividade de suas normas inválidas". *Teoria da inconstitucionalidade das leis*, p. 80 (V.2).

186. "Es menester que no esté bromeando ni escribiendo un poema". John AUSTIN, *Cómo hacer cosas con palabras*, p. 53-54 (I).

se manifesta por meio da autoridade que põe a norma jurídica.[187] Assim, a certeza sobre o órgão que dispõe sobre a norma jurídica não advém do plano sintático — não é relação —, ou do plano semântico — não é meramente o quem —, mas do plano pragmático — aquele que age.

> Tem de haver órgãos supremos sobre cuja competência já não poderão decidir órgãos superiores, cujo caráter de supremos órgãos legislativos, governativos (administrativos) ou jurisdicionais já não pode ser posto em questão. Eles afirmam-se como órgãos supremos pelo fato de as normas por eles postas serem globalmente eficazes.[188]

O enunciado existe, é uma questão de fato, pois é por meio da observação que dele sabemos. Entretanto, estende-se, igualmente, a investigação à autoridade que o assentou. Em um primeiro momento, a autoridade é determinada em razão de norma superior. Entretanto, há um ponto em que não há norma superior a não ser a norma fundamental, que concede a validade sintática. Mas por não ser suficiente, nesse nível da norma soberana, a sintaxe, é que entra em cena a necessidade de eficácia. Mas se queremos simplificar o processo de investigação, podemos, hodiernamente, dispensar a busca por quem é a autoridade que pôs o enunciado e nos limitarmos a indagar do local onde foi assentado esse enunciado. Assim, a pergunta é: onde se encontra o suporte fático do enunciado do qual podemos obter como interpretação norma jurídica? Nos diários oficiais,[189] é possível responder, pois "[...] dado o

---

187. As fontes jurídicas podem ser explicadas, grosso modo, segundo duas posições. "Em geral, para os adeptos da versão fraca, o critério identifica a autoridade e obrigatoriedade *das regras* [...], dado que a forma pela qual são reconhecidas é uma questão de fato que constitui o critério. Já para adeptos da versão forte, em geral, como o critério desempenha função normativa, então quem detém autoridade e obrigatoriedade é o critério, como uma regra jurídica de determinado conteúdo (embora nem posta, nem válida)". Juliano MARANHÃO, *Positivismo jurídico lógico-inclusivo*, p. 36 (2.2).

188. Hans KELSEN, *Teoria pura do direito*, 2.ed., p. 306 (V.II.j).

189. Nem sempre pode ser simples identificar algo como um "diário oficial". Nesses casos, não há como não se voltar diretamente à autoridade: "E não basta que a lei

processo moderno de publicar as leis em colectâneas oficiais, também só muito excepcionalmente surgirão dificuldades na determinação do texto".[190]

2.11 APLICAÇÃO DAS NORMAS JURÍDICAS

A norma jurídica prescreve conduta em sentido lato, ou seja, uma prática ou abstenção deve ser em um dos modos (obrigatório, proibido e permitido). Nesse ponto, uma vez presente a conduta, estará de acordo ou não com a prescrição, sendo que, nesse último caso, então deve ser a consequência pelo descumprimento. Mas pode ser também que a conduta prescrita seja uma ação normativa, por meio da qual é posto um significante, quando seu sentido subjetivo também será o objetivo, isto é, uma norma jurídica. Por essa via, em razão de norma jurídica anterior, a qual é interpretada, a autoridade atua, expedindo outra norma jurídica, caso de aplicação do direito.[191] Agora, essa ação normativa pode ter sido regulada não só quanto à autoridade, mas também em relação ao procedimento e conteúdo, deixando, com isso, mais restrita a autuação do sujeito competente. Em geral, tal processo conduz a que, por um lado, possam dar-se as autoridades de piso ao luxo de pormenores impensáveis para o escalão normativo superior; por outro, haveria uma moldura predeterminada para as linhas gerais, que não poderia ser ultrapassada, restringindo, assim, sua atuação.

---

seja escrita e publicada, é preciso também que haja sinais manifestos de que ela deriva da vontade do soberano. Porque os indivíduos que têm ou julgam ter força suficiente para garantir os seus injustos desígnios, e levá-los em segurança até os seus ambiciosos fins, podem publicar como lei o que lhes aprouver, independentemente da autoridade legislativa ou mesmo contra a ela. Portanto, não basta apenas uma declaração da lei, são necessários também sinais suficientes do autor e da autoridade". Thomas HOBBES, Leviatã, p. 232-233 (2.XXVI).

190. Karl ENGISCH, *Introdução ao pensamento jurídico*, p. 128 (IV). Em provocação a KELSEN, afirma Mario LOSANO que "[o]s praticantes do direito documentam-se sobre a validade de uma norma recorrendo ao "Diário Oficial' e não à norma fundamental [...]". Introdução, *in* Hans KELSEN, *O problema da justiça*, p. XXIV.

191. "A interpretação feita pelo órgão aplicador do Direito é sempre autêntica. Ela cria Direito". Hans KELSEN, Teoria pura do direito, 2.ed., p. 394 (VIII.2).

Mas esse percurso normativo de positivação do direito, independente de quanto se desça, não altera a ideia básica: uma norma jurídica, ao ser aplicada, cria outra norma jurídica, o que significa que criação nada mais é do que aplicação.[192]

Dito isso, fiquemos com a particularidade de que o conteúdo de uma norma jurídica seja previamente estabelecido em outra norma jurídica, o que induz a se dizer que uma é derivada da outra, mas aqui se perde um ponto fulcral do direito, que é ser ele posto pela vontade e não pela razão. Claro que a razão pode interferir na vontade, mas, ao fim e ao cabo, é a vontade quem assenta o significante, quando o irracional também faz parte do direito. Aliás, esse é o porquê de mesmo as mais refinadas teorias não terem sucesso em entregarem o que prometem, um controle racional da positivação do direito. Seja por meio de uma lógica da relevância,[193] seja com um processo de abdução[194] ou, ainda, apelando aos mais altos reclamos de racionalidade,[195] a verdade é que a autoridade,

---

192. "A tarefa que consiste em obter, a partir da lei, a única sentença justa (certa) ou o único ato administrativo correto é, no essencial, idêntica à tarefa de quem se proponha, nos quadros da Constituição, criar as únicas leis justas (certas). [...]. De certo que existem uma diferença entre estes dois casos, mas é uma diferença somente quantitativa, não qualitativa, e consiste apenas em que a vinculação do legislador sob o aspecto material é uma vinculação muito mais reduzida do que a vinculação do juiz, em que aquele é, relativamente, muito mais livre na criação do Direito do que este. Mas também este último é um criador de Direito e também ele é, nesta função, relativamente livre". Hans KELSEN, *Teoria pura do direito*, 2.ed., p. 393 (VIII.2).

193. "[...] el contenido de una decisión judicial está justificado si y sólo si es una consecuencia lógica (en el sentido de la lógica clásica ampliada para dar cuenta da la lógica deóntica) *relevante* de la(s) premisa(s) normativa(s) y la descripción de los hechos del caso". José Juan MORESO, Relevancia y justificación de las decisiones judiciales, *in Normas jurídicas y estructura del derecho*, p. 118 (2.3).

194. "O raciocínio por implicatura ou a investigação abdutiva das razões de fundo da regra vão desembocar no conteúdo de princípios morais ou objetivos de políticas públicas. Tais pautas alcançadas por esse procedimento de inferência também são razões para ação para ação e, delas, podemos fazer outras inferências dedutivas ou descartar inferências dedutivas do sistema normativo que possam ser com elas inconsistentes". Juliano MARANHÃO, *Positivismo jurídico lógico-inclusivo*, p. 139 (3.10).

195. "A pretensão levantada em relação a um enunciado é a de que ele seja racionalmente fundamentável sob consideração dessas condições limitadoras". Robert ALEXY, *Teoria da argumentação jurídica*, p. 31 (introdução.2).

na maioria esmagadora dos casos, nem emprega ou mesmo nem conhece os métodos que são apontados pelos juristas. As teorias acabam, assim, em um limbo, já que nem são descritivas, pois seriam falsas, uma vez que não passa a autoridade de uma norma à outra da forma que apontam, nem querem se assumir como normativas, quando ficaria a vistas sua pretensão de ensinar, e isso retiraria, e muito, sua força argumentativa.

Não se olvida, claro, que se busca nas modernas ordens jurídicas restringir ainda mais a atuação das autoridades de piso, não só com a prefixação do conteúdo, mas também as obrigando a fundamentar as normas jurídicas que expedem.[196] Nesse ponto, sem descermos a detalhes, podemos afirmar que a norma de competência estabelece um procedimento para criar outra norma jurídica, qual seja, o de fundamentar. Mas isso não provoca mudanças na teoria que adotamos, pois apenas quer significar que se norma jurídica for produzida sem observância do procedimento, então deve ser, *v.g.*, invalidada e/ou dirigida uma medida em face de quem a pôs sem a devida fundamentação. E pouco importa se seria porque não houve qualquer fundamentação ou, havendo, porque não se deriva dela a norma posta, pois, em qualquer dos dois casos, há, primeiramente, a norma jurídica que é posta, ficando para um segundo momento a consequência pela ação normativa desconforme.

A fundamentação deve apresentar, como regra, a norma superior em que funda o conteúdo da nova norma criada, mas também pode ser baseada, entre outras, em uma questão de equidade, apesar de que, geralmente, para esse caso também haja norma assim dispondo. No mais, que a fundamentação deva limitar-se à norma jurídica, sem outras considerações, é ponto que vem sendo reprovado, tornando ainda mais difícil a

---

196. "En virtud de un principio expresamente consagrado en las legislaciones modernas, las resoluciones (decisiones) judiciales deben ser fundadas. Eugenio BULYGIN, Sentencia judicial y creación de derecho, *in* Carlos ALCHOURRÓN y ______, *Análisis lógico y derecho*, p. 356 (1).

formulação de que uma norma deriva logicamente de outra.[197] Até porque, quer seja uma fundamentação ampla, quer seja uma restrita, seria um erro imaginar que se está diante de alguma espécie de dedução,[198] pois o que se procura é convencer da correção da norma posta e não meramente demonstrar que ela é uma derivação. Até porque demonstrar implicaria conhecer a lógica a ser aplicada ao caso, já que não existe somente uma,[199] sem contar que mesmo havendo acordo sobre ela, ainda haveria a necessidade de se precisar as premissas, o que a lógica mesmo não pode fazer.[200] Deveras, se restringimos as opções a duas, fundamentar é caso para a retórica e não para a lógica.[201]

Se fundamenta de várias formas, não só por meio da explicitação de uma derivação.[202] Aliás, não quer dizer muita coisa demonstrar que uma norma posta não decorre logicamente,

197. "Na medida em que o funcionamento da justiça deixa de ser puramente formalista e visa à adesão das partes e da opinião pública, não basta indicar que a decisão é tomada sob a proteção da autoridade de um dispositivo legal, é necessário demonstrar ainda que é equitativa, oportuna, socialmente útil". Chaïm PERELMAN, *Lógica jurídica*, p. 216 (II.II.83).

198. "Una decisión fundada es aquella que se deduce lógicamente de una norma general [...]". Eugenio BULYGIN, Sentencia judicial y creación de derecho, *in* Carlos ALCHOURRÓN y ______, *Análisis lógico y derecho*, p. 356 (1).

199. "[...] há várias Lógicas: (1) a *tradicional* [...]; (2) a *clássica* [...]; (3) as *ampliadas* [...]; as "*desviadas*" [...]; (5) as *indutivas*". Leonidas HEGENBERG, *Dicionário de lógica*: verbete "lógica clássica", p. 121.

200. "Digamos que a proposição (protocolar) que determina individualmente o fato e o qualifica como juridicamente relevante [...] encontre, no sistema de proposições, várias proposições que *tenham o mesmo suporte fáctico, como ponto de incidência da mesma hipótese*, e que difiram quanto às consequências normativas ligadas a essa mesma hipótese: *qual* destas proposições normativas será a premissa maior; onde subsumir o dado-de-fato? Essa seleção guia-se por *critérios não formais-lógicos*; sim, por pontos de vista *axiológicos*". [...]". Lourival VILANOVA, *As estruturas lógicas e o sistema do direito positivo*, p. 292 (XV.3).

201. "A retórica, em nosso sentido da palavra, difere da lógica pelo fato de se ocupar não com a verdade abstrata, categórica ou hipotética, mas com a adesão". Chaïm PERELMAN, Lógica e retórica, *in Retóricas*, p. 70.

202. "A liberdade e independência do juiz são elementos essenciais da Jurisprudência. Mas dentro de um raciocínio lógico não existe nenhuma liberdade e independência do sujeito cognoscente, e sim rigorosa vinculação domina as regras aqui vigentes". Hans KELSEN, *Teoria geral das normas*, p. 499 (61.II.185).

seja por qual lógica for, de outra norma superior, a não ser, por óbvio, significar que uma norma não decorre logicamente da outra, mas sem isso implicar, necessariamente, a invalidade da última ou qualquer outra consequência. Na verdade, seria muita mais simples referirmo-nos ao fato de que há boas e más justificações,[203] sem o emprego da palavra lógica, já que não é apenas logicamente que se fundamenta. No mais, quem justifica, diz que está justificado, pois, "[g]raças a uma técnica de argumentação que foi desenvolvida como ingrediente tradicional da administração da justiça, o juiz aparenta que por meio de várias conclusões, sua decisão pode ser deduzida da verdadeira intepretação da lei [...]".[204]

Mas, com essa compreensão ampla de fundamentação, não estariam abertas as portar para o arbítrio, quando qualquer fundamentação serviria para atender à disposição procedimental da norma de competência? Não estaríamos afirmando que o direito positivo regula, estabelecendo formas e conteúdos, para nada regular? Não, desde que não estejamos naquela última posição do ordenamento, quando há apenas a norma de competência primária, mas não a eventual, como nos casos de uma suprema corte que pode invalidar outras normas jurídicas, mas não pode ter as suas invalidadas.[205]

A norma posta e sua fundamentação devem estar em linha com o que um auditório especializado — a autoridade que

---

203. "[...] o dever judicial de fazer justiça de acordo com a lei é extremamente complexo. É um dever de proferir somente aquelas decisões que possam ser justificadas por um bom argumento justificatório". Neil MacCormick, *Argumentação jurídica e teoria do direito*, p. 326 (IX.b).

204. Alf Ross, *Direito e justiça*, p. 169 (IV.28).

205. "Tribunais constitucionais — cujos membros se veem no papel de juristas, pessoas de notório saber, e não como representantes da população —, na ausência de um caso concreto, encarregados de tomar decisões sobre a constitucionalidade de normas abstratas, com efeito para todos, quando a Constituição é rica em termos cujos significados são altamente fluídos, com cada um podendo ter um para chamar de seu, é abrir as portas para se solapar a vontade popular que é— bem ou mal, é o melhor que temos — representada por meio do parlamento". Valterlei da Costa, Afinal, quem deve ser o guardião da Constituição?, *Revista brasileira de teoria constitucional*, p. 37-38 (7).

pode expedir a norma eventual de invalidação, ou outra consequência, quem não é, para dizermos o óbvio, um lógico — entende por adequado, pois a questão é muito mais de uso da linguagem do que de qualquer derivação lógica. Assim, tendo por parâmetro uma norma superior, é possível criar uma nova norma jurídica, bem como apresentar sua fundamentação; depois o auditório competente se manifestará no sentido desse uso estar ou não de acordo com a sua paramétrica. Se sim, então reconhece a novel norma jurídica como válida; se não, invalida-a entre outras possibilidades. No mais, é desse modo que se constrói a padronização da aplicação do direito.[206]

Fica fácil perceber que avaliar se uma norma inferior está ou não de acordo com uma norma do escalão superior, bem como se foi devidamente fundamentada, é um jogo de linguagem muito mais amplo do que a mera derivação,[207] estando de início ligado ao uso que determinado auditório aceita como corrente, mas que, no fim, torna-se uma questão volitiva da última autoridade, pois "[s]e esgotei as justificativas, cheguei então à rocha dura, e minha pá se entorta. Estou inclinado a dizer então: 'E assim mesmo que ajo'".[208] Pode haver, a princípio, um quadro de interpretações possíveis, dado pelo uso das palavras, mas que de nenhum modo se limita à derivação lógica, pois, de um lado, uma norma posta fora da figuração deve ser, entre outras possibilidades de consequência, invalidada, mas não se pode negar que, por outro lado, caso essa contingência não ocorra por parte da autoridade suprema, então se

---

206. "Mesmo sem a pressão da legislação e dos dicionários, os nossos vocabulários tendem à uniformidade. Excentricidades e idiossincrasias nessas questões prejudicam a comunicação". Gilbert RYLE, Linguagem ordinária, *in Ensaios*, p. 11.

207. "Chamarei de 'jogo de linguagem' também a totalidade formada pela linguagem e pelas atividades com as quais vêm entrelaçadas". Ludwig WITTGENSTEIN, *Investigações filosóficas*, p. 19 (7). Com isso, no WITTGENSTEIN da maturidade, "[a] ideia de um significado essencial das 'palavras' é substituída pela ideia de 'significado-em-uso'". Wayne MORRISON, Digressão sobre a obra de Ludwig Wittgenstein, *in Filosofia do direito*, p. 429 (13).

208. Ludwig WITTGENSTEIN, *Investigações filosóficas*, p. 118 (217).

inaugura um novo uso para a linguagem, sem que se possa mais falar de norma invalidável.[209]

Nessa linha, com uma afirmação do tipo "uma norma decorre de outra", pode alguém até querer significar, exclusivamente, que uma *deriva* de outra logicamente, mas, com isso, estará tratando de um mundo ideal e não do direito positivo *hic et nunc*. Agora, se quiser especificar que uma norma *deve derivar* de outra logicamente, então estará não mais do que manifestando um desejo, que outras formas de fundamentação, que não a lógica, sejam proscritas, o que implicaria dar à lógica um protagonismo desmedido, por mais importante que ela seja. Mas, no fim das contas, não podemos estranhar que aquele que tenha em mãos um martelo (o lógico ou o racionalista, pouco importa) imagine que tudo o que vê seja um prego.

2.12 CLASSIFICAÇÃO DAS NORMAS

A norma, em sua redução sintática mínima, é bimembre. Ou seja, [D (p→q)]. Se "p", então deve ser "q". Ou, de forma estendida, dado o fato, então deve ser a conduta. Mas, de forma mais detalhada, não podemos olvidar quem deve praticar a conduta, ou seja, o sujeito. Então, em notação simples, [D (p→Sq)]. Se "p", então deve ser "q" por "S".[210] E uma vez demarcados esses elementos, então é possível elaborarmos uma classificação das normas, a qual pode ser estendida às normas jurídicas.

Podemos falar sobre o passado, o presente ou, ainda, o futuro.[211] Por um lado, o que se afirma, ou se nega, sobre o

---

209. "[...] pela via da interpretação autêntica, quer dizer, da interpretação de uma norma pelo órgão jurídico que a tem de aplicar, não somente se realiza uma das possibilidades reveladas pela interpretação cognoscitiva da mesma norma, como também se pode produzir uma norma que se situe completamente fora da moldura que a norma a aplicar representa". Hans Kelsen, *Teoria pura do direito*, 2.ed., p. 394 (VIII.2).

210. Rigorosamente falando, se a proposição "q" é quem faz o que, quando e onde, então o sujeito "S" não está ao lado de "q", mas é sim contido em "q".

211. "[...] todo passado é substituído por um futuro, e todo futuro segue um passado, mas todo passado e futuro são criados e descendem daquilo que é sempre presente [...]". Santo Agostinho, *Confissões*, p. 312 (XI.X.13).

passado ou o presente é verdadeiro ou falso; do futuro, por sua vez, o que se diz dele é possível ou impossível ou, de forma mais específica, provável ou improvável. Essas são nossas valências. Em suma, a questão é: "quando algo aconteceu, acontece ou acontecerá?".[212] A resposta a tal indagação é formulada em linguagem, a qual, por sua vez, é no tempo, havendo, por conseguinte, uma relação de anterioridade, simultaneidade ou posterioridade entre essa formulação da linguagem e o mundo. Referimo-nos, então, a tempo na linguagem e tempo da linguagem. Pode-se cuidar, ainda, do mundo de forma atemporal. Nesse caso, o que se expõe é apreciado a partir de ter ou não sentido, ser cognoscível, e ainda, nos termos deste trabalho, ser possível empiricamente, mas há uma abstração de qualquer relação temporal com o mundo, havendo, portanto, tempo da linguagem, mas não tempo na linguagem. Assim, encontramos dois conjuntos: o formado de "p", cujo conteúdo tem relação temporal de passado e ou de presente com o mundo e, portanto, é ou não é; e o conjunto complemento de "p", que, ou não apresenta relação de temporalidade com o mundo ou estabelece essa relação de forma meramente possível ou provável, quer sem tempo definido, quer definido no futuro, e, portanto, ambas não podem ser verificadas como verdadeira ou falsa. Agora, podemos denominar "p", cujo conteúdo tem relação de anterioridade ou simultaneidade com o mundo, de "concreto". Ademais, uso do termo "concreto" para o que se passa ou o que se passou não deve causar maiores embaraços, pois "'[c]oncreto' aplica-se muitas vezes a algo que é tomado como real no sentido de que é efetivo e experimentável pela sensação".[213] Já para os membros do subconjunto com-

212. "Por 'linguagem temporal' designamos qualquer parte ou característica da linguagem que contenha informação sobre o tempo e a localização temporal de coisas e eventos". Hugh Lacey, *A linguagem do espaço e do tempo*, p. 14 (I.2)

213. José Ferrater Mora, *Dicionário de filosofia*: verbete "concreto", p. 112. No mesmo sentido, Nicola Abbagnano: "Os filósofos designam habitualmente com o termo elogioso de C. aquilo que se insere em seu critério de realidade. Por isso, nem sempre o C. é o individual, o singular, a coisa ou o ser existente, como se poderia crer e como talvez indique o uso comum do termo". *Dicionário de filosofia*: verbete "concreto", p. 170.

plemento de "p" que não são concretos, então o designamos de "abstrato". Com efeito, nosso subconjunto complemento é formado de proposições cujo conteúdo é separado, isolado, ou seja, é apartado do mundo temporal.[214] E mesmo no caso de predições sobre o futuro — o mundo será, mas ele ainda não é —, onde há temporalidade projetada, ainda assim seria lícito o termo "abstração", pois continuaríamos descolados do real, tomando esse termo pelo que é ou pelo que foi, pois o que pode ser ainda não é real e, portanto, não é concreto.

Ao analisarmos "p", então sabemos se a norma é concreta ou abstrata, isso a depender da temporalidade. Se o conteúdo de "p" é ou foi, então "p" é concreto, agora, se não há tempo definido ou a conduta se apresenta como uma projeção no futuro, então "p" é abstrato. Dito isso, devemos nos debruçar sobre "Sq". Tomamos como vinculante para este trabalho a incomunicabilidade de mundos, do ser e do dever-ser e, assim, o que deve ser não significa que já foi, está sendo ou mesmo que será. Pode até ter sido, estar sendo ou, provavelmente, ser no futuro, mas isso em nada interfere no que entendemos por dever-ser. De toda sorte, mesmo quando há uma previsão temporal especifica para "q", ela nunca será no passado ou no presente, pois seria uma descrição. Ademais, quando no futuro, essa projeção não vaticina que a conduta "q" será, apenas que deve ser em um período, data, instante ou momento. Assim, viável concluir que "q" nunca poderá ser uma proposição concreta, pois, enquanto formula uma conduta devida, essa conduta sempre será uma abstração do mundo, já que nem foi nem é, sendo, com isso, não aplicável à proposição "q", quando significando a consequência da norma, os valores verdadeiro/falso. Logo, se "p" é possível adjetivar de concreto ou abstrato, por questão temporal, com "q' isso não é possível, já que o dever-ser é sempre programado à frente. Logo, uma

214. "[...] no sentido filosófico mais tradicional, [o termo abstração] é uma operação intelectual que consiste em 'extrair', 'separar', 'isolar' elementos que, na experiência, são inseparáveis". Regina SCHÖPKE, *Dicionário filosófico*: verbete "abstração", p. 12 (esclarecemos entre parênteses).

divisão classificatória de "q", para ser viável, deve ancorar-se em outro ponto que não o temporal. Dito isso, nossa proposta envolve aceitar uma distinção entre ocorrência e evento.[215] Por essa diferenciação, ou a conduta "q" é algo único, singular, num tempo e num espaço delimitados, ou "q" limita-se a notas gerais e universais, e, com isso, a classificação não é ancorada no tempo da conduta, pois ela sempre se referirá a um modo futuro projetado. Por um lado, independentemente da expressão linguística do enunciado, se se referir a uma única, precisada e delimitada conduta, que não pode ser replicada, então é o caso de "ocorrência". Por outro, quando a conduta é apenas genérica, replicável, dada por meio de notas que não se exaure em si mesma, faltando uma pormenorização, então se estará diante de um "evento".

Sobre "p", dizemos que é "concreto" ou "abstrato", sobre "q" afirmarmos ser ele ou um "evento" ou uma "ocorrência", mas ainda temos, no trato da consequência normativa, a

215. Estamos valendo-nos aqui dos termos "ocorrência" (*occurrence*) e "evento" (*event*), a partir do seu uso por Karl POPPER: "[...] seja p_k um enunciado singular (o indicie '*k*' refere-se à norma ou coordenadas individuais que ocorrem em p_k). Então chamamos de ocorrência P_k a classe de todos os enunciados equivalentes a p_k. [...]. [...] sejam P_k, P_l, ... elementos de uma classe de ocorrências que *somente* diferem com respeito aos indivíduos (posição ou região espaço-temporais) em pauta; a essa classe chamamos de 'evento (P)'". *A lógica da pesquisa científica*, p. 94 (IV.23). De modo geral, essa separação entre o único e aquilo que é comum pode ser vista em Charles PEIRCE, que, no entanto, utiliza-se dos termos ocorrência (*token*) e tipo (*type*): "Geralmente há cerca de vinte *the's* numa página e, naturalmente, são contados como vinte palavras. Num outro sentido da palavra 'palavra', no entanto, há apenas uma palavra 'the' na língua inglesa; [...]. Ela não existe [palavra] não existe; apenas determina coisas que existem. Proponho que se denomine *Tipo* uma tal Forma definidamente significante. Um evento Singular que acontece uma vez e cuja identidade está limitada a esse acontecimento único [...], aventuro-me a denominá-la de Ocorrência (*Token*)". *Semiótica*, p. 177-178 (4.537). Posição e nomenclatura, aliás, que foram adotadas por Umberto ECO: "É justamente o fenômeno do reconhecimento que nos leva a falar de *tipo*, precisamente, como parâmetro para confrontar ocorrência". *Kant e o ornitorrinco*, p. 115 (3.3.1). Por fim, cabe ressalvar que a palavra "evento" apresenta grande relevância na teoria da relatividade de Albert EINSTEIN, equivalendo à ocorrência de POPPER (*occurrence*) e PEIRCE (*token*): "[...] o mundo dos eventos físicos [...] é naturalmente de quatro dimensões no sentido espaçotemporal. Pois ele se compõe de eventos individuais, cada um dos quais descrito por quatro números, a saber, as três coordenadas espaciais x, y, z e uma coordenada temporal, o valor do tempo t". *A teoria da relatividade especial e geral*, p. 49 (17).

questão de a conduta ter de ser praticada por alguém, ou seja, devemos investigar o sujeito "S". E "[p]or sujeto (o sujetos) de una prescripción entiendo el agente (o agentes) a quienes la prescripción es dirige o da".[216] Dado, então, o que seja sujeito da norma, de pronto, podemos descartar os casos em que a norma não teria sujeito, pois alguém deve praticar a conduta ou omitir-se. Logo, nossas possibilidades são reduzidas a: todos, algum (ns) ou especificamente um. De forma geral, todos ou alguns é uma questão relativa,[217] pois se dado do sujeito "S" o gênero "$\mathfrak{s}$" e a espécie "s", sendo que "s' pertence a "$\mathfrak{s}$" ($s \in \mathfrak{s}$), então se pode formular uma mesma norma com duas expressões diferentes: todo "s", que é algum (ns) de "$\mathfrak{s}$", deve "q" quando "p"; ou algum (ns) "$\mathfrak{s}$" com a propriedade "s" deve "q" quando "p". Também podemos construir que dado "p", então algum (ns) "$\mathfrak{s}$" sem a propriedade "s" deve "q".[218] O que nos importa, em todos esses casos, é que não há a particularização do sujeito, permitindo-nos que, para fins de classificação, agrupemos todos eles, membros do conjunto "q", num mesmo subconjunto. De um outro lado, temos aquilo que, numa função proposicional, seria uma constante individual, o qual é, no caso da norma positiva, em substituição à constante individual, um nome próprio;[219] por outro, temo uma variável, a qual "[...] é um símbolo que, sem nomear nenhum objeto em particular, denota ambiguamente qualquer

---

216. Georg von Wright, *Norma y acción*, p. 93 (V.9).

217. "[...] toda classe divisível em classes reais [...] é um gênero para tudo o que está abaixo dela, uma espécie para todos os gêneros em que ela própria está incluída". Stuart Mill, *Sistema de lógica dedutiva e indutiva*, p. 153 (I.VI.2).

218. Como sempre haverá um destinatário da norma, quem deverá realizar ou omitir a conduta, casos como ninguém deve a conduta "q" precisam ser tratados com cuidado. Primeiramente, porque o infinitivo pessoal "deve" se refere ao dever-ser implicacional e não aos modos de conduta. Em segundo ponto, sem discutirmos as normas derivadas, poderíamos construir que a obrigação de ninguém realizar "q" equivale à permissão de todos realizarem "q", uma vez que "[...] toda norma jurídica pode ser referida através de uma proibição e vice-versa". Fábio Ulhoa Coelho, *Roteiro de lógica jurídica*, p. 57 (17).

219. "Nome próprio é uma expressão (palavra, símbolo) que denota um objeto específico". Leonidas Hegenberg, *Dicionário de lógica*: verbete "nome", p. 143.

membro de uma classe especificada".[220] Classificaríamos, então, a norma a depender do sujeito que deve realizar ou omitir "q" quando "p", e para mantermos os termos clássicos que a doutrina utiliza,[221] nominamos de "individual" quando o sujeito é singular, um nome próprio, e de "geral" quando não há especificação precisada, quando for uma variável.

Como síntese, podemos expor que, em relação à hipótese normativa, a norma é "abstrata" ou "concreta", a depender da questão temporal, de já se ter ou não verificado no mundo seu conteúdo. Já quanto à consequência, a norma, a depender da conduta prescrita, que sempre é para o futuro, é uma "ocorrência" ou um "evento". No primeiro caso, ocorrência, há uma caracterização, uma especificação; no segundo caso, evento, há notas que podem ser mais ou menos genéricas, sem haver uma exata precisão. Por fim, ainda na consequência normativa, há o sujeito que deve realizar a conduta (ação ou omissão). Pode ser um indivíduo, representado por nome próprio, particularizado, o que nos leva a denominar a norma de "individual", ou pode ser um sujeito indeterminado, mesmo que determinável de forma mais ou menos genérica, o que permite falar de norma "geral". Com isso, poderemos combinar os resultados encontrados, tanto na hipótese como na consequência, cujo resultado são oito (2^3) espécies de normas jurídicas.[222] Assim, te-

---

220. Fernando Martinho, Variável, *in* João Branquinho, Desidério Murcho e Nelson Gomes (ed.), *Enciclopédia de termos lógico-filosóficos*, p. 788.

221. Utilizando particular e geral, temos Georg von Wright: "Diremos que una prescripción es *particular* con relación a su sujeto cuando se dirija a *un* individuo humano específico. [...]. Diremos que una prescripción es *general* en relación a sus sujetos cuando se dirija a *todos* los hombres sin restricción o a *todos* los hombres que respondan a una determinada descripción". *Norma y acción*, p. 94 (V.9). Valendo-se de individual e geral, temos Norberto Bobbio: "[...] julgamos oportuno chamar de 'gerais' as normas que são universais em relação aos destinatários [...]. [...]. Às normas gerais se contrapõem as que têm por destinatário um indivíduo singular, e sugerimos chamá-la de *normas individuais*; [...]". *Teoria da norma jurídica*, p. 180-181 (VI.48).

222. Norberto Bobbio combina apenas as propriedades da consequência (sujeito e conduta), desconsiderando a hipótese: "[...] combinando-se os quatro requisitos, o da generalidade, o a abstração, o da individualidade e o da concretude, as normas jurídicas podem ser de quatro tipos: *normas gerais e abstratas* [...]; *normas gerais e concretas* [...]; *normas individuais e abstratas* [...]; *normas individuais e concretas*

mos as normas jurídicas: 1) concreta, ocorrente e individual; 2) concreta, ocorrente e geral; 3) concreta, eventiva e individual; 4) concreta, eventiva e geral; 5) abstrata, ocorrente e individual; 6) abstrata, ocorrente e geral; 7) abstrata, eventiva e individual; e 8) abstrata, eventiva e geral.

Por fim, devemos afastar qualquer ideia de que o direito positivo somente é constituído de normas gerais e abstratas. A proposição prescritiva, cujo conteúdo apresenta um sujeito particular que deve, no lugar certo e no instante exato, ter a precisa conduta, também é uma norma jurídica[223] — na verdade, parte da norma jurídica, que é (bi)bimembre (veja-se 2.8) —, desde que se funde em uma outra norma jurídica, confor-

---

[...]". *Teoria da norma jurídica*, p. 183 (VI.48). Ainda cuidando somente da consequência normativa, temos Georg von WRIGHT: "Llamaremos a una prescripción *particular*, si es particular con relación al sujeito *y* a la ocasión. [...]. Llamaremos a una prescripción *general*, si es general con relación al sujeto *o* a la ocasión (o a ambos). Se es general con relación a ambos, al sujeto *y* a la ocasión, la llamaremos *eminentemente general*". *Norma y acción*, p. 97 (V.11). De igual modo, Hans KELSEN classifica as normas jurídicas com foco unicamente na prescrição: "Uma norma é individual, principalmente, se o elemento pessoal como o material da conduta *in concreto*, quer dizer, como a única conduta de uma pessoa individual determinada, é estabelecida como devida. [...]. Todas as outras normas são gerais, mas o caráter geral pode ter diversos graus". *Teoria geral das normas*, p. 358 (nota de fim n.10). Ao que parece, segundo Pierluigi CHIASSONI, é uma tradição analisar apenas a prescrição, que remonta no mínimo a BENTHAM, pois, para este último, as normas jurídicas são totalmente gerais (*general throughout*), quando "[...] dirigem-se a *classes* de sujeitos ativos e concernem as *classes* de comportamentos ('objetos')". Por outro lado, a norma jurídica é totalmente particular (*particular throughout*) quando está "[...] versando sobre um ato determinado de um sujeito ativo determinado". Há ainda as normas parcialmente gerais (*partly general*) e parcialmente particulares (*partly particular*). *O enfoque analítico na filosofia do direito*, p. 95 (I.12.3).

223. Que o direito positivo não é formado só de normas gerais e abstrata é ponto mais do que presente em Hnas KELSEN: "O Direito não consiste apenas em normas gerais. O Direito inclui normas individuais, i.e., normas que determinam a conduta de um indivíduo em uma situação irrepetível e que, portanto, são válidas apenas para um caso particular e podem ser aplicadas apenas uma vez". *Teoria geral do direito e do estado*, p. 53 (I.I.C.b). Assim, podemos dizer que, "[d]esde os escritos mais antigos, Kelsen atribui à distinção entre normas jurídicas gerais e individuais a função crítica de refutar o modo de ver, difundido na teoria geral do direito do século XIX, segundo o qual o direito estaria composto por *normas gerais*. Segundo Kelsen e a Escola de Viena, pelo contrário, o direito se compõe também de normas individuais, exemplificadas sobretudo pelas sentenças judiciais". Pierluigi CHIASSONI, *O enfoque analítico na filosofia do direito*, p. 469 (V.5.4).

me dispõe o requisito dinâmico para a identificação do jurídico. Por essa linha, o direito é o conjunto de normas jurídicas, dispostas de forma relacional, sem maiores preocupações quanto à especificação de seu conteúdo, a não ser a possibilidade empírica. Agora, a depender da posição ocupada pela norma jurídica na cadeia, no transcorrer do processo de positivação, ora essa norma vai ser denominada de "Constituição", ora de "lei", ou ainda, estando mais ao pé da pirâmide, de "sentença". Ser lei ou ser sentença é um tema que envolve posição dentro do ordenamento jurídico, que não se confunde com ser ou não norma jurídica.[224] Isso porque questões como generalização e abstração para todas as normas jurídicas contidas em leis devem ser vistas mais na linha do desejo para que as coisas sejam de determinada forma do que um requisito de existência da norma jurídica. De fato, "[j]ulgamos que a consideração da generalidade e abstração como requisitos essenciais da norma jurídica tenha uma origem *ideológica* não *lógica* [...]".[225] Portanto, que o mundo seja belo e justo, disso este autor também comunga, juntamente, temos certeza, com o leitor. Agora, caso o mundo não seja nem belo nem justo da forma como gostaríamos que fosse, disso não concluímos que não seja o mundo.

2.13 CIÊNCIA DO DIREITO

A princípio, até se poderia imaginar a ciência como voltada à coerência e completude,[226] quando o mundo poderia ser explicado por meio da razão e seriam descobertas verdades certas e evidentes, tal como fazem, segundo um certo ângulo, os

224. "[...] todas as leis são julgamentos ou sentenças gerais do legislador, tal como cada julgamento particular é uma lei para aquele cujo caso é julgado". Thomas Hobbes, *Leviatã*, p. 242 (2.XXVI).

225. Norberto Bobbio, *Teoria da norma jurídica*, p. 182 (VI.48).

226. "*Para o acabamento da ciência, é preciso passar em revista, uma por uma, todas as coisas que se relacionam com a nossa meta por um movimento de pensamento contínuo e sem nenhuma interrupção, e é preciso abarcá-las numa enumeração suficiente e metódica*". René Descartes, *Regra para a orientação do espírito*, p. 39 (VII).

matemáticos;[227] ademais, para evitar os erros, bastaria atenção e comedimento.[228] Nessa linha, "[a] ciência é algo bem diferente da disputa, mas também de um saber histórico [...]".[229] Entretanto, em algum momento, percebeu-se que a razão em primeiro plano, tomando o mundo apenas de forma subsidiária, poderia produzir uma grave duplicação, quando se diria do mundo, então, que não passaria de mera aparência.[230] E como contraponto a isso é que os fatos foram alçados à frente, como diretriz, pois "[...] os homens [...] devem abster-se, por um tempo, das noções e começarem a acostumarem-se com as coisas reais".[231] Agora, a organização racional do mundo, por mais harmoniosa e encadeada que seja, já não é mais autorizativa do uso do termo "ciência", pois há a necessidade de bem separar sujeito e objeto, quando entra em cena a ideia de objetividade.[232] Logo, "[...] o sistema que denomino 'ciência empírica' pretende representar apenas um mundo: o 'mundo real', ou o 'mundo de nossa experiência'".[233] Mas claro que, complementando a formulação, os

227. "[...] entre todos aqueles que até agora procuraram a verdade nas ciências, só os matemáticos puderam encontrar algumas demonstrações, isto é, algumas razões certas e evidentes [...]". *Discurso do método*, p. 24 (II).

228. "De onde então nascem meus erros? A saber, só do fato de que, sendo a vontade muito mais ampla e mais extensa do que o entendimento, não a contenho nos mesmos limites, mas a estendo também às coisas que não entendo; sendo por si indiferentes a elas, ela se desencaminha com muita facilidade e escolhe o mal pelo bem, ou o falso pelo verdadeiro. O que faz que me engane e que peque". René DESCARTES, *Meditações metafísicas*, p. 90-91 (IV).

229. Frédéric de BUZON e Denis KAMBOUCHNER, *Vocabulário de Descartes*: verbete "ciência", p. 16.

230. Diz-nos PLATÃO pela boca de SÓCRATES: "Estes ornamentos que há no céu, na medida em que estão incrustados no visível, deveríamos realmente considerá-los o mais belo e perfeito de tudo o que é visível, mas muito inferiores aos verdadeiros [...]". *A república*, p. 341 (VII.529d).

231. Francis BACON, *Novo órganon*, p. 53 (I.XXXVI).

232. "Em vez de observarmos as coisas, de descrevê-las, de compará-las, nós nos contentamos de tomar consciência de nossas ideias, de analisá-las, de combiná-las. Em vez de uma ciência de realidades, nós fazemos apenas uma análise ideológica. [...]. É claro que este método não poderia dar resultados objetivos". Émile DURKHEIM, *As regras do método sociológico*, p. 41-42 (II).

233. Karl POPPER, *A lógica da pesquisa científica*, p. 40 (I.5).

fatos *per se* não podem determinar o objeto da ciência, uma vez que tudo depende de "[...] o empiricamente dado estar constantemente orientado por ideias de valor, que são as únicas e (sic) conferir-lhe valor de conhecimento".[234] Portanto, o que no mundo é tido por valioso a ponto de ser isolado é anterior à ciência, mas, uma vez precisado, deve poder ser posto à prova para que seja, então, denominado ciência, quando "[...] entramos em contato com a realidade mediante uma refutação empírica como faz um homem quando embate numa parede de tijolos".[235]

A ciência é formada, assim, de proposições correspondentes ao mundo, ou seja, que se sujeitam aos valores verdadeiro ou falso, a depender de algo ser ou não ser o caso.[236] Nessa linha, "figuramos os fatos" e sabendo que "[a] figuração é um modelo da realidade", a qual, no mais, "[...] concorda ou não com a realidade; é correta ou incorreta, verdadeira ou falsa".[237] A ciência é, desse modo, o que pode ser submetido à prova intersubjetiva e a ela resista, em um processo de refutação, pois, desde Karl Popper, "[...] deve ser tomado como critério de demarcação, não a *verificabilidade*, mas a *falseabilidade* de um *sistema*".[238] Mas essa é apenas uma parte da construção, uma vez que a linguagem científica pode ser cindida em duas: observacional e teorética, sendo esta concatenada àquela.[239] Nesse ponto é que

---

234. Max Weber, A 'objetividade' do conhecimento na ciência social e na ciência política, *in Metodologia das ciências sociais*, p. 273 (II).

235. Karl Popper, Uma abordagem pluralista à filosofia da história, *in O mito do contexto*, p. 186 (nota 7).

236. "A verdade, com efeito, consiste no que é dito e não na coisa, pois embora *verdadeiro* seja às vezes oposto a *aparente* ou *fictício*, refere-se contudo à verdade da proposição". Thomas Hobbes, *Do corpo*, p. 77-79 (III.7).

237. Ludwig Wittgenstein, *Tractatus logico-philosophicus*, p. 143, 143 e 147 (respectivamente aforismos 2.1, 2.12 e 2.21).

238. *Lógica da pesquisa científica*, p. 42 (I.6).

239. "Acrescentem-se a seguir as regras-C. Tudo que elas fazem é, com efeito, permitir a derivação de determinadas sentenças L_o a partir de determinadas sentenças L_t ou vice-versa. Elas servem indiretamente para as derivações de conclusões em L_o, previsões de eventos observáveis, a partir de premissas dadas em L_o, por exemplo, a partir dos relatórios de resultados encontrados na observação, ou para a

podemos falar de metalinguagem, quando "[...] uma língua [é] utilizada para fazer afirmações a respeito de outra língua (então chamada de 'língua objeto')".[240] Por um lado, o mundo pode ser observado e, na sequência, descrito; por outro, essa descrição também pode ser objeto da linguagem, quando temos uma metalinguagem, sem que, com isso, uma seja reduzida à outra.

Estão dadas, desse modo, as bases para uma separação entre o direito positivo e a ciência do direito, quando, em um primeiro momento, temos uma linguagem prescritiva, formada de normas jurídicas, e, em um segundo lance, uma linguagem descritiva da linguagem prescritiva, configurando-se, portanto, um caso de metalinguagem, o que permite, aliás, afastar a ambiguidade da expressão "linguagem jurídica".[241] Agora, que haja uma distinção entre o produto da ciência do direito e o da autoridade normativa, é ponto que damos por assente no presente trabalho, sem constrangimentos, pois nos situamos, ao defender essa tese, ao lado de grandes nomes.[242]

---

determinação da probabilidade de uma conclusão em Lo com base nas premissas dadas em Lo". Rudolf CARNAP, O caráter metodológico dos conceitos teóricos, *in Coletânea de textos*, p. 228 (IV).

240. Leonidas HEGENBERG, *Dicionário de lógica*: verbete "metalíngua", p. 136 (complementamos entre parênteses).

241. "[...] a expressão linguagem jurídica é ambígua. Refere-se a dois níveis de linguagem: a do direito positivo e a da Ciência-do-Direito que tem o direito positivo como objeto de conhecimento (dogmático)". Lourival VILANOVA, *As estruturas lógicas e o sistema do direito positivo*, p. 64 (II.7).

242. Georg von WRIGHT empreende a separação utilizando os termos "norma" e "proposição-norma": "Daré el nombre de proposición-norma a la proposición de que tal y tal norma existe. [...]. La existencia de una norma es un *hecho*. Los fundamentos veritativos de los enunciados normativos y de las proposiciones-norma son, por tanto, determinados hechos". *Norma y acción*, p. 120 (VI.10). Alf Ross emprega "norma jurídica" e "proposição doutrinária": "As normas jurídicas são diretivas, as proposições doutrinárias são asserções cuja relação com essas diretivas podem ser indicadas como se segue: A (asserção) = D é direito vigente [...]". *Direito e justiça*, p. 63 (II.9). Carlos ALCHOURRÓN e Eugenio BULYGIN valem-se de "norma" e "proposição normativa" para levar adiante a distinção: "Las normas han de ser distinguidas de *las proposiciones normativas*, es decir, de las proposciones descriptivas que afirman que p es obligatorio (prohibido ou permitido) conforme a una cierta norma o un conjunto no especificado de normas". La concepción expresiva de las normas, *in Análisis lógico y derecho*, p. 123 (1).

Ademais, se o tema pode ser encarado com certa desenvoltura hoje, é justo lembrar que nem sempre foi assim, pois, até Hans KELSEN, as coisas eram anuviadas, sendo a distinção que aqui empregamos mais uma das dívidas que se tem com mestre da *Teoria Pura do Direito.*[243]

Por fim, cabem algumas palavras sobre o termo "descrição", o qual, se tomado em uma concepção muito estrita, conduz a que a ciência do direito não seja outra coisa do que uma

---

243. Na primeira edição da *Teoria Pura do Direito* não há no pensamento kelseniano uma clara distinção entre norma jurídica (*rechtsnorm*) e proposição jurídica (*rechtssatz*), sendo os termos intercambiados: "A norma, que determina a conduta que evita a coação [...] significa apenas uma norma jurídica com a condição de que deve expressar-se de forma abreviada, por questão de comodidade na exposição, o que somente a proposição jurídica enuncia integral e corretamente [...]".*Teoria pura do direito*, 1.ed., p. 93 (III.14.b). Tradução de CRETELLA JR. e CRETELLA de: "Die Norm, die das zwangvermeidende [...] Verhalten statuiert, debeutet daher nur unter der Voraussetzung eine Rechtsnorm, daß mit ihr [...] gesagt werden soll, was vollständig und korrekt nur der Rechtssatz aussagt [...]". Hans KELSEN, *Reine Rechtslehre*, 1.aufl., s. 41-42 (III.14.b). Na *Teoria Geral do Direito e do Estado*, por sua vez, já temos, forma clara, a distinção: "A tarefa da ciência do Direito é descrever o Direito de uma comunidade [...]. Esses enunciados, por meio dos quais a ciência jurídica o Direito, não devem ser confundidos com as normas criadas pelas autoridades legislativas. É preferível não chamar de normas esses enunciados, mas de regras jurídicas". *Teoria geral do direito e do estado*, p. 63 (I.I.D.a). Tradução de Luís Carlos Borges de: "It is the task of the science of law to represent the law of a community [...]. These statements, by means of which the science of law represents law, must not be confused with the norms created by the law-making authorities. It is preferable not to call these statements norms, but legal rules". *General theory of law and state*, p. 45 (I.I.D.a). Lembrando, aliás, que essa obra "[...] si bien escrita en alemán (el manuscrito inédito fue traducido al inglés por el filósofo sueco ANDERS WEDBERG), fue pensada en inglés [...]". Mario LOSANO, *Teoría pura del derecho*, p. 36 (II.4). De toda sorte, a separação tornou-se uma marca de Hans KELSEN, como se percebe na seguinte passagem, presente na segunda edição da *Teoria Pura do Direito*: "*Proposições* jurídicas são juízos hipotéticos que enunciam ou traduzem que [...], sob certas condições ou pressupostos fixados por esse ordenamento, devem intervir certas consequências [...]. As *normas* jurídicas, por seu lado, não são juízos, isto é, enunciados sobre um objeto dado ao conhecimento. Elas são antes, de acordo com o seu sentido, mandamentos e, como tais, comandos, imperativos. Mas também não são apenas comandos, pois também são permissões e atribuições de poder ou competência". *Teoria pura do direito*, 2.ed., p. 80-81 (III.3). Tradução de João Baptista Machado de: "Rechts*sätze* sind hypothetische Urteile, die aussagen [...],unter gewissen von dieser Rechtsordnung bestimmten Bedingungen gewisse von dieser Rechtordnung bestimmte Folgen eintreten sollen. Rechts*normen* sind keine Urteile, das heißt Aussagen über einen der Erkenntnis gegebenen Gegenstand. Sie sind, ihrem Sionne nach, Gegote und als solche Befehle, Imperative; aber nicht nur Gebote, sonder nauch Erlaubnisse und Ermächtigungen [...]". *Reine Rechtslehre*, 2.aufl., s. 73 (III.16).

cópia das normas jurídicas.[244] Assim, da ciência do direito poderia esperar-se que faça mais do que simplesmente descrever em sentido duro a ordem jurídica, mas, nesse ponto, entra em jogo a própria higidez do direito positivo, pois o doutrinador, sem ser sujeito competente, geralmente passa, sob o pretexto de que, meramente, não pode limitar-se a "descrever" o direito, a "escrever" o direito. Alguns com mais, outros com menos cerimônia, mas sempre em nome do bom, do belo e do justo, em ato, amiúde, de esnobismo, uma vez que o direito positivo não poderia ser tão bem compreendido pela rude autoridade normativa, ser irracional, a qual, no mais, poderia ter interesses inconfessáveis, ao contrário do jurista, ser racional, que agiria apenas em nome do saber e do mundo melhor.

De toda sorte, grosso modo, podemos agrupar, sem pretensão à exaustão, a atuação doutrinária em: científica, política e técnica. A *científica* subdivide-se em racionalista ou metodológica. Na primeira, *racionalista*, empreende-se o trabalho de reconstrução do objeto, visando a adequá-lo aos cânones da coerência e completude.[245] Nesse ponto, o problema é a identificação da ciência à razão e não ao fato, pois se o direito é contraditório e lacunoso, como poderia a ciência eliminar tais contradições e lacunas sem alterar o próprio objeto?[246] Na segunda, *metodológica*, não há as amarras racionalistas, pois uma organização do mundo não precisa excluir dele as

244. "[...] representação fiel; imitação, copia, retrato". Antônio Houaiss e Mauro de Salles Villar, *Dicionário Houaiss da língua portuguesa*: verbete "descrição", p. 972.

245. "La parte crítica común e indispensable de toda ciencia es el llamado análisis del lenguaje. Pues bien, la jurisprudencia es en su parte esencial un análisis del lenguaje, y, de modo más preciso, de ese específico lenguaje en el que a través de las proposiciones normativas se expresa el legislador. Respecto al discurso legislativo, aquélla se comporta como cualquier otra ciencia [...]: debe transformar el discurso legislativo en un discurso riguroso [...]. Sobre esta base, y sólo sobre esta base, se convierte en ciencia". Norberto Bobbio, Ciencia del derecho y análisis del lenguaje, *in Contribución a la teoría del derecho*, p. 184 (8).

246. Hans Kelsen, no fim, dá-se conta da impossibilidade que é a ciência do direito eliminar as contradições do direito positivo: "Em hipótese alguma, um conflito de normas [...] pode ser resolvido pela via da interpretação científica [...]". *Teoria geral das normas*, p. 267 (57.IV).

"impurezas". Aceita-se, assim, o direito positivo como ele é, mas o estudo é feito a partir de ferramentas bem definidas, que são construídas sem ter em conta qualquer ordem específica.[247] E dada essa especificação, podemos dizer que nossa posição neste trabalho é metodológica. Em um segundo grupo, temos a *doutrina política*, quando empreende uma atuação para interferir na produção normativa, apresentando ao aplicador do direito posto a intepretação "correta". A partir disso, pode ser classificada como franca ou dissimulada. É *franca* quando faz isso abertamente.[248] Entretanto, muitas vezes, é parte desse jogo de linguagem omitir o caráter político e apresentar-se como quem nada faz mais do que expor o resultado da aplicação de um método, quando então se dizer dela *dissimulada.*[249] Por fim, há a doutrina *técnica*, quando busca projetar a posição das autoridades para que o destinatário da norma jurídica, então consulente, possa decidir suas ações, melhor conhecendo as consequências jurídicas que desencadearão. Nesse caso, sua função é de aconselhamento.[250]

---

247. "[...] se puede investigar la esencia del derecho, su estructura típica, independientemente del contenido variante que ha tenido en las diferentes épocas y países. Esta es la tarea de una teoría general del derecho [...]". Hans KELSEN, *¿Qué es la teoría pura del derecho?*, p. 8.

248. "Dogmática é [...] um corpo de doutrinas, de teorias que têm sua função básica em um 'docere'". Tercio Sampaio FERRAZ JR., *A ciência do direito*, p. 108 (conclusão).

249. "Quando se diz que a função do jurista é ensinar, apenas podemos aplaudir. Contudo, não podemos permitir que o jurista se torne o destinatário das normas jurídicas, para, então, interpretá-las para os demais cidadãos, que, segundo essa ótica, não teriam condição de isso fazer sozinhos. Tal situação configuraria uma usurpação das funções do parlamento, pois nela tudo teria de ser filtrado pelos jurisconsultos, quando muito bem se poderia abrir uma brecha entre o conteúdo da norma e a interpretação doutrinária, a qual se apresentaria como a correta, a verdadeira. Contra isso, nunca é demais repetir o óbvio, doutrinador não é eleito, doutrinador não tem voto, e não pode fazer as leis, mesmo que sob a roupagem da interpretação". Valterlei da COSTA, Afinal, quem deve ser o guardião da constituição?, *Revista brasileira de teoria constitucional*, p. 36 (7).

250. Que a doutrina "aconselha" ou "recomenda", é a posição de ROSS: "[...] as diretivas devem ser apresentadas não como conclusões científicas, revestidas de autoridade, como leis cientificamente descobertas, mas como um conselho, uma recomendação". Alf ROSS, *Direito e justiça*, p. 386 (XV.79). Juliano MARANHÃO, por outro lado, tem a doutrina em maior conta, deixando a ela a função de "guia": "[...] o

2.14 SÍNTESE DO CAPÍTULO

O direito, termo extremamente ambíguo, foi reduzido ao direito positivo, ou seja, ao direito posto, o qual, por sua vez, foi conduzido ao conjunto de normas jurídicas. Nesse ponto, estão dadas as bases para o estudo do tributo, o qual também será concebido como norma jurídica, assim se sujeitando às mesmas regras de formação e transformação normativas. Inicialmente, em termos de sintaxe, será apresentada, sua regra de formação, a norma tributária formatada como imputação; na sequência, em razão da regra de transformação, será explicitado que a criação da norma tributária depende de conduta regrada por outra norma tributária. Como corolário, será possível obtermos três normas tributárias: tributação, competência e lançamento, as quais se igualam em suas estruturas horizontalmente, mas se encadeiam verticalmente. Por um lado, formam-se todas segundo um esquema condicional de dever-ser; por outro, são produzidas em razão de subordinação, quando uma é a base de validade da outra. Agora, o gênero norma tributária pode ter tripartido, pondo-se à frente, primeiramente, a norma de tributação, por sua representação estática do tributo, quando hipótese e consequência podem ser analiticamente estudadas em seus pormenores; em um segundo lance, da produção normativa, pelo qual uma norma tributária é fundamentada em outra norma tributária, segundo um processo dinâmico, é que exsurgem a norma de competência, sob qual se funda a norma de tributação, e a norma de lançamento, a qual é, por sua vez, fundada na norma de tributação. Entretanto, a sintaxe não basta, uma vez que se todas as normas jurídicas são iguais, então não haveria como discernir as tributárias das que não tenham esse atributo. Nesse ponto, ancorando-se na semântica, é que entra em cena a ciência do direito, com seu cariz de metalinguagem, quando pode ser classificada a

---

discurso da ciência do direito tem como função prática *guiar a conduta*". O Discurso da dogmática jurídica, *in Estudos sobre lógica e direito*, p. 121 (3.1).

norma jurídica como tributária em razão de particular conteúdo: para a de competência, assentar a norma de tributação, para a de tributação, ou determinar a entrega de dinheiro ou assentar a norma de lançamento, a qual, por sua vez, também determina a entrega e dinheiro, mas agora de forma concreta, ocorrente e individual.

Que venha, então, a teoria trilógica do tributo!

3

NORMA TRIBUTÁRIA

> "There's a sign on the wall
>
> But she wants to be sure
>
> 'Cause you know sometimes words have two meanings"
>
> Stairway to heaven, by Jimmy Page e Robert Plant[251]

3.1 PLANO GERAL

Um trabalho que se propõe a conceituar tributo deve deixar claro, de pronto, o que entende por conceituar. Isso porque, embora possua significado especializado, é termo de uso corrente para o qual, geralmente, não dispensamos maiores cuidados, e nisso reside uma das grandes dificuldades dos estudos acadêmicos, não só deste: como conciliar a linguagem comum, natural, em que será escrito o trabalho, usada por todos, com termos técnicos, cujos significados são específicos, mas que, por outro lado, fazem parte do vocabulário do dia a dia? Ponto que fica evidente no caso da palavra "conceito", para a qual, apesar de constar em dicionários os refinados,

251. Disponível em https://www.letras.mus.br, acesso em 27.10.2019. Tradução nossa: "Há uma placa na parede / Mas ela quer ter certeza / 'Porque, você sabe, às vezes as palavras têm duplo sentido".

não carece o falante de uma grande erudição para empregá-la.[252] Afinal, nem é necessário ter conhecimento de que deriva do latim *conceptum* nem, muito menos, precisa-se saber que sua primeira ocorrência na língua portuguesa data de 1572.[253]

Agora, uma das formas de lidar com essa dificuldade seria abandonar a linguagem natural e redigir o estudo em uma linguagem menos sujeita a variações.[254] Entretanto, essa proposta não pode ser levada a sério, a não ser para determinados nichos, pois, além do empenho para um autor assim se conduzir, ainda se obrigaria o leitor a ter também conhecimento dessa nova linguagem como condição prévia de compreensão. Ademais, haveria um certo quê de descortesia com o auditório a quem o estudo é dirigido no querer que ele se adapte ao autor e não que o autor se adeque ao auditório. Desse modo, a técnica da formalização da escrita, por exemplo, pode ser apenas um recurso secundário, um reforço, e não o mecanismo principal, quando o público-alvo do discurso não for nela versado. Aliás, que círculo do inferno deveria habitar o jurista que não sabe lógica?[255]

---

252. Encontramos o verbete "conceito" em diferentes dicionários especializados, tais como Leonidas HEGENBERG, *Dicionário de lógica*, p. 38, Nicola ABBAGNANO, *Dicionário de filosofia*, p. 164-169, e Jean DUBOIS *et al.*, *Dicionário de linguística*, p. 135.

253. Antônio Geraldo da CUNHA, *Dicionário etimológico da língua portuguesa*: verbete "conceito", p. 168.

254. "[...] tentei reduzir o conceito de sucessão em uma sequência [...] à noção da consequência *lógica* [...], para daí poder estabelecer o conceito de número. Para evitar que nessa tentativa se intrometesse inadvertidamente algo intuitivo, cabia tudo reduzir a uma cadeia inferencial [...] carente de qualquer lacuna. Mas ao tentar realizar essa exigência da forma a mais rigorosa possível, deparei-me com o obstáculo da insuficiência da linguagem [corrente]: além de todas as dificuldades inerentes ao manuseio das expressões, à medida que as relações se tornavam mais complexas, tanto menos apto me encontrava para atingir a exatidão exigida. Tal dificuldade levou-me a conceber a presente conceitografia". Gottlob FREGE, Conceitografia, *in Lógica e filosofia da linguagem*, p. 44-45 (Prefácio) (esclarecimento entre colchetes do tradutor).

255. "'Por mim se vai à cidade das dores; por mim se vai à ininterrupta dor; por mim se vai à gente condenada. Foi Justiça que inspirou o meu Autor; fui feito por Poderes Divinais, Suma sapiência e Supremo Amor. Antes de mim, havia apenas coisas eternas, e eu, eterno, perduro. Abandonai toda a esperança, ó vós que entrais!'. Estas palavras, em letreiro escuro, vi escritas por cima de uma porta. Eu disse: 'Mestre, o sentido delas me é obscuro'". Dante ALIGHIERI, *A divina comédia*, p. 17 (III).

Em razão disso, procuramos outra forma de fugir dessa atribulação, qual seja, a pactuação. Sem embargo, bem se entenda, não de tudo, o que nos levaria a uma linguagem própria igualmente, um caminho inviável, mas apenas de termos caros a este trabalho. Assim, iniciamos pactuando um significado para o vocábulo "conceito" — para só então conceituarmos tributo —, o que permite que este início, esta parte propedêutica, seja lido como a elaboração de um conceito de conceito.[256] Contudo, como o foco de estudo é, *al fin y al cabo*, o conceito de "tributo", e não o conceito de "conceito", não nos vemos na obrigação de algo extremamente rebuscado, o que nos permite utilizá-lo como sinônimo de "definição" e de "noção", dando as palavras por intercambiáveis.[257] Logo, conceituar, definir ou apresentar uma noção de tributo serão por nós tratados como expressões comutáveis, sendo o próprio uso do termo "conceito" feito por nós decorrente de uma escolha (veja-se 3.2).

Se, entretanto, não temos carência de distinguir os termos "definição" e "noção" do vocábulo "conceito", o mesmo não podemos dizer quando a oposição se dá entre "conceito" e "tipo". Nesse caso, mister se faz dissociar o que concebemos por conceito daquilo que compreendemos por tipo. Tipificar ou conceituar tributo são, portanto, coisas distintas, não equiparáveis. Identifica-se um objeto no mundo; ponto um. Quer-se saber se tal objeto é um tributo; ponto dois. Pactua-se uma proposição-modelo de tributo; ponto três. Coteja-se as propriedades do objeto com as propriedades da proposição-padrão; ponto quatro. Como possibilidade: a) coincidem, b) coincidem parcialmente, c) não coincidem parcialmente, d) não coincidem.[258] Dado isso, se o objeto identificado deve ser lido como um conceito, então

---

256. Conceituar "conceito" não parece algo tão paradoxal quando nos lembramos de clássico livro: Charles OGDEN e Ivor RICHARDS, *O significado de significado*, *passim*. Há, também, o célebre artigo de Hilary PUTNAM, *The meaning of "meaning"*, *passim*.

257. As palavras que analogicamente se associam a conceito são muitas, das quais vale menção a "*Significação*, significado, sentido, definição, expressão, acepção, [...], conteúdo, [...], texto, contexto [...]". Francisco Ferreira dos Santos AZEVEDO, *Dicionário analógico da língua portuguesa*: ideias afins / thesaurus: verbete "significação", p. 223.

258. Coincidir parcialmente ou não coincidir parcialmente é questão de grau.

apenas será tributo em a). Em todos os outros casos b), c) e d), não há de se falar de tributo. Contudo, se deve ser lido como um tipo, então o objeto delimitado apenas não será um tributo em d), sendo com certeza em a), e podendo ser, a depender do contexto, de modo provável em b) e, de maneira improvável, em c). Logo, a leitura de tributo como tipo ou como conceito leva a situações distintas (veja-se 3.4).

Dito isso, resta-nos expor que, ao conceituarmos "tributo", inicialmente associaremos, uma relação de função, o termo à expressão "norma jurídica"; ato contínuo esclareceremos que não é qualquer norma jurídica que seria tributo, mas apenas aquelas com tais e tais propriedades de ordem semântica, apontadas por pactuação; assim é porque, uma vez que sintaticamente todas as normas jurídicas são iguais, exclusivamente por esse plano, a distinção não seria possível. Agora, o fato de ser tributo conceituado como norma jurídica com particular propriedade não nos desobriga de uma melhor precisão, o que nos leva a apartar "conceito de tributo no direito" de "conceito de tributo do direito" (veja-se 3.3).

Que as normas jurídicas são prescrições de condutas condicionais, disso não temos dúvidas (veja-se 2.5). No entanto, isso não impede que haja fragmentos de normas que pareçam estar exercendo a função de batizar outras normas jurídicas, de imergi-las e fazê-las renascidas, pois o que era antes só norma jurídica, agora é norma jurídica adjetivada.[259] Aqui se encontra o que denominamos de "conceito no direito": é o direito "falando" de si mesmo. Assim, a depender do direito positivo, pode-

259. "[Mt] 3,6 'eram batizados por ele no rio Jordão': o 'batismo' (*báptisma*) concretiza gestualmente a 'mudança de mentalidade' [...]. A essência semântica da palavra grega está no étimo BAPH, que encontramos tanto no verbo *báptô* (mergulhar alguma coisa em água) como no substantivo *baphê*, em que o étimo surge na forma pura. O substantivo *báptisma* designa (em grego clássico) o ato de mergulhar um ferro incandescente me água, para lhe fortalecer a têmpera, mas também significa o ato de mergulhar um tecido para tingir. Aquilo que é objeto de batismo torna-se mais consistente na sua têmpera e, ao mesmo tempo, é sujeito a uma mudança. Muda literalmente de cor". Frederico Lourenço, Notas, *in Bíblia*: novo testamento: os quatro evangelhos, p. 68 (esclarecemos entre colchetes).

mos encontrar enunciados (fragmentos de normas) que conceituam tributo. No entanto, aparências à parte de descrição em tais situações, a função prescritiva encontra-se presente, pois o direito, tomado como direito positivo, não ensina nada a ninguém, pois o que faz é permitir, proibir ou obrigar.

Com isso, uma vez conhecido o que entendemos por "conceito no direito", então temos de disciplinar o que seja "conceito do direito". Em um primeiro momento, simplesmente pode ser uma proposição declaratória sobre uma proposição prescritiva. Assim, o conceito de tributo do direito teria por foco o conceito de tributo no direito. No entanto, a conceituação do direito de tributo pode ter um campo bem maior e não cuidar de norma específica alguma, apresentando como função principal não uma descrição específica, mas sim a de aglutinadora de normas jurídicas. Por essa linha, o rótulo "tributo" é um marco com fins de sistematização de várias normas jurídicas, normas que não são dadas anteriormente ao conceito, como se aquele fosse uma generalização delas, mas que são agrupadas posteriormente ao redor do conceito. Conceito esse que não é revelado, mas dado por pactuação.

Ao conceituarmos tributo, conceito do direito, fá-lo-emos à guisa de um espelho, respeitando a estrutura da norma jurídica, hipotética-condicional, saturada de particular conteúdo, a ser pactuado. Com isso, teremos meios de apontar a norma de tributação, o que se dá no plano estático. Mas também conceituaremos tributo no plano dinâmico, com foco no processo de positivação normativo, o que, então, permitir-nos-á compreender a competência tributária como norma-fundamento da norma de tributação (veja-se 5.1), bem como abarcar a relação existente entre a norma de tributação e o lançamento tributário, que, em uma teoria normativa, não pode ser outra coisa que não uma norma jurídica (veja-se 5.2). Assim, exsurgirá o conceito trilógico de tributo — norma de competência, norma de tributação e norma de lançamento —, respeitando, para tanto, duas regras, uma interna e outra externa. Internamente, o trabalho deve ser coerente; externamente, deve ser útil. Se é coerente, a cada escolha, a cada passo, tentaremos demonstrar que sim. Se é útil, isso cabe a outrem julgar.

3.2 DEFINIR, CONCEITUAR OU DAR UMA NOÇÃO DE TRIBUTO?

Que os problemas do mundo são problemas de linguagem, é uma afirmação que, obviamente, não procede.[260] Agora, que os problemas jurídicos, entendidos como aqueles com que se preocupam os teóricos do direito, são problemas de linguagem, já não nos pareceria uma afirmação tão difícil de endossar.[261] Afinal, que outra explicação haveria para que uma questão tão elementar como "o que é o direito?" ainda desperte tantas dúvidas nos juristas?[262] Igualmente, "o que é tributo?" é uma

260. Ludwig WITTGENSTEIN, com a ressalva "no essencial", dá por resolvidos os problemas: "[...] a verdade dos pensamentos aqui comunicados parece-me intocável e definitiva. Portanto, é minha opinião que, no essencial, resolvi de vez os problemas". *Tractatus logico-philosophicus*, p. 133 (prefácio). Não quis, no entanto, dar por resolvidos os problemas do mundo, sendo bem mais modesto, pois o que ficou resolvido, de forma "intocável e definitiva", foram os problemas da filosofia, podendo passar a ocupar-se, então, de outras atividades: "Wittgenstein em 1919 acredita que o *Tractatus* fornecia a solução definitiva para todos os problemas da filosofia, na medida em que eram solucionáveis, e então voltou sua atenção para outras ocupações. Ele frequentou um instituto de formação de professores, e de 1920 até 1926 lecionou em escolas primárias [...]". Alfred AYER, *Wittgenstein*, p. 5 (I). Tradução nossa de: "Wittgenstein in 1919 believed that the *Tractatus* supplied the definitive solution to all the problems of philosophy, so far as they were soluble, and therefore turned his attention to other pursuits. He attended a teacher's training college, and from 1920 till 1926 taught in elementar schools [...]".

261. Para que os problemas jurídicos possam ser lidos como problemas de linguagem, subjaz a ideia de que o direito é linguagem. Afirmação que pode causar certo desconforto em alguns. Visando a atenuá-la, ponderou Paulo de Barros CARVALHO: "Não é ele [o direito] a própria linguagem, mas nela reside, numa forte relação dialética. Afasta-se, desse modo, o excesso da proposição segundo a qual o direito seria a linguagem mesma". Prefácio, *in* Joana Lins e SILVA, *Fundamentos da norma tributária*, p. 9. Posição que parece ter inspiração na teoria comunicacional do direito de Gregorio ROBLES: "No proclama que el Derecho *es* lenguaje, [...] sino que afirma que el Derecho [...] *se manifiesta* por medio del lenguaje". *Cinco estudios de teoría comunicacional del derecho*, p. 19-20.

262. Sobre a pergunta "o que é o direito?", afirmou Herbert HART: "[...] nada de suficiente conciso, susceptível de ser reconhecido como uma definição, lhe podia dar uma resposta satisfatória". *O conceito de direito*, p. 21 (I.3).

pergunta que põe em polvorosa a comunidade tributária, recebendo as mais variadas respostas. E, mais uma vez, estamos diante de um estado de perplexidade, pois como podem os tributaristas divergir tanto a respeito de um tema central?

Deixando de lado, por improvável, a hipótese de que cada jurista queira ter uma resposta para chamar de sua, trocando o "mas" usado por outro tributarista por sua mais estilística conjunção adversativa "porém", parece-nos bem aceitável que a discrepância resida em estarem partindo de posições díspares, o que os leva a pontos de chegada diversos.[263] Na

---

263. Dá-nos nota Marco Aurélio Greco que, em aula no IV Curso de Especialização em Direito Tributário da Pontifícia Universidade Católica de São Paulo, no dia 29 de setembro de 1973, já apontava Carvalho, para o termo "tributo", cinco usos distintos: "1. o dinheiro entregue ao Estado; 2. o comportamento de entregar dinheiro; 3. a obrigação jurídica cujo objeto é a entrega de dinheiro; 4. a norma jurídica que prevê a entrega; 5. a relação jurídica do tipo 3 instala por força da ocorrência de fato previsto na norma jurídica". *Norma jurídica tributária*, p. 32-33. Posteriormente, em sua tese de livre-docência na PUC/SP (1981), Paulo de Barros Carvalho identificou então seis empregos do termo tributo: "[o] vocabulário 'tributo' é utilizado com nada menos de seis significados diversos, tanto pela doutrina, quanto pela jurisprudência e pelo próprio direito positivo". *A regra-matriz do ICM*, p. 64. O significado novo que apareceu foi o de "[...] fenomenologia da incidência fiscal, isto é, não só a norma instituidora, mas o fato concreto nela descrito e o laço abstrato que se precipita ao ensejo da ocorrência daquele evento". *Idibem*, p. 77. Posição que manteve em seu *Curso* (1985), afirmando que os seis significados que se acoplavam ao significante "tributo" são: "quantia em dinheiro", "prestação correspondente ao dever jurídico do sujeito passivo", "direito subjetivo de que é titular o sujeito ativo", "sinônimo de relação jurídica tributária", "norma jurídica tributária" e "norma, fato e relação jurídica". *Curso de direito tributário*, 1.ed., p. 14. Já mais recentemente, em tese apresentada para obtenção da titularidade no Largo de São Francisco (1997), fez um acréscimo, passando a serem sete os significados de "tributo": "Hoje, não teria dúvidas em acrescentar outra dimensão de sentido [...]. A palavra 'tributo' é usada para denotar o procedimento completo de instauração de normas, desde a primeira autorização competencial, até as últimas providências normativas para a satisfação do direito subjetivo da entidade tributante". *Direito tributário*, p. 78. A partir desse pequeno histórico, reconhecemos, sem qualquer dúvida, a polissemia do termo "tributo", ao lado do fato de que, há muito, é conhecida a questão pela doutrina. Afinal, seja como for — no início, eram cinco, depois seis, por fim, sete —, há várias associações ao vocábulo. No entanto, essa engorda de significados do termo "tributo" serve para entendermos que não são eles algo encontrados pela razão, de forma dedutiva, mas pela observação, que, assim, não estão todos eles dados, esses significados, prontos para serem descobertos, à espera de alguém brilhante. O que se faz é, na verdade, indicar que a palavra "tributo" é utilizada pela doutrina, pelo legislador, pela jurisprudência, com vários significados. O caso é de descrição

do uso da linguagem. Agora, *a priori*, de antemão, não há nenhum mundo das ideias para ser acessado e, então, descobrir-se qual venha a ser o real significado de tributo. Nessa linha, uma via adequada para apontar os vários significados do termo tributo é a consulta às posições dos doutrinadores (nada impedindo que se estenda a investigação à legislação e às decisões judiciais), para agrupá-las, na sequência, ao redor de núcleos. Assim, não se pode afirmar serem "apenas" sete as acepções possíveis de associação à palavra tributo, o que nos faz tomar o rol de Carvalho de forma meramente exemplificativa, bem como não devemos ver as separações entre os significados de forma muito rígida. Afinal, se dissermos que tributo é espécie do gênero "receita pública derivada" — que não consta em nenhuma das versões da lista de significados do professor paulista —, estaríamos usando a palavra numa nova acepção além das sete ou isso estaria contido na ideia de "dinheiro" e não haveria, portanto, necessidade de um tratamento individualizado? Ademais, quando a recensão sofre um acréscimo, com a aceitação de que a palavra tributo possa também significar "processo de positivação", não se estaria dizendo algo redundante, que já estaria compreendido no entendimento de tributo como "norma, fato e relação jurídica"? Assim, de nossa parte, dar-nos-emos por satisfeitos em apontar a diversidade com que o vocábulo é usado pela doutrina, sem contudo qualquer caráter de exaustividade:
1. Na acepção de "dinheiro" (ou outro objeto para os que entendem ser possível tributos *in natura*): "A relação jurídica tributária [...] vincula o sujeito passivo ao sujeito ativo, impondo ao sujeito passivo o dever de efetuar uma predeterminada *prestação* e atribuindo ao sujeito ativo o *direito* de obter a prestação. O *tributo é o objeto* daquela prestação que satisfaz aquele dever". Alfredo Becker, *Teoria geral do direito tributário*, p. 261. "[...] optamos pela utilização do vocábulo tributo [...] com a acepção da dívida tributária, de *quantum debetur* (sic). De tributo como objeto da prestação". Aires Barreto, *Base de cálculo, alíquota e princípios constitucionais*, p. 89.
2. Como "receita derivada": "[...] definir tributo como sendo *receita derivada que o Estado arrecada mediante o emprego da sua soberania* [...]". Rubens Gomes de Sousa, *Compêndio de legislação tributária*, p. 39. "*Tributo* é a receita pública derivada do patrimônio dos particulares [...]". José Eduardo Soares de Melo, *Curso de direito tributário*, p. 46. "Os tributos [...] são as receitas derivadas que o Estado recolhe do patrimônio dos indivíduos [...]". Ruy Barbosa Nogueira, *Curso de direito tributário*, p. 159. "[...] [tributos] se definem como receitas derivadas obtidas pelo Estado do patrimônio de particulares [...]". Amílcar Falcão, *Introdução ao direito tributário*, p. 7.
3. No sentido de "prestação pecuniária" em favor do Estado: "[...] a *essência jurídica* do tributo é ser *prestação pecuniária compulsória em favor do Estado ou de pessoa por este indicada* (parafiscalidade) [...]". Sacha Calmon Navarro Coêlho, *Teoria geral do tributo, da interpretação e da exoneração tributária*, p. 92. "Tributo é a prestação pecuniária [...] devida ao Estado ou a entidades não estatais de fins de interesse público". Luciano Amaro, *Direito tributário brasileiro*, p. 25. "O tributo é uma prestação pecuniária coativa de um sujeito (contribuinte) ao Estado ou outra entidade pública que tenha direito de exigi-lo". Dino Jarach, *O fato imponível*: teoria geral do direito tributário substantivo, p. 49. "[...] os tributos são prestações pecuniárias compulsórias, que o Estado exige de seus súditos em virtude do seu poder de império". Kiyoshi Harada, *Direito financeiro e tributário*, p. 314. "[...] tributos son las prestaciones [...] que el Estado exige em ejercicio de su poder de imperio, [...]". Héctor Villegas, *Curso de finanzas, derecho financiero y tributario*, p. 117.

"Designa [tributo] os ingressos públicos (prestações pecuniárias) derivados obtidos do (sic) Estado no exercício de poder fiscal (compulsoriamente, através da lei fiscal)". Bernardo Ribeiro de MORAES, *Curso de direito tributário*: sistema tributário da Constituição de 1969, v. 1, p. 228 (esclarecemos entre colchetes). "[...] tributos como *prestações pecuniárias impostas* [...] *pelo Estado* [...]". Zelmo DENARI, *Curso de direito tributário*, p. 48. "[...] tributo é prestação originalmente pecuniária [...]". Eduardo JARDIM, *Manual de direito financeiro e tributário*, p. 137.
4. Na acepção de "relação jurídica": "[...] definimos tributo [...] como obrigação (relação jurídica)". Geraldo ATALIBA, *Hipótese de incidência tributária*, 4.ed., p. 31. "[...] *tributo corresponde a uma relação jurídica existente entre Estado e contribuinte* [...]". Regina Helena COSTA, *Curso de direito tributário*, p. 105. "[...] o comportamento humano decorrente da necessidade estatal de obter recursos [...] originou uma relação jurídica obrigacional de dar [conceito ontológico do tributo], de proporcionar ao Estado a obtenção de tais meios". Ylves José de Miranda GUIMARÃES, *O tributo*, p. 49 (esclarecemos entre colchetes). De forma mais específica, entendendo tributo como *objeto da relação jurídica tributária*: "[tributo é] [...] *o objeto da relação jurídica de direito público interno*". Renato BECHO, *Lições de direito tributário*, p. 65-67 (esclarecemos entre colchetes). "Tributo é o objeto da relação tributária". Sergio MARTINS, *Manual de direito tributário*, p. 79.
5. Na acepção de "norma, fato e relação jurídica": "Tributo "[...] *é a relação jurídica que se estabelece entre o Fisco e o contribuinte (pessoa colhida pelo direito positivo), tendo por base a lei, em moeda, igualitária e decorrente de um fato lícito qualquer*". Roque CARRAZZA, *Curso de direito constitucional tributário*, p. 347.
6. Ressaltando o caráter de "dever fundamental" (o que não afasta que seja uma prestação): "Tributo é o dever fundamental [...]". Ricardo Lobo TORRES, *Curso de direito financeiro e tributário*, p. 375. "[...] [tributo] se trata de um *dever fundamental* [...] decorrente do Estado de Direito". Irapuã BELTRÃO, *Curso de direito tributário*, p. 22 (esclarecemos entre colchetes). "[...] o imposto se nos apresenta como um *dever fundamental*, isto é, um instituto jurídico que tem a sua disciplina traçada ao mais alto nível — ao nível constitucional —, onde integra a 'constituição do indivíduo'". José Casalta NABAIS, *O dever fundamental de pagar impostos*, p. 185.
7. Significando "norma jurídica": "[...] tributo é norma jurídica, ao menos no que tange à sua configuração estática". Paulo de Barros CARVALHO, *Teoria da norma tributária*, p. 99. "[...] um estudo científico deve procurar extremar o tributo de outras categorias jurídicas em função das previsões nele contidas, entendido como norma jurídica". Marco Aurélio GRECO, *Norma jurídica tributária*, p. 36. "Tributo é a norma jurídica geral, não autônoma [...]". Américo LACOMBE, *Obrigação tributária*, p. 110. "O conhecimento do tributo passa necessariamente pelo conhecimento da norma, pois, afinal, *tributo é norma*". José Roberto VIEIRA, *A regra-matriz de incidência do IPI*, p. 70. "Tributo, do ponto de vista sintático-semântico, pode ser definido como *uma norma primária dispositiva, geral e abstrata* [...]". Carlos Renato CUNHA, *O SIMPLES nacional, a norma tributária e o princípio federativo*, p. 81-82. "[...] tributo deve ser entendido como norma jurídica de tributação ou simplesmente norma tributária [...]". Márcio Severo MARQUES, *Classificação constitucional dos tributos*, p. 88.
8. Com foco no "processo de positivação": "[...] o processo de instituição (criação) do tributo, iniciado com a outorga constitucional da competência tributária, se integra, observadas as respectivas competências, com a superveniência das leis complementares, ordinárias e eventualmente outros atos normativos". José Souto Maior

verdade, o que muito deveria surpreender é que alguém ainda fique pasmado, depois de realizar um inventário comparativo das posições doutrinárias, por encontrar tantas respostas para o que seja tributo. Ora, se os tributaristas cuidam de coisas distintas, ainda que debaixo do mesmo nome, então nada mais natural do que aportem em lugares variegados.[264] O termo "tributo" assume, assim, a função de uma ilusão — a dos ídolos do mercado —, que a mente bloqueia.[265]

O termo "tributo", sem dúvidas, é equívoco, "[...] como a sombra projetada por um lampião tremulante numa noite de vento [...]",[266] o que pode causar muitas dificuldades, levando-nos, então, a tomar parte em sua determinação, mas,

---

BORGES, *A fixação em lei complementar das alíquotas máximas do imposto sobre serviços*, p. 6. Há, ainda, a mudança de posição de José Roberto VIEIRA, agora afirmando que a Constituição cria tributo: "Diante da atribuição constitucional de competência tributária, já dispomos de norma que desenha o perfil mínimo de um tributo, outorgando-lhe, no menor grau possível, uma inquestionável identidade. [...]. Ora, *se tributo é norma*, como já reconhecemos, em companhia de larga e respeitável doutrina, perante tal norma constitucional, é inevitável concluir: *a constituição criou tributo*". E, afinal, a Constituição cria tributos, *in* Heleno TORRES (coord.), *Teoria geral da obrigação tributária*, p. 639.

264. "Los adversarios hablan dos lenguajes distintos; la pena es que creen hablar el mismo lenguaje, creen que la razón de disputar no está en la diversidad del lenguaje, sino en la diversidad de la cosa en sí a la que se refieren con aquellas palabras. [...]. [...] el hecho de que muchas controversias entre juristas sean desde el principio insolubles no significa que todas estas controversias sean inútiles. Son inútiles las que se salen de las condiciones mismas en las que es posible una ciencia". Norberto BOBBIO, Ciencia del derecho y análisis del lenguaje, *in Contribución a la teoría del derecho*, p. 186-187 (9).

265. "[...] os homens acreditam que a razão controla as palavras. Mas também é verdade que as palavras revidam e reaplicam sua força ao entendimento". Francis BACON, *Novo Órganon* [*instauratio magna*], p. 61 (I.LIX). As outras ilusões são: ídolos da tribo, da caverna e do teatro. No direito tributário brasileiro, ninguém tratou tão bem do assunto quanto Alfredo BECKER: "Esclarecer é explicar as premissas. O conflito entre as teorias jurídicas do Direito Tributário tem sua principal origem naquilo que se presume conhecido porque se supõe óbvio. De modo que de premissas iguais em sua aparência (a obviedade confere uma identidade falsa às premissas) deduzem-se conclusões diferentes porque cada contendedor atribuiu um diferente conceito às premissas 'óbvias'. Esta dualidade de conclusões deixa ambos os contendedores surpresos e perplexos (pois partiram das 'mesmas' premissas 'óbvias') sem que um possa convencer o outro da veracidade de sua respectiva conclusão". *Teoria geral do direito tributário*. p. 11.

266. Bertrand RUSSEL, Da natureza da familiaridade, *in Ensaios escolhidos*, p. 16 (I).

já adiantamos, não haverá nenhum arremate surpreendente ou estrambótico, nenhuma verdade a ser revelada, nenhum final arrebatador, com as escusas devidas a quem esperava outra coisa, pois não se trata, afinal, de um livro de suspense. Dito isso, e lembrando que já dedicamos o Capítulo 2 a sedimentar nossa posição de que o direito é um conjunto das normas jurídicas válidas, todas elas iguais sintaticamente, sendo distintas apenas semanticamente (ver especialmente 2.5), não seria agora que diríamos outra coisa de tributo, a não ser que é uma norma jurídica, com a mesma estrutura de outras normas, mas com particular conteúdo. Entretanto, expor que tributo é norma jurídica significa exatamente o quê? Estamos, ao proceder assim, definindo-o? Conceituando-o? Ou, quiçá, apresentando uma noção?

Antes de prosseguirmos, devemos ter em conta que o termo "conceito" pode tanto ser oposto a "definição" como a "tipo". A partir desses dois pontos, vamos, neste primeiro momento, cuidar da dicotomia "conceito" *versus* "definição", relegando para tópico posterior (3.3) o confronto entre "conceito" e "tipo".

Como nos ensina Immanuel Kant, há filosoficamente uma diferença entre os vocábulos conceito e definição, pois "[...] *definir* não deve significar propriamente mais do que apresentar originariamente o conceito pormenorizado de uma coisa dentro dos seus limites".[267] Assim, o que nos faz passar do conceito à definição é a oscilação de grau, no sentido da especificidade.[268] Entretanto, de haver na grande filosofia uma distinção,

267. *Crítica da razão pura*, p. 589. E prossegue aquele que nasceu na terra dos cavaleiros teutônicos, Königsberg, local que hoje se chama Kaliningrado: "[...] um conceito *empírico* não pode ser definido, mas apenas *explicitado*. [...]. [...] também não se pode definir nenhum conceito dado *a priori*, por exemplo, substância, causa, direito, equidade, etc. [...]. [...] como não podemos definir os conceitos dados empiricamente, nem os dados *a priori*, restam apenas aqueles que são pensados arbitrariamente e nos quais posso tentar esta operação". *Ibidem*, p. 589-590.

268. Posição que nos parece próxima à de José Roberto Vieira, para quem, "[d]essa larga generalidade do conceito, pode-se alcançar, mediante a delimitação, a restrita especificidade da definição [...]". Medidas provisórias tributárias e segurança jurídica: a insólita opção estatal pelo "viver perigosamente", *in* Eurico de Santi (coord.), *Segurança jurídica na tributação e estado de direito*, p. 329-330.

não significa que devemos, de pronto, aplicá-la ao jurídico. Uma linguagem especializada deve ser incorporada a outras áreas com o devido cuidado, depois de se perguntar, além da possibilidade de aplicação, sobre os ganhos decorrentes dessa incorporação, ou seja, sobre a sua servência. Sendo assim, com essas ressalvas, perguntamos nós, é possível medirmos a especificidade de uma afirmação como "tributo é norma jurídica", e então cravarmos se é ela uma definição ou conceito?

Na verdade, por mais que haja a diferenciação filosófica entre definição e conceito, parece-nos que os autores preferem chamar de conceito a resposta que dão à pergunta "o que é tributo?", por um outro motivo que não o grau de especificidade.[269] Arriscamos dizer que é um não se comprometer, pois, com isso, estariam se vacinando contra a crítica de que não foram minuciosos o suficiente, já que estariam apenas conceituando e não indo às últimas consequências, com todas as minúcias, ou seja, definindo. Por essa linha, do mero esboço, imunizando-se de pareceres em contrário, cremos que o melhor, grau máximo de humildade, nem seria fazer referência a conceito, mas sim a algo ainda mais lato, como uma noção, ou seja, "[...] uma ideia ou conceito suficientemente básico".[270]

---

269. Eduardo Jardim aponta que o comum é o uso do termo "conceito" pela doutrina tributária, em vez de "definição", mas que, mesmo assim, prefere fazer referência à esta e não àquela: "[...] adotaremos a palavra 'definição' em lugar de 'conceito', contrariando, assim, a linguagem corrente [...]". *Manual de direito financeiro e tributário*, p. 36.

270. José Ferrater Mora, *Dicionário de filosofia*: verbete "noção", p. 507. Em filosofia, "noção" possui um significado específico; ou melhor, dois: "[...] um muito geral, em que N. é qualquer ato de operação cognitiva, e outro específico em que é uma classe especial de atos ou operações cognitivas". Nicola Abbagnano, *Dicionário de filosofia*: verbete "noção", p. 713. Em seu perfeccionismo, Immanuel Kant dá-nos um significado específico: "O conhecimento [...] é *intuição* ou *conceito* (*intuitus vel conceptus*). A primeira refere-se imediatamente ao objecto e é singular, o segundo refere-se mediatamente, por meio de um sinal que pode ser comum a várias coisas. O *conceito* é empírico ou puro e ao conceito puro, na medida em que tem origem no simples entendimento (não numa imagem pura da sensibilidade), chama-se *noção* (*notio*). Um conceito extraído de noções e que transcende a possibilidade da experiência é a *ideia* ou conceito de razão". *Crítica da razão pura*, p. 313. Outro famoso filosofo, Georg Hegel, em *Wissenschaft der Logik* [Ciência da lógica], igualmente, dá-nos um significado específico de "noção" que é "[...] entendida como síntese de Ser e Essência, na forma de Ideia. Quer dizer: por um lado, refere-se à essência do

Dizer que tributo é norma jurídica não passaria, então, de apresentar uma noção.

De nossa parte, por mais que tenhamos procurado no auditório dos tributaristas, não encontramos uma demarcação clara do porquê uns falam que apresentam uma definição, outros um conceito e, vez ou outra, alguns apresentam uma noção. Claro que o grau de especificidade na resposta seria um bom diferenciador, entretanto, na pesquisa *in locu*, sobre o que diz a doutrina e não sobre o que diz que diz a doutrina, não nos deparamos com tal métrica. Provavelmente seja porque, por mais que haja uma distinção, na filosofia, entre os termos definição, conceito e noção, não sejam eles, ao menos facilmente, importáveis para o estudo do direito tributário, com o uso desses termos parecendo-nos mais uma questão de gosto. Talvez uma ilustração possa reforçar nossos argumentos.

Na primeira edição do influentíssimo *Hipótese de incidência tributária* (que trabalho de direito tributário pode-se dar ao luxo de não o citar?), Geraldo ATALIBA usou o termo "definir" para tratar do tributo, marcando que "[j]uridicamente se define tributo como obrigação jurídica pecuniária [...]".[271] No entanto, na quarta edição do festejado livro, atualizando-o de acordo com a Constituição de 1988, fez, entre vários adendos e modificações, um acréscimo pequeno a um parágrafo específico da obra, que ganhou enorme repercussão, pois dele decorre a ideia de "conceito constitucional tributário": "A Constituição de 1988 adota um preciso — embora implícito — conceito de tributo".[272] Entretanto, pouco adiante, nessa

---

objeto pensado; por outro, refere-se ao pensamento, enquanto pensa naquela essência". Leonidas HEGENBERG, *Dicionário de lógica*: verbete "noção", p. 142-143. Mas, apesar dos apontamentos desses dois expoentes, "[n]enhum dos significados específicos propostos para esse termo teve grande aceitação; hoje resta quase exclusivamente o significado genérico de operação, ato ou elemento cognitivo geral". Nicola ABBAGNANO, *Dicionário de filosofia*: verbete "noção", p. 713.

271. *Hipótese de incidência tributária*, 1.ed., p. 26.

272. Hipótese de incidência tributária, 4.ed., p. 30. No entanto, mesmo antes da Constituição de 1988, cremos que ATALIBA já entendia no sentido da existência de um conceito constitucional de tributo, tanto que nos parece correta a afirmação de

mesma quarta edição, ao cuidar, então, do que seja tributo, expõe-nos que "[j]uridicamente define-se tributo como obrigação jurídica pecuniária [...]".[273] Questão à parte se relevante a alteração da colocação pronominal do oblíquo átono "se", de próclise para ênclise, tributo, quer seja como definição, quer seja como conceito, continua a ser uma obrigação pecuniária.

De todo modo, não vemos maiores problemas no uso intercambiável dos termos "definição", "conceito" ou "noção". Ademais, não cremos que definir, conceituar ou apresentar uma noção de tributo, quando empregados pela doutrina tributária, significam coisas diferentes. Com qualquer um desses termos, o que se está a fazer é associar a palavra "tributo" a uma proposição declarativa. Ou seja, o que temos é uma função f(x)=y.[274] Quanto a saber se aquilo que é associado ao

---

Maurício do VALLE: "A identificação do conceito constitucional de tributo deve-se, no Brasil, a ATALIBA [...]". *Princípios constitucionais e regras-matrizes de incidência do imposto sobre produtos industrializados – IPI*, p. 164-165. E, para corroborar tal assertiva, trazemos a colação um artigo de 1971, portanto antes do *Hipótese de Incidência Tributária*, que é de 1973 (1.ed.), no qual, mesmo que ainda não se refira a um conceito constitucional de tributo, aponta a existência de conceitos constitucionais para os impostos: "[...] o conceito de serviço pressuposto pelo texto constitucional vigente (art. 24, II) não pode colidir com o de industrialização (pressuposto pelo artigo 21, V) nem com o de operação financeira (pressuposto pelo art. 21, VI), nem com o de prática de operações jurídicas que importam circulação de mercadorias (art. 23, II)". Geraldo ATALIBA, Imposto sobre serviços — diversões públicas — convites e ingressos gratuitos, *Revista de direito administrativo*, n. 104, p. 383. Dado isso, avaliamos que Roque CARRAZZA já estava nos passos do mestre paulista e seu professor, quando expõe em 1986, mesmo antes da atual Constituição, que "[...] a Constituição brasileira não estabeleceu explicitamente o que vem a ser tributo. Todavia, ela acabou [...] por dar [...] um conceito básico de tributo". *Princípios constitucionais tributários e competência tributária*, p. 128-129. Posteriormente, ressalvamos, CAZZARRA substituiu a expressão "conceito básico de tributo" "por noção geral de tributo". *Curso de direito constitucional tributário*, p. 347. De toda forma, o ensinamento de que há na Constituição um conceito de tributo criou raízes. Regina Helena COSTA afirma poder "extraí-lo": "O conceito de tributo é extraído da própria Constituição". *Curso de direito tributário*, p. 105. Renato BECHO percebe-o, apesar de "implícito": "[...] sustentamos [...] que há um conceito *implícito* de tributo na Carta da República". *Lições de direito tributário*, p. 102. Como síntese, podemos afirmar que, para boa parte da doutrina, "[...] é força convir sobre a existência de um conceito constitucional de tributo". Paulo Ayres BARRETO, *Contribuições*, p. 39.

273. Geraldo ATALIBA, *Hipótese de incidência tributária*, 4.ed., p. 31.

274. "[...] 'Fx' seria uma função proposicional monádica; a cada objeto, digamos b, de certo conjunto (o universo de discurso), associa uma proposição, Fb (asseverando

termo é mais ou menos detalhado, mais ou menos específico, ou se é ou não uma ideia geral, já fugiria de nosso poder de observação, isso porque desconhecemos que algum autor do direito tributário leve a sério a distinção e tenha apresentado, por exemplo, ao lado de um conceito de tributo, mais aberto, também uma definição, mais fechada.

Postas as coisas assim, retomamos o debate, se temos tributo como norma jurídica, então temos o quê? Uma definição, um conceito ou uma noção? A bem da verdade, não vemos como seria possível, no estudo jurídico tributário, diferenciar os termos e se elegemos um aqui, neste trabalho, é apenas com fim de padronização, por convenção. Assim, optamos pelo verbo conceituar para expressar a associação do vocábulo "tributo" à expressão "norma jurídica", que, por sua vez, é por nós associada à locução "prescrição condicional de conduta", que, por sua vez, conecta-se a "criada com fundamento em outra norma jurídica" (veja-se 2.4). Com isso, começa a tomar forma nossa conceituação de tributo como norma jurídica, na qual há uma prescrição de conduta devida por imputação, mediante a verificação de hipótese, cuja validade decorre de outra norma jurídica.

3.2.1 A Constituição conceitua e o CTN define tributo?

O presente trabalho não tem como objetivo o estudo de nenhuma ordem jurídica específica. Sendo assim, poderíamos dar-nos por satisfeitos como as linhas acima sobre o uso de termos como conceituar, definir e apresentar uma noção de tributo. Entretanto, não podemos ignorar que, para a doutrina brasileira, a questão vai além, sendo apresentada, na verdade, como um ponto-chave do direito positivo brasileiro, razão que nos fez abrir este subtópico. Com efeito, é uma ideia corrente que, enquanto o Código Tributário Nacional

---

que o objeto b tem a propriedade F)". Leonidas Hegenberg, *Dicionário de lógica*: verbete "função proposicional", p. 86.

conteria uma definição de tributo, na Constituição Federal, haveria um conceito.[275]

---

275. A ideia de que o Código Tributário contém definições e a Constituição, conceitos, é algo que podemos remeter a Geraldo ATALIBA: "[...] respeitados absolutamente êsses conceitos constitucionais [de serviço, de industrialização, de operação financeira, de operações jurídicas que importam circulação de mercadorias], é que a lei complementar (prevista no inciso II, do art. 24) pode definir *serviço* para efeito de balizar o âmbito da competência tributária municipal na matéria". Imposto sobre serviços — diversões públicas — convites e ingressos gratuitos, *Revista de direito administrativo*, n. 104, p. 383 (esclarecemos entre colchetes). Agora, a relação entre a definição do Código e o conceito da Constituição, é ponto divergente na doutrina. Para uns, aquela "adequar-se-ia", "seria compatível com" ou se "aproximaria muito" deste. Nessa linha, podemos transcrever José Eduardo Soares de MELO: "[...] está definição de tributo [art. 3º do CTN] se adequa aos traços constitucionais [...]". *Curso de direito tributário*, p. 45 (esclarecemos entre colchetes). Ou Estevão HORVATH: "[...] seus dizeres [art. 3º do CTN] são compatíveis com o que é induzido pela Constituição Federal". Classificação dos tributos, *in* Aires BARRETO e Eduardo BOTTALLO, *Curso de iniciação em direito tributário*, p. 38 (esclarecemos entre colchetes). Ou, ainda, Misabel DERZI: "[...] [a Constituição] leva em consideração, implicitamente, ao disciplinar o sistema tributário, certo conceito de tributo, que, sem dúvida, se aproxima muito mais daquele amplamente disciplinado no art. 3º do CTN [...]". Nota de atualização, *in* Aliomar BALEEIRO, *Direito tributário brasileiro*, p. 31. No entanto, há os que entendem que, embora a Constituição não apresente uma definição de tributo, pois essa só o CTN teria, mesmo assim dela se vale, tornando uma questão, de início, legal em constitucional. Humberto ÁVILA, ao estabelecer a existência dos conceitos constitucionais, afirma darem-se eles de dois modos: "A previsão de conceitos constitucionais pode ser feita de duas formas. De um lado, de modo direto, nos casos em que a Constituição já enuncia expressamente as propriedades conotadas pelos conceitos que utiliza. De outro lado, de modo indireto, nas situações em que o Poder Constituinte, ao escolher expressões cujas propriedades já eram conotadas em conceitos elaborados pelo legislador infraconstitucional à época da promulgação da Constituição, opta por incorporá-la ao ordenamento constitucional". *Teoria dos princípios*, p. 112. De modo específico, em relação a tributo, manifesta-se Marco Aurélio GRECO, valendo-se da expressão "pressuposição de um conceito prévio": "[...] a Constituição Federal não define expressamente 'tributo'; ela pressupõe um conceito prévio que é assumido como base para cada preceito. Este 'conceito pressuposto' é aquele previsto no Código Tributário Nacional [...]". Conceito de tributo, legalidade e medidas provisórias, *in* Eurico de SANTI (coord.), *Curso de direito tributário e finanças públicas*, p. 423. Ainda mais incisivo é Ricardo Lobo TORRES, referindo-se à constitucionalização da definição legal: "A Constituição não define o tributo. O CTN é que oferece a seguinte definição [...]. Constitucionalizou-se, assim, a definição codificada, até porque a CF 88 já a encontrou em vigor e não seria razoável concluir-se que a não tenha adotado". *Curso de direito financeiro e tributário*, p. 373-374. Ocorre que se assim realmente for, se a definição de tributo do art. 3º do CTN passou a fazer parte da Constituição, então "[...] não pode ser objeto de modificação pela legislação infraconstitucional, pois isso implicaria em *(sic)* se modificar o próprio conceito constitucional". Ricardo Lobo TORRES, Conceito constitucional de tributo, *in* Heleno TORRES (coord.), *Teoria geral da obrigação tributária*, p. 561.

Como prova de que o *Codex* contém uma definição de tributo, toma-se seu art. 3º.[276] Até aí, nada a opor, pois há certa especificidade no referido enunciado, e não vemos maiores problemas em pactuar que estamos diante de uma definição. No entanto, a questão ganha nosso realce quando, ao lado da definição legal, apõe a doutrina seu conceito, agora constitucional, de tributo. E, de fato, a questão deixa-nos aturdidos, pois observamos que este (o conceito) é muito mais detalhado, específico, do que aquela (a definição) (ver nota de rodapé em 3.2). Sem nenhuma dúvida, a doutrina traja seu conceito de tributo com a mais fina veste, tecido de muitos fios, adornado, de acordo com a indumentária, geralmente de muito bom gosto (o que não impede, por vezes, de depararmo-nos com exageros que mais nos lembram os novos ricos), fazendo com que pareça um farrapo a definição do CTN. Contudo, se a regra para chamar algo de conceito ou definição for sua especificidade, como denominaremos, então, de conceito, e não de definição, aquilo que a doutrina nos oferece, uma vez que traz muito mais informações, é mais detalhado do que o contido expressamente na lei? Quem tem ouvidos, que ouça; e se tem dúvidas, tire a prova, compare: o conceito da doutrina é muito mais específico do que a definição da lei.

De nossa parte, acreditamos que as palavras "definição" e "conceito" não são usadas em razão do grau de especificidade, por mais que se queira dar essa explicação Na verdade, tudo se resume a literalidade, à existência de um "é" após o vocábulo tributo. No artigo 3º da Lei nº 5.172, de 25.10.1966, lê-se "tributo é ...", já na Carta Maior não se encontra essa mesma forma, "tributo é", apesar de o termo aparecer nela 16 vezes. Essa é a razão, o constar esse "é", o porquê de resolver a doutrina tributária falar de definição para o Código Tributário Nacional e de conceito para a Constituição.

---

276. "Art. 3º. Tributo é toda prestação pecuniária compulsória, em moeda ou cujo valor nela se possa exprimir, que não constitua sanção de ato ilícito, instituída em lei e cobrada mediante atividade administrativa plenamente vinculada".

De tudo isso, parece-nos que a doutrina leva bem a sério a existência de um conceito de tributo na Constituição. Agora, se fica a distinção entre conceito e definição de pé, depois de uma boa chacoalhada, isso é outra coisa. Particularmente não parece haver uma regra para se dizer, na linha da gradação do geral para o específico, quando temos um conceito e quando já estamos diante de uma definição. O fato é que a divisão vem-se dando por meio de um pacto semântico muito simples, mas implícito, e que ninguém assume abertamente: sobre a Constituição, dizemos que contém conceitos — independentemente do quanto estejam eles lá, na Constituição, ou se tudo não passaria de uma interpretação bem criativa do jurista —, já para a lei, falamos de definições, desde que contenha um "é".

3.3 CONCEITO DE TRIBUTO NO DIREITO E DO DIREITO

Sobre a afirmação de que tributo é norma jurídica, convencionamos que se trata de um conceito, ou seja, conceitua-se tributo ao expô-lo como norma jurídica. Ademais, não vemos maiores problemas no intercâmbio da palavra "conceito" com os termos "definição" e "noção". Assim, sobre a proposição "tributo é norma jurídica", pode-se afirmar que, a depender do pacto que faça o autor, é um conceito, ou uma definição ou ainda uma noção, sem incorrer, a nosso ver, em qualquer erro. Entretanto, se até aqui não se fez necessário um ajuste fino quanto ao termo "conceito", daqui em diante, exigir-se-á um novo cuidado, pois se faz mister diferenciar "conceitos do direito" de "conceitos no direito".[277] No primeiro caso, conceito do direito, o uso da preposição "de" permite que demarquemos bem que uma coisa é o direito e que outra é o conceito.[278] Logo, o conceito trata do objeto, mas não é o objeto,

---

277. Sobre o tema, veja-se: Valterlei da Costa e Maurício do Valle, A utilidade como critério de classificação do direito e no direito, *Revista brasileira de direito*, v. 14, p. 186-213.

278. "de. [...] *Prep.* [...]. Usa-se, além de noutros casos, nos seguintes: *1.* Entre dois substantivos, indicando: [...] *n)* a de assunto, objeto (equivalente às prep. *sobre*,

com ele não se confundindo. Já no segundo caso, conceito no direito, por meio da preposição "em", expressa-se que algo está em algum lugar, portanto, dentro de.[279] Assim, o conceito está contido no direito, então fazendo parte dele.

Por direito positivo, entendemos o conjunto de normas jurídicas que retiram sua validade de outras normas jurídicas, sendo essas normas jurídicas interpretações de enunciados postos por atos de vontade (veja-se 2.4). Ocorre que, para além do conteúdo das normas jurídicas, que seriam os mais diversos possíveis, respeitado o mundo físico, todas essas normas possuem a mesma estrutura sintática (veja-se 2.5). Com isso em conta, podemos compreender que, ao conceituarmos algo como norma jurídica, *v.g.*, a propriedade, o trabalho, o crime, o cooperativismo, a aposentadoria, ou o tributo, podemos estar cuidando de um particular conteúdo de uma norma jurídica ou, ainda, agrupando em torno de um rótulo, como técnica de representação e com fins de sistematização, várias normas jurídicas. Há, portanto, dois pontos distintos. Um, como interpretação de enunciado posto por um ato de vontade, e que existe no espaço e no tempo, com conteúdo específico. Outro, como abstração, sem uma específica referência, com função aglutinadora de uma série de hipóteses, de um lado, e, de outro, de uma série de consequências.[280] Na primeira situação, cuida-se de um particular conteúdo; na segunda análise, de um método. Método, aliás, que tem função simplificadora, mas não constitutiva, o que permitiria, inclusive a dispensa de palavras que funcionam como enformadeiras, só que, então, teríamos que transcrever as séries inteiras. No entanto,

---

acerca de, a respeito de) [...]". Aurélio Buarque de Holanda Ferreira, *Novo dicionário Aurélio da língua portuguesa*: verbete "de", p. 603.

279. "em. [...] *Prep.* [...]. *1.* Entra na composição de adjuntos adverbiais que exprimem ideia de: a) lugar onde está, ou onde sucede alguma coisa [...]. Aurélio Buarque de Holanda Ferreira, *Novo dicionário Aurélio da língua portuguesa*: verbete "em", p. 726.

280. Aqui vale o mesmo que disse Alf Ross a respeito do direito subjetivo: "[...] o conceito de direito subjetivo é um instrumento para a técnica de apresentação que serve exclusivamente a fins sistemáticos, e que em si não significa nem mais nem menos que 'tû-tû'". *Tû-Tû*, p. 54.

"[u]ma versão desse tipo seria [...] tão embaraçosa, que se tornaria praticamente inútil".[281] Assim, é em nome da utilidade que se constrói o mundo jurídico com palavras ao estilo "tû-tû".[282-283]

Conceituar tributo como norma jurídica pode, então, significar duas coisas. Ou tributo é um específico conteúdo de uma particular norma jurídica ou tributo é um aglutinador de várias normas jurídicas. Pontos esses que nos permitem falar de conceito no direito e conceito do direito, pois, respectivamente, em um caso, faz parte do próprio direito, já em outro, é um elemento sistematizador situado fora do direito.

Agora, enquanto elemento sistematizador, conceituar tributo não deixa de ter uma função de reconhecimento, pois, com efeito, é a partir do conceito que se identifica o que é tributo. E se tributo é norma jurídica, então, de todas as normas jurídicas, é por meio do conceituado que são apartadas as normas tributárias das não tributárias. Por essa linha, afastamo-nos de uma particular norma, para formar, então, um conjunto de elementos com certas propriedades, gravitando ao redor de um nome. Afinal, "[...] quando desejamos ser capazes de pensar em objetos com relação a alguns de seus atributos [...], efetuamos isto dando àquela combinação de atributos, ou à classe de objetos

---

281. Alf Ross, *Tû-Tû*, p. 35.

282. "Nas Ilhas Oasuli, no Pacífico Sul, habita a tribo Aisat-naf [...]. Essa tribo [...] acredita que se um determinado tabu é violado — por exemplo, se um homem encontra-se com sua sogra, ou se mata um animal totêmico, ou se alguém ingere alimento preparado pelo chefe — surge o que é denominado 'tû-tû'. Os membros da tribo dizem, ademais, que quem comete a infração se investe de 'tû-tû. É muito difícil explicar o que significa isso". Alf Ross, *Tû-Tû*, p. 13-14.

283. Os exemplos de "tû-tû" no direito são inumeráveis, podendo ir desde a "responsabilidade": [...] o termo "responsabilidade" é ambíguo, podendo ser usado em mais de um sentido no mesmo contexto. E que essa ambiguidade decorre do fato de ser, a 'responsabilidade', um conceito sistemático 'tû-tû', cuja função é exprimir a conexão entre 'fatos condicionados' e 'consequências jurídicas'". Maurício do Valle, *Princípios constitucionais e regras-matrizes de incidência do imposto sobre produtos industrializados - IPI*, p. 304. Até o SIMPLES Nacional: "Temos a sincera impressão de que o SIMPLES nacional é uma expressão de tipo "tû-tû" no direito brasileiro. Isso porque tal nome, em si anêmico, semanticamente, engloba, na realidade, um plexo consideravelmente grande de normas jurídicas diversas entre si". Carlos Renato Cunha, *O SIMPLES Nacional, a norma tributária e o princípio federativo*, p. 286.

que os possui, um nome específico".[284] Assim, "tributo" é um nome, não sendo muito diferente de "tû-tû".

Aprioristicamente, a sistematização em torno de um nome não necessita estar presa a alguma norma específica, pois não se trata de algo alcançável por indução, de particular em particular, já que a conceituação é feita por meio de "[...] uma ação arbitrária da razão [...]", onde alguma coisa é "[...] considerada separadamente de outras".[285] Ademais, do mesmo modo que não é uma questão indutiva, tão cá, também não é uma formalização, tão lá, pois, se assim fosse, já não haveria mais matéria e deparar-nos-íamos com (D) $p \rightarrow q$ (veja-se 2.6), o que tornaria inviável qualquer demarcação de uma norma tributária em contraste com outras normas, por ausência de conteúdo. Com efeito, não há a possibilidade de se desgarrar de toda a matéria um conceito de tributo, pois uma norma jurídica somente se diferencia de outra norma jurídica quando nos atemos a seu conteúdo.

Tributo, enquanto conceito sistematizador do direito, é um facilitador, algo que se utiliza para não se dizer tudo o tempo todo. É algo útil, mas não indispensável, o que significa que está fora do rol daqueles conceitos fundamentais, sem os quais o direito não poderia ser pensado.[286] Tributo, enquanto conceito do direito aglutinador, é uma convenção que respeita a estrutura da norma jurídica, dando-lhe, um conteúdo, o que permite apartar as normas jurídicas que são tributárias e as que não são tributárias.

Agora, não é só a ciência do direito que possui seus conceitos jurídicos, seus "tû-tû", pois os enunciados normativos, em

---

284. Stuart MILL, Um exame da filosofia de Sir William Hamilton, *in Sistema de lógica dedutiva e indutiva e outros textos*, p. 287 (III).

285. Regina SCHÖPKE, *Dicionário filosófico*: verbete "abstração", p. 12.

286. Lourival VILANOVA promoveu uma distinção entre conceito geral e conceito fundamental: "[o] mero conceito geral (*Allgemeiner Begriff*) se encontra nos subdomínios do direito, mas dele se pode prescindir. O conceito fundamental (*Grundbegriff*), este é *condição da possibilidade do direito positivo e da Ciência do Direito positivo* [...]". *Causalidade e relação no direito*, p. 238-239 (VIII.7).

seu bojo, contém-los também.[287] No caso brasileiro, em relação ao conceito de tributo, temos, além do art. 3º do CTN, já transcrito, ainda o art. 9º, da Lei nº 4.320, de 17.04.1964.[288] Assim, além do "conceito de tributo do direito", que construiremos, com fins de sistematização, por convenção (veja-se 4), ainda temos o "conceito de tributo no direito", que encontramos positivado.[289] Questões distintas, com as quais se deve ter o devido cuidado, pois uma coisa é um enunciado posto com fulcro em uma norma conter um conceito de direito, outra, bem diferente, é o estudioso pactuar um conceito para melhor desenvolver o tema.

---

287. "Os enunciados que incluem a palavra 'tû-tû' se afiguram capazes de preencher as duas principais funções de toda linguagem: prescrever e descrever, ou, para ser mais explícito, expressar ordens ou regras e fazer afirmações sobre fatos". Alf Ross, *Tû-Tû*, p. 15.

288. "Art. 9º Tributo é a receita derivada instituída pelas entidades de direito publico, compreendendo os impostos, as taxas e contribuições nos termos da constituição e das leis vigentes em matéria financeira, destinado-se o seu produto ao custeio de atividades gerais ou especificas exercidas por essas entidades".

289. Geraldo Ataliba, nos passos da teoria de Vilanova, apresentou o conceito de tributo como jurídico-positivo e não lógico-jurídico: "O conceito de tributo é nitidamente um conceito jurídico-positivo. [...] Como todo conceito jurídico-positivo, é cambiante. [...]. Enfim, é conceito contingente, ao contrário dos conceitos lógico-jurídicos, que são necessários". *Hipótese de incidência tributária*, 1.ed., p. 33. José Souto Maior Borges foi ainda mais preciso, ao cuidar da "obrigação tributária", que "[...] não é (a) conceito lógico-jurídico [...], nem (b) conceito de teoria geral do direito [...]. [...]. O conceito de obrigação tributária é extraído pela exegese do direito positivo, normas obrigacionais tributárias". Em socorro da obrigação tributária: nova abordagem epistemológica, *in* Eurico de Santi (coord.), *Curso de direito tributário e finanças públicas*, p. 399-400. De qualquer sorte, do fato de ser um conceito contingente, dado pelo direito positivo, não deixa de ser vinculante, conforme as palavras de Eurico de Santi: "[...] não podemos retirar do enunciado do art. 3º do CTN seu inato cunho prescritivo [...]". As classificações no sistema tributário brasileiro, *in* Heleno Torres (coord.), *Justiça tributária*, p. 135. Joana Lins e Silva também reconhece que o conceito de tributo é algo que possa ser criado pelo direito positivo, no entanto, apenas à Constituição dá essa possibilidade: "O conceito de tributo é [...] um conceito jurídico positivo [...]. Mas isto não quer dizer que seja função dada às leis formular expressamente o conceito teórico de tributo. [...]. [...] sua definição [...] deve estar inserida em normas constitucionais, de modo que não seja vulgarmente alterado por outros textos legais". *Fundamentos da norma tributária*, p. 150. Posicionamento que não podemos seguir, pois se tributo é uma criação do direito, então somente ao direito, e não ao jurista, compete expor com que tipo de enunciado será ele conceituado, sendo totalmente descabida, do ponto de vista de uma teoria da norma, a restrição a que apenas à Constituição seria lícito cuidar do tema.

A existência de um enunciado normativo (texto posto por autoridade), na linha de que "α (uma variável individual) significa *P* (uma proposição)", induzir-nos-ia a pensar que o direito está conceituando. Na verdade, o que está ele a conter, dado o caráter prescritivo de toda norma jurídica, é que, quando, em outro dispositivo, aparecer apenas "α", então deve ser lido como "*P*". Assim, se imaginarmos um segundo enunciado "se α, então deve ser certa conduta", da conjunção com o primeiro enunciado, teríamos, como resultado da interpretação, a norma jurídica: "dado α, que significa *P*, então deve ser certa conduta".

Ademais, não bastasse saber que as conceituações não existem de forma autônoma, temos de ter em conta que a autoridade normativa, quando expressa que "α é *P*", não pratica um ato da razão, muito menos nos relata algo verdadeiro sobre o mundo. O que faz é ligar juridicamente, independentemente do mundo da razão ou da natureza — o que não quer dizer obrigatoriamente ao contrário, mas que pode ou não coincidir, sem a necessidade de nexo — um termo a outro, por meio de uma função. O que temos, nesses casos, é uma prescrição e não um ensinamento. Em curta síntese, onde se lê a variante individual "α", então se deve ler a proposição "*P*".

No direito, não há conceitos, não, ao menos, no sentido dos formulados pela ciência do direito. Não se olvida, claro, que o direito se vale, de modo comezinho, do que aparentam ser conceituações. "F(α) = P" é algo comum como conteúdo de norma jurídica. Entretanto, não é, por si só, uma norma jurídica, mas um fragmento dessa norma.[290] Assim, a par das aparências, tudo pesado e somado, há apenas prescrições de conduta condicionadas (veja-se 2.5). Isso porque "[o] Direito prescreve, permite, confere poder ou competência — não

---

290. Hans Kelsen, no lugar de fragmento de norma, usa "*unselbständige Rechtsnormen*" (*Reine Rechtslehre*, 2.aufl., s. 58), ou seja, na tradução de João Baptista Machado, "normas não autônomas" como sendo "[...] aquelas que determinam com maior exatidão o sentido de outras normas, definindo porventura um conceito utilizado na formulação de uma outra norma [...]". *Teoria pura do direito*, 2.ed., p. 64 (I.6.e).

'ensina' nada".[291] Eventuais dispositivos que possam, em um primeiro momento, dar a impressão de conceituação (α é P) são, em verdade, prescrições advindas de atos da vontade e não de atos racionais, pois a causa da ligação, a função, é a normatividade e não o pensamento. Em curta síntese, o que aparenta ser uma conceituação é, de fato, uma prescrição.

Logo, não negamos que o direito positivo possa conter conceituações, são as "conceituações no direito", agora, se essas conceituações são do agrado da doutrina, se coincidem com as "conceituações do direito" dos doutos, é questão à parte. De algum modo, buscar se a ciência do direito e o direito positivo convergem ou conflitam, é como buscar se o sábio e o rei são as mesmas pessoas.[292] De nossa parte, "[a]lgo pode ser o caso ou não ser o caso e tudo o mais permanecer na mesma".[293] Por isso, não confiamos mais no filósofo para prescrever condutas do que confiamos em sua majestade.[294]

---

291. Hans Kelsen, *Teoria pura do direito*, 2.ed., p. 81 (3.III).

292. Uma questão que aumenta ainda mais a confusão entre os planos do direito positivo e da ciência do direito é que ambos podemos ser expressos por proposições com idênticas estruturas: "[...] parece-nos [...] que à concepção sintática pode ser dirigida a crítica de que a mesma expressão linguística pode ser utilizada para exprimir tanto uma norma quanto uma proposição normativa. Há tempos é reconhecida a ambiguidade das orações deônticas". Maurício do Valle, Sobre as concepções normativas: sintática, hilética e expressiva, *Revista Eletrônica do Curso de Direito da UFSM*, v. 12, p. 617-618.

293. Ludwig Wittgenstein, *Tractatus logico-philosophucus*, p. 135 (1.21).

294. Platão acreditava que o fim dos males viria pelo rei-filósofo: "Enquanto não forem, ou os filósofos reis nas cidades, ou os que agora se chamam reis e soberanos filósofos genuínos e capazes [...], não haverá tréguas dos males [...]". *A república*, p. 251 (V.473d). De nosso lado, achamos que ser extremamente culto não impede alguém de se tornar um tirano: "Catarina apreciava sinceramente suas ideias [dos filósofos] e abominava a escravidão. [...]. Mas a decência de Catarina não a impediu de distribuir dezenas de milhares de almas a seus favoritos. [...]. Na verdade, como dona de milhões de almas nas terras da Coroa, ela própria era a maior proprietária de servos e sabia que essa parceria entre tsar e nobreza, baseada na convergência de interesses [...] era o pilar do império". Simon Montefiore, *Os Románov*, p. 285 (4).

3.4 TIPOS NO DIREITO TRIBUTÁRIO

Definição, conceito e noção, embora haja na filosofia diferenças entre os termos, ao se expor o que é tributo, podem ser usados como sinônimos. Sendo assim, sobre os tributaristas declararem que "tributo é tal coisa", não vemos empecilhos em afirmar que, com esse ato, estão definindo, conceituando ou oferecendo uma noção. Entretanto, já não pensamos o mesmo, já não vemos equivalência, ao se tratar de conceitos do direito e de conceitos no direito. Aqui, as expressões referem-se a coisas diferentes. Os conceitos do direito são produções do jurista, visando a sistematizar normas jurídicas, agrupando hipóteses e consequências, ao passo que os conceitos no direito são descrições de conteúdo da própria norma jurídica, que aparecem em fragmentos. Dito isso, ainda há uma última precisão linguística a ser feita, a que distingue conceito de tipo.

O termo "tipo" é um daqueles usados de forma variada, dotado de polissemia, sendo inclusive gíria de adolescente, o que nos levaria a perguntar sobre tais situações, todas nomeadas tipo, o que têm elas em comum.[295] Em razão disso, desse nome igual para coisas diferentes, uma proposta seria iniciar o estudo sobre "tipo" por uma pesquisa de seu uso pelos demiurgos, isolando o que, em cada caso, há de comum, na busca de uma síntese, evoluindo para uma conceituação própria, que possuiria como correspondente aquilo que foi isolado.[296]

---

295. PLATÃO já se valia do termo "tipo", ligando-o à moldura, pois o homem que ele julgava moderado não se deveria "[...] modelar e se formar sobre um tipo de gente que lhe é inferior [...]". *A República*, p. 122 (III.396d). Por sua vez, em Charles PEIRCE, tipo opõe-se à ocorrência, pois a palavra que traz um tipo "[...] não é uma coisa Singular ou evento Singular. Ela não existe: apenas determina coisas que existem. Proponho que se denomine *Tipo* uma tal Forma definidamente significante". *Semiótica*, p. 177 (II.A.1.537). Posição que nos parece ter sido seguida por Umberto ECO: "É justamente o fenômeno do reconhecimento que nos leva a falar de *tipo*, precisamente, como parâmetro para confrontar ocorrência". *Kant e o ornitorrinco*, p. 115 (3.3.1). Por fim, não podemos olvidar que "[a] biologia e a psicologia utilizam muito esse termo [tipo] e o consideram fundamental". Nicola ABBAGNANO, *Dicionário de filosofia*: verbete "tipo", p. 959.

296. "A palavra possui significado na medida em que existam convenções que estabeleçam seu significado. A convenção pode ser apresentada de modo formal ou pode, ao

No entanto, neste trabalho, por não ser ponto fulcral, valer-nos-emos de uma já dada formulação de tipo e, assim, parece-nos adequada para o que segue a pontuação weberiana, com foco no padrão ideal, que serve como régua para medir os casos concretos, os quais, por sua vez, aproximam-se mais ou menos do tipo ideal.[297] Nessa linha, nas pegadas de WEBER, ao cuidar de tipo, não se perquire uma identidade, mas sim uma proximidade entre o concreto e o ideal. A correspondência não precisa ser exata e a descrição de um fato não precisa ter todos os dados que encontramos no tipo, e, mesmo assim, poder-se-ia dizer que ela pertence ao tipo. Ficamos, então, por aqui, com o que seja tipo, pois essa ideia geral já nos basta para darmos o próximo passo e entendermos tipo no direito.

O silogismo jurídico é uma boa forma — simplificada, é verdade — de entender-se a aplicação do direito.[298] Temos a premissa maior, na qual cuidamos de uma abstração; depois, há a premissa menor, na qual temos a descrição concreta. Se a premissa maior é um tipo nos termos por nós apontados, então a premissa menor não precisa conter todos os traços da premissa maior, bastando apenas certa aproximação. Assim, seria possível uma conclusão, a decisão judicial, no sentido de que a consequência seria devida, mesmo que só se esteja diante de uma aproximação entre o descrito na premissa

contrário, resultar do uso. Quando a convenção que governa o emprego de uma determinada palavra, alcança certo estágio de desenvolvimento, uma definição pode fixar, de maneira explícita, aquela convenção". Leonidas HEGENBERG, *Definições*, p. 20 (1.4).

297. "Obtém-se um tipo ideal mediante a acentuação unilateral de um ou de vários pontos de vista e mediante o encadeamento de grande quantidade de fenômenos isoladamente dados, difusos e discretos, que se podem dar em maior ou menor número ou mesmo faltar por completo, e que se ordenam segundo os pontos de vista unilateralmente acentuados, a fim de se formar um quadro homogêneo de pensamento. É impossível encontrar empiricamente na realidade este quadro, na sua pureza conceito, pois trata-se de uma utopia". Max WEBER, A "objetividade" do conhecimento na Ciência Social e na Ciência Política — 1904, *in Metodologia das ciências sociais*, p. 252 (II).

298. "[...] há quem negue que a argumentação jurídica consiga ser estritamente dedutiva. Se essa negação é feita no sentido mais rigoroso, com a implicação de que a argumentação jurídica nunca é, ou nunca pode ser, exclusivamente dedutiva em sua forma, nesse caso é claro e demonstrável que essa negação é falsa". Neil MACCORMICK, *Argumentação jurídica e teoria do direito*, p. 23 (II).

maior e o descrito na premissa menor. Ademais, outros aspectos, que não só o rigor descritivo da premissa maior, podem ser considerados para o enquadramento da premissa menor no tipo, tais como a finalidade e o ambiente. Ao fim e ao cabo, contentar-nos-íamos como um mais ou menos e aceitaríamos a premissa menor como relacionada à premissa maior, senões e poréns a partes dela, o que faz dela um tipo.

Com a noção de tipo weberiana, ao lado da ideia de silogismo jurídico, podemos, no campo normativo, então distinguir tipo de conceito, pondo-os em lados opostos do tablado. Para o primeiro, tipo, a relação entre a premissa maior e a menor não precisa ser de subsunção, não havendo a necessidade de que esta esteja perfeitamente dentro daquela; já para o segundo, conceito, a identidade seria imperativa. Posição que nos faz tributários não somente de WEBER, mas também de Karl LARENZ, o qual, igualmente, entende tipo como

> [a] caracterização antecipada na lei, que não impõe uma definição definitiva e suficientemente precisa, necessita de ser completada com uma multiplicidade de traços, que resultam por dedução da definição legal. Esta "dedução" está subordinada ao pressuposto de que as regras legais se adequam ao tipo pensado, que "se ajustam" a ele.[299-300]

---

299. *Metodologia da ciência do direito*, p. 665 (II.VI.2.c). A citação acima diz respeito ao tipo jurídico-estrutural, ainda havendo os *standards* [padrões] e os tipos reais normativos: "Para a averiguação dos denominados *standards*, o jurista tem que servir-se da cooperação do investigador social empírico [...]. [...]. Na apreensão de um 'tipo real normativo', [...], o jurista tem de considerar previamente tanto a realidade social a que pertence o tipo tido em conta na lei como os fins da regulamentação [...]. [...]. Os tipos jurídico-estruturais são formações que podem ser encontradas na realidade social, bem como as regulamentações que lhes correspondem. Apreendê-los compete somente à Jurisprudência". *Ibidem*, p. 666-667 (II.VI.2.c).

300. LARENZ conduz-nos ao entendimento de ser "tipo" algo fluído, o que se verifica à perfeição pela leitura deste excerto. No entanto, não é essa a interpretação que Alberto XAVIER faz do jurista alemão, pois, ao cuidar do princípio do exclusivismo, que, segundo o jurista português, é aplicável aos tributos, expôs: "trata-se [...] de uma tipicidade *fechada* (na terminologia de LARENZ), enquanto não admite quaisquer elementos adicionais não completamente contidos na descrição normativa". *Tipicidade da tributação, simulação e norma antielisiva*, p. 19. E é em razão de assertivas assim, com o uso do tipo como algo fechado, que Misabel DERZI propõe, ao lado do tipo *stricto sensu*, tipo em sentido impróprio: "O pensar tipologicamente, o tipificar, em sentido técnico, ao

Essas breves notas sobre conceito e tipo são suficientes para entendermos quando um emprego do vernáculo "tributo" é feito como tipo e quando se ancora em um conceito. Para este último caso, como conceito, então o foco está na identidade entre a ideia geral e o caso particular. O ponto nevrálgico é a correspondência total. Já para a primeira situação, como tipo, a proximidade basta, é suficiente, frisando que não seja um caso de total divergência, pois há a indispensabilidade de pontos em comum.

Na "conceituação do direito", sempre que usarmos o termo tributo, significa que podemos, com um sim ou um não,

---

contrário do que se supõe não é estabelecer rígidos conceitos de espécies jurídicas, baluartes da segurança do direito. Essa função compete aos conceitos fechados, determinados e classificatórios. [...]. Os tipos propriamente ditos (ou apenas tipos), *stricto sensu*, além de serem uma abstração da comparação, características comuns, nem rígidas, nem limitadas, onde a totalidade é critério decisivo para ordenação dos fenômenos aos quais se estende. [...]. 'Tipo', em sentido impróprio, são conceitos classificatórios, cujas notas se cristalizam em número rígido e limitado". *Direito tributário, direito penal e tipo*, p. 70. De todo modo, uma tentativa de explicar a divergência da posição de Xavier, quando confrontada com a literalidade do texto de Larenz, é cogitar que a obra consulta pelo tributarista português seria uma versão anterior à terceira edição da *Metodologia da Ciência do Direito*, a qual trouxe várias alterações, pois encontramos a mesma interpretação em José de Oliveira Ascensão quando versa sobre a obra do jurista alemão, tendo como texto de apoio a primeira edição [*Methodenlehre der Rechtswissenschaft*, 1960]: "[...] Larenz trouxe para a teoria geral a contraposição entre tipos abertos e fechados. Os tipos abertos são aqueles cujas fronteiras são imprecisas, dada a variabilidade das suas características [...]". *A tipicidade dos direitos reais*, p. 62 (I.16). Nessa linha, para explicar o desencontro, podemos citar Ricardo Lobo Torres: "O jurista alemão Karl Larenz dedicou diversas páginas de sua obra ao estudo do tipo. Inicialmente chegou a distinguir entre tipo aberto e fechado, ideia abandonada a partir da 3ª edição do livro, mas que exerceu grande influência no Brasil por meio da obra de Alberto Xavier [Princípios da legalidade e da tipicidade da tributação, 1978]". O princípio da tipicidade no direito tributário, *Revista eletrônica de direito administrativo econômico*, n. 5, n.p. (3.a) (esclarecemos entre colchetes). Ou, ainda, Misabel Derzi: "[...] LARENZ até a segunda edição de sua obra, Methodenlehre der Rechtswissenschaft [...] admitia os tipos fechados. A partir da terceira edição, refez o seu ponto de vista [...], afirmando que os tipos, por definição, são sempre abertos". Legalidade material, modo de pensar "tipificante" e praticidade no direito tributário, *in* Heleno Taveira Torres (coord.), *Justiça tributária*, p. 635. Em resumo, a explicação para a divergência nos parece pertinente, pois "[n]a terceira edição da *Metodologia da Ciência do Direito*, de 1975, KARL LARENZ abandona esta lógica do conceito geral de HEGEL como elemento cuja desenvolução de sentido pudesse tornar visível a estrutura interna de sentido do Direito vigente e rejeita a pretensão do sistema hegeliano a um carácter absoluto". José Lamego, Nótula do tradutor: um filho de seu tempo, *in* Karl Larenz, *Metodologia da ciência do direito*, p. 707.

afirmar ou negar que algo se enquadra no conceito, pois, com ele, esse algo se identifica ou não. Uma teoria construída a partir de conceitos almeja à precisão. Portanto, não nos parece indiferente se alguém se propõe a conceituar ou a tipificar tributo. Entretanto, nem sempre consegue o jurista manter-se nesse caminho, quando escolhe conceituar e, vez ou outra, à guisa de desculpas, alega que mantém o destino da viagem, mas se permite tomar aquilo que imagina ser um atalho. Assim, sem constrangimento, embrenha-se por alguma azinhaga, o que lhe permite a consideração de que, mesmo que algo não possua todas as notas de seu conceito de tributo, ainda assim poderia ser ele um tributo. Para tanto, pode-se valer dos mais variados motivos, justificando que possuiria seu cabedal quase todas as características para pertencer ao conceito, o que, somado ao extraconceitual (contexto), seria suficiente, mesmo que sem o necessário para a identidade. Quando esse é o caso, entretanto, em razão de o critério ser a proximidade — não mais a identidade, não mais a fidelidade — conjugado com fatores acidentais, cremos que seria melhor, então, em vez de conceito, falar-se de tipo. No mínimo, essa mudança de nomenclatura serviria para salvar as aparências para quem quer dar uma resposta *in casu* que não se ajusta à sua teoria, sem abrir mão dessa mesma teoria.

Tipo ou conceito, na conceituação do direito, são possíveis. O que não nos parece é que sejam possíveis ao mesmo tempo. Não se pode bradar certezas até ser confrontado com um caso difícil e então expor que tal coisa, mesmo tendo todas as propriedades, não se enquadra em seu conceito ou, ao contrário, que apesar de não ter todas as características, ainda assim se subsome a suas ideias. Ademais, não serve de álibi protestar que seu mundo é muito complexo, que uma vã teoria não o pode concebê-lo em sua integridade, que se recusa a pensar por meio de caixinhas. O maior pecado de um teórico do direito, assim nos parece, são as respostas *ad hoc*, apenas para os casos especiais, mantendo o resto sob o manto da certeza.

O que queremos dizer, sem meias palavras, é que ou se faz uma teoria por meio de conceitos ou se faz por meio de tipos, não podendo, neste último caso, como a base é a aproximação, incomodar-se o autor com o fato de que sua teoria também seja julgada na base do mais ou menos. No mais, é ficar com algo meio híbrido, e torcer para que ninguém perceba. Assim, nossa insurgência não é quanto ao uso do tipo em si, mas de seu uso como permissão, a depender da conveniência, para quebrar os próprios conceitos estabelecidos. De todo modo, se feita de forma sutil a passagem de conceito a tipo e, depois, a conceito novamente, mesmo que em um mesmo trabalho, sem voluntarismo de adolescente, pode até ter sucesso o autor, sendo, em vez de admoestado pela incoerência, condecorado por ser um livre pensador, por não ficar adstrito a fórmulas preconcebidas. Ademais, o uso de tipo está na moda.[301]

Agora, na "conceituação no direito", se o direito positivo contém propriamente conceitos ou se é formado de tipos, quando, então, seria melhor se referir à "tipificação no direito", a questão central continua a ser a precisão, só que agora, não mais da formulação do jurista para seu auditório, mas da norma superior para quem a aplicará. Com efeito, o busílis na "conceituação no direito" ou "tipificação no direito" — saber se está diante de conceito ou se, na verdade, trata-se de tipo — envolve

301. Não se quer aqui criticar o "estar na moda", afinal, se isso significar ser elegante, quem seria contra *per se* a elegância? Entretanto, tudo muda conforme vai-se tendo um dispêndio para estar em consonância com a moda, e cada um sabe o ponto-limite de seu sumpto. Albert Einstein prestigiou a elegância até o limite de ter de pagá-la com a clareza: "No interesse da clareza, foi inevitável repetir-me muitas vezes, sem preocupação com a elegância da apresentação; pautei-me, escrupulosamente, pela norma do genial físico teórico Ludwig Boltzmann, que deixava as questões de elegância a cargo de alfaiates e sapateiros". *Teoria da relatividade especial e geral*, p. 7 (prefácio). Para nós, a carestia começa a manifestar-se quando o pagamento deve ser feito com a moeda da coerência. Assim, este autor é receptivo a novas teorias e aceita divulgá-las de bom grado (afinal, quem não quer aparecer perante a academia trajando a vestimenta da última coleção?), desde que elas não nos cobrem, como contrapartida, a coerência. E quanto à importância que damos ao valor coerência, acreditamos estar bem acompanhados, pois lembramos que quando Alf Ross agradece a Kelsen, entre todos os ensinamentos que recebeu do mestre de Viena, fá-lo ressaltando ter apreendido, "[...] acima de tudo, a importância da coerência [...]". *Direito e justiça*, p. 20 (prefácio).

o grau de liberdade que deixa a norma jurídica à autoridade que irá aplicá-la.[302] Assim, se tributo for conceituado pelo direito positivo como tal coisa, com essas e essas propriedades, então o título "tributo" somente poderá ser associado a figurações com essas mesmas propriedades pelo aplicador da norma jurídica, sob a consequência de invalidação da norma criada em razão da aplicação. No entanto, se, para o direito positivo, tributo é tal coisa, com essas e essas propriedades, mas, com isso, a norma tipifica tributo, em vez de conceituá-lo, a proximidade já basta para o aplicador normativo, sem que advenha a invalidade caso borre as margens limites de intepretação (veja-se 2.10 e 2.11).[303] Com isso, pode haver tanto conceito como

---

302. "De acordo com o grau de liberdade que o juiz se atribui na interpretação da diretiva da lei, à luz das reclamações da consciência jurídica material e das exigências sociais, pode-se distinguir entre um estilo de interpretação (relativamente) livre e um estilo (relativamente) limitado. Todavia, é difícil decidir se a diferença de estilo é tão grande como pode parecê-lo à primeira vista. É possível que a diferença não esteja tanto no grau de liberdade de que goza o juiz quanto na franqueza com que essa liberdade é reconhecida'. Alf Ross, *Direito e justiça*, p. 170-171 (IV.28).

303. Poderíamos lembrar ainda — fora desse binômio conceito-tipo, tudo ou nada para o conceito, mais ou menos para o tipo — das normas imprecisas, que não devem ser confundidas com tipos, pois saber que algo se aplica mais ou menos é diferente de não saber se algo se aplica. Com efeito, "[...] a evolução tipológica nada teve a ver com as normais imprecisões da linguagem [...]". Luís Eduardo Schoueri, *Direito tributário*, p. 275. De todo modo, resta a questão: seriam "[...] válidas as normas tributárias imprecisas? A resposta é, em certa medida, paradoxal. Uma norma imprecisa não deixa de ser válida pelo fato exclusivo de sua indeterminação. [...]. Porém, daí não se afirma que não haja restrições ao legislador. [...]. [...] quando o legislador não oferece nenhuma razão para justificar a indeterminação de uma norma tributária, é dizer, quando a imprecisão é 'caprichosa' ou 'arbitrária', então os juízes podem e devem declarar a invalidade ou inconstitucionalidade das normas imprecisas, em razão da violação do princípio da taxatividade". Pablo Navarro e Eurico de Santi, São válidas as normas tributárias imprecisas? *Revista dialética de direito tributário*, n. 148, p. 80. Por fim, podemos lembrar que, segundo a doutrina, uma das formas de se afastar a imprecisão seria buscando o princípio detrás da regra. "Nesse sentido, princípios morais e de políticas públicas que justificam a criação de uma norma, com determinado conteúdo, em dada interpretação, são condições de inteligibilidade, não propriamente do conteúdo da norma, mas da *norma como conteúdo de um ato racional* e, portanto, do que se *quis dizer* com a norma (naquela interpretação)". Juliano Maranhão, *Positivismo jurídico lógico-inclusivo*, p. 141 (3.10).

tipo de tributo no direito positivo, sendo a questão contingente, a depender de cada ordenamento jurídico.[304]

3.4.1 A Constituição tipifica e CTN conceitua tributo?

Para o tributo, no direito positivo, ser tipo ou conceito é questão meramente acidental, a depender de volição, que nenhuma teoria pode de antemão, *a priori*, estabelecer. Tanto pode a autoridade competente, por um lado, vincular o aplicador da norma jurídica na linha do tudo ou nada ou, por outro, seguir pela vertente do mais ou menos. E apesar do presente trabalho não ter por escopo nenhuma ordem jurídica particular, vemo-nos premidos a desenvolver melhor o tema, o que faremos com o direito brasileiro como ilustração, cuidando da forma como foi feita a distribuição de competências.

Se ainda lembramos que tipo é algo fluido, que se manifesta na linha do mais ou menos, toda a nossa tradição foi construída sobre a negação de tributo como tipo, pois sempre se buscou preservar ao máximo, dentro do que isso é possível no direito, a ideia de certeza, de segurança, na identificação dos tributos.[305] A norma de tributação teria, assim, de permitir

---

304. Um ordenamento jurídico pode optar ou por conceitos ou por tipos. No entanto, esse "ou" não é excludente, mas sim inclusivo: "Indagar se o Direito Tributário contém tipos ou conceitos fechados como alternativas que se excluem, parece-nos inadequado. O certo será indagar pela predominância de uma ou outra forma de pensamento". Misabel Derzi, Legalidade material, modo de pensar "tipificante" e praticidade no direito tributário, *in* Heleno Torres (coord.), *Justiça tributária*, p. 637.

305. Por todos, que tributo no direito positivo brasileiro é um conceito e não um tipo, podemos citar Misabel Derzi: "O conceito de tributo é nuclear para o Direito Tributário e deve ser precisado, acertado e determinado de forma conceitual fechada [...]". Tipo ou conceito no direito tributário?, *Revista da Faculdade de Direito da UFMG*, n. 31, p. 259. Entretanto, devemos ter os devidos cuidados com o sentido com que outros autores usam o termo "conceito", pois dizer que tributo é um conceito nem sempre quer significar que se opõe a tipo. Por exemplo, Geraldo Ataliba sempre apontou a hipótese de incidência como um conceito: "A h.i. é conceito, no sentido de que é uma representação mental de um fato ou circunstância de fato". *Hipótese de incidência tributária*, 1.ed. p. 59. Entretanto, é apenas após a quarta edição, quando já conhecia a obra *Direito tributário, direito penal e tipo*, de Derzi, que podemos cravar que utilizou o verbete "conceito" em oposição a tipo: "Produziu-se, no Brasil, recentemente (1988) notável trabalho técnico [...] sobre o conceito

a identificação, na linha do tudo ou nada, de ser o estado de coisas subsumível, ou não, à sua hipótese. Ademais, por essa linha, a analogia não poderia ser tolerada.[306] De igual modo, a tributação por desconsideração de um negócio jurídico deveria ficar restrita à simulação,[307] afastando-se o grande guarda-chuva que é a expressão "abuso de formas".[308] Tomando isso em conta, sem maiores luxos, pois o escopo do nosso trabalho não é esse, podemos dizer que, no direito positivo brasileiro,

---

legal fechado em contraste com o tipo. [...]. A h.i. é conceito determinado e fechado, por exigência constitucional, no Brasil. Não cabe, na matéria, falar-se em tipo; é errado invocar-se o princípio da tipicidade, que não satisfaz às exigências da segurança jurídica". *Hipótese de incidência tributária*, 4.ed. p. 58.

306. "Se a obrigação somente pode decorrer de lei, não podem ser aplicados os métodos extensivos, por meio de analogia, pois a Constituição não autoriza essa ampliação. Também assim não será admissível basear-se no *escopo* (*ratio legis*) para pretender-se restringir ou ampliar uma tributação prevista em lei" Ruy Barbosa Nogueira, *Curso de direito tributário*, p. 114.

307. "Na simulação, quer-se o que não aparece e não se quer o que aparece". Pontes de Miranda, *Tratado de direito privado*, t. I, p. 100.

308. Não desconhecemos que, entre nós, já se afirmou: "Em Direito Tributário, autoriza-se o intérprete, quando o contribuinte comete um abuso de forma jurídica [...], a desenvolver considerações econômicas para a interpretação da lei tributária e o enquadramento do caso concreto em face do comando resultante não só da literalidade do texto legislativo, mas também do seu espírito da *mens* ou *ratio legis*". Amílcar Falcão, *Fato gerador da obrigação tributária*, p. 71. Entretanto, não podemos perder de vista que tal redação data de 1965, antes mesmo do advento do Código Tributário Nacional. Depois de 1988, quanto à "consideração econômica", Luís Eduardo Schoueri chegou a afastá-la por falta de previsão legal: "[...] temos que embora a 'consideração econômica' não possa ser afastada [...], sua aplicação não é possível, por falta de previsão legal, *in casu*, em lei complementar, disciplinadora das 'normas gerais em matéria de legislação tributária' (CF, art. 146, III). *Planejamento fiscal através de acordos de bitributação*, p. 79. Ocorre que já há, desde a LC 104/2001, autorização para que sejam desconsiderados atos e negócios com finalidade dissimuladora, faltando, entretanto, lei ordinária prevendo os procedimentos para tal desconsideração. De todo modo, quanto ao mérito da própria LC, acompanharemos Marco Aurélio Greco: "A meu ver, adotou-se um modelo distorcido, que não assegura o equilíbrio e distanciamento que o exame das questões concretas enseja, especialmente em razão da gravidade de que se reveste o ato de desconsiderar atos ou negócios jurídicos licitamente praticados. Não é o modelo que considero mais adequado, mas é o de direito positivo". Constitucionalidade do parágrafo único do artigo 116 do CTN, *in* Valdir de Oliveira Rocha (coord.), *O planejamento tributário e a lei complementar 104*, p. 204.

no que diz respeito à norma de tributação, deve ser ela compreendida como conceito e não como tipo.

As implicações da leitura da norma de tributação como conceito, no campo dinâmico, são evidentes. Por um lado, quando da confecção da norma de lançamento tributário (veja-se 5.2), a descrição do fato ocorrido deve ser perfeitamente transposta para a abstração da hipótese da norma de tributação. Desse modo, ou o fato se adequa ou não se adequa, com a questão sendo, portanto, exaustiva. Logo, a norma de tributação deve ser lida como conceito, amarrando, quando da trama da norma de lançamento, a autoridade lançadora a um tudo ou nada. Por outro lado, há de se saber se a norma de competência (veja-se 5.1) que disciplina a norma de tributação, que deve ser lida como conceito, necessita ela mesma de ser um conceito.

Partindo também da linha tradicional, que impõe a necessidade de certeza e segurança, não vemos como seria possível compreender a distribuição de competência tributária como uma sugestão ao legislador infraconstitucional, como um ponto de partida para a sua atuação, pois, por esse enfoque, deve ser apreciada como um ponto de chegada, do qual não se pode passar.[309] Desse modo, se a premissa maior (norma de competência) dá as notas "a" e "b" como relevantes e a premissa menor (norma de tributação) apresenta como pontos identificáveis "a" e "c", mas não "b", então não haverá exercício de busca de outros complementos, finalidades, contextualizações, ambientes *etc.* que dê jeito. Disso se conclui, então, que deve ser a invalidação da norma criada (veja-se 2.10 e 2.11), norma de tributação (*a* e *c*), por não ser possível comungá-la, por falta de identidade, com a norma de competência tributária (*a* e *b*). A norma de competência tributária contém, por essa linha de raciocínio, tal qual a norma de tributação, conceito e não tipo.

309. "[...] tipo como ordenação do conhecimento em estruturas flexíveis, de características renunciáveis, que admite as transições fluidas e contínuas e as formas mistas, não se adapta à rigidez constitucional de discriminação da competência tributária". Misabel Derzi, *Direito tributário, direito penal e tipo*, p. 137.

Esse raciocínio segue uma técnica de argumentação bem específica, pois se tipo é algo fluido, que se contenta com a aproximação, e se o direito pátrio, em relação a tributo, qualquer que seja a norma tributária, exige certeza e segurança, pontos não disputáveis, logo não pode tributo ser um tipo, o que implica, pelo princípio do terceiro excluído,[310] que seja um conceito, em qualquer das suas formas triádicas. Com efeito, como só há duas valências para o verbete "tributo", conceito e tipo, e se tipo ele não pode ser, em razão da segurança e certeza, então somente lhe resta ser um conceito. Ocorre que os defensores de tributo como tipo se valem igualmente da mesma técnica, de dizer primeiramente o que não é tributo, para então dizer o que é. Inicialmente expõem, à sua maneira, o que é conceito, para então afastar que conceito seja um valor que se possa atribuir ao termo tributo. Depois, passam à afirmativa e marcam, gravam com ferrete, que se tributo não é um conceito, logo ele só pode ser um tipo. Entretanto, há aqui um ponto a ser frisado: o que os defensores do tipo entendem por conceito muito se assemelha ao ritual da malhação de Judas. De fato, o que seja um conceito é apresentado por tal corrente como se fosse um boneco do traidor, o mais caricato possível, para que possa ser espancado. Alegam desde a impossibilidade do uso de conceitos até que, mesmo se seu uso fosse possível, disso decorreriam graves dados à capacidade contributiva, pois, por questão de justiça, seria necessário manter-se sempre certa dose de indeterminação em vista do caso concreto.[311] São contra, em curta síntese, porque entendem os conceitos dentro do mundo das soluções únicas.

---

310. "*Lei do Terceiro excluso* (terceiro excluído) é a lei que assevera ter uma proposição apenas um de dois possíveis valores-verdade". Leonidas HEGENBERG, *Dicionário de lógica*: verbete "terceiro excluso", p. 208.

311. "[...] a utilização dos conceitos abstratos pelas leis tributárias, além de ser uma pretensão praticamente inatingível, e de constituir-se em flagrante prejuízo à capacidade contributiva que se pretende mensurar com a tributação, causa grave lesão também à segurança jurídica, uma vez que o uso de uma linguagem inequívoca só seria alcançado com o mais alto grau de abstração, o que levaria a (sic) exclusão de toda conexão com a realidade econômica". Ricardo Lodi RIBEIRO, *A tipicidade tributária*, Revista de direito do estado, n. 8, p. 236.

Para nós, o que fazem, de fato, é atribuir a todos os que não comunguem da ideia de que o direito deveria ser composto apenas de tipos a condição de membros da Escola da Jurisprudência dos Conceitos.[312]

Até certo ponto, a culpa pela distorção do que seja um conceito, pelo seu viés caricaturizado, não deve recair só sobre alguns, pois muitos dos que negam a possibilidade de tributo ser um tipo adotam o entendimento de que a Constituição teria intepretação única, dando, por conseguinte, à legislação infraconstitucional um caráter meramente declaratório.[313] De nossa parte, não vemos como possa ser acolhido tal ensinamento, uma vez que a imprecisão é um traço intrínseco na semântica do direito, e sempre vai haver uma margem maior ou menor de interpretação.[314] Interpretação correta, no sentido de a única — ao menos para os casos difíceis[315] —, é sonho de uma noite de

---

312. "Foi PUCHTA quem [...] conclamou a ciência jurídica do seu tempo a tomar o caminho de um sistema lógico no estilo de uma 'pirâmide de conceitos', decidindo assim a sua evolução no sentido de uma 'Jurisprudência dos conceitos formal'". Karl LARENZ, *Metodologia da ciência do direito*, p. 23 (I.II.1).

313. Roque CARRAZZA, por exemplo, não vê problema algum em afirmar que um tema como a competência tributária, sobre o qual há livros e mais livros escritos, e muitos ainda por escrever, foi "esgotado" pela Constituição: "O assunto [competência tributária] foi esgotado pelo constituinte. Em vão, pois, buscaremos, nas normas infraconstitucionais [...] diretrizes a seguir [...]. Nesse campo, elas, na melhor das hipóteses, explicitam o que, porventura, se encontra implícito na Constituição [...]". *Princípios constitucionais e competência tributária*, p. 149. Não é o caso aqui de negarmos que o constituinte tenha regulado muito — a depender da visão de mundo, excessivamente —, mas disso vai uma distância de que tenha regulado tudo. Entretanto, a impressão que temos é que, para o citado autor, tudo o que foi escrito, e o que venha a ser escrito, sobre o dito tema tem um caráter meramente declaratório, de revelar o que já está na Constituição, que, afinal, já esgotou o tema.

314."Tem sempre de ficar uma margem, ora maior ora menor, de livre apreciação, de tal forma que a norma do escalão superior tem sempre [...] o caráter de um quadro ou moldura a preencher por este ato". Hans KELSEN, *Teoria pura do direito*, 2.ed., p. 388 (VIII.1.a).

315. Se nos filiássemos a Herbert HART, poderíamos dizer que há, no direito, os casos fáceis, pois "[...] a vida do direito traduz-se em larga medida na orientação [...] através de regras determinadas que, diferentemente das aplicações de padrões variáveis, não exigem deles uma apreciação nova de caso para caso". *O conceito de direito*, p. 148 (VII.1). Por essa linha, para os casos fáceis, seria possível falar-se de interpretação única. Entretanto, se aceitarmos a existência de casos fáceis,

verão, no qual, bem analisadas as coisas, não sobra muito mais do que a rainha das fadas apaixonando-se por alguém com cabeça de burro.[316] É como dizer que existe um único caminho.[317] Assim, bem analisadas as coisas, deve-se, de pronto, afastar a associação falsa de que quem reconhece indeterminação na norma de competência contida na Constituição obrigatoriamente seria adepto de alguma teoria tipológica. Tal forma de ver o mundo seria o mesmo que atribuir a um kelseniano os pecados da Escola da Exegese.[318] Em suma, não se deriva, de não ser possível alcançar a univocidade, que tudo é tipo.

A partir da posição de que há certa indeterminação nas normas de competência tributária presentes na Constituição — mais para uns tributos, menos para outros — o quê de

---

devemos, por coerência, concordar que existem os casos difíceis. Restaria a questão de saber, então, se é possível, para esses casos difíceis, uma interpretação única. Ronald Dworkin diz que sim: "O 'mito' de que num caso difícil só existe uma resposta correta é tão obstinado quanto bem-sucedido. Sua obstinação e seu êxito valem como argumentos de que não se trata de um mito". *Levando os direitos a sério*, p. 446. De nossa parte, levamos os direitos muito a sério para acreditar que, qualquer que seja o caso, fácil ou difícil, haja uma única resposta correta.

316. "NICO FUNDILHOS O que você vê? A minha cabeça parecendo com a de um asno, não é mesmo? [...]. Vou subir, vou descer e vou cantar para eles saberem que não estou com medo. [...]. (*Seu canto acorda Titânia*). TITÂNIA Quem é o anjo que vem me acordar em minha cama de flores? [...]. Eu lhe imploro, doce mortal, cante novamente: meus ouvidos estão enamorados de seu canto. Meus olhos estão fascinados com sua forma". William Shakespeare, *Sonho de uma noite de verão*, p. 57-58 (III.I).

317. "'Este — é *meu* caminho, qual é o vosso?', assim respondi aos que me perguntaram pelo 'caminho'. Pois o caminho — não existe". Friedrich Nietzsche, *Assim falou Zaratustra*, p. 186 (III, Do espírito de gravidade, 2).

318. Não podemos negar que a doutrina kelseniana, vez ou outra como no caso das lacunas, tocou-se com a escola da exegese, pois esta "[...] via na lei escrita [...] um sistema de conceitos entre si perfeitamente articulados e coerentes". Paulo Jorge de Lima, *Dicionário de filosofia do direito*: verbete "escola da exegese", p. 82. Já aquela entendeu que não haveria lacunas no direito, uma vez que "[...] quando a ordem jurídica não estatui qualquer dever de um indivíduo de realizar determinada conduta, permite esta conduta". Hans Kelsen, *Teoria pura do direito*, 2.ed., p. 273 (V.2.g.γ). Assim, para Hans Kelsen, "[a] ordem jurídica não pode ter quaisquer lacunas. *Teoria geral do direito e do estado*, p. 213 (I.XI.F.a). Posição que manteve até o fim: "[...] toda conduta de um indivíduo que está sob uma ordem jurídica [...] é juridicamente regulada. Então pode-se [...] falar de uma *plenitude do ordenamento jurídico*. Então não pode haver 'lacunas' no Direito [...]". *Teoria geral das normas*, p. 168 (31).

pronto aceitamos, tem surgido uma corrente que aponta serem tais normas tipos, o que desde já refutamos. Para essa corrente, os conceitos somente apareceriam na lei complementar, a qual teria, então, a função de fechar o sistema. Assim, a Constituição tipificaria e a lei complementar, que para a maior parte dos casos é o CTN, conceituaria.[319-320] E ilustrando esse raciocínio, a Constituição teria tipificado renda ao dar nome ao imposto,[321] mas apenas no CTN encontraríamos o conceito de renda.[322] De fato, o que há na Constituição sobre renda não está precisado e somente ganha concretude a partir de uma leitura conjugada com o CTN,[323] mas isso de forma alguma significa que é a necessidade de lei complementar que faz dos termos tributários presentes na Constituição tipos, pois não há uma relação necessária entre determinação e conceito. Até porque "[...] da

---

319. Podemos chamar de "corrente de SCHOUERI" aquela que lê "tipo" na norma de competência: "[...] enquanto o constituinte contemplou a realidade econômica do ponto de vista tipológico, com a fluidez a ele inerente, impôs ao legislador complementar a tarefa de expressar a mesma realidade através de conceitos [...]". Luís Eduardo SCHOUERI, *Direito tributário*, p. 277. E, como membro dessa corrente, podemos apontar Raquel MACHADO: "Se nas competências fossem empregados conceitos, e não tipos, o legislador complementar não teria liberdade para dirimir os conflitos de competência de mais de uma maneirar". *Competência tributária*, p. 99.

320. A depender de como se compreende tipo e conceito, as conclusões podem ser bem diversas, inclusive com a posição de que, na verdade, o CTN conceituaria, pois aberto, e a lei ordinária, que instituiu o tributo, tipificaria, pois fechada: "Entre as normas gerais que completam a disciplina da matéria em um encadeamento sistemático, temos, por exemplo, definidos, em maior grau de abstração na escala conceitual, os limites circundantes que deverão ser seguidos pelo legislador ao proceder a tipificação na criação do tributo". Yonne Dolacio de OLIVEIRA, *A tipicidade no direito tributário brasileiro*, p. 121.

321. CF/88: Art. 153. Compete à União instituir impostos sobre: [...] III - renda e proventos de qualquer natureza; [...].

322. CTN: Art. 43. O imposto, de competência da União, sobre a renda e proventos de qualquer natureza tem como fato gerador a aquisição da disponibilidade econômica ou jurídica: I - de renda, assim entendido o produto do capital, do trabalho ou da combinação de ambos; [...]".

323. "Em nosso socorro, para uma resposta positiva do que seja renda, deve vir aquele legislador complementar tão desprezado (art. 146, III, a, da CF)". Valterlei da COSTA e Rosicléia Macedo LINHARES, Conceito de renda: lucro ou acréscimo patrimonial? Argumentando com as consequências, *Revista de ABRADT Fórum de direito tributário — RAFDT*, v. 3, p. 230.

indeterminação do significado de um termo constitucional não decorre necessariamente a existência de um tipo, como normalmente se supõe".[324] Afinal, uma coisa é a palavra "renda" ter um amplo espectro, cabendo ao legislador complementar reduzi-lo; outra, bem diferente, é o legislador complementar poder conceituar como base para o imposto algo que é próximo à renda, mas que não é exatamente renda, que a margeia, sem, em verdade, sê-la, o que, no entanto, seria possível se a norma de competência fosse um tipo.

De nossa parte, quando usamos "conceito", queremos dizer moldura: a aplicação normativa deve resultar em um produto que dentro dela deve-se localizar, e não só mais ou menos estar nela contida. Por isso, se a premissa maior for um tipo, a premissa menor pode apenas tanger à moldura, enquadrando-se um pouco dentro e um pouco fora, bastando a aproximação; sendo que, além disso, para a ratificação do vinculado entre as normas fundante e fundada, apreciar-se-ia outras questões que não as meramente normativas. No conceito, por sua vez, a premissa menor é totalmente arremetida à moldura, estando nela contida. Por essa linha, se a premissa maior dá as notas *a* e *b* como relevantes, mesmo que com um bom grau de indeterminação, a premissa menor poderá apresentar como pontos identificáveis *a'* e *b'*, ou *a"* e *b"*, e tudo estará de acordo; contudo, não poderá valer-se de *a* e *c*, o que, a depender do contexto, seria possível no caso do tipo.

Assim, quando nos referimos, no direito positivo brasileiro, a conceito constitucional de tributo, em oposição a tipo, fazemo-lo não porque não tenha ele algum grau de indeterminação, mas sim porque vincula o legislador infraconstitucional na linha do tudo ou nada, com base em um perimetral. O que o conceito faz não é dar um exemplo para o começo da atuação, mas impor um ponto final, um marco, do qual não se pode ultrapassar. Estamos, assim, trabalhando com a ideia de que há um círculo maior, e que até as bordas desse círculo maior pode

324. Humberto Ávila, *Competências tributárias*, p. 60.

o legislador infraconstitucional ir, com liberdade de atuação, mas que, a partir de lá, incorrerá em inconstitucionalidade e a norma posta deverá ser invalidada (veja-se 2.10).

3.5 TRIBUTO É REGRA REGULATIVA OU É CONSTITUTIVA?

Algumas páginas do livro *Atos de fala*, de John SEARLE, exerceram profunda influência em muitos teóricos do direito que tomaram a sério a distinção das regras (*rules*) em regulativas (*regulatives*) e constitutivas (*constitutives*). A ideia central é que a mera prescrição de conduta não seria suficiente para caracterizar as regras, pois, em muitos casos, a conduta não seria possível sem a regra, e um bom exemplo disso seriam os jogos, quando as regras de como fazer um lance válido somente tem sentido se antes tivermos a constituição do próprio jogo. Agora, se isso fosse certo, a homogeneidade sintática defendida neste trabalho estaria fora de lugar, pois "[l]as reglas regulativas tienen caracteristicamente la forma <<Haz X >> o <<Si Y haz X >> [...]. Dentro de los sistemas de reglas constitutivas, algunas tendrán esta forma, pero algunas tendrán la forma <<X cuenta como Y>>, o << X cuenta como Y en contexto C>>[325]". E, mais diretamente, surgiriam sérias dúvidas sobre como conceituar tributo, pois a certeza de que a linha de partida é a prescrição de conduta, na linha do "se ... então", ficaria borrada, uma vez que poderia ser uma melhor construção dizer que "algo conta como tributo em certo contexto". Afortunadamente, ao menos para este livro, as coisas não são assim.

Sempre será possível afirmar que uma prescrição de conduta, devida diante da ocorrência de uma hipótese, é uma formulação insuficiente. E isso pela simples razão de que parece nunca estarmos frente a algo realmente básico, pois, para compreender esse algo, é imprescindível saber outra coisa antes. Entretanto, por essa linha, nada estaria a salvo e, ao tratarmos

---

325. *Actos de habla*, p. 52 (2.5).

de um tópico, deveríamos antes cuidar de sua causa, a qual, por sua vez, também teria uma causa e assim, sucessivamente, até o infinito ou até encontramos uma causa primeva.[326] Portanto, que haja algo detrás das regras regulativas chega a ser um truísmo, e se a autossuficiência fosse um ponto para distingui-las, então não haveria nunca uma regra regulativa. Ademais, o mesmo poderia ser dito das regras constitutivas, as quais precisariam, igualmente, de um embasamento mais profundo (*grounding*), o que significaria que elas também, por si só, não seriam constitutivas, mas constituídas.

Por outro lado, uma das formas de se tentar manter a distinção entre regras regulativas e constitutivas é introduzindo na discussão uma nova diferenciação, agora entre fatos brutos e fatos institucionais.[327] Por essa linha, os fatos brutos poderiam aparecer diretamente em uma regra regulativa, mas os institucionais somente existiriam em razão de uma regra constitutiva. Consequentemente, se tributo for um fato institucional, então somente pode estar disposto em uma regra constitutiva. Entretanto, é difícil imaginar uma separação, ao menos para fins jurídicos, entre fatos brutos e fatos institucionais.[328] É certo que podemos dizer que ou temos as condutas humanas ou temos o significado jurídico dessas condutas, mas isso não nos autoriza a distinguir as regras jurídicas em regulativas e constitutivas, pois a obrigação de dar dinheiro (fato bruto) ou obrigação pagar tributo (fato institucionalizado) não são diversas nem decorrem de regras diferentes. Em

---

326. "Devemos distinguir entre duas espécies de causa, a necessária e a divina, e buscar em todas as coisas a divina no interesse de conquistar uma felicidade [...]". PLATÃO, *Timeu*, p. 232 (69a).

327. Um texto rudimentar, mas que se tornou um clássico sobre o tema, é o de Elizabeth ANSCOMBRE, aluna de WITTGENSTEIN, que especula sobre a relação existente a entrega de batatas pelo merceeiro a alguém e a dívida que surge para esse alguém em razão desse fato. Veja-se: *On brute facts, passim.*

328. "O Direito não toma por empréstimo entidades de outro campo, para fins de que necessita. Sua grande virtude é construir as próprias realidades". Paulo de Barros Carvalho, *Direito tributário, linguagem e método*, p. 490.

verdade, o que se denominada de regra constitutiva não é outra coisa que parte da regra regulativa.

Com certeza, uma cidade não é uma capital sem que haja uma disposição nesse sentido, sendo compreensível, portanto, dizer-se da disposição que seria ela quem constitui a cidade como capital. Todavia, tudo isso é questão auxiliar, pois o importante, em sentido jurídico, é que haja, *v.g.*, uma norma estabelecendo que determinada conduta deve ser realizada na capital sob pena de consequência, como no caso das normas de competência tributária (veja-se 5.1.2.4). Logo, aquilo que se imagina ser uma norma regulativa não passa de um fragmento de norma ou, na linguagem deste livro, de um conceito no direito (veja-se 3.3).

Agora, até podemos aproveitar a ideia de SEARLE, desde que não olvidemos que há uma diferença entre linguagem e metalinguagem (veja-se 2.13), e tomemos "X conta como Y em C" como um aglutinador da ciência jurídica e não como uma norma jurídica constitutiva. Assim, as normas jurídicas que tenham tais e tais propriedades — veja-se 4.4, 5.1.4 e 5.25 —, contam como normas tributárias — norma de tributação, norma de competência e norma de lançamento respectivamente — no contexto deste livro.

4

CONCEITO ESTÁTICO DE TRIBUTO: NORMA DE TRIBUTAÇÃO

> "Somente uma história, um caminho
> resta narrar agora: aquele que é".[329]
>
> Parmênides

Uma teoria pode escolher um ponto de apoio sem a necessidade de explicar o porquê da opção. Caso de axioma ou teorema.[330] Dito isso, vejamos agora como pode ser feito.

Em nosso estudo, guardada a devida distinção entre norma jurídica e proposição jurídica, tomamos tributo por uma proposição que tem função aglutinadora de certas normas

329. Fragmento encontrado em Simplício, Comentários à Física, 144.25-146.27, *in* Jonathan Barnes, *Filósofos pré-socráticos*, p. 155 (II.9).

330. Termos como "axioma" e "teorema" talvez não sejam adequados em uma teoria do tributo. Entretanto, pedimos licença para usar tais palavras, mesmo que de forma aproximada daquela que é feita pela matemática e pela metalógica contemporâneas: "Estas distinguem entre axiomas e teoremas. Os primeiros são enunciados primitivos (às vezes também chamados postulados) que se aceitam como verdadeiros sem provar sua validade; os segundos são enunciados cuja validade se submete à prova". José Ferrater Mora, *Dicionário de filosofia*: verbete "axioma", p. 60.

jurídicas, compartilhando da mesma estrutura (veja-se 3.3), o que nos amarra a uma específica ordenação, haja vista a homogeneidade sintática por nós adotada (veja-se 2.5). A partir disso, para conceituarmos tributo, o passo seguinte deverá ser estabelecer, por convenção, um particular conteúdo normativo, com fins de apartar a norma tributária daquelas que não são tributárias. No entanto, antes disso, devemos descortinar três questões prévias. A primeira envolve especificarmos se é sobre a norma primária ou sobre a norma eventual que estamos a discorrer (veja-se 2.8). Ou seja, o caso gira em torno de saber se estamos lidando com o binômio que contém a primeira consequência ou com o que acomoda a segunda normativa, ou ainda com a norma jurídica em sua completude. Outra, diz respeito à divisão por nós adotada, segundo a qual as normas jurídicas são ou normas de conduta ou normas de competência (veja-se 2.9). Assim, precisamos de antemão, ao conceituar norma tributária, apontar se a conduta que ela prescreve é a regulatória de outras normas jurídicas ou não. Por fim, devemos fazer referência a qual classe de norma jurídica tributo pertence, dentre aquelas organizadas a partir da gradação de particularidade de conteúdo, indo desde a abstrata, eventiva e geral até a concreta, ocorrente e individual (2.12). Devemos, portanto, em relação a tal aspecto, apontar o coeficiente de especificação normativo.

Três escolhas preparatórias, assim, impõem-se antes de conceituarmos tributo. E são essas escolhas que darão nosso Meridiano de Greenwich, nosso ponto de apoio, para desenvolvermos, então, o restante do trabalho a partir delas, uma questão de coerência.[331] Com isso em conta, em resposta ao primeiro tópico, a primazia caberá à norma primária, pois a analiticidade faculta-nos um corte em relação à norma

331. Com Albert Ainstein, aprendemos que o importante é ter um referencial e não qual seria ele: "[...] se *K'* é um sistema de coordenadas que efetua um movimento uniforme e sem rotação em relação a *K*, os fenômenos da natureza que se desenrolam em relação a *K'* obedecem exatamente às mesmas leis que em relação a *K*. Chamamos este enunciado de 'princípio da relatividade' (no sentido restrito)". *Teoria da relatividade espacial e geral*, p. 19 (5).

completa, com o isolamento de uma parte sua, uma vez que as vantagens advindas da constrição do perímetro de conhecimento suplantam a lassidão de um estudo total (veja-se 4).

Agora, de ser tributo uma norma primária, não nos desobriga de, com isso, apontá-lo ou como norma de conduta ou como norma de competência, haja vista que a norma primária pode assumir ambas as formas. E é nesse momento que as posições estática e dinâmica se fazem presentes. Se discorrermos sobre a norma tributária em si, sem preocupações com sua fonte de validade, bem como com a validade que ela representa para outras normas, é então caso de falarmos de um conceito estático de tributo. Com isso, tributo é norma jurídica, encontrada por cotejo com uma proposição cuja função é ser identificadora, que prescreve uma conduta que não é a de assentar outra norma jurídica, permitindo-nos assim deixar para uma fase posterior a apreciação das proposições que arregimentam a norma que fundamenta essa nossa norma-marco, bem a norma que nela é fundamentada. Estaticamente, as coisas simplesmente são, não importando que passem, que vieram e que irão, o que nos faz lembrar PARMÊNIDES.[332] Assim, estaticamente o que interessa é tributo como norma de conduta, com tal e tal conteúdo, a ser por nós acordado, para distingui-lo das demais normas jurídicas.

Entretanto, não basta ter nosso marco meramente como norma primária de conduta, pois isso ainda diz pouco, cabendo igualmente, antes da conceituação em si, expor o grau de especificidade de que se partirá. E, para tanto, mais uma vez faz-se mister tomar partido, o que realizamos apontando tributo, em seu conceito estático, como norma primária de conduta, com conteúdo abstrato, eventivo e geral, ou seja, norma

332. "A oração de Parmênides é: 'ó deuses, concedei-me apenas uma certeza! E que ela seja uma tábua sobre o mar da incerteza, apenas larga o suficiente para permanecer sobre ela. Tomais para vós tudo o que vem-a-ser, o que é exuberante, multicolorido, florescente, enganador, excitante e vivo; e dai-me apenas a única, pobre e vazia certeza'". Friedrich NIETZSCHE, A filosofia na época trágica dos gregos, *in* José Cavalcanti de Souza (super.), *Os pré-socráticos*, p. 133 (XI).

que contém, na hipótese, a descrição de um estado de coisas projetado no futuro, ligada deonticamente a uma consequência que contempla, por sua vez, uma conduta em aberto, com alcance geral dos sujeitos a serem por ela atingidos, e que somente poderá ser precisada *a posteriori*, mediante dados concretos obtidos da verificação da hipótese.

Feita essa precisão, nosso marco zero, a norma em sua feição inerte adotada como ponto de partida, é por ela que devemos iniciar nossa conceituação de tributo, conceito estático nesse momento, com a passagem ao conceito dinâmico só sendo possível depois, quando então o escalonamento da ordem jurídica, do estar abaixo e acima da referência, far-se-á presente. Aí, em um segundo momento, ver-se-á a tríade, na qual se ampara esse trabalho, transluzir, pois se de um ponto de vista unitário, tributo é norma jurídica, depois, com os devidos desdobramentos, a unicidade dá lugar a uma trinca, redundando, com isso, em três normas tributárias. De toda sorte, neste primeiro momento y antes de clarificar o terceto que envolve o estudo do tributo, devemos fixar-nos em nossa Estrela Polar, que nos conduzirá a um conceito estático, o qual denominamos de "norma de tributação".[333] Com ela, poderão ser precisadas outras duas normas, a serem estudadas em seu aspecto dinâmico, em tópico posterior, as quais já deixamos consignadas como "norma de competência tributária" (veja-se 5.1) e "norma de lançamento tributário" (veja-se 5.2).

As três questões prévias apontadas, uma vez acordadas, trazem-nos até aqui, a um estreitamento do campo de estudo, pelo qual já é possível construir uma proposição que identifique tributo como norma primária de conduta, com grau de especificação abstrato, eventivo e geral. Dado isso, é então chegado o

333. Paulo de Barros Carvalho utiliza-se da expressão "norma tributária em sentido estrito": "[...] nada mais congruente do que designar 'norma tributária em sentido estrito' àquela que assinala o núcleo da percussão jurídica do tributo [...], e 'normas tributárias em sentido amplo' a todas as demais". *Direito tributário*, p. 79. Sacha Calmón Navarro Coêlho vale-se de "norma impositiva": "À norma de conduta de conteúdo tributário chamaremos de 'impositiva'". *Teoria geral do tributo, da interpretação e da exoneração tributária*, p. 83.

momento de saturar os categoremas (hipótese e consequência), com as devidas ressalvas de que estamos pactuando e não revelando o conteúdo da nossa norma de tributação.

4.1 TRIBUTO COMO NORMA PRIMÁRIA

Norma jurídica é a dupla prescrição de conduta condicional, unidas por disjuntivo, limitado ao possível, que retira a sua validade de outra norma jurídica (veja-se 2.8). Com isso, temos a norma jurídica em sua inteireza, apresentando uma estrutura mínima, mas completa. No entanto, isso não impede, analiticamente, sua apreciação em partes, podendo o estudioso focar-se, desde que não olvide o quadro maior, quer na norma primária, quer na norma eventual.

Decorrem dessa analiticidade, para a conceituação de tributo como norma jurídica, três possibilidades: a) tributo como hipótese ligada deonticamente à prescrição ou não ocorrência da conduta primária devida concatenada, outrossim, deonticamente à conduta eventual (norma completa); b) tributo como hipótese ligada deonticamente à conduta primária (norma primária); e c) tributo como descumprimento da conduta primária concatenado por imputação à conduta eventual (norma eventual).

Quanto à primeira situação (a), um estudo completo, tendo tributo como norma primária e norma eventual, descartá-la-emos. Isso porque tornaria o presente estudo demasiadamente volumoso, maior do que nossas forças, e poderíamos encontrar, se seguíssemos por esse caminho, o mesmo fim de Pahkóm, que, ao querer tudo, não teve nada.[334] Ademais, um estudo tão completo não está de acordo com a forma com que se usa o termo tributo, pois, além da obrigação tributária, ainda teríamos de considerar a execução forçada pelo não cumprimento da obrigação tributária. Com essa separação, não

334. "Foi cobiça desenfreada! Arruinei o negócio, vou perder tudo. Não vou conseguir chegar antes do pôr do sol". Atemorizado, corria, suava muito e sentia que perdia o fôlego". Liev Tolstói, *De quanta terra precisa o homem?*, p. 46.

olvidamos que é possível estudar a norma jurídica como um todo, podendo-se chegar à conclusão, inclusive, de que esse seria o ideal, mas o estudioso pode muito bem contentar-se com menos, desde que respeite, ao nosso ver, duas regras.

Uma, de ordem interna, que pode ser desdobrada. O fragmento que, para estudo, é elevado à condição autônoma deve ser passível de um mínimo de desenvolvimento em face do quadro maior. Tal desenvolvimento, no entanto, é relacional, pois, do contrário, seria independência, e o estudo poder-se-ia iniciar pelo fragmento em si, sem necessidade de lembrança do todo.[335] Em razão disso, as regras que valem para o todo, quadro no qual está inserido o fragmento, valem para ele também, dado sua condição de fração destacada.[336] Além disso, essa autonomia deve apresentar uma mínima significação, o que é uma concessão à semântica, pois o trabalho pode ser parcial em relação ao todo, mas não incompleto em relação a si mesmo.[337] Em suma, coerência com o todo do qual faz parte e completude de ideia em relação ao que é específico, por mais pontual que seja o estudo, não podem faltar. Com isso em mente, coerência e completude, tanto um estudo da norma primária como um

---

335. Ao que é independente em relação ao todo, Edmund HUSSERL denomina de "unidade", já ao que é dependente em relação a esse mesmo todo, designa de "momento": "Cada parte relativa a um todo G independente, nós nomeamos de uma unidade, cada parte dependente relativa a esse mesmo todo G, um momento (uma parte abstrata)". *Investigações lógicas*: sobre a doutrina do todo e da parte, p. 266. Tradução nossa de: "Jeden relativ zu einem Ganzen G selbständigen Teil nennen wir ein Stück, jeden relativ zu ihm unselbständigen Teil ein Moment (einem abstrakten Teil) dieses selben Ganzen G". *Logische Untersuchungen*: III Zur Lehre von den Ganzen und Teilen, s. 266 (17).

336. Júlio AVEIRO, ao discorrer sobre ICMS e a Exportação, também destacou o valor da coerência: "[...] o presente trabalho tomará como pressupostos o sistema jurídico sob a perspectiva da lógica alética, a qual, [...], tem a coerência como requisito indispensável [...]". ICMS e a exportação: alcance da imunidade, *in* Maurício do Valle *et al.* (coord.), *Ensaios em homenagem ao Professor José Roberto Vieira*, p. 759.

337. Mesmo um autor como Noam CHOMSKY, quando adotou uma posição estrutural dotada de vertiginosidade, deixou um lugar para semântica: "[...] gostaríamos que o *framework* [estrutura] sintático da língua, isolado e exibido pela gramática, fosse capaz de sustentar a descrição semântica, e naturalmente daremos mais valor a uma teoria da estrutura formal que conduza a gramáticas que satisfaçam esse requisito de maneira mais completa". *Estruturas sintáticas*, p. 150 (9.3) (traduzimos entre colchetes).

da norma eventual podem ser feitos de forma individualizada. Afinal, qualquer um dos dois temas, qualquer uma das duas partes da norma completa, permitiria um grande desenvolvimento, sem se desrespeitar os marcos gerais da ideia de que somente em sua inteireza há norma jurídica.

Quanto à segunda regra, agora de ordem externa, o senão é a utilidade. Um estudo muito parcial, muito específico, pode não receber da comunidade acadêmica a chancela de proveitoso. Internamente, pode até ser que a primeira regra seja cumprida, com o corpúsculo estudado guardando relação de coerência com o organismo, bem como apresentando um mínimo de autonomia. Entretanto, disso pode não decorrer que, na opinião de um sodalício de doutos, seja útil de algum modo.[338] Assim, algo muito específico pode não ser bem acolhido.

De toda sorte, não cremos, em matéria tributária, que apenas um estudo completo — norma primária e norma eventual — poderia atender às duas regras por nós apontadas. Internamente, quer seja isolando a norma primária, quer a norma eventual, é possível manter a coerência em relação a um modelo completo, realizando, sempre que for necessária, a devida aproximação com o todo. Além de que, com qualquer das duas partes da norma completa, seria possível encontrar uma autonomia. Por vez, externamente, quanto à utilidade, não vemos razões para maiores esclarecimentos, pois está por

338. Num primeiro momento, podemos dizer que apenas a cada homem cabe o poder de julgar o que lhe seja útil. Assim, "[...] se os meios que ele está para usar, ou a ação que está praticando, são necessários ou não à preservação de sua vida e membros — isso só ele próprio, pelo direito de natureza, pode julgar". Thomas Hobbes, *Do cidadão*, p. 32 (I.9). Entretanto, se queremos algo menos solipsista, podemos ficar com o sufrágio geral dos experimentados no tema: "Se a questão é determinar qual de dois prazeres vale mais fruir, ou qual de dois modos de existência é o mais gratificante para os sentimentos, independentemente dos seus atributos morais e das suas consequências, o juízo daqueles que estão qualificados pelo conhecimento de ambos (ou, se estiverem em desacordo, do da sua maioria) tem de ser admitido como final. E esse juízo relativo à qualidade dos prazeres tem de ser aceito sem menor hesitação, pois não há qualquer outro tribunal a que recorrer mesmo na questão da quantidade. Que meios existem para determinar qual é a mais aguda de duas dores, ou a mais intensa de duas sensações aprazíveis, a não ser o sufrágio geral dos que estão familiarizados com ambas?". John Stuart Mill, *Utilitarismo*, p. 104-105 (2).

aí toda uma literatura, a qual, em vez de tratar a norma jurídica em sua feição completa, prefere vê-la de forma segmentada, sendo, essa é nossa impressão, muito menos numerosos os trabalhos nos quais se estudam, de forma conjunta, a conduta devida e a consequência pelo descumprimento da conduta devida. Dito isso, deixaremos de conceituar tributo como norma jurídica completa, descartando, em razão disso, a situação (a).

Quanto à situação (c), tributo como, na hipótese, não ocorrência de conduta primária e imputação, na consequência, de conduta eventual, descartemo-la também, pois, se é óbvio que cada um bem pode dar o nome que quiser ao objeto delimitado para estudo, nem por isso deve escolher um signo que tenha na comunidade a quem dirige seu trabalho um uso totalmente distinto. Afinal, "[a] primeira regra de bom gosto ao escrever é usar palavras cujo significados não serão mal interpretados [...]".[339] Quanto a nós, desconhecemos quem use tributo como norma eventual (ou norma secundária ou ainda norma sancionadora). Na verdade, tributo e sanção até podem ser considerados antônimos a depender da liberalidade com que se use esta palavra.[340] Ademais, mesmo que, com toda a boa vontade, aceitássemos que assim se associasse o termo tributo à expressão "norma eventual", o que, então, seria conectado à expressão "norma primária"? Igualmente tributo, denominando coisas diferentes pelo mesmo nome? Ou então, numa total inversão do que até hoje vem sendo praticado, falaríamos de sanção? Com isso em conta, descartamos conceituar tributo como norma eventual.

Resta-nos, portanto, a variação (b). Tributo é norma primária.[341] Com isso, entretanto, tributo não deixa de ser norma

339. Charles PEIRCE, *Semiótica*, p. 41 (I.B.2.223).

340. "Os *antônimos* são unidades de sentidos contrários [...]". Jean DUBOIS *et al.*, *Dicionário de linguística*: verbete "antonímia", p. 56.

341. Ao afirmarmos que tributo é norma primária, estamos bem acompanhados, pois igualmente assim pensa Carlos Renato CUNHA: "Tributo, do ponto de vista sintático-semântico, pode ser definido como uma norma primária [...]". *O SIMPLES nacional, a norma tributária e o princípio federativo*, p. 81-82. Deve-se, ainda, ter o

jurídica, apesar de não deixarmos de reconhecer que estamos usando uma metonímia.[342] Assim, no plano estático, podemos promover um aclaramento do que entendemos quando expomos que tributo é norma jurídica: tributo é norma primária, é uma hipótese ligada deonticamente a uma conduta devida primariamente, cujos conteúdos de saturação, quando referentes a conceito do direito, são pactuados com fim aglutinador, no qual possam, ao redor do rótulo "tributo", orbitar uma série de hipóteses e consequências. Assim, tributo, como proposição normativa que espelha a estrutura da norma jurídica, em um conceito do direito, não é algo único, particular, sem replicação. É, ao contrário, um coagulador, algo que serve como farol, como guia no estudo; luz para a qual se atraem as normas jurídicas quando precisado um específico ordenamento jurídico, adjetivando-as de tributárias (veja-se 3.3).

Com essa inicial demarcação, podemos então dar um passo adiante em nossa conceituação, pois se tributo é norma primária, tal qual todas as outras normas primárias, então possui, na hipótese, a descrição de um estado de coisas, de um fato, e, na consequência, a prescrição modalizada de uma conduta humana (ver 2.5). O próximo passo, portanto, é saturar os categoremas, o que faremos por convenção, para que, em razão de diferenças semânticas, possam ser identificadas as normas

---

devido cuidado com a nomenclatura, pois há outros que entendem ser tributo uma das partes da norma completa (que é bimembre), aquela que dispõe sobre a conduta primeiramente devida, sem, entretanto, utilizar-se do adjetivo "primária". Ancorados em Cossio, Paulo de Barros Carvalho e Sacha Calmon Navarro Coêlho, respectivamente, empregam "endonorma" para conceituar tributo: "[...] tributo, em sua configuração estática, é a endonorma [...]". Paulo de Barros Carvalho, *Teoria da norma tributária*, p. 99. "As normas tributárias são do tipo impositivos ou endonormas [...]". Sacha Calmon Navarro Coêlho, *Teoria geral do tributo, da interpretação e da exoneração*, p. 88. Já Marco Aurélio Greco, com base em Kelsen (veja-se 2.8), entende tributo por "norma secundária": "[...] se — conforme a Teoria Pura — só é norma primária aquela que estabelece como devida uma sanção, tributo será um tipo de norma secundária". *Norma jurídica tributária*, p. 35.

342. "As relações objetivas, que conduzem ao emprego metonímico de uma palavra ou expressão, podem ser das mais variadas: a) relação entre a parte e o todo [...]". Joaquim Mattoso Camara Jr., *Dicionário de linguística e gramática*: verbete "metonímia", p. 208.

tributárias. Dito isso, primeiramente tratemos da hipótese da norma primária. Depois, estudemos a consequência.

4.2 HIPÓTESE DA NORMA DE TRIBUTAÇÃO

Ao adotarmos a tese da homogeneidade sintática da norma jurídica, vinculamo-nos a uma posição na qual somente é devida a conduta diante de uma condição (veja-se 2.5). Em razão disso, se todas as normas jurídicas apresentam hipótese,[343] o mesmo deve ser dito da norma de tributação que, afinal, é uma norma jurídica. Isso posto, é possível entendermos o porquê se afirma que a obrigação tributária decorre de um fato lícito, questão que, para nós, é de relação, pois se o fato é lícito, é porque se encontra descrito na hipótese da norma primária e não por uma qualidade inata sua. Ponto, portanto, relacional (veja-se 4.2.1.1). De todo modo, o tema da licitude é a pedra de toque para apartamos tributo quer de multa quer de indenização. Se tributo é nome que se dá a uma norma primária, a partir do cotejamento com uma proposição acordada, multa e indenização são epítetos que podem assumir uma norma eventual (veja-se 4.2.1.2). Ademais, se tributo é norma primária, não pode ser escamoteado o tema da possibilidade de tributação do ilícito (veja-se 4.2.1.3). Depois, por termos guardado na memória a distinção das hipóteses em abstrata e concreta (veja-se 2.12), discorreremos sobre as razões para eleger a norma de tributação como uma norma abstrata, ou seja, de conter ela um estado de coisas projetado para futuro (veja-se 4.2.2). Estado de coisas esse que será, entretanto, delimitado à conduta humana, sem, contudo, preocupar-nos com a volição detrás do conduzir-se (veja-se 4.2.3). Além disso, nessa passada para a precisão do conceito de tributo do direito, lançaremos mão de uma constrição com fins de reduzir

343. Na verdade, em sua feição completa, toda norma jurídica apresenta duas hipóteses e duas consequências, sendo as hipóteses vinculadas às consequências por um dever-ser e os dois jogos de proposições (hipótese-consequência e hipótese-consequência), ligados por disjunção.

mais o perímetro, associando-o apenas às condutas de caráter econômico (veja-se 4.2.4). Por fim, ainda dentro do tema hipótese, discorreremos sobre o tempo e espaço, uma vez que se a hipótese trata de algo possível de ocorrer no mundo, então deve dizer o quando e o onde (veja-se 4.2.5).

4.2.1 Licitude

Que a obrigação tributária somente se manifesta em face de um fato lícito, disso não temos dúvidas, sendo esse, aliás, um ponto-chave na conceituação de tributo pela doutrina. Entretanto, fica a pergunta: por que é assim? Em nossa forma de conceber o direito, como conjunto de normas jurídicas, valendo-nos de um trocadilho com *in vino veritas*, apenas podemos cogitar de uma resposta à questão a partir de um ponto de vista normativo, o que nos remete a que *in lex veritatis*. Por essa linha, se tributo é uma obrigação decorrente de ato lícito, assim o é porque desse modo prescreve o direito positivo. Entretanto, neste trabalho, adotamos, como contrapartida dos conceitos no direito, os conceitos do direito (veja-se 3.4). Em razão disso, uma outra forma de fundamentar a obrigação tributária como decorrência de um fato lícito é se estivermos firmes na posição de que tributo é norma primária, pois assim poderemos expor que não é o fato lícito que faz com que a norma seja primária, mas é a norma primária quem permite que adjetivemos o fato de lícito. Por essa linha, se já está demarcado que tributo é norma primária, dizer que tributo apresenta na hipótese a descrição de um estado de coisas lícito é algo que bem poderia ser tachado de truísmo ou mesmo redundância.[344] Todavia, o óbvio também precisa ser dito.

344. Sobre o truísmo, é "[u]ma verdade evidente mas óbvia, portanto pouco importante ou pouco útil". Nicola ABBAGNANO, *Dicionário de filosofia*: verbete "truísmo", p. 976. Quanto à abundância, "[p]ara os retóricos, era uma figura de estilo, tinha quase o mesmo sentido que repetição e designava comumente um excesso nos ornamentos do estilo". Jean DUBOIS *et al.*, *Dicionário de linguística*: verbete "redundância", p. 504.

4.2.1.1 Licitude: questão relacional

Sobre os fatos, diz-se que são lícitos ou ilícitos. A dicotomia é tão presente, paira de tal forma sobre o jurista, com tal força onipresente, que parece intuitiva, razão pela qual careceria de maiores explicações.[345] Entretanto, ao menos desde Hans KELSEN, temos motivos para ter cuidado com o seu uso, principalmente quando desacompanhado de maiores explicações, pois "[...] não há qualquer fato que, em si e por si, isto é, sem ter consideração a respectiva consequência estatuída pela ordem jurídica, seja um ilícito ou delito".[346] Lícito e ilícito só são, portanto, atributos porque assim dispõe o direito positivo.[347]

Ademais, não podemos pensar a licitude e a licitude como algo conforme ou contrário ao direito, respectivamente[348]. Sem dúvidas, a norma primária prescreve conduta, o que nos dá uma régua para adjetivá-la: se é conforme a norma primária, então é lícita; se é contrária a norma primária, então é ilícita. Agora, disso não decorre que a conduta ilícita estaria fora do direito, pois está ela contida na hipótese da norma eventual. Assim, se a conduta é ilícita, é porque, desse modo, dispõe o direito positivo e não porque é contrária a esse mesmo direito. Tendo isso em conta, podemos juntar-nos a Hans KELSEN e apregoar: "[...] o ilícito não é um fato que esteja fora do Direito e contra o Direito, mas é um fato que está dentro do Direito e é por este determinado [...]".[349]

---

345. "Juzgo que la divisón fundamental es aquella que distingue entre actos lícitos e ilícitos". Andreas von TUHR, *Teoría general del derecho civil alemán*, v. 2, p. 118.

346. *Teoria pura do direito*, 2.ed. p. 125 (IV.1.b).

347. Para outras questões, podemos usar, *v.g.*, moral ou imoral, justo ou injusto, sem que as atribuições sejam excludentes entre si.

348. Desconsiderando esse entendimento, podemos apontar Marcos Bernardes de MELLO: "[...] uma classificação dos fatos jurídicos *lato sensu* [...] não pode deixar de ter no elemento conformidade ou não conformidade com o direito a base de sua primeira e grande divisão. De acordo com esse critério os fatos jurídicos *lato sensu* são (*a*) conformes a direito e (*b*) contrários a direito. *Teoria do fato jurídico*: plano da existência, p. 155 (II.VII.30.3).

349. *Teoria pura do direito*, 2.ed. p. 127 (IV.1.b).

Um correto tratamento do lícito e do ilícito não é adjetivá-los, respectivamente, como jurídico e antijurídico, pois só há licitude e ilicitude a partir de um ponto de vista jurídico. De igual modo, não se deve confundi-los, na devida sequência, quer com o bem e o mal, quer com o bom e o ruim.[350] São, na verdade, questões relacionais, ligadas, nessa ordem, à norma primária e à norma eventual. Por essa linha, dada uma situação, podendo ser ela subsumida à norma primária, então deve ser adjetivada de lícita. Se, ao contrário, é reconduzida à norma eventual, então se trata de ilícita. É tema meramente sintático, que não depende da análise de conteúdo, pois um mesmo estado de coisas pode ser eleito como lícito ou ilícito, a critério do direito positivo.[351] Sendo assim, a hipótese da norma primária sempre conterá a descrição de um fato lícito pouco importando qual seja seu teor. E se isso vale para todas as normas primárias, e se concertamos que tributo é norma primária, então vale para a conceituação de direito de tributo.

4.2.1.2 Licitude: questão distintiva: multa e indenização

A importância que se dá a licitude como uma das características do tributo é mais do que consabida, sendo ressaltada para distingui-lo de outras figuras próximas, da qual destacamos a

---

350. Sobre o "bom", o "mau" e o "ruim", não podemos esquecer as palavras de Friedrich NIETZSCHE: "Há uma *moral dos senhores* e uma *moral de escravos*. [...]. [...] segundo a moral dos escravos o 'mau' inspira medo; segundo a moral dos senhores é precisamente o 'bom' que desperta e quer despertar medo, enquanto o homem 'ruim' é sentido como desprezível". *Além do bem e do mal*, p. 172-174 (9.260). Para uma melhor compreensão dos termos, seguem as explicações de Paulo César de SOUZA: "[...] Nietzsche diferencia 'bom e mau', *gut und böse*, de 'bom e ruim', *gut und schlecht*: aquela, a oposição que expressa valores judaico-cristãos; esta, a oposição ingênua, pagã, subvertida [...] pelos fracos e ressentidos". Notas, *in* Friedrich NIETZSCHE, *Genealogia da moral*, p. 155.

351. "Somente pelo fato de uma ação ou omissão determinada pela ordem jurídica ser feita pressuposto de um ato de coação estatuído pela mesma ordem jurídica é que ela é qualificada como ilícito ou delito; apenas pelo fato de um ato de coação ser estatuído pela ordem jurídica como consequência de uma ação ou omissão por ela determinada é que este ato de coação tem o caráter de uma sanção ou consequência do ilícito". Hans KELSEN, *Teoria pura do direito*, 2.ed. p. 124 (IV.1.b).

multa[352] e a indenização.[353] De nossa parte, quanto à diferenciação, não temos dúvidas de que são coisas diversas: de um lado, a norma tributária em sentido estrito, que é norma primária; de outro lado, a norma da multa e a norma da indenização, que são ambas normas eventuais. Quer seja uma indenização a pagar, quer seja uma multa, tais obrigações de levar dinheiro decorrem de norma eventual; por outro lado, tributo, segundo nosso recorte, é sempre norma primária.

À primeira vista, não haveria maiores dificuldades em separar tributo de outras figuras, pois se temos uma norma primária e uma norma eventual, segundo nossa conceituação, apenas a primeira deve receber o epíteto de tributária. Contudo, podem surgir algumas complicações quando, a braçadas, põe-se debaixo do mesmo enfoque tanto a norma de tributação como as normas eventuais que a ela estão ligadas por disjunção. E se falamos de "normas eventuais", no plural, é porque a causalidade jurídica pode muito bem ligar a uma única hipótese mais de uma consequência.[354] Para exemplificarmos, antes da execução forçada, há, associada deonticamente ao não cumprimento da obrigação tributária, uma obrigação de pagar multa e uma de

---

352. Nesse sentido: "A multa se reconhece por caracterizar-se como sanção por ato ilícito". Geraldo Ataliba, *Hipótese de incidência tributária*, 4.ed., p. 33. "[...] diferenciando-se [o tributo] da multa, porque esta [...] decorre de um fato ilícito [...]". Sacha Calmon Navarro Coêlho, *Teoria geral do tributo, da interpretação e da exoneração*, p. 90-91 (esclarecemos entre colchetes). "O tributo não pode consubstanciar sanção pela prática de ato ilícito [...]". Hugo de Brito Machado Segundo, *Código Tributário Nacional*, p. 134.

353. Nesse sentido: "Ter-se-á obrigação de indenização por dano, se o fato de que nascer a obrigação for ilícito". Geraldo Ataliba, *Hipótese de incidência tributária*, 4.ed., p. 34. "Extrema-se [o tributo] da indenização porque esta [...] tem, por 'razão de ser', prévia, comprovada lesão ao patrimônio alheio, inclusive o estatal". Sacha Calmon Navarro Coêlho, *Teoria geral do tributo, da interpretação e da exoneração*, p. 91 (esclarecemos entre colchetes). "[...] não configura tributo aquela cobrança de valores destinados a recompor o patrimônio público lesado em decorrência de certa atividade, ainda que lícita, pois a responsabilidade pode ser objetiva ou quase objetiva nas hipóteses previstas em lei ou na Constituição". Misabel Derzi, Nota de atualização, *in* Aliomar Baleeiro, *Direito tributário brasileiro*, p. 36.

354. "[...] normas diversas, N', N", N"', podem incidir sobre o mesmo suporte fáctico S e perfazer, cada uma, de per si, fatos jurídicos diversos F', F", F"'". Lourival Vilanova, *Causalidade e relação no direito*, p. 46 (I.11).

pagar juros (indenização). Entretanto, não há que se confundir essas duas normas eventuais com a norma primária a que estão ligadas. Pode até ser que o direito positivo determine que as normas de execução forçada que se aplicam ao descumprimento da obrigação tributária, como norma primária, apliquem-se a elas igualmente; questão de comodidade, o quê, no entanto, de modo algum, faz delas normas primárias.[355]

Por fim, arrematamos nossa posição destacando que não há mais do que uma norma primária, o que nos impede de adotar uma terminologia como norma primária sancionadora, ou "sancionatória" (sic), para a multa e para a indenização que se ligam ao tributo.[356] Em nosso trabalho, a norma primária sempre contém a descrição de uma situação lícita na hipótese. Porém, a partir do momento em que estamos tratando de uma norma que contém, na hipótese, um descumprimento de conduta devida em razão de outra norma jurídica, então já não se cuida mais de norma primária. O quê de fato temos é: para o descumprimento de uma norma primária, podem ser estabelecidas várias normas eventuais. Assim, em vez da

355. Foi por aí que se perdeu o redator do art. 113, § 1º, do CTN, ao afirmar que a obrigação tributária principal também pode ter por objeto, além do tributo, a penalidade pecuniária. O que quis expor foi que "[c]aso não existisse a coincidência de regimes de cobrança, essa [a multa] seria exigível de maneira distinta do tributo [....], o que poderia gerar uma ausência de sintonia no cumprimento das obrigações [...], o que justificaria uma só disciplina". Luiz Gurgel de FARIA, Comentários aos arts. 113 a 138, *in* Vladimir Passos de FREITAS (coord.), *Código Tributário Nacional Comentado*, p. 478.

356. Eurico de SANTI, que também adota uma composição dúplice para a norma jurídica, norma primária e norma secundária, em vez de apontar a existência de várias normas que se ligam à norma primária, prefere subdividir a norma primária em norma primária dispositiva e norma primária sancionadora: "Nas normas primárias situam-se as relações jurídicas de direito material (substantivo), nas normas secundárias, as relações jurídicas de direito formal (adjetivo ou processual) [...]. Têm-se, portanto, normas primárias estabelecedoras de relações jurídicas de direito material decorrentes de (i) ato ou fato lícito, e (ii) de ato ou fato ilícito. A que tem pressuposto antijurídico denominamos norma primária sancionadora, pois veicula uma sanção [...] enquanto que a outra, por não apresentar aspecto sancionatório, convencionamos chamar norma primária dispositiva". *Lançamento tributário*, p. 43-44. No que é seguido por Maria Rita FERRAGUT: "Enfocando apenas as primárias (normas), temos a dispositiva e a sancionatória, que se distinguem pela licitude do fato que implica a consequência da norma jurídica". *Presunções no direito tributário*, p. 37.

primária, são as várias normas eventuais, normas sancionadoras, que precisam ser classificadas.

4.2.1.3 Licitude: tributação dos fatos ilícitos

Questão um pouco mais complicada, *punctum dolens*, do que aquela de apartar o tributo da multa e da indenização é aquela que envolve a possibilidade da tributação dos fatos ilícitos. Afinal, sendo certo de que a hipótese da norma tributária descreve sempre um fato lícito, então, se estivermos diante de um fato ilícito, de tributo não se cuidará. Entretanto, devemos aprofundar essa linha de raciocínio, pois parte considerável da doutrina entende que os fatos ilícitos são tributáveis, apelando para a teoria conhecida por *pecunia non olet*,[357] o que poria por terra nossa afirmação de que tributo é sempre norma primária.[358]

357. Sempre que nos deparamos com o tema da tributação do ilícito, também esbarramos na expressão *pecunia non olet*, junto com a história de que teria a frase sido dita por VESPASIANO, imperador romano, a seu filho TITO, o qual manifestara inconformismo contra aquilo que ficou conhecido como tributo sobre a cloaca. Com fins de darmos nossa contribuição a essa arte que é a combinação da história com o direito, transcrevemos o que segue: "Quando Nero, em 68, foi coagido ao suicídio pelo abandono de seus soldados, ninguém podia invocar em próprio favor a glória de César ou Augusto: assim como cem anos antes, o Império ia caber ao mais poderoso. O mais forte foi Tito Flávio Vespasiano, o primeiro Imperador da dinastia flávia. [...]. Tito era o primogênito de Vespasiano, e, como teve apenas uma filha, sucedeu-lhe seu irmão Domiciano. [...]. Desde o momento em que aceitou o Império, viu na existência de seus dois filhos uma garantia de solidez. [...]. E agiu da maneira exigida para o preenchimento desse objetivo, dando cedo a Tito o poder tribunício e o *imperium* proconsular e elevando Domiciano ao consulado. Graças a ele o poder parecia tornar-se um bem patrimonial cuja transmissão se operava sem dificuldades [...]. Mas para permitir a implantação dessas inovações nos costumes e dar origem a um verdadeiro direito monárquico, seria necessário que a dinastia durasse. Ora, a maneira de proceder de Domiciano provocou o seu assassínio, e, como o Senado se apressou em anular as adoções com que ele, depois da morte de seus próprios filhos, beneficiara os sobrinhos-netos, que eram, ao mesmo tempo, seus primos, fez-se novamente uma situação de *tabula rasa*". André AYMARD, *Roma e seu império*: as civilizações da unidade romana, p. 71-72 (II.I.3).

358. Entre os antigos, a favor da tributação dos fatos ilícitos, podemos citar Rubens Gomes de SOUSA: "[...] a circunstância de um ato, contrato ou negócio ser juridicamente nulo, ou mesmo ilícito, não impede que seja tributado, desde que tenha produzidos efeitos econômicos". *Compêndio de legislação tributária*, p. 80. Ou Amílcar FALCÃO: "A validade da ação, da atividade ou do ato em Direito Privado, a sua juridicidade ou antijuridicidade em Direito Penal, disciplinar ou em geral punitivo, enfim, a sua

De início, relembramos que uma prescrição de conduta no modo proibido (norma primária) se faz sempre acompanhar, de modo disjuntivo, de uma consequência (norma eventual) (veja-se 2.8), a qual pode ser, entre outras, um dar dinheiro. Contudo, nesse caso, como o comando de dar encontra-se em norma eventual, não pode ser tal figura um tributo, enquadrando-se, na verdade, como multa. Com efeito, para o presente trabalho, com o termo "tributação", significamos norma jurídica e seu dever de conduta condicionado, decorrente da verificação de uma situação que não é proibida pelo direito positivo. Por essa linha, ilustrando a exposição, podemos apontar que produzir ou comercializar produtos pode ensejar a obrigação tributária, tudo a depender de existir tal norma no ordenamento, mas se o produto que se comercializa ou que se produz é ilícito, então nada será devido a título tributário. Isso porque sua comercialização e produção deverão acarretar consequências em razão da vedação, uma vez que a proibição apresenta como contrapartida uma eventualidade, mas isso não significa que seja ela de ordem tributária.[359] Vejamos isso de modo mais detalhado.

---

compatibilidade ou não com os princípios da ética ou com os bons costumes não importam para o problema da incidência tributária, por isso que a ela é indiferente à validade ou nulidade do ato privado através do qual se manifesta o fato gerador: desde que a capacidade econômica legalmente prevista esteja configurada, a incidência há de inevitavelmente ocorrer". *Fato gerador da obrigação tributária*, p. 89-90. Ou, ainda, Aliomar BALEEIRO: "Pouco importa, para sobrevivência da tributação sobre determinado ato jurídico, a circunstância de ser ilegal, imoral, ou contrário aos bons costumes, ou mesmo criminoso o seu objeto, como o jogo proibido, a prostituição, o lenocínio, a corrupção, a usura, o curandeirismo, o câmbio negro etc". *Direito tributário brasileiro*, p. 1106. Entre os atuais, podemos apontar Luís Eduardo SCHOUERI como a favor da tributação do ilícito: "[...] o que se tributa é a riqueza que, nos termos do ordenamento jurídico, será detida pelo delinquente, não a conduta deste". *Direito tributário*, p. 160. Também Luciano AMARO: "[...] pode-se *ignorar a ilicitude* que eventualmente se constante no exame do fato concreto? A resposta, dependendo da natureza ou das características dos fatos, pode ser positiva. Desde que a situação material corresponda ao tipo descrito na norma de incidência, o tributo incide". *Direito tributário brasileiro*, p. 276. E, igualmente, Ricardo Lobo TORRES: "Se no fato gerador do tributo descrito na lei se subsumir alguma atividade ilícita ou imoral, ainda assim poderá ser cobrado tributo". *Curso de direito financeiro e tributário*, p. 252.

359. Contra a cobrança de ICMS e de IPI em relação às drogas, Alessandra PINHO: "[...] se alguém comercializar substância entorpecentes sem autorização legal, estará operando atividade ilícita conhecida como tráfico de drogas. Seria absurdo

Entre as consequências, podemos exemplificar com a apreensão do produto proibido para o comércio, bem como, ainda, apontar a prisão dos responsáveis pela comercialização. No mesmo caso, igualmente podemos avocar uma pena de multa pecuniária como implicação, o que resultaria em um levar dinheiro, causando a possibilidade de certa confusão entre multa e tributo. E isso ganha vulto se a forma de calcular a multa for igual àquela de calcular o tributo quando diante de uma operação comercial lícita. Todavia, o fato de calcular-se uma multa, tendo por espelho um tributo, não faz dela um tributo, podendo, claro, até lhe ser dado esse nome, mas o levar dinheiro decorrente de norma eventual não é tributo, não ao menos nos termos por nós aqui acordados. Assim, ao proibido comercializar certos produtos (norma primária), podem ser ligadas, em razão da causalidade jurídica, sem serem excludentes, a prisão, a apreensão do bem comercializado e, ainda, a multa, a ser calculada, nesse exemplo, como se tributo fosse (todas normas eventuais), mas não uma obrigação tributária (norma primária). Como síntese, podemos afirmar que os fatos ilícitos não são tributados e não há um porquê se indignar com isso, pois, para quem os pratica, outras consequências há, a depender de cada ordenamento jurídico. Assim, diante de um fato, verifica-se se lícito ou ilícito (e só o direito positivo pode dizer qual é qual), para associar-lhe, então, as consequências jurídicas (que, igualmente, só o direito positivo pode atribuir).[360]

---

imaginar que incidisse Imposto sobre Circulação de Mercadorias e Serviços sobre atividade desse tipo. [...]. O mesmo se dá em relação ao fabricante da substância em questão: não há que se cogitar de pagamento de Imposto sobre Produtos Industrializados (IPI) [...]". *Fato jurídico tributário*, p. 91-92. Já a favor da tributação, podemos arrolar Luís Eduardo SCHOUERI: "[...] numa transação envolvendo drogas, não há como negar a existência de um consumo, por parte do usuário, que revela sua capacidade contributiva (renda consumida). Acaso se pode distinguir, deste tal ponto de vista, a manifestação de riqueza por um consumo desejável de um bem, em relação ao consumo reprovável? Como justificar que a riqueza manifestada no primeiro caso seja tributada, enquanto no segundo caso não haveria tributação? Num e noutro caso, haverá consumo de renda. Privilegiar a segunda conduta implicaria incentivo inaceitável a conduta reprovável". *Direito tributário*, p. 160.

360. Em relação à essa busca pela licitude ou ilicitude do fato, ante o problema da tributação, expõe Renato BECHO: "[...] o processo criminal é *prejudicial* em relação ao tributário, o que significa dizer que o processo fiscal *só tem andamento ante a*

A questão ganha, no entanto, nova nuança se nos imaginarmos diante de um fato lícito, enquanto fruto de um ilícito. Um exemplo seria a renda adquirida, em uma ordem capitalista, mediante a comercialização de drogas proibidas. A tributação seria sobre a renda, cuja obtenção seria permitida, mas que foi adquirida com a comercialização de produtos proibidos. Vê-se, quando posta a questão nesses termos, que não mais estaríamos a cuidar, rigorosamente, da tributação de um fato ilícito, mas sim de um fato ele próprio lícito, que foi alcançado mediante uma via proibida. Percebe-se, assim, que muito do que se discute sobre a tributação dos fatos ilícitos é, na verdade, a questão de saber da tributação de fatos lícitos que são resultados de meios ilícitos. Não é, propriamente, a teoria do *non olet* que deve ser invocada, mas a do *fruits of the poisonous tree*.

Que se trata de coisas distintas a tributação do ilícito e a tributação do lícito alcançado por meio ilícito, já bem o havia percebido Alfredo BECKER.[361] De nossa parte, é questão para

---

constatação judicial penal de que não há ilícito a ser punido". Lições de direito tributário, p. 84. Assim, antes de tudo, é questão de saber se o fato é ou não permitido pelo direito positivo, para então apontar suas consequências.

361. "O problema da tributação dos atos ilícitos, no plano jurídico, sofre uma dicotomia, pois deve ser analisado em dois momentos distintos. *Primeiro momento*: a lei. O problema resume-se em investigar se é, juridicamente, possível que a lei tome a ilicitude como um dos elementos integrantes da hipótese de incidência ('fato gerador'). *Segundo momento*: o lançamento. Aqui, o problema que pede solução é o de se examinar se, juridicamente, a autoridade incumbida de proceder ao lançamento de um tributo (em cuja hipótese de incidência a lei *não* incluiu a ilicitude) pode abstrair ou ignorar a ilicitude porventura constatada quando examinada a realização da hipótese de incidência". *Teoria geral do direito tributário*, p. 600. E, com esse mesmo fio condutor de bem distinguir as coisas, o que é lícito e, porventura, um ilícito que o anteceda, podemos arrolar Paulo de Barros CARVALHO: "Para a norma tributária é unicamente relevante aquele efeito [...] associado que esteja a fato lícito ou ilícito. O evento que origina o efeito é de todo prescindível, já que o fato hipoteticamente previsto a ele não se refere". *Teoria da norma tributária*, p. 97. Ou, ainda, Hugo de Brito MACHADO: "Não se conclua [...] que um rendimento auferido em atividade ilícita não está sujeito ao tributo. Nem se diga que admitir a tributação de tal rendimento seria admitir a tributação do ilícito. [...]. Quando se diz que o tributo não constitui sanção de ato ilícito, isso quer dizer que a lei não pode incluir na *hipótese de incidência* tributária o elemento ilicitude. Não pode estabelecer como necessária e suficiente à ocorrência da obrigação de pagar um tributo uma situação que não seja lícita. Se o faz, não está instituindo um tributo, mas uma penalidade. Todavia, um *fato gerador* de tributo pode ocorrer em circunstâncias ilícitas, mas essas

o direito positivo. Pode muito bem ser a norma de tributação construída para que apenas fatos lícitos com adjacências também lícitas sejam subsumíveis à sua hipótese. Entretanto, se nada dispuser o direito positivo, então será o caso de entender pela tributação do fato lícito mesmo que com ilícito nas cercanias, pois, na ausência de disposição em contrário, não se é obrigado a procurar pela licitude da causa, bastando a do efeito.[362] De toda sorte, nas bases deste trabalho, tributar fato lícito, mesmo que em contiguidade com ilícito, não desautoriza nossa afirmação de que tributo é norma primária.

4.2.2 Abstração

Em matéria tributária, quem realiza uma exposição tem a obrigação — no mínimo, em respeito aos ensinamentos de Becker e Ataliba[363] — de precisar se discorre sobre o fato ou se se atenta à norma jurídica, não sendo permitido conjugar os dois tópicos sob um mesmo guarda-chuva, tal qual seria o

circunstâncias são estranhas à hipótese de incidência do tributo, e por isso mesmo irrelevantes do ponto de vista tributário". Arts. 3º a 5º, *in* Ives Gandra da Silva Martins (coord.), *Comentários ao Código Tributário Nacional*, v. 1, p. 27.

362. Em sentido contrário: "Imposto poderá incidir sobre a ostentação de riqueza ou o crescimento patrimonial incompatível com a renda declarada, no pressuposto de ter havido anterior omissão de receita. Receita, em tese, de origem lícita, porém nunca comprovadamente criminosa. Não seria ética, conhecendo o Estado, a origem criminosa dos bens e direitos, que legitimasse a ilicitude, associando-se ao delinquente e dele cobrando uma quota, a título de tributo". Misabel Derzi, Nota de atualização, *in* Aliomar Baleeiro, *Direito tributário brasileiro*, p. 1106.

363. "[...] o estudo monográfico de Amílcar Falcão [Fato Gerador da Obrigação Tributária] [...] não se libertou de uma concepção 'monista' do fato gerador [...]. [...]. É de justiça reconhecer que, na doutrina brasileira, coube a Alfredo Augusto Becker, com a sua Teoria Geral do Direito Tributário (1963), a primazia na contestação dessa orientação doutrinária [...]. [...]. Na Hipótese de Incidência Tributária, Geraldo Ataliba retoma esse tema [...]. O progresso que decorre dessa monografia básica está representado pela distinção conceitual entre hipótese de incidência do tributo e o fato material concretamente ocorrido [...]". José Souto Maior Borges, Prefácio, *in* Geraldo Ataliba, *Hipótese de incidência tributária*, 2.ed., p. 2-3 (esclarecemos entre colchetes).

abrigo sob a expressão "fato gerador".[364-365] Ponto com o qual

---

364. A ambiguidade em torno da expressão "fato gerador" — que se refere tanto ao fato tributário, quanto à norma tributária — também pode ser verificada em outras áreas, como, aliás, relata-nos Miguel Reale: "A palavra alemã *Tatsbestand*, que, ao pé da letra, significa 'situação dos fatos' ou 'estado das coisas', e que os italianos traduzem por *fattispecie*, indica, pois, não o fato bruto, mas sim o 'tipo de fato' ou o 'fato-tipo' previsto na norma de direito como pressuposto lógico da incidência do preceito ou dispositivo". *O direito como experiência*, p. 205.

365. Podemos dizer que, até há algum tempo, a expressão "fato gerador" era onipresente na doutrina tributária. Provavelmente em razão da repercussão de artigo de Gaston Jèze, com o sugestivo título *O fato gerador do imposto*, com tradução de Paulo da Mata Machado, publicado no Brasil no já distante ano de 1945. Em referido artigo, até começa bem o citado autor, perguntando, de pronto, já no primeiro parágrafo, respondendo logo em seguida: "Que é [...] o fato gerador do impôsto? Por essa expressão, entende-se o fato ou o conjunto de fatos que permitem aos agentes do fisco exercerem sua competência legal de criar um crédito de tal importância, a título de tal imposto, contra tal contribuinte". O fato gerador do impôsto (contribuições à teoria do crédito de impôsto), *Revista de direito administrativa*, v. 2, p. 50. Com essa conceituação, ficamos sabendo, desde logo, que o fato gerador é um fato! Entretanto, mais adiante — o mesmo autor, no mesmo artigo — somos surpreendidos com a afirmação de que o fato gerador está na lei: "O fato gerador é a reunião de tôdas as condições para que um indivíduo seja submetido ao impôsto geral. [...]. Ainda uma vez, o fato gerador do impôsto é fixado pela lei; ao juiz não cabe dizer se as consequências provenientes do fato gerador são equitativas ou injustas". *Ibidem*, p. 61. Por aí se vê que a expressão "fato gerador" foi usada para designar coisas díspares, apesar de nem todos entenderem que o fato e norma possam ser estudados em apartado, como afirma Dino Jarach, para quem "[...] não existe uma distinção entre a relação subjetiva abstrata e a relação obrigatória concreta, que não existe um dever tributário distinto da concreta obrigação tributária [...]". *O fato imponível*, p. 94-95. De todo modo, aceitando-se que o observado no mundo não é o mesmo que o descrito na norma, a melhor forma de bem demarcar isso é tratar realidades diversas por nomes diferentes. E quanto a serem dessemelhantes a norma e o fato, bem notado já tinha Alfredo Becker. Todavia, ao tentar realizar essa difícil tarefa que é dar nome às coisas, não foi de todo feliz, pois, para o fato, usou "hipótese de incidência realizada": "A *mesma* regra jurídica não pode incidir, mais de uma vez, sobre a sua hipótese incidência *realizada*". *Teoria geral do direito tributário*, p. 322. Situação que o deixou exposto à crítica de que uma vez realizada, então não se trataria mais de uma hipótese. Por esse raciocínio, "[a] partir do momento em que ocorrer o fato abstratamente descrito na hipótese ele deixará de ser hipótese. Eis a razão pela qual a expressão "hipótese de incidência realizada" é uma contradição entre termos". Maurício do Valle, *Princípios constitucionais e regras-matrizes de incidência do imposto sobre produtos industrializados – IPI*, p. 177. E parece — nesse ponto, o do batismo — não ter tido melhor sorte Geraldo Ataliba, com a expressão "fato imponível", que usou como par de — esse sim um enroupamento consagrado — "hipótese de incidência": "[...] sempre distinguimos estas duas coisas, denominando 'hipótese de incidência' ao conceito legal (descrição legal, hipotética, de um fato, estado de fato ou conjunto de circunstâncias de fato) e 'fato imponível' ao fato efetivamente acontecido, num determinado tempo e lugar, configurando rigorosamente a hipótese de incidência". *Hipótese de incidência*

estamos perfeitamente de acordo, pois nossa concepção de norma jurídica permite diferenciar o ser do mundo do dever-ser (veja-se 2.2). Afinal, uma coisa é a realidade, outra é a figuração da realidade. Há, evidentemente, algo em comum entre ambas, a realidade e sua figuração. Todavia, isso não nos permite igualá-las, a realidade e a figuração, pois sabemos que "[a] figuração é um modelo da realidade".[366]

De qualquer sorte, dado o binômio norma-fato, não temos dúvidas de afirmar que uma coisa é a norma jurídica descrever uma situação em sua hipótese, outra, bem diferente, é a efetiva ocorrência da situação descrita. Apontamento que, por si só, já seria suficiente para afastar o uso da expressão "fato gerador", mas, como avigouro do argumento, ainda lembramos, sublinhando o quanto ela é infeliz, que "[...] o 'fato gerador' não gera coisa alguma além de confusão intelectual".[367] Tendo tudo isso

---

tributária, 4.ed., p. 49. E a desdita dá-se porque, "[...] 'fato imponível' seria aquele fato que 'estaria sujeito à imposição tributária', por isso 'imponível', isto é, passível de imposição. Não é, propriamente, o que ocorre. Apenas surge o fato e a incidência acontece, automática e infalível, fazendo desabrochar relação jurídica caracterizada por uma prestação de dar. Não existe o fato e a incidência anteriormente à incidência, de tal modo que, enquanto imponível, não é ainda fato e, após a incidência, em concomitância com seu nascimento, já assumiu na plenitude as virtudes de sua jurisdicidade (sic). Em vista disso, preferimos chamar o fato acontecido no campo da realidade física de 'fato jurídico tributário', reservando à descrição legal o nome de 'hipótese tributária' ou 'suposto tributário'". Paulo de Barros Carvalho, *Teoria da norma tributária*, p. 123. De qualquer modo, independentemente do nome que se dê ao descrito na hipótese da norma e ao efetivamente ocorrido no mundo, o certo é que a expressão "fato gerador", que era até então ubíqua, deixou de sê-la. Como síntese dessa mudança de entendimento, deixamos consignadas as palavras de José Roberto Vieira: "[...] nosso repúdio à locução 'fato gerador', consagrada pelo legislador nacional, por sua equivocidade flagrante, já que alude simultaneamente a duas realidades inconfundíveis: a descrição hipotética do fato (uma abstração) e o próprio evento material (algo concreto)". Imposto sobre produtos industrializados: uma águia garciamarquiana ente os tributos, *in* Eurico de Santi *et al.* (coord.), *Tributação das empresas*, p. 177.

366. Ludwig Wittgenstein, *Tractatus logico-philosophicus* (2.12), p. 143.

367. Alfredo Becker, *Teoria geral do direito tributário*, p. 318. Crítica, façamos justiça, também feita por Amílcar Falcão, um dos fautores da locução "fato gerador": "É certo que também tal expressão é passível de crítica. Em especial, o qualificativo de gerador contém uma impropriedade. Não é o fato gerador quem cria, quem digamos assim, gera a obrigação. A fonte de tal obrigação, a energia ou fôrça que a cria ou gera é a própria lei". *Fato gerador da obrigação tributária*, p. 29.

na conta, podemos repisar nossa posição de que tributo é norma jurídica — norma primária, é verdade —, apartando-o do fato.

A hipótese da norma de tributação contém a descrição de um estado de coisas.[368] Agora, segundo nosso trabalho, pode essa descrição dar-se de duas formas: abstrata ou concretamente (veja-se 2.12). Concreta, dizemos de uma descrição que já se verificou no mundo, sendo, portanto, verdadeira ou falsa. O tempo em questão é o passado. Abstrata, nome por meio do qual designamos a descrição que está no campo da possibilidade, pouco importando o que já se verificou ou não se verificou no mundo. Seu tempo é o futuro. Com isso, percebemos que não é o estar diante de notas mais abertas ou menos abertas que nos fornece elementos para identificarmos uma descrição como abstrata ou concreta, mas o fato de se referir ou não ao passado.[369]

Todavia, se é uma abstração a hipótese da norma primária, então conterá ela ou um conceito ou um tipo (veja-se 3.4). Para o primeiro caso, de conceito, mesmo que seja redigido pela autoridade normativa de forma ampla, o verificado no mundo fica sujeito a uma de duas valências: subsumir-se-á ou não. Já para a segunda situação, de tipo, o estado de coisas no mundo pode meramente aproximar-se da descrição, com mais ou menos notas, tudo a depender de outros fatores que não exclusivamente a própria descrição. De toda forma,

---

368. Uma forma de separar tributação de isenção é demarcar que, para aquela, a descrição do estado de coisas deve ser feita positivamente, em afirmação, enquanto, para esta, de forma negativa, em negação. De nossa parte, adotamos que a norma de tributação é a combinação dessas duas descrições: "A mesma norma que tributa é a mesma que isenta. Afinal, quando descreve a situação que instaurará a relação jurídica tributária, põe qual não instaurará. [...]. A norma, enquanto significação, é única, os dispositivos legais, como significantes e seus correspondentes significados, é que podem ser vários. [...]. A norma de isenção nada mais é do que uma parte da própria norma tributária que institui o tributo". Valterlei da Costa, Natureza jurídica da isenção: não incidência tout court, *Revista tributária e de finanças públicas*, v. 139, p. 236.

369. A doutrina pátria reconhece que a norma tributária contém, na hipótese, uma abstração. Entretanto, usa esse termo em sentido diverso do que por nós é aqui empregado. Nesse sentido mais convencional, podemos citar Geraldo Ataliba: "A h.i. tributária é a hipótese da lei tributária. É a descrição genérica e abstrata de um fato. É a conceituação (conceito legal) de um fato: mero desenho contido num ato legislativo". *Hipótese de incidência tributária*, 4.ed., p. 54.

podemos ter duas espécies de normas tributárias a depender da forma de descrição contida na hipótese: abstrata, que pode ser um tipo ou um conceito, e concreta.

Feita a separação das hipóteses da norma primária, é então possível pactuarmos que a norma de tributação, norma tributária em sentido estrito, é aquela que contém uma descrição abstrata de um fato lícito, pouco importando se na forma de tipo ou de conceito, a ser identificado no futuro, o que já nos faz relegar à norma de lançamento tributário a condição de norma que possui, na hipótese, uma descrição concreta, algo verificado. Assim, tributo, no plano estático, é norma primária cuja hipótese contém uma descrição abstrata de fato lícito.

4.2.3 Indiferença à volição

A hipótese da norma de tributação, abstrata, provável, voltada para futuro, traz a descrição de um estado de coisas. E uma vez advindo ao mundo esse estado de coisas, então se diz dele lícito. Há o fato e há a previsão do fato, sendo a licitude uma questão relacional (veja-se 4.2.1.1). Entretanto, do fato não se diz apenas lícito ou ilícito, pois pode ser classificado ainda, quando tomado como gênero, em uma de duas espécies: fato jurídico *stricto sensu* ou ato jurídico. Para o enquadramento na primeira situação, como fato jurídico em sentido estrito, diz respeito tudo o que não se liga à conduta humana, como eventos naturais e prática de animais. Para a segunda, ato jurídico, a eleição, pela hipótese, é da conduta do homem.[370]

Em um primeiro momento, da hipótese da norma de tributação, poderíamos dizer que seria válido escolher qualquer uma das duas situações — tanto a conduta humana como eventos da natureza — como condição para a prescrição tributária. Afinal, de nossa parte, em um primeiro momento, até faríamos votos a uma norma que, na hipótese, descrevesse a

370. "Fato jurídico abrange [...]: a) fatores naturais, alheiros à vontade humana, ou para os quais a vontade concorre apenas indiretamente [...]. b) ações humanas [...]". Franco MONTORO, *Introdução à ciência do direito*, p. 466 (IV.16.4).

subida e baixa do rio, preparando as margens para plantio, e imputasse a sua ocorrência a obrigação de pagar tributo à deusa Ísis, o que assegurará uma colheita fértil.[371] Não obstante essa possibilidade, "[...] parece evidente que a presença de uma *conduta humana* como componente cerne de suporte fáctico estabelece uma diferença substancial entre os fatos jurídicos".[372] Sendo assim, vemo-nos perante a necessidade de conceituar tributo tendo na retina essa relevante separação, o que nos leva a pactuar como conteúdo da norma-guia de tributação, conceito de tributo do direito, aquela que tenha em sua hipótese uma conduta humana. Ademais, não estamos abonando a existência de qualquer impossibilidade lógica de uma norma jurídica eleger como gatilho de conduta devida algo que não seja a conduta humana, pois o que queremos, de fato, expor é que não denominaremos, tendo em conta nossa pactuação, uma norma assim de norma de tributação.[373]

Entretanto, sobre a conduta humana, é possível perguntar quanto à vontade detrás dela. Com isso, teríamos uma nova classificação dos fatos jurídicos, tendo por cerne, agora, a volição da conduta humana. Por um lado, se ela não importa ao direito, poderíamos inclusive falar de ato-fato,[374] ressaltando o quanto o

---

371. Além de contar com os deuses, o homem pode fazer sua parte: "O fenómeno da inundação é muito complexo. As chuvas de monção da Primavera, abatendo-se sobre o maciço etíope, determinam a subida dos afluentes abissínios do Nilo: Sobat, Nilo Azul, Atbara. De Julho até o fim de Outubro, as águas e o limo arrancado às margens abissínias vão cobrir o vale, no Egipto. Contudo, esta cheia benfeitora pode também assumir o aspecto de catástrofe: ou é demasiado brutal e a corrente leva tudo atrás de si, ou é demasiado fraca e deixa as terras ressequidas na impossibilidade de serem cultivadas. Assim, pode dizer-se com razão que a civilização egípcia nasceu quando a cheia foi controlada". Pierre LÉVÊQUE, *As primeiras civilizações*: os impérios do bronze, v. I, p. 78.

372. Marcos Bernardes de MELLO, *Teoria do fato jurídico*: plano da existência, p. 155-156 (II.I.VII.31).

373. Em sentido diverso, Rubens Gomes de SOUSA: "[...] é indiferente que se trate de um fato natural, de um ato humano, ou de um negócio jurídico: para o direito tributário, todas essas hipóteses, quando adotadas pela lei como base de tributação, incluem-se na denominação única de "fato gerador"". *Compêndio de legislação tributária*, p. 96.

374. "Os atos-fatos são atos humanos, em que não houve vontade, ou dos quais se não leva em conta o conteúdo de vontade, aptos, ou não, a serem suportes fáticos de regras jurídicas". PONTES DE MIRANDA, *Tratado de direito privado*, t. I, p. 133 (IV.26.2).

querer é indiferente; por outro, sendo a vontade um fator-chave para considerar ocorrida a conduta, então guardar-se-ia para esse fato jurídico a denominação de ato jurídico *lato sensu*.[375]

E quando trazemos essa divisão para a norma de tributação, ficamos com as portas abertas para verificar se a conduta prevista na hipótese da norma contempla ou não a vontade. E a resposta — com base em toda uma tradição cujo próprio uso da expressão "fato gerador" indica — é negativa. Afinal, desconhecemos que alguém tenha usado algo na linha de "ato gerador". Acima de qualquer suspeita, o que jaz detrás da locução "fato gerador" é exatamente a demonstração de uma total indiferença à volição para a prática da conduta prevista na hipótese.[376]

A hipótese da norma de tributação descreve uma conduta, entretanto, não cuida de saber do querer detrás dessa conduta. Não olvidamos, porém, que outras normas, que não a norma de tributação, possam dispor sobre a mesma conduta, nesses casos, agregando à hipótese certa importância para vontade, todavia, isso não muda nossa norma de tributação. Quanto a existir volição por traz do agir, não significa que a norma de tributação dela deve tomar tento nisso, sendo, desse modo, cabível que "[...] nenhuma referência de modo localizado e direto haverá com relação ao elemento vontade [...]".[377] Assim, desse ignorar, "[...] aquilo que em direito privado é um ato jurídico, produto da vontade do indivíduo, em direito tributário é um mero fato — fato gerador ou imponível".[378] Logo,

---

375. "[...] a *vontade* em praticar o ato não somente é *relevante*, como constitui o próprio cerne do fato jurídico. São os atos jurídicos *lato sensu*, que se subdividem em *atos jurídicos stricto sensu* e *negócios jurídicos* e *atos ilícitos*". Marcos Bernardes de MELLO, *Teoria do fato jurídico*: plano da existência, p. 156 (II.I.VII.31).

376. Devemos aqui fazer uma ressalva, pois Alfredo BECKER resguardou a possibilidade de o direito tributário positivo, na descrição da hipótese, o elemento vontade ser integrado: "A análise científica da composição há hipótese de incidência tributária revela que, muitas vezes, a vontade é elemento integrante". *Teoria geral do direito tributário*, p. 266.

377. Paulo de Barros CARVALHO, *Teoria da norma tributária*, p. 98.

378. Amílcar FALCÃO, *Introdução ao direito tributário*, p. 78. Nesse mesmo sentido, podemos citar Dino JARACH: "O que é negócio em sentido técnico para o direito

"[...] o fato gerador é, conceptualmente, um fato jurídico e não um ato jurídico, ou melhor, um ato de vontade com conteúdo negocial para o Direito Tributário".[379]

Podemos, então, expor, postas essas ideias, à guisa de arremate, que a norma de tributação é norma primária, cuja hipótese apresenta uma abstração, projetada para o futuro, de uma conduta humana, que se ocorrida será considerada um fato lícito, sendo, no entanto, indiferente à vontade detrás desse comportamento.

4.2.4 Descrição abstrata de fato econômico

A figuração do fato na hipótese da norma de tributação é feita para projetá-lo no futuro, o que nos leva a falar de abstração. Entretanto, o que pode ser projetado? O que, quando verificado, ao lado dos identificadores de tempo e espaço (veja-se 4.2.5), pode ser apontado, pois selecionado para isso, como gatilho da obrigação tributária? Como primeira resposta, não temos dúvidas de que qualquer estado de coisas, desde que possível (veja-se 2.3), pode ser eleito e descrito na hipótese da norma de tributação.[380] É caso para a volição, não para a cognição.[381] As-

---

privado é somente um fato para o direito tributário; o que, segundo a lógica jurídica, é uma causa dos efeitos jurídicos do direito privado, ou seja, a causa principal, a fonte da relação, é somente uma causa remota, um pressuposto, no direito tributário". *O fato imponível*: teoria geral do direito tributário substantivo, p. 105. Ou ainda Geraldo Ataliba: "[...] para o direito tributário é irrelevante a vontade das partes na produção de um negócio jurídico. Tal vontade é relevante, para os efeitos privados (negociais) do negócio". *Hipótese de incidência tributária*, 4.ed. p. 68.

379. Amílcar Falcão, *Fato gerador da obrigação tributária*, p. 30. Nesse mesmo sentido, podemos citar Bernardo Ribeiro de Moraes: "[...] qualquer que seja a estrutura intrínseca do fato gerador da obrigação tributária, a norma jurídica o considera, sempre, como um *pressuposto de fato*, embora possa se constituir através de fatos, atos ou até *status* jurídicos [...]". *Compêndio de direito tributário*, v. 2, p. 336.

380. "[...] as normas sociais podem prescrever ou proibir a conduta de um indivíduo condicionada não apenas por outra conduta do mesmo indivíduo ou pela conduta de outro indivíduo, mas também por outros fatos que não a conduta humana". Hans Kelsen, Causalidade e imputação, *in O que é justiça?*, p. 346 (XIV).

381. "O direito, na escolha dos fatos, que hão de ser regrados [...], deixa de lado, fora do jurídico, muitos fatos, que a alguns observadores e estudiosos parecem dignos

sim, não teríamos receio de acompanhar Alfredo BECKER e afirmar que "[a] hipótese de incidência da regra jurídica tributária pode ser qualquer fato (ato, fato ou estado de fato), desde que seja lícito".[382] Claro que, contra isso, sempre se poderá apontar questões outras e assim confundir, intencionalmente ou não, o direito positivo com algum direito natural a uma justa tributação,[383] da qual, e desde já queremos deixar aqui consignado com a tinta mais forte, somos a favor, mesmo que não saibamos muito bem explicar a outrem o que seria ela.[384] Mas, de todo modo, não é o tributo justo o objeto deste trabalho.

A confecção da norma de tributação é, portanto, livre, limitada ao possível. Entretanto, pode haver restrições a esse amplo exercício em norma de competência, o que implicará obrigatoriedade de certas escolhas, sob pena de invalidação (veja-se 2.10). É nesse sentido de direito positivo que têm lugar questões como a da capacidade contributiva. Ou seja, não seria uma imposição de direito natural algum, mas sim um tema positivado na ordem jurídica, ponto ao qual a autoridade que

---

de regulação; mas esse julgamento dos técnicos do direito, ou dos não técnicos, por mais procedente que seja, só pode passar no plano político, moral ou científico, e nenhuma influência pode ter na dogmática jurídica". PONTES DE MIRANDA, *Tratado de direito privado*, t. I, p. 68.

382. *Teoria geral do direito tributário*, p.262. No mesmo sentido, Dino JARACH: "É certo que o Estado por capricho, pelo seu poder de império, poderia exigir impostos com base em qualquer pressuposto de fato, mas o Estado, afortunadamente, não age assim". *O fato imponível*, p. 110. Ou, ainda, Marco Aurélio GRECO: "[...] qualquer fato pode ser descrito independentemente de ter conteúdo econômico ou não [...]". *Norma jurídica tributária*, p. 60.

383. Como exemplo dessa não dissociação entre o direito positivo e o direito natural, podemos citar Paul KIRCHHOF: "O princípio da capacidade contributiva é um axioma ético, mas também uma síntese dos princípios de direito constitucional [...]". *Tributação no estado constitucional*, p. 31. Ou, ainda, Klaus TIPKE: "El principio de capacidad económica es el único principio fundamental que respeta todos los derechos fundamentales de las Constituciones del Estado Social de Derecho". *Moral tributaria del estado y de los contribuyentes*, p. 34.

384. "De fato, não sei e não posso dizer o que seja justiça, a justiça absoluta, esse belo sonho da humanidade. Devo satisfazer-me com uma justiça relativa, e só posso declarar o que significa justiça para mim [...]". Hans KELSEN, O que é justiça?, *in O que é justiça?*, p. 25.

pode criar a norma de tributação estaria vinculada.[385] Tópico, aliás, denominado pela doutrina de "capacidade contributiva objetiva".[386] Por esse prisma, qual o conteúdo da hipótese da norma de tributação seria assunto para uma conceituação no direito, mediante uma pesquisa das normas de competência tributária. Entretanto, este trabalho não cuida de uma específica ordem, mas visa a promover uma conceituação do direito de tributo que possa ser usada como agregador de normas jurídicas, sem ter como ponto de partida uma particular norma positivada (veja-se 3.4). Em razão disso é que se vê na condição de apartar, a partir de escolhas bem apontadas sem nada de furtivas, de todos os estados de coisas possíveis de constarem na hipótese, as condutas humanas (veja-se 4.2.3); e dessas condutas, em um segundo momento, as de caráter econômico.

O conteúdo da abstração da hipótese da norma de tributação é econômico. Ponto meramente conceitual. Assim, não é um caso de justiça, pois não se está a afirmar que apenas as normas de tributação cuja hipótese contenham um fato econômico são justas, e, portanto, só essas teriam seu lugar no mundo jurídico, fazendo com que a validade da norma jurídica dependa de ser reto seu conteúdo.[387] Também não é especi-

---

385. Esse caso, o de a norma de competência conter como ressalva à atuação do legislador a capacidade contributiva, aponta Alfredo Becker, fraseador exímio, como de "constitucionalização do equívoco": "A velhice do princípio e a ambiguidade da locução 'capacidade contributiva' mergulharam filósofos, financistas e juristas em alucinante balbúrdia e para que a confusão ficasse total, as modernas Constituições canonizaram o princípio da capacidade contributiva, convertendo-o em *regra constitucional*, do Estado. É a constitucionalização do equívoco". *Teoria geral do direito tributário*, p. 484.

386. "A capacidade contributiva absoluta ou objetiva funciona como pressuposto ou fundamento jurídico do tributo, ao condicionar a atividade de eleição, pelo legislador, dos fatos que ensejarão o nascimento de obrigações tributárias". Regina Costa, *Princípios da capacidade contributiva*, p. 28. Podemos fazer referência, ainda, à capacidade contributiva relativa e à capacidade contributiva subjetiva. No primeiro caso, deve-se realizar uma especificação da obrigação tributária tendo em conta as características do fato tributário, já para a segunda hipótese, a particularização dá-se em respeito a traços do sujeito passivo. Informação verbal: fala do Professor José Roberto Vieira no Curso de Pós-graduação em Direito da UFPR, no ano de 2019.

387. Robert Alexy afirma a existência de conexão entre direito e justiça, mesmo que lateral, pois, para ele, "[o] o direito é um sistema normativo que (1) formula uma

ficamente a descrição de norma de competência alguma, que limitaria a autoridade habilitada[388]. É uma questão de escolha do conteúdo semântico, no campo da teoria, por meio de pactuação. A norma de tributação é aquela que contém uma descrição abstrata de conduta humana, com indiferença à vontade, cuja temática ostenta caráter econômico.

Agora, se não pretendemos intercambiar direito e justiça, igualmente não buscamos embaralhar direito e economia. Com isso, queremos expor que a concessão do selo de norma de tributação apenas àquelas que contenham, na hipótese, a descrição de fato econômico, não nos afasta do bom ensinamento de que todo fato, para o direito, ou é jurídico ou não existe[389]. Isso porque a norma jurídica descreve fatos que, junto ao adjetivo jurídico, podem receber outros epítetos. Por essa

---

pretensão de correção [...]". *Conceito e validade do direito,* p. 151 (4). Contudo, não podemos dar-lhe razão, pois uma ligação entre direito e justiça, mesmo diminuta, não deixa de apresentar um caráter ideológico de justificação da ordem, como nos ensina Hans Kelsen: "Para ser 'direito', ensina-se, deve a ordem positiva estatal ter alguma participação na justiça, seja realizando um mínimo ético, mesmo que se trate de uma tentativa, seja — embora de modo insuficiente — um direito justo; para ser um 'direito', o direito positivo deve corresponder, de algum modo, mesmo modesto, à ideia de direito. Mas, como o caráter jurídico da ordem estatal é considerado evidente, sua legitimidade é assegurada por essa teoria jurídica dos mínimos morais, que é apenas uma Teoria de Direito Natural minimizada". *Teoria pura do direito*, 1.ed., p. 84 (III.10).

388. Sobre a capacidade contributiva ser uma questão de direito positivo, podemos citar Paulo de Barros Carvalho: "[...] em princípio, pode o legislador prever como hipótese qualquer fato lícito. E dissemos 'em princípio' justamente porque a tarefa de eleição dos supostos tributários está visceralmente jungida à existência ou não de princípios retores da atividade impositiva do Estado, no mais das vezes alçados a nível constitucional. É o que acontece no Brasil, onde toda a elaboração legislativa tributária deve ser condicionada ao princípio da igualdade. [...]. Diante desse quadro [....], há a necessidade premente de ater-se o legislador à procura de fatos que demonstrem signos de riqueza, pois somente assim poderá distribuir a carga tributária de modo uniforme e com satisfatória atinência ao princípio da igualdade". *Teoria da norma tributária*, p. 93. No mesmo sentido, Hugo de Brito Machado: "[...] o legislador, ao descrever a hipótese de incidência tributária, há de observar o princípio da capacidade contributiva, nos países em cuja Constituição esteja explícita ou implicitamente acolhido". *Os princípios jurídicos da tributação na Constituição de 1988*, p. 41.

389. "Quem trabalha no interior de um sistema jurídico [...] vê os fatos do mundo, fatos naturais e condutas, *sub specie normae*". Lourival Vilanova, *Causalidade e relação no direito*, p. 132 (III.11).

linha é que podemos dizer que a norma de tributação contém um fato signo presuntivo de riqueza, porque analisamos seu conteúdo, que, por estar contido em norma, é jurídico, mas nem por isso deixa de evidenciar outros prismas. Que fique claro: não se quer aqui o abandono das balizas da descrição normativa para ir atrás do fato em si, enquanto econômico, mas que apenas as opções normativas de cunho econômico sejam consideradas norma de tributação.[390]

Ademais, não olvidamos que o fato econômico *per se* não pode ser o estopim da obrigação tributária, pois há a necessidade de norma jurídica assim o eleger.[391] Percebe-se, com isso, que "[n]ão se asseverou aqui [...] ser o fato gerador, simplesmente, um fato econômico".[392] Contudo, o ser contemplado em norma não nos impede de continuar a vê-lo também como econômico, respeitada a nova formatação jurídica. Desse modo, os fatos jurídicos podem ser de conteúdo econômico ou não econômico. E assim é porque, até onde sabemos, não há lei que proíba na mesma frase constarem as palavras jurídico e econômico. Com efeito, o que nos interessa é a ordem em que se apresentam os adjetivos, pois somente se fala de econômico depois de se dizer jurídico.

---

390. Primeiramente, verifica-se se o fato é jurídico: "Se adotarmos um critério jurídico, o fato será atribuído ora como jurídico [...] ora como não jurídico [...], de acordo com as características instituídas em lei que determinam os contornos daquele *factum* tributário". Paulo de Barros CARVALHO, A livre-iniciativa no direito tributário brasileiro: análise do artigo 116 do Código Tributário Nacional, *in Derivação e positivação no direito tributário*, v. 1, p. 74. Assim, o foco é no caráter jurídico, não no econômico: "A circunstância de o legislador ter escolhido para a composição da hipótese de incidência um fato *jurídico*, em razão do fato *econômico* do qual aquele fato jurídico é a causa, signo ou efeito [...] não justifica que o intérprete substitua o fato jurídico pelo fato econômico correspondente, para o efeito de considerar realizada a hipótese de incidência". Alfredo BECKER, *Teoria geral do direito tributário*, p. 506. Apenas depois de observar ser o fato jurídico é que seria possível partir para outras adjetivações.

391. "Sem [...] previsão ou definição em lei, não se configurará o fato gerador. Haverá um fato da vida comum, ou um fato econômico, ou mesmo um fato relevante para outros ramos do Direito: para o Direito Tributário, será êle um fato jurìdicamente irrelevante, no que diz respeito ao nascimento da obrigação tributária". Amílcar FALCÃO, *Fato gerador da obrigação tributária*, p. 43.

392. Amílcar FALCÃO, *Fato gerador da obrigação tributária*, p. 65.

Com uma divisão dos fatos jurídicos em econômicos e não econômicos, pactuamos então que "[t]odas as situações e todos os fatos aos quais está vinculado o nascimento de uma obrigação impositiva possuem como característica a de apresentar um estado ou um movimento de riqueza [...]".[393] Pois, sem essa remissão ao conteúdo econômico da conduta, não seria possível estremar uma prescrição que determine um levar dinheiro em razão de adquirir renda de uma que determine o mesmo levar dinheiro só que em razão de derrota no campo de batalha. Com efeito, sem a ressalva, seria uma norma de tributação aquela que contivesse, na hipótese, o ser batido em combate.[394] De igual modo, seria contemplada pelo conceito de tributo aquela norma que contiver na hipótese "possuir um ascendente nobre", pois poderia ter como continuação o seguinte: "então lhe preste homenagem, lhe pague tributo".[395] E, ainda, sem a separação, deveríamos ler como norma de tributação aquela que tenha na hipótese algo como um "possuir barba", desde que associada deonticamente a uma prestação.

---

393. Dino JARACH, *O fato imponível*, p. 110.

394. O butim de guerra, entretanto, nem sempre é apontado pelo vencedor como um direito seu pela vitória, *vae victis*, mas como uma indenização pelo que a outra parte lhe causou, o que permitiria distingui-lo do tributo: "Em 23 de outubro [de 1918], Wilson [presidente do EUA] levou a oferta alemã aos aliados. Ingleses e franceses, depois de quatro anos de um derramamento de sangue que custara a ambos 2 milhões de mortos e 6 milhões de feridos, rejeitaram os termos moderados de Wilson. Sob uma ameaça [...], de fazer a paz em separado, o primeiro-ministro [inglês] Lloyd George aderiu, com uma única reserva. A Inglaterra não podia concordar com o segundo ponto de Wilson: liberdade nos mares. [...]. A França conseguiu inserir uma exigência de compensação integral 'por todos os danos materiais e humanos sofridos pela população civil dos aliados em razão da agressão alemã por terra, mar e ar'". Patrick BUCHANAN, *Churchill, Hitler e a "guerra desnecessária"*, p. 61 (3) [esclarecemos entre colchetes].

395. Uma das concepções que os dicionários trazem de tributo é exatamente a de homenagem. "*TRIBUTO, s.m.* [...] Homenagem. [...] lat. *Tributum*". Caldas AULETE, *Dicionário da língua portuguêsa*, verbete "tributo", v. 5, p. 4059. E não faltariam ocorrências históricas para comprovar quanto foi tido por sério o dever de prestar tributo aos mortos: "[...] o filho mais velho do falecido ou da falecida [...] apresenta-se nos textos [Livro do Mortos] como Hórus que alimenta seu pai Osíris com oferendas [...]". Ciro CARDOSO, Tempo e espaço no antigo Egito: sua fundamentação mítica sob o Reino Novo, *in* _____ e Haydée OLIVEIRA (org.), *Tempo e espaço no antigo Egito*, p. 82. Tradição que é mantida por nós com o Dia dos Mortos ou Finados.

Por outro lado, não se deve tomar o termo "econômico" em sentido muito estrito, pois, caso assim se faça, muitas situações que são consideradas hipóteses de norma de tributação quedariam excluídas, tais como a prestação de serviço público e o exercício do poder de polícia. (A valorização de bem imóvel em decorrência de obra pública não merece maior consideração, pois é expressão facilmente lida como de caráter econômico). Agora, com a devida moderação, não há problemas. No primeiro ponto, tomar um serviço público não foge à nossa regra, pois o fato de ser prestado pelo estado ao público não afasta seu caráter econômico, da mesma forma que a utilização de um bem público, por ser público, não significa que não traga vantagens econômicas para quem o utiliza. Já quanto à atividade de regulação, a questão não é tão simples e, a princípio, pode parecer que não se trata de algo que possa ser qualificado como fato econômico. Todavia, não se deve olvidar que não é qualquer exercício de poder de polícia que dá margem a ser contemplado na hipótese da norma de tributação, mas sim somente aquele ligado à propriedade e às atividades empresariais, o que significa que o conteúdo econômico se encontra nele subjacente.

De qualquer sorte, a título de síntese, podemos asseverar que a norma de tributação traz, na hipótese, a descrição de um estado de coisas, uma projeção de um fato a se realizar no futuro; e como é posta, tal norma, por volição, pode ser qualquer o conteúdo desse estado de coisas, limitado ao possível. Entretanto, por meio de um recorte feito no campo da teoria, podemos agrupar as normas jurídicas como normas de tributação apenas para certas hipóteses. Em uma primeira secção, é de conduta humana que se trata, sem, no entanto, preocupações sobre a vontade subjacente a ela; no segundo delineamento, representa essa conduta humana um fato econômico que, por estar contemplado em norma jurídica, na norma de tributação, denominaremos, para evitar ambiguidades, de fato jurídico-econômico.

4.2.5 Sujeito, verbo e complemento

A hipótese da norma de tributação figura o fato no futuro, o que faz dela uma abstração. Mas, em nossa conceituação de tributo como norma jurídica, entendemos como insuficiente essa formatação e adotamos também como campo semântico o conteúdo econômico, sem, com isso, render-nos a qualquer prevalência do econômico sobre o jurídico. Afinal, é a norma que seleciona quais fatos econômicos são relevantes e quais não são relevantes para o direito e, em que termos, com que notas, essa importância deve-se manifestar. Sendo assim, primeiro falamos de jurídico para só então cogitarmos de econômico.

No entanto, se apontamos que a hipótese descreve um fato, não estamos tomando a questão de forma literal, mas *brevitatis causa*, pois "[...] el aspecto material del hecho imponible es el acto, hecho, conjunto de hechos, negocio, estado o situación [...]".[396] Com efeito, por descrição do fato, queremos dizer tanto a do atômico como a do molecular.[397] De igual modo, ao aludirmos a fato, abarcamos tanto os que já se encontram modelados por outras normas jurídicas, como os que recebem a roupagem jurídica diretamente da norma de tributação.[398] De todo modo, "[a] hipótese é um descritor, ainda que

---

396. Héctor VILLEGAS, *Curso de finanzas, derecho financiero y tributario*, p. 283.

397. "Ainda que o mundo seja infinitamente complexo, de modo que cada fato consista em uma infinitude de estados de coisas e cada estado de coisas seja composto de um infinitude de objetos, mesmo assim deveria haver objetos e estados de coisas". Ludwing WITTGENSTEIN, *Tractatus logico-philosophicus*, p. 189 (4.2211). Ensinamento que nos permite concluir que a norma descreve ou um fato ou um conjunto de fatos, sem que seja possível sempre reduzir o conjunto de fatos a um único fato, como aliás queria Paulo de Barros CARVALHO, ao negar a possibilidade de fatos simples e fatos complexos, sob o argumento de que "[...] pode haver o concurso de um milhão de fatos para que surja determinado efeito. Entretanto, a lei prevê apenas o resultado, como se fora a expressão de um simples acontecimento". *Teoria da norma tributária*, p. 130. De toda sorte, parece-nos que o mestre paulista mudou de posição: "[...] tive a oportunidade de rejeitar, peremptoriamente, a distinção dos fatos em simples e complexos [...]. Acolhendo, porém o ponto de vista do fato como sentença, oração ou enunciado, como segmento de linguagem, enfim, nada impede que venhamos a aceitar, agora, a mesma classificação". Paulo de Barros CARVALHO, *Direito tributário*, p. 115.

398. Todo fato que interessa ao direito é jurídico. Portanto, uma classificação dos

o dado ou conteúdo da descrição seja fato já normativamente modelado".[399]

Há, portanto, a descrição de um fato econômico na hipótese da norma de tributação (veja-se 4.2.4). Todavia, essa situação deve ser conjugada com a afirmação de que esse fato econômico é uma conduta humana (veja-se 4.2.3) e, para tanto, devemos trazer ao primeiro plano, tal qual São João, o "verbo".[400] Só que agora não como causa primeira, mas como ação em sentido lato;[401]

"fatos geradores" em jurídicos ou econômicos deve ser ajustada para refletir esse posicionamento. Assim, será caso de "fato jurídico-econômico" se a norma de tributação o descreve diretamente ou, por outro lado, será "fato jurídico-jurídico-econômico" se a norma de tributação descreve a descrição de outra norma que, por sua vez, descreve o fato. Com esse ajuste, então podemos utilizar a classificação apresentada por Amílcar Falcão: "Algumas vêzes, a lei inequìvocamente identifica o fato gerador, incluindo entre os seus elementos constitutivos todos aquêles que formalmente caracterizam determinado negócio jurídico privado. Pertencem a essa categoria os chamados fatos geradores jurídicos, ou ainda, abstratos ou formais, por oposição aos denominados fatos geradores econômicos, ou ainda, fatos geradores causais". *Fato gerador da obrigação tributária*, p. 77. E dessa divisão decorre que se são eles "fatos abstratos ou formais", ou seja, o nosso fato jurídico-jurídico-econômico, então "[...] o legislador pode subtrair ao intérprete o poder de investigar sobre a relação econômica que constitui o pressuposto da obrigação impositiva, fixando taxativamente em características formais o que fica para sua investigação". Dino Jarach, *O fato imponível*, p. 144. E para o direito pátrio, no entendimento de Paulo de Barros Carvalho, houve essa "subtração", pois "[a] a legislação brasileira [...] não admite sobreposição do conteúdo econômico em relação à forma". A livre iniciativa no direito tributário brasileiro: análise do artigo 116 do Código Tributário Nacional, *in Derivação e positivação no direito tributário*, p. 77.

399. Lourival Vilanova, *As estruturas lógicas e o sistema do direito positivo*, p. 202 (X.5).

400. "No princípio era o verbo [...]". João 1:1, *Bíblia*: novo testamento: os quatro evangelhos, p. 319. Sobre o significado de "verbo" nessa passagem, meritórias de transcrição as palavras de Frederico Lourenço: "A palavra-chave é *lógos*, celebremente traduzida na Vulgata de São Jerônimo por *verbum* (*In principio erat verbum*), opção que condicionou desde então todos os que traduziram o quarto Evangelho [Segundo João] para uma língua neolatina. Embora inescapável (por falta de outra opção convincente em português), 'verbo' não é uma tradução satisfatória. O vocábulo grego *lógos* tem duas acepções básicas. São elas: a) aquilo por meio do qual se exprime um pensamento racional (o que em latim se poderia traduzir por *verbum*, *vox* ou *oratio*), portanto 'verbo', 'palavra' ou 'discurso'; b) aquilo que leva à própria formulação de um pensamento racional (em latim *ratio*), portanto a 'razão'". Notas, *in Bíblia*: novo testamento: os quatro evangelhos, p. 319.

401. "A sua significação [do verbo] é [...] essencialmente DINÂMICA: refere-se aos movimentos em seu sentido lato, ao que se passa nos seres ou por intermédio dos seres". Joaquim Mattoso Camara Jr, *Dicionário de linguística e gramática*: verbete

a qual, mesmo não estando presente no enunciado normativo, deve ser pressuposto.[402] No entanto, de ser pressuposto o verbo, não significa que se verifique de forma única. E duas situações podem ser apresentadas para afastar essa pretensão de univocidade para todos os casos. A primeira questão é a das palavras análogas. Como amostra, tomemos o signo "renda", ao qual podemos associar, sem ser exaustivo, os verbos "auferir", "adquirir" ou ainda "obter". Não estamos aqui dizendo que essas palavras podem ser intercambiáveis sem qualquer prejuízo, que são sinônimos perfeitos, mas apenas que a partir de um termo, no caso "renda", não é possível derivar somente um e exclusivo verbo. Outra passagem é quando o signo designa uma relação sinalagmática, e aqui podemos exemplificar com a palavra "serviço".

"verbo", p. 298 (esclarecemos entre colchetes).

402. Deve-se a Paulo de Barros CARVALHO o ensinamento de que sempre deve o verbo estar presente na hipótese da norma de tributação: "O critério material da hipótese tributária pode bem ser chamada de núcleo [...]. [...]. Esse núcleo [...] será formado, invariavelmente, por um verbo seguido de seu complemento". *Teoria da norma tributária*, p. 126. Todavia, é interessante notar que o mestre paulista, em artigo publicado no ano de 1970, ao cuidar do IPI, ainda não tinha apresentado sua famosíssima fórmula, pois então expôs: "[h]á três hipóteses de incidência [...]: a) o desembaraço aduaneiro [...]; b) a arrematação [...]; c) a saída do produto [...]". Introdução ao estudo do imposto sôbre produtos industrializados, *Revista de Direito Público*, n. 11, p. 78-79. No mais, parece a lição ter sido seguida por Héctor VILLEGAS, mesmo que este não tenha apresentado qualquer fonte para a origem de sua exposição: "Es el núcleo [aspecto material] del hecho imponible [...]. Este aspecto material es el elemento descriptivo [...] y siempre presupone un verbo [...]". *Curso de finanzas, derecho financiero y tributario*, p. 282. De toda sorte, Paulo de Barros CARVALHO, já em sua tese de livre-docência na PUC/SP, ensaiou uma classificação dos comportamentos humanos e, por tabela, dos verbos que lhes correspondem, apontando "[...] a teoria clássica dos movimentos, de origem aristotélica, que os divide em três categorias básicas: movimento voluntário, involuntário e reflexos". *A regra-matriz do ICM*, p. 109. Lamentamos que não tenha, até onde sabemos, ocorrido um maior desenvolvimento do tema. Também lastimamos não ter sido apontada qualquer fonte da classificação de "origem aristotélica". De nossa parte, encontramos, em nossa pesquisa, uma divisão feita por ARISTÓTELES, das ações humanas, em voluntárias e involuntárias: "[...] é necessário [...] definir-se a ação voluntária e a ação involuntária, definição de resto também útil aos legisladores não só para a atribuição de honras como também para a aplicação de castigos. Involuntárias são [...] aquelas ações que se geram sob coação ou por ignorância. [...]. Sendo a ação involuntária feita sob coação e por ignorância, a ação voluntária parece ser aquela cujo princípio reside no agente que sabe das circunstâncias concretas e particulares nas quais se processa a ação". *Ética a Nicômaco*, p. 56-60 (III.I).

Tanto podemos fazer referência a um "prestar serviço" como a um "tomar serviço" e tudo o mais continua o mesmo. O preferir um não invalida o outro.

Dito isso, não olvidamos que foi o isolar o signo que nos permitiu afastar a pressuposição do verbo de forma única. Todavia, também sabemos que, quando cotejado o termo com outros enunciados, a pluralidade de significados pode ser reduzida, inclusive a um. Mas tudo isso vai depender do direito positivo, do conteúdo desses enunciados. Ou seja, é questão contingente. Desse modo, muitas vezes seria uma tentativa vã procurar esse verbo de forma precisa, não havendo nenhum demérito em reconhecer isso. Um jurista não se torna menos jurista se não revela uma verdade única. Entretanto, o que verificamos é exatamente o oposto, tal qual o caso do jogador que não sabe largar uma mão no jogo de cartas. Debalde, mesmo com cartas ruins, prossegue apostando. E assim ocorre muitas vezes no direito tributário, pois quanto mais lato é um termo, mais são trazidos outros enunciados que não se ligam — a não ser pelo poder da imaginação, que tudo pode[403] — a esse signo ao qual se quer associar o verbo, em uma tentativa de alcançar a unicidade que não existe. No fim, há uma construção muitas vezes brilhante, mas que não corresponde à realidade, pois tudo não passa de uma busca inútil por um mundo ideal. Só que, quando assim procede o jurista, faz vir à mente a ideia de auspício, pois apenas ele percebe algo que ninguém mais poderia ver.[404]

---

403. "Primeiro surgiram dez soldados carregando clavas em forma de naipe de Paus; eram todos iguais aos três jardineiros, retangulares e planos, com os pés e os braços saindo dos cantos. Vinham a seguir os cortesões, ornamentados com diamantes em forma do naipe de ouros; caminhavam dois a dois, com os soldados. Também em duplas, saltando alegremente de mãos dadas, vinham os infantes reais, ornamentados com naipe de copas. Atrás deles, convidados, a maior parte Reis e Rainhas; entre os convidados Alice avistou o Coelho Branco, falando apressado e nervoso, e sorrindo a tudo que diziam: passou por ela sem notá-la. Seguia-se o Valete de Copas, carregando a coroa do Rei numa almofada de veludo vermelha. E, finalmente, encerrando esse pomposo cortejo, o REI E A RAINHA DE COPAS". Lewis Carroll, *Aventuras de Alice no país das maravilhas*, p. 94 (8).

404. "A poucos quilômetros de Atenas estava situado o santuário de Elêusis consagrado a Démeter onde eram celebrados os famosos *Mistérios*. Mistérios são, na concepção religiosa dos gregos, cerimônias de que só podiam participar os iniciados. [...]. Na

Há, portanto, um verbo, geralmente mais de uma possibilidade, explícito ou implícito, para dar conta do fato econômico como conduta humana. Contudo, deve ser ele um verbo carente de complemento;[405] o que não nos impede, muitas vezes, de formular a expressão na forma predicativa.[406] Isso porque, pragmaticamente, pode não haver diferença entre as normas de tributação "ser proprietário" e "ter propriedade".[407] Ademais, como o verbo pretende assinalar a conduta de alguém, não pode ser impessoal,[408] pois há, sem dúvidas, tanto a necessidade da presença do verbo como a do sujeito.[409] Agora, se se-

---

sala, mergulhada em profunda escuridão, ressoavam cantos lúgubres. Subitamente tochas, símbolo da revelação, iluminavam o centro do recinto. Representavam-se um drama sagrado, revelavam-se aos iniciados os segredos do mundo subterrâneo e a viagem da alma aos infernos". Mário GIORDANI, *História da Grécia*, p. 484.

405. "Em gramática tradicional, chama-se *complemento* objeto o sintagma nominal complemento do verbo que designa o ser ou a coisa que sofre a ação feita pelo sujeito [...]". Jean DUBOIS *et al.*, *Dicionário de linguística*: verbete "objeto", p. 439.

406. "Para a gramática tradicional, *predicativo* é a maneira de ser ou a qualidade que o enunciado reconhece como pertencente a alguém ou a alguma coisa por meio de um verbo expresso ou subentendido [...]". Jean DUBOIS *et al.*, *Dicionário de linguística*: verbete "predicativo", p. 481.

407. *In casu*, demos ênfase à questão pragmática, pois "ter propriedade" geralmente produz os mesmos efeitos tributários de "ser proprietário". Todavia, nem sempre será assim, pois verbos de ligação podem não ser os mais indicados para expressões de capacidade contributiva, dado seu caráter copulativo. Por isso, deve-se preferir verbos transitivos, os quais bem destacam a ação do sujeito. Consequentemente, mesmo podendo apresentar os mesmos efeitos perlocucionários, deve-se optar, *v.g.*, por uma construção como "ter riqueza" do que por uma como "ser rico".

408. "Na língua portuguesa, há três principais padrões sintáticos de oração impessoal, com o verbo invariável na 3ª pessoa do singular para indicar sujeito zero: 1) nas orações existenciais com o verbo *haver* [...]; 2) nas orações que exprimem fenômenos atmosféricos [...]; 3) nas orações de verbo intransitivo na forma médio-passiva. [...]. Alguns gramáticos consideram um sujeito indeterminado na voz médio-passiva de verbo intransitivo". Joaquim Mattoso CAMARA JR., *Dicionário de linguística e gramática*: verbete "impessoalidade", p. 178.

409. Esse associar, sempre presente na norma de tributação, de *quem* a *que* não é razão, como faz Geraldo ATALIBA, para negar que se possa estudar analiticamente, em separado, o sujeito do verbo: "Tão íntima é a conexão entre o aspecto material e o pessoal [...] que não se pode cuidar de um, com abstração do outro". *Hipótese de incidência tributária*, 4.ed., p. 107. E para provar isso estão aí todos os estudos de análise sintática do mundo que se desdobram em: quem, faz o quê, quando e onde. Essa é a estrutura da hipótese da norma de tributação, podendo, cada um desses elementos, ser estudados separadamente.

guimos esses passos, então exsurgirá uma parte da estrutura da hipótese da norma de tributação: "quem faz o quê".

Há um sujeito, há um verbo e há um complemento do verbo. Sobre isso, parece não haver discussão, pois o que se debate é a conveniência do sujeito ser explicitado.[410] E aponta-se, como síntese dessa não necessidade de constar o sujeito na hipótese da norma de tributação, que, somente em poucos casos, ele não seria supérfluo, já que seria possível encontrá-lo, no mais das vezes, por meio do verbo. Quanto a isso, respondemos: não é a conveniência quem dita a estrutura da norma de tributação.[411] Assim, se em algum caso, com fins de simplificação, a estrutura deixar de ser totalmente explicitada, isso nada muda quanto a saber qual seria essa estrutura, pois, a hipótese da norma de tributação possuir sujeito, é questão meramente formal.[412] Ademais, nem sempre é pos-

---

410. "Parece-nos explicitamente admitida a existência deste aspecto subjetivo do fato descrito no suposto, quando se faz menção, no critério material, ao comportamento de *pessoas*, quando se requer um verbo *pessoal*, e quando se repele qualquer verbo *impessoal* [...]. A questão é se este dado tem relevância suficiente para ser elevado à categoria de critério da hipótese de incidência tributária". José Roberto VIEIRA, *A regra-matriz de incidência do IPI*, p. 64.

411. Em sentido contrário, apontado que a relevância do critério é decisiva para integrar ou não a estrutura da norma, temos Paulo de Barros CARVALHO: "[...] não razoaria versar elementos episódicos, quando o objetivo é surpreender o arcabouço essencial da norma jurídica tributária, seu mínimo irredutível ou sua unidade monádica". *A regra-matriz do ICM*, p. 146.

412. Advogando a necessidade de um sujeito na hipótese, Sacha Calmon Navarro COÊLHO: [...] ao lado dos aspectos *material*, *temporal* e *espacial*, acrescentamos ao fato jurígeno, na hipótese da endonorma, um *aspecto pessoal*. É que o fato jurígeno (um 'ser', 'ter' ou 'fazer') está sempre ligado *a uma pessoa*, e, às vezes, os tributos ou qualificações dessa pessoa são importantes para a delimitação da *hipótese de incidência*". *Teoria geral da interpretação e da exoneração tributária*, p. 95-96. Ou Marçal JUSTEN FILHO: "Levando em consideração especialmente que o núcleo da hipótese (aspecto material) consiste na indicação do comportamento de alguém, comprova-se estar o modelo incompleto, já que a representação ideal de uma conduta histórica não se exaure no fornecimento das circunstâncias material, espacial e temporal. Faz-se indispensável, além disso, indicar o *sujeito* da conduta que objetivamente materializa o fato tributário". *O imposto sobre serviços na Constituição*, p. 47. Ou, ainda, Carlos Renato CUNHA: "[...] o âmbito de validade pessoal nas normas gerais existe: ela vale, genericamente, para todos os que praticam o fato previsto no verbo do critério material, — objeto da ação humana. Pode-se até ocultá-lo, para fins de simplificação de análise, pois [...] em grande parte das vezes, ele não é relevante na análise da norma de

sível apreender o sujeito, o que já bastaria para ratificar sua autonomia. E isso é bem verificado em duas situações: na primeira, de todos aqueles que podem praticar a conduta expressa pelo verbo, a norma seleciona um ou alguns; na segunda, de todos os que os podem praticá-la, a norma exclui um ou alguns. Como exemplo do primeiro caso, todos podem vender mercadorias, mas a norma de tributação escolheria como sujeito da hipótese apenas o comerciante. De igual modo, todos podem realizar operação com produtos industrializados, mas a seleção poderia ocorrer apenas em face do industrial. Essa é a forma positiva. Já para ilustrar a segunda situação, podemos cogitar de uma norma que tribute a renda, mas exclua os que têm mais do que certa idade. Por essa linha, é sujeito todo aquele que auferir, adquirir, obter renda, exceto os que teriam mais do que tantos anos. É a forma negativa.

4.2.6 Tempo e espaço

A descrição abstrata de um estado de coisas, na hipótese, tem como foco o futuro, sendo a projeção de algo possível. No entanto, não ser identificado esse estado de coisas, pois ainda não se verificou, não significa que não seja identificável, o que o obriga a vir acompanhado especificamente de um "quando" e de um "onde". Ou seja, a abstração é além do agora, mas nem por isso deixa de existir o apontamento de um lugar e de um tempo na hipótese, permitindo, com isso, a passagem para concreto. Com efeito, sem tempo e espaço na hipótese abstrata, não seria possível a subsunção, pois "[o]s fatos (atos, acontecimentos; estados) são no tempo e no espaço. Têm *data* e têm *lugar*".[413] Assim, a estrutura mínima da hipótese normativa deve conter um "quem faz o quê", claro, mas também deve abarcar "o quando" e "o

---

incidência tributária. Mas não negamos sua existência [...]". *O SIMPLES nacional, a norma tributária e o princípio federativo*, p. 105.

413. Pontes de Miranda, *Tratado de direito privado*, t. I, p. 76. Nesse mesmo sentido, podemos citar, ainda, Alfredo Becker: "Os fatos (núcleos e elementos adjetivos) que realizam a hipótese de incidência, necessariamente, acontecem num determinado tempo e lugar, de modo que a realização da hipótese de incidência sempre está condicionada às coordenadas de tempo e às de lugar". *Teoria geral do direito tributário*, p. 333.

onde" se deve fazer. Um estudo normativo, portanto, deve trazer em seu bojo ao menos algumas linhas sobre o tempo e o espaço, sob pena de ser tachado de cambeta. E se é assim para o exame de qualquer hipótese abstrata normativa, não seria diferente para a hipótese da norma de tributação.[414] Vejamos...

Sem nos preocupar com questões filosóficas de maior monta sobre a natureza do tempo e do espaço, podemos tomá-los como critérios identificadores, o que, para a norma de tributação, é a recondução de certo fato econômico, quando gatilho da obrigação tributária, à sua hipótese. Afinal, somente será possível o enquadramento do fato econômico, uma conduta humana assim lida, à descrição abstrata da hipótese da norma de tributação se dado em local e data definidos por ela. Assim, não é qualquer fato econômico que se adequa à norma de tributação, mas apenas aqueles que possam ser associados ao tempo e ao espaço dispostos normativamente.[415]

Percebe-se, por esse pequeno arrazoado, que o "onde" e o "quando" estão sempre juntos na passagem do modelo de abstração ao concreto do fato, o que estaria, inclusive, de acordo com o entendimento sobre a indissociabilidade do espaço e do tempo, na linha quadridimensional.[416] Neste traba-

---

414. "Parto da premissa segundo a qual é inconcebível ao ser humano, por força de suas limitações intrínsecas, identificar uma ocorrência qualquer sem manter relação direta com um setor do espaço e com um ponto do tempo histórico. E não serão os fatos jurídicos que vão abrir a primeira exceção". Paulo de Barros CARVALHO, Cúmulo de multa isolada e multa de ofício: estudo sobre as estruturas normativas e impossibilidade de cúmulo das multas isoladas e de ofício, previstas na lei n. 9.430/96, *in Derivação e positivação no direito tributário*, v. 1, p. 282.

415. A hipótese da norma de tributação dispõe sobre o tempo e o espaço para identificação futura do fato. Entretanto, esse tempo e esse espaço aparecem apenas como descrição, e não devem ser confundidos com o tempo e o espaço do fato, quando no mundo, muito menos com o tempo e o espaço da descrição concreta da verificação desse fato. Em sentido próximo, Paulo de Barros CARVALHO: "Convém separar, com bastante nitidez, o trato de tempo em que o fato se constitui e o lugar do espaço em que é produzido, das referências temporais e espaciais contidas na fórmula enunciativa. Falamos, por isso, em tempo e lugar *do fato* e em tempo e lugar *no fato*". *Direito tributário*, p. 122.

416. A proposta de um espaço quadridimensional ainda causa desconforto, mesmo já decorridos mais de 100 anos de sua apresentação. Em razão disso, mais do que

lho, no entanto, não precisaremos ir tão longe e podemos contentar-nos, feita esta consideração, com um estudo separado, na norma de tributação, do tempo e do espaço.[417]

4.2.6.1 Tempo

A relatividade do tempo, bem como sua interconexão com o espaço, não são algo para discutir em um trabalho sobre a norma tributária. De toda sorte, a tomada do tempo como algo independente e absoluto, em oposição à sua vinculação ao espaço e à relatividade, respectivamente, somente trariam variação de resultados em caso de sintonia muito fina, de um ajuste muito específico, sendo, portanto, indiferente uma tomada de posição pela relatividade para o presente trabalho, o

---

nunca, válidas são as palavras do mais conceituado físico (mais do que NEWTON?!): "Um misterioso pavor toma conta do não matemático sempre que ele escuta esta palavra 'quadridimensional'. [...]. No entanto, nada é mais banal do que afirmar que o mundo em que vivemos é um contínuo espaço temporal de quatro dimensões. [...] O fato de não estarmos habituados a considerar o universo como um contínuo quadridimensional ocorre porque na física pré-relativística o tempo desempenha um papel diferente, mais independente em relação às coordenadas espaciais. [...]. A Teoria da Relatividade torna natural e explícita a visão quadridimensional do 'mundo' [...]". Albert EINSTEIN, *Teoria da relatividade especial e geral*, p. 49-50. Podemos lembrar ainda, nessa questão dimensional, da teoria das cordas, mas há aqui um grande problema: "[...] elas parecem coerentes apenas se o espaço-tempo possui dez ou 26 dimensões, e não as quatro comuns!". Stephen HAWKING, *Uma breve história do tempo*, p. 214 (11). Por fim, com a possibilidade de tantas dimensões, só nos resta citar Edwin ABBOTT: "Esta Obra é Dedicada / Por um Humilde Nativo de Planolândia / Na Esperança de que / Da mesma forma que ele foi Iniciado nos Mistérios / Das TRÊS Dimensões / Tendo sido anteriormente versado / Em APENAS DUAS / Os Cidadãos daquela Região Celeste / Possam aspirar cada vez mais / Aos segredos das QUATRO, CINCO OU ATÉ MESMO SEIS Dimensões". *Planolândia*: um romance de muitas dimensões, p. 12.

417. Em relação à "hipótese de incidência" como um todo, Geraldo ATALIBA já reforçara que "[e]nquanto categoria jurídica, a hipótese de incidência é uma e indivisível. Trata-se de ente lógico-jurídico unitário e incindível". *Hipótese de incidência tributária*, 4.ed., p. 60. Carlos Renato CUNHA igualmente realça a interligação dos elementos normativos, especialmente do espaço e do tempo: "[...] os critérios espacial e temporal, da hipótese normativa, estão sempre interligados — a separação, que é feita para fins analíticos, é uma abstração de um espaço-tempo que, na realidade, é uno". ISS e o local da prestação do serviço: extraterritorialidade da lei municipal e elementos de conexão, *in* Maurício do VALLE *et al.* (coord.), *Ensaios em homenagem ao Professor Vieira*, p. 245.

qual, afinal de contas, é sobre o direito e não a física. Assim, vemo-nos autorizados a tomar o tempo com independência do estado de coisas.[418] Por essa linha, há o estado de coisas e há o tempo, sendo que este serve como identificador daquele, a ser feito por uma função associativa, conforme explicaremos.

Se o tempo é absoluto e independente, isso garante-lhe uma ontologia, o que nos permite apresentá-lo como formado de unidades mínimas — momentos, instantes[419] —dispostas segundo uma ordem imutável (seta do tempo)[420]. No entanto, essas unida-

---

418. Não desconhecemos a supremacia do tempo em sentido relativo, fruto do sucesso empírico da teoria da relatividade, "[m]as a teoria da relatividade não é a única a fazer isso: outras teorias que envolvem espaço, tempo e movimento parecem se aplicar ao mundo físico de modo muito parecido, se não sempre com o mesmo grau de sucesso". Christopher RAY, *Tempo, espaço e filosofia*, p. 292 (Conclusão). Assim, há ainda muitas dúvidas sobre qual é "a" teoria que mais se identifica com o mundo. De toda sorte, utilizaremos, neste trabalho, os ensinamentos de *Sir* Isaac NEWTON: "O tempo absoluto, verdadeiro e matemático, flui sempre igual por si mesmo e por sua natureza, sem relação com qualquer coisa externa, chamando-se com outro nome 'duração'; o tempo relativo, aparente e vulgar é certa medida sensível e externa de duração por meio do movimento [...] a qual vulgarmente se usa em vez do tempo verdadeiro, como são a hora, o dia, o mês, o ano". *Princípios matemáticos da filosofia natural*, p. 156 (Escólio.I). Agora, se quisermos investigar um pouco mais sobre o "tempo absoluto", vamos encontrar em PLATÃO a origem da ideia de ser o tempo algo criado à margem das coisas, composto de partes, e que se move em sentido único: "[...] ele [o criador] concebeu produzir uma imagem móvel da eternidade, e à medida que ordenava o céu ele produziu, simultaneamente, uma imagem eterna daquela eternidade que permanece na unidade, e essa imagem se movendo de acordo com o número, mesmo o que chamamos de *tempo*. De fato, simultaneamente à criação do céu, ele concebeu a produção de dias, noites, meses e anos, os quais não existiam antes do céu (universo) ter sido gerado. Todos eles são porções do tempo [...]". *Timeu*, p. 187-188 (37.d-e). S. AGOSTINHO adotou igualmente um conceito absoluto de tempo quando o dissocia do movimento: "Mandas concordar, se alguém disser que o tempo é o movimento dos corpos? Não mandas". *Confissões*, p. 324 (XI.XXIV.31). Como síntese do tempo absoluto, podendo diz que "[o] tempo é distinto de qualquer movimento [...]". Hugh LACEY, *A linguagem do espaço e do tempo*, p. 54 (3.13).

419. Se negarmos ao tempo uma unidade mínima, então vamos ao encontro dos paradoxos de ZENÃO, pois não poderíamos mediar algo infinito, já que "[...] dado o fato de que, em razão da infinita divisibilidade, haverá sempre algo anterior a qualquer coisa que se tome". Jonathan BARNES, *Filósofos pré-socráticos*, p. 177 (II.11).

420. "Existem pelo menos três setas do tempo distintas. Primeiro, há a seta do tempo termodinâmica, a direção na qual a desordem ou entropia aumenta. Depois, há a seta do tempo psicológica. Essa é a direção em que sentimos o tempo passar, a direção em que nos lembramos do passado, mas não do futuro. Enfim, há a seta do tempo cosmológica. Essa é a direção do tempo em que o universo está se expandindo, em vez de se

des mínimas não se confundem com o estado de coisas, pois se o tempo é diferente das coisas, conforme assume a teoria absoluta, podemos dizer que o estado de coisas ocorre no tempo e, portanto, em algum momento, mas não é ele próprio esse momento. Com isso, podemos associar, como par ordenado, a todo estado de coisas, um momento.[421] Logo, o estado de coisas "ec" no tempo "t_1", enquanto agrupamento, não se confunde como mesmo estado de coisas "ec" no tempo "t_2", sendo, portanto, não equivalentes "ect_1" e "ect_2" [$\sim(ect_1 \equiv ect_2)$]. Assim, por uma primeira leva, o tempo, na hipótese da norma de tributação, seria a indicação de um instante, ou um momento, no futuro, seta do tempo, que peculiarizará a descrição em abstrato do fato.

No entanto, além do momento, instante, há o período. Com efeito, se tomarmos um momento por termo inicial e outro por termo final, teremos uma métrica do tempo, que nada mais é do que a quantidade de momentos, unidade mínima, que há entre o termo inicial e o termo final.[422] Dessas duas possibilidades — instante ou momento, por um lado, e, por outro, período ou duração —, decorrem duas formas de associações do estado de coisas ao tempo: diretamente o estado de coisas liga-se a um momento; indiretamente se liga a um período, por meio de um momento contido no período. Assim, se podemos conectar o tempo quer a um instante, momento, quer a um período, duração, então, *a fortiori*, também podemos classificar o tempo da hipótese da norma de tributação de instantâneo ou periódico. Logo, o tempo na hipótese da norma de tributação é a indicação de um instante, momento, ou de um período, duração, no futuro, seta do tempo, que singularizará a descrição abstrata do fato.

---

contrair". Stephen HAWKING, *Uma breve história do tempo*, p. 181 (9).

421. "[...] enunciaremos [...] a teoria absoluta do tempo: A1. Há dois tipos de entidades temporais irredutíveis [...]: a) entidades puras, que denominaremos momentos. Elas correspondem às partes do tempo absoluto de Newton; constituem posições temporais. b) eventos [...]. Eventos têm posições temporais; ocorrem em ou ocupam momentos". Hugh LACEY, *A linguagem do espaço e do tempo*, p. 71-72 (IV.17).

422. Tanto o termo inicial como o termo final podem ou não estar dentro do período, a depender do critério adotado por quem faz a demarcação do período.

A norma de tributação é formada de hipótese, cujo bojo contém uma abstração de um fato econômico que, para identificação no futuro, deve ser associado a um tempo, o qual pode ser um instante, momento, ou ainda um período, duração. Com isso, resgatamos a tão vilipendiada classificação dos "fatos geradores" em instantâneos ou periódicos, tendo, para esse último caso, também sido usado o termo "complexivo", o qual sofreu forte crítica.[423-424] De toda forma, não aprovar o nome não é causa para relegar a classificação, sendo, no máximo, alavanca para realizar um novo batismo, como tantas vezes já se fez no direito, quando o apresentado como novo não passa de uma troca de rótulos.[425]

Não olvidamos, ademais, que seja dito de uma classificação do tempo do fato em periódico ou instantâneo que tenha sido

---

423. A depender da doutrina, os "fatos geradores" são classificados em dois grupos: [instantâneos e (complexivos ou periódicos)], como sugere Amílcar FALCÃO: "[...] examinada a natureza do fato gerador do ponto-de-vista de sua ocorrência no tempo [...] duas categorias de situações se apresentam perfeitamente distintas: a dos fatos geradores instantâneos e a dos fatos geradores complexivos, completivos, continuativos, periódicos ou de formação sucessiva. Instantâneos são os fatos geradores [...] que ocorrem num momento dado de tempo e que, cada vez que surgem, dão lugar a uma relação obrigacional tributária autônoma. [...]. Complexivos ou periódicos [...] são os fatos geradores [...] cujo ciclo de formação se completa dentro de um determinado período de tempo [...] e que consistem num conjunto de fatos, circunstâncias ou acontecimentos globalmente considerados". *Fato gerador da obrigação tributária*, p. 126-127. Ou, por outra linha, em três: [(instantâneos) e (complexivos) e (periódicos)], como é para Sampaio DÓRIA: "[...] cumpre distinguir inicialmente os fatos geradores de tributos em três categorias: fatos geradores instantâneos, continuados e complexivos. A diferenciação tradicional, na doutrina, se limita a fatos geradores instantâneos e complexivos, mas julgamos necessário acrescentar uma terceira espécie, a dos fatos geradores continuados [...]". *Da lei tributária no tempo*, p. 140. De nossa parte, com vistas à simplificação, tomaremos a classificação dos "fatos geradores", a depender do critério temporal: como instantâneos (ou momentâneos) e periódicos (ou de duração).

424. Paulo de Barros CARVALHO, entre outras críticas que faz a classificação, alega que "[...] o vocabulário empregado na designação de uma das categorias 'complexivos' – nem existe no vernáculo. É adaptação apressada do adjetivo italiano 'complessivo', que vem de 'complesso' e quer dizer complexo". *Teoria da norma tributária*, p. 142. Na verdade, a língua portuguesa contempla sim a palavra "complexivo", conforme se verifica com uma consulta ao VOLP — examinamos, da Academia Brasileira de Letras, o Vocabulário Ortográfico da Língua Portuguesa, 5.ed., de 2009.

425. "O que foi, será, o que se fez, se tornará a fazer: nada há de novo debaixo do sol!". ECLESIASTES 1:9, *Bíblia de Jerusalém*, p. 1072.

ela "[...] refutada por Paulo de Barros Carvalho [...]";[426] nem desconhecemos que o criador da expressão "regra-matriz" alega que "[...] todos os fatos são instantâneos, não tendo cabimento a classificação bipartida [em 'fatos geradores' instantâneos e complexivos] [...]".[427] Entretanto, por mais peso que tenham ATALIBA e CARVALHO para o direito tributário, não cremos que ficaria em má posição, mesmo que tudo não passasse de argumento de autoridade, quem se colocasse ao lado de FALCÃO e DÓRIA. De todo modo, questão à parte quem é o maior tributarista da história do direito brasileiro, nossos argumentos, para trazer de volta o arranjo da partição temporal da hipótese da norma de tributação em duas, são simples: dizer que algo se deve dar em um momento, um instante, é diferente de expor que algo se deve dar em um período, dentro de uma duração, não sendo possível reduzir o último ao primeiro.

Uma coisa é a norma conter um estado de coisas que pode, no futuro, verificar-se em um momento t_1; outra coisa é a norma englobar todos os estados de coisas que se verifiquem no futuro entre (inclusive ou não) "t_0" e "t_1". No primeiro caso, "$ec.t_1$"; no segundo caso "$t_0 < ec < t_1$". No primeiro caso, somente o que se verificar em "t_1" terá importância, será colhido como jurídico, para a norma de tributação; na segunda situação, tudo que se verificar entre o marco inicial e o marco final terá relevância, não apenas, como quer fazer crer nossa melhor doutrina, o último átimo do período.[428] Assim, não temos dúvidas de que o

---

426. Geraldo ATALIBA, *Hipótese de incidência tributária*, 4.ed., p. 99.

427. Paulo de Barros CARVALHO, *Teoria da norma tributária*, p. 139-140. Em seu *Curso*, prossegue ainda o emérito jurista: "Se o chamado *fato gerador complexivo* aflora no mundo jurídico, propagando seus efeitos, apenas em determinado instante, é força convir em que, anteriormente àquele momento, não há que falar-se em obrigação tributária, pois nenhum fato ocorreu na conformidade do modelo normativo, inexistindo, portanto, os efeitos jurídico-fiscais próprios da espécie". *Curso de direito tributário*, 18.ed., p. 281.

428. Em apoio à nossa linha de raciocínio: "Essa classificação [instantâneo e periódico], porém, tem utilidade não meramente didática (o que, aliás, por si só, já lhe daria trânsito nos manuais tributários). [...] o que deve se sublinhar é a circunstância de que seu fato gerador [periódico] não se forma *num momento*, mas sim ao cabo de uma soma de momentos temporais [...]". Luciano AMARO, *Direito tributário brasileiro*, p. 270 (esclarecemos entre colchetes).

tempo da hipótese da norma de tributação pode ser um instante, um momento, ou um período, um intervalo de duração.[429]

Por fim, devemos concluir este tópico, expondo que sempre existirá uma precificação do tempo na hipótese da norma de tributação. O que poderá variar é se será a especificação do estado de coisas feita de forma explícita ou implícita.[430] Para os casos explícitos, a norma de tributação apontará, na seta do tempo, um instante ou um período para que a verificação do estado de coisas possa ser a ela subsumida. Do contrário, nada prevendo, significará que todo e qualquer momento no qual se concretizar a projeção descrita em sua hipótese será hábil para ensejar a tributação. Afinal, "[...] a não identificação do elemento temporal numa dada hipótese de incidência tributária, mesmo implicitamente, equivale a tornar inoperante a norma legal e, em consequência, insubsistente a imposição tributária por ela instituída".[431]

429. Aplicando essa ideia ao imposto de renda, concluímos que "[...] o critério temporal do imposto de renda é um período de tempo, periódico, o que faz com que apenas os eventos, entrada(s) e saída(s), que tenham os momentos de sua ocorrência precisados de forma contida em tais marcos sejam relevantes, sem darmos preferência para qualquer deles". Valterlei da Costa, O critério temporal da hipótese tributária do imposto de renda: uma releitura da tradicional classificação dos "fatos geradores" em instantâneos e periódicos a partir de uma filosofia do tempo absoluto, *Revista ABRADT Fórum de direito tributário*, n. 6, p. 144.

430. A classificação do critério temporal da norma de tributação em explícito e implícito deve-se a Paulo de Barros Carvalho: "[...] supostos tributários existem que fazem previsão de determinado momento em que deva ocorrer o fato jurídico. Se fato idêntico suceder, porém em instante diferente daquele aludido na hipótese, não será fato jurídico, ao menos para efeitos tributários, à mingua de satisfação do condicionante temporal especificado, em sua descrição típica. [...]. Em outras ocasiões, não se preocupa com o momento em que deva acontecer o fato hipoteticamente descrito, o que equivale a dizer que, em qualquer circunstância de tempo em que se realize, terá desencadeado os efeitos tributários normativamente concebidos". *Teoria da norma tributária*, p. 142-143. Geraldo Ataliba, após a transcrição de um longo excerto da tese do discípulo amado, acrescenta: "Esta longa transcrição teve em mira [...] deixar patente nossa adesão irrestrita à tese assim exposta". *Hipótese de incidência tributária*, 4.ed., p. 102.

431. Ormezindo de Paiva, *Elemento temporal do fato gerador da obrigação tributária*, p. 10.

4.2.6.2 Espaço

Não se pode dizer que o critério espacial da hipótese tributária não goze, na doutrina, do devido respeito. Afinal, não faltam os que dizem ser ele de maior relevância;[432] nem os que afastem que tenha um caráter de simplório, mesmo que as aparências possam apontar em sentido contrário.[433] De nossa parte, temos que o critério espacial possui relevo, é da maior importância, envolto em enorme complexidade, qualquer que seja o ângulo pelo qual se olhe, já que, no fundo, pressupõe um conceito de espaço, com todas as dificuldades subjacentes.

De forma geral, a doutrina define o espaço, na norma de tributação, como o lugar, o local, a localização de um acontecimento, de uma ocorrência. Por "ocorrência" ou "acontecimento", devemos deixar aqui consignado que se deve separar a previsão do fato de sua efetiva verificação (veja-se 4.2.3), pois isso conduz a importantes diferenciações no estudo do espaço na norma de tributação. Dito isso, podemos recordar, então, que há o estado de coisas descrito abstratamente, projetado para futuro, e há o estado de coisas no mundo, o que se averigua. Há, assim, o fato e há a figuração do fato, cabendo à norma de tributação estabelecer a última. Já quanto aos verbetes "lugar", "local" e "localização", podemos tomá-los, ao menos para o estudo da norma de tributação, como sinônimos, não havendo prejuízos em seu intercâmbio;[434] apesar de haver, quando no plano de uma sintonia fina, discrepância entre eles.[435] E como

---

432. "O elemento espacial do fato gerador é de maior relevância [...]". Zelmo DENARI, *Curso de direito tributário*, p. 172.

433. "A aparente simplicidade do critério não encontra respaldo na complexidade da vida política e social contemporânea". Renato BECHO, *Lições de direito tributário*, p. 145.

434. "Se tivermos duas frases F_1 e F_2 que difiram somente pelo fato de F_1 ter uma unidade x e F_2 uma unidade y onde F_1 tem uma unidade x, e se $F_1 \supset F_2$ e $F_2 \supset F_1$ (implicação dupla), poder-se-á dizer que x e y são sinônimos". Jean DUBOIS *et al.*, *Dicionário de linguística*, verbete "sinonímia", p. 556.

435. "*Local* é ponto em que uma coisa tem seu assento, o lugar próprio para nele ser colocado. *Localidade* é espaço circunscrito, considerado no que tem de especial. *Lugar* é o ponto em que uma coisa existe ou pode existir". Antenor NASCENTES, *Dicionário de sinônimos*, p. 305.

não vemos maiores objeções, entre os três termos, ficaremos com "lugar", dispensando explicações. Agora, é com base na distinção entre fato e figuração do fato que é possível fazer referência a um lugar no espaço lógico, enquanto abstração, onde se situa a descrição, e um onde se verifica o fato, no espaço que é o mundo.[436] Para tanto, e para bem demarcar as coisas, vamos usar termos diversos. Para o primeiro caso, do lugar no espaço lógico enquanto descrição normativa, ficaremos com "lugar-geométrico". Já para a segunda situação, lugar do fato no mundo, então usaremos "lugar-geográfico".[437]

Um ponto de estudo é o estado de coisas como possibilidade. Outro, totalmente diferente, é o caso, o fato, enquanto verificado no mundo. Se esses pontos diversos vão expressos em linguagem, por óbvio, as expressões devem ser diferentes, sob pena de não refletirem essa disparidade. Assim, na norma de tributação, que traz uma abstração na hipótese, um possível estado de coisas, uma figuração, a referência a um lugar específico no espaço lógico faz-se por coordenadas geométricas, o que nos permite, então, designá-lo de lugar-geométrico.[438] Por

436. A hipótese da norma cuida de possibilidades e não de certezas, o que nos permite dizer que localiza essas possibilidades não no espaço, enquanto mundo, mas no espaço lógico. Assim, "[a] afiguração representa uma situação possível no espaço lógico". Ludwig WITTGENSTEIN, *Tractatus logico-philosophicus*, p.145 (2.202). Por sua vez, "[o] *Tractatus* não define o termo 'espaço lógico', mas este se refere ali, claramente, ao conjunto total de possibilidades lógicas". Hans-Johann GLOCK, *Dicionário Wittgenstein*: vernáculo "espaço lógico", p. 136.

437. Sobre a distinção, ver Valterlei da Costa, Critério espacial da hipótese da norma tributária. *Revista de direito público da procuradoria–geral do município de Londrina*, v. 6, p. 171-196.

438. Sem nos esquecermos de Pierre de FERMAT, o mérito do desenvolvimento ou mesmo da criação da geometria analítica cabe a René DESCARTES. A proposta inicial do francês era de modesta pretensão: possuir um método que fosse aplicável a todo e qualquer estudo. É com esse objetivo que surge o método cartesiano — sintetizado de forma lapidar em penso, logo sou; *cogito, ergo sum* —, implicando o conhecimento da verdade por meio da fixação das coisas que concebemos perfeitamente, separando-as "[...] das outras que só compreend[emos] com confusão e obscuridade". *Meditações metafísicas*, p. 96 (IV.50) (ajustamos entre colchetes). E de posse de tal método, ele mesmo o aplicou: "Como toda a Aritmética consiste apenas em quatro ou cinco operações, a saber, adição, subtração, multiplicação, divisão e a extração das raízes, que pode ser considerada um tipo da divisão, assim também não há outra coisa a fazer em

sua vez, empiricamente o fato também é num lugar. Aquilo que é descrito na norma, possivelmente se dará no mundo físico e, portanto, o fato advirá em um lugar. Para esse lugar, visando a distingui-lo, denominá-lo-emos de lugar-geográfico. Com isso, podemos entender que o lugar-geométrico só existe em razão da proposição abstrata posta pela autoridade competente, associado a coordenadas.[439] Por sua vez, o lugar-geográfico é ou não é no mundo. Assim, concluímos que a norma de tributação, em sua hipótese, ao descrever um estado de coisas no futuro, associa à abstração coordenadas para que, uma vez ocorrido no mundo o fato, seja possível verificar se o lugar-geográfico dele (fato) é reconduzível ao lugar-geométrico estabelecido normativamente naquela (hipótese normativa).

Outro ponto que merece um fino trato, no estudo do espaço na norma de tributação, é o da territorialidade. Entretanto, somente é possível compreender tal assunto por meio de um estudo dinâmico da tributação, onde os aspectos extra e intraterritório da norma de tributação transparecem quando cotejados com a norma de competência.[440] Com efeito, a

---

Geometria, com respeito às linhas que se desejam conhecer, senão a elas adicionar ou subtrair outras para prepará-las para serem conhecidas ou, ainda, tomando uma, que chamarei de unidade a fim de relacioná-la o melhor possível com os números, a qual pode em geral ser escolhida arbitrariamente, e conhecendo outras duas, encontro uma quarta que esteja para uma dessas duas como a outra está para a unidade, que é o mesmo que a multiplicação; ou ainda encontrar uma quarta que esteja para uma dessas duas como a unidade está para a outra, o que é o mesmo que a divisão; ou, enfim, encontrar uma, duas ou várias medias proporcionais entre a unidade e alguma outra linha, o que é o mesmo que extrair a raiz quadrada, ou cúbica, etc. E não temerei introduzir esses termos da Aritmética na Geometria para me fazer compreender melhor". *A geometria*: primeiro livro, *Cadernos de história e filosofia da ciência (CHFC)*, v. 19, p. 222-223 (369.8-370.14).

439. Geralmente, visando à simplicidade, estabelecemos a identificação de um lugar-geográfico a partir de coordenadas (x,y). Isso não quer dizer, por óbvio, que o mundo é plano: "A validade, assim como a eficácia, da ordem jurídica nacional estende-se não apenas em largura e comprimento, mas também em profundidade e altura. Como a Terra é um globo, a forma geométrica desse espaço — o espaço do Estado — é, aproximadamente, a de um cone invertido". Hans Kelsen, *Teoria geral do direito e do estado*, p. 312 (II.II.A.f).

440. Hans Kelsen remete o tema da territorialidade ao direito internacional: "A esfera territorial de validade da ordem jurídica internacional abrange as esferas de

existência de territorialidade significa um limite à possibilidade de escolha do espaço, em sentido normativo, de quem põe a norma de tributação em um lugar-geométrico dado pela norma de competência. Limite esse que é normativo, pois "[n]enhum conhecimento naturalístico, mas só um conhecimento jurídico, pode dar resposta à questão de saber segundo que critério se determinar os limites ou fronteiras [...]".[441] Assim, a norma de competência contém as coordenadas do território, estabelecendo que a norma de tributação, ao escolher o lugar-geométrico da figuração tributária, deve-se ater a essas coordenadas. Por outro lado, sem a restrição de que apenas ao território apontado em norma de competência deve-se limitar a norma de tributação, então poderá ser o caso de extraterritorialidade, ao talante da autoridade que cria a norma. Nessa hipótese, "[...] pode um Estado que optar pela extraterritorialidade na determinação do critério espacial ficar sujeito à reação de outro Estado que considere o lugar-geométrico escolhido dentre de sua territorialidade".[442]

De toda sorte, o mais das vezes, o que verificamos é a norma de tributação não trazer, em sua hipótese, quaisquer coordenadas para que se possa identificar o lugar do fato e se realizar então a subsunção. Entretanto, como sempre deve haver um lugar-geométrico para a projeção, considera-se, para a espacialidade da hipótese da norma de tributação, quando ela nada diga, as coordenadas do território dispostas em norma de competência.[443] Assim, podemos dizer que a espacialização

---

validade de todas as ordens jurídicas nacionais. Porque as esferas destas são determinadas pelo Direito internacional; elas são determinadas de acordo com o princípio da eficácia. A validade exclusiva de uma ordem jurídica nacional, segundo o Direito internacional, estende-se apenas até onde essa ordem é, como um todo, eficaz, ou seja, até onde os atos coercitivos previstos por essa ordem são efetivamente postos em prática". *Teoria geral do direito e do estado*, p. 307 (II.II.A.e).

441. Hans KELSEN, *Teoria pura do direito*, 2.ed., p. 319 (VI.6.a.).

442. Valterlei da Costa, Territorialidade e extraterritorialidade da norma tributária, *in* Matheus Morosini (coord.), *Direito tributário paranaense*, v. III, p. 291.

443. "'Todas as normas jurídicas do sistema se aplicam unicamente a atos executados em determinado território'. Tais leis não são normas; nem impõem deveres nem

do fato sempre poderá ser reconduzida à norma de tributação, para identificação como pertencente ou não pertencente, quer de forma direta, quer de forma indireta, caso último que ocorre por encaminhamento à norma de competência.[444]

De modo que há duas formas de disciplinar o tema: expressamente ou por remissão. Sendo o caso de disciplina direta, então há duas possibilidades ainda: identidade total ou a escolha de um ponto mais específico, sem que haja total coincidência entre a territorialidade da norma de competência e a da norma de tributação. Escolhe-se, assim, coordenadas próprias, e não todo o campo dentro das coordenadas já estabelecidas, pois, com efeito, "[...] a lei pode dar saliência ou relevo ao aspecto espacial da h.i., acrescentando a este condicionamento genérico um fator específico de lugar, posto

---

conferem poderes. Têm, contudo, relações internas com pelo menos algumas normas jurídicas do sistema, porque afetam a interpretação e a aplicação dessas normas. [...]. Admitindo-se a existência de tais leis, evita-se a repetição das condições executivas comuns a muitas leis e muitas delas se tornam, em consequência, mas simples. Em contrapartida, a 'dependência' dessas leis em relação a outras aumenta e elas se tornam menos autossuficientes, menos autoexplicativas". Joseph Raz, *O conceito de sistema jurídico*: uma introdução à teoria dos sistemas jurídicos, p. 194 (VI.3.B).

444. Uma classificação da hipótese da norma de tributação pode ser feita tendo por base a espacialidade, a qual servirá como identificadora da figuração: diz-se direta quando dispõe as coordenadas; indireta, por sua vez, quando devem ser essas coordenadas colhidas em norma de competência. Nesse sentido, mas por outro giro, podemos colacionar Geraldo Ataliba, que se refere à previsão do lugar do fato como "explícita" ou "implícita": "Um determinado fato, ainda que revista todos os caracteres previstos na h.i., se não se der em lugar nela previsto implícita ou — o que é raro e em geral dispensável — explicitamente, não será fato imponível". *Hipótese de incidência tributária*, 4.ed., p. 104. Por sua vez, Paulo de Barros Carvalho, para a identificação do fato em relação ao espaço, usa local "expresso" ou "implícito", neste último caso, a ser apurado por indícios: "Há regras jurídicas que trazem expressos os locais em que o fato deve ocorrer, a fim de que irradie os efeitos que lhe são característicos. Outras, porém, nada mencionam, carregando implícitos os indícios que nos permitem saber onde nasceu o laço obrigacional. É uma opção do legislador". *Curso de direito tributário*, 18.ed., p. 270. Por fim, podemos citar Luís Eduardo Schoueri que, tratando do "âmbito de aplicação", faz remissão a "expresso" e a "silêncio": "[...] a lei poderá definir seu âmbito de aplicação expressamente (quando, então, apenas os 'fatos geradores' ocorridos dentro do território assim definido é que estarão sujeitos a (sic) tributação) e, de outro, no silêncio, encontrar-se-á, de todo modo, limite, equivalente ao próprio âmbito de aplicação da lei tributária". *Direito tributário*, p. 542.

como decisivo à própria configuração dos fatos imponíveis".[445] Logo, a determinação espacial da norma de tributação "[...] pode conter outros elementos mais específicos que venham em complemento daquele dado genérico [...]".[446]

A norma de competência traz coordenadas que formam, se unidas, uma figura geométrica a que chamamos de território. Com base nisso, uma primeira opção da autoridade é adotar *in totum*, de forma expressa ou não, essa figura geométrica como espaço normativo da norma de tributação. Pode, no entanto, optar por uma outra figura geométrica contida nessa figura maior, mas não idêntica.[447] Por fim, ainda é possível optar por um exclusivo ponto dentro da figura, quando se pretende um alto grau de precisão na determinação do lugar-geométrico da hipótese tributária.[448] E parece-nos que são essas três possibilidades de combinação, entre a espacialidade da norma de competência e a da norma de tributação, a base para negar a identidade entre a territorialidade e a norma de tributação.[449] Logo, o grau de especificidade com que age a autoridade, ao pôr a norma de tributação, permite-nos:

> [...] classificar o gênero tributo na conformidade do grau de elaboração do critério espacial da respectiva hipótese tributária: a) hipótese cujo critério espacial faz menção a determinado local para a ocorrência do fato típico; b) hipótese em que o critério espacial alude a áreas específicas, de tal sorte que o acontecimento apenas

445. Geraldo ATALIBA, *Hipótese de incidência tributária*, 4.ed., p. 104.

446. Paulo de Barros CARVALHO, *Teoria da norma tributária*, p. 133.

447. "O tributo [IPTU] grava, privativamente, os imóveis localizados dentro do perímetro urbano do Município". Paulo de Barros CARVALHO, *Curso de direito tributário*, 18.ed., p. 273 (esclarecemos entre colchetes).

448. "Quando a lei menciona estabelecimento, depósito, filial, sucursal etc., está fixando condições de situação do fato imponível relevantes para se qualificar a incidência e a isenção, conforme o caso". Geraldo ATALIBA, *Hipótese de incidência tributária*, 4.ed., p. 106.

449. "A territorialidade das leis não se confunde com o critério espacial da regra-matriz tributária [...]. Por territorialidade da norma temos todo o espaço geográfico onde a pessoa política instituidora do tributo exerce sua competência impositiva". Renato BECHO, *Lições de direito tributário*, p. 147.

> ocorrerá se dentro delas estiver geograficamente contido; c) hipótese de critério espacial bem genérico, onde todo e qualquer fato, que suceda sob o manto da vigência territorial da lei instituidora, estará apto a desencadear seus efeitos peculiares.[450-451]

A territorialidade significa um limite à norma de tributação. Esta, ao eleger o lugar-geométrico de sua hipótese, fica condicionada pela norma de competência. Caso nada traga, patavina, considera-se que a norma de tributação escolheu, como campo da espacialidade, todo aquele delimitado em norma de competência e, por isso, fala-se de questão implícita. No entanto, pode cuidar do tema expressamente, seja reafirmando a territorialidade que contém a norma que funda sua criação, caso clássico de repetição, seja escolhendo ponto mais específico, o que permite a classificação dos tributos segundo o grau de especificidade espacial contido na hipótese da norma de tributação.

---

450. Paulo de Barros Carvalho, *Curso de direito tributário*, 18.ed., p. 272.

451. A adoção *in totum*, por nós, da classificação dos tributos feita por Paulo de Barros Carvalho, de acordo com o grau de especificidade espacial da hipótese da norma de tributação, somente se pode dar com os devidos esclarecimentos. Dada a ideia de territorialidade, contida na norma de competência, resta-nos apenas outras duas posições, que não sua identidade com a espacialidade da norma de tributação. Ou é caso de extraterritorialidade (além); ou é hipótese de demarcação dentro da territorialidade (contido). Disso não temos dúvidas. Entretanto, a distinção feita como chave classificatória entre "pontos predeterminados" e "áreas, regiões, intervalos territoriais, extensos e dilatados", dentro do campo da territorialidade, é extremamente complicada de se adotar, ao menos se a base teórica for a geometria, pois basta lembrarmos da primeira definição de Euclides, para quem "[p]onto é aquilo de que nada é parte". *Os elementos*, p. 97 (I). Ora, uma "repartição alfandegária", usada como ilustração de "ponto predeterminado", não é, de fato, um ponto, pois esse possui dimensão zero. Ela é, no plano abstrato, uma figura formada de vários pontos e, portanto, possui uma área, pequena, é verdade, perto do território, mas a possui. Assim, não haveria como separar, *v.g.*, valendo-se de uma classificação rigorosa do ponto de vista da geometria, uma "repartição alfandegária" de um "perímetro urbano do município", uma vez que ambos seriam áreas contidas na territorialidade. Entretanto, vamos encampar a classificação, seja porque reconhecemos sua influência no direito tributário, seja porque não olvidamos que "[...] a matemática e a geometria fornecem materiais para construirmos modelos do mundo físico. Mas modelos são analogias abstratas, e não o próprio mundo". Christopher Ray, *Tempo, espaço e filosofia*, p. 35 (1).

4.3 CONSEQUÊNCIA DA NORMA DE TRIBUTAÇÃO

Expor a hipótese da norma de tributação, ou seja, a descrição de um fato lícito, projetado no futuro, de conteúdo econômico, indiferente à vontade, com identificadores de tempo e espaço, é necessário, mas não é suficiente. Isso porque, para conceituarmos tributo, esquadrinhar o antecedente é importante, claro, todavia é insatisfatório,[452] pois isso "[...] ainda diz pouco: / há muitos na freguesia / [...]. / Como então dizer quem fala / ora a Vossa Senhoria?".[453] Com efeito, analisando apenas a hipótese, não é possível saber se estamos diante de uma norma de tributação. Assim, devemos apresentar o consequente para que, então, tenhamos uma visão completa da norma de tributação.

4.3.1 Obrigação de dar

Toda norma jurídica prescreve uma conduta humana. Na verdade, em sua estrutura completa, a norma jurídica prescreve, de forma disjuntiva, duas condutas, uma na norma primária e outra na norma eventual (veja-se 2.8). Entretanto, para o que seja tributo, basta apenas nos debruçarmos sobre a conduta prescrita na norma primária (veja-se 4.1). Com essa estipulação, então podemos discorrer sobre essa conduta, que pode ser adjetivada de dois modos: positiva ou negativamente.[454] Para tanto, o que fazemos é, a partir de um gênero, a clas-

---

452. Em sentido contrário, Geraldo Ataliba: "[...] a tarefa mais importante da ciência do direito está no estudo da hipótese legal". Hipótese de incidência tributária, 4.ed., p. 40. Posição essa já atenuada em relação ao texto original: "[...] a tarefa mais árdua da ciência do direito está no estudo da hipótese legal e não — por surpreendentemente que pareça — no mandamento principal. Na hipótese se concentram as questões mais tormentosas e complexas. Diante de cada problema, a dissecação da hipótese é que desafia o jurista". *Hipótese de incidência tributária*, 1.ed., p. 37. Eduardo Jardim vai em sentido oposto, expondo que é a "[...] consequência de conteúdo prescritivo que consubstancia a própria razão de ser do direito". *Manual de direito financeiro e tributário*, p. 162.

453. João Cabral de Melo Neto, Morte e vida severina e outros poemas para vozes, p. 45.

454. "Actos y abstenciones [...] son dos modos de acción". Georg von Wright, Norma y acción, p. 66 (III.8).

se de todas as condutas possíveis contidas na norma primária, uma secção, encontrando duas subclasses.[455] Dessa forma, revelamos o fazer e o não fazer, espécies do gênero conduta. Entretanto, devemos ter o cuidado de não associar todo o não fazer, que é o conteúdo de uma prescrição, com o mero não agir, pois o não fazer apenas ganha contexto jurídico quando o agir é possível (veja-se 2.2). Assim, não podemos considerar o abster-se do impossível como um não fazer.[456]

Feita essa ressalva empírica, temos a conduta positiva e a conduta negativa como possibilidades de prescrição contidas na consequência normativa. E, especificamente em relação à conduta positiva de fazer, ainda podemos realizar uma nova classificação, pois, segundo consagrado ensinamento, o fazer, em um sentido lato, divide-se em um fazer em sentido estrito e em um dar, já que todo dar não deixa de ser uma forma de fazer.[457]

---

455. "Nas condições mais simples, a classificação requer uma classe e um traço característico em condições de permitir que o objeto a classificar seja distinguido de outros objetos. Usando terminologia consagrada desde a antiguidade clássica, exige-se um *genus* (gênero) e uma *differentiam specificam* (diferença específica), isto é, pede-se a classe a que o objeto pertença e o traço que possa distingui-lo dos demais objetos porventura presentes nessa classe". Leonidas HEGENBERG, *Dicionário de lógica*: verbete "classificação", p. 33.

456. "Un agente, en una ocasión dada, se abstiene de hacer una determinada cosa si, y solo si, *puede hacer* esta cosa, pero de hecho *no la hace*". Georg von WRIGHT, *Norma y acción*, p. 66 (III.8).

457. Que as condutas são positivas ou negativas e que as positivas se dividem em dar e fazer é lição mais do que conhecida, podendo ser encontrada em manuais dirigidos aos graduandos: "Todo dever jurídico tem por objeto uma prestação, que pode consistir num ato (fazer ou dar) ou numa abstenção (não fazer). Daí a divisão do dever jurídico em duas grandes espécies: — dever positivo, que tem por objeto uma prestação positiva, isto é, um 'ato' (fazer ou dar); — dever negativo, que tem por objeto uma prestação negativa, isto é, uma abstenção (não fazer). O dever jurídico positivo desdobra-se em: — dever de fazer [...]. — dever de dar ou entregar [...]. O dever jurídico negativo tem igualmente por objeto uma prestação, mas esta consiste na abstenção de um ato. É o dever jurídico de não fazer". André Franco MONTORO, *Introdução à ciência do direito*, p. 460-461 (IV.16.2). No entanto, também é encontrado em obras de vulto, como no grande *Tratado* de PONTES DE MIRANDA: "A prestação pode ser (A) positiva ou (B) negativa. As prestações positivas, que são as de fazer, incluídas as de dar, podem ser (Aa) de atos pessoais ou (Ab) de objetos". *Tratado de direito privado*, t. XXII, p. 73 (2691). E mesmo uma obra como a *Teoria Pura*, de Hans KELSEN, dela se utilizou: "A conduta a que um indivíduo é obrigado imediatamente em face de um outro pode ser uma conduta positiva ou negativa, isto é, uma determinada ação ou

Como síntese, podemos afirmar que a conduta pode ser tomada positivamente, ancorada em um fazer ou, por sua face negativa, com foco no não fazer, numa abstenção do possível. Entretanto, de forma mais minuciosa, o fazer, tomado em um sentido mais ancho, pode ser destrinchado em um fazer *stricto sensu* e em um dar. Assim, a conduta prescrita é ou um não fazer ou um fazer em sentido lato, o qual se desdobra em um fazer em sentido estrito ou, ainda, em um dar. Agora, se não esquecemos que a conduta prescrita é modalizada — permitida, proibida ou obrigatória (veja-se 2.6) —, então, quer seja a conduta apresentada positiva ou negativamente, o que se está permitindo, proibindo ou obrigando é um fazer ou um não fazer. Prosseguindo, se o fazer em sentido lato desdobra-se em um fazer *stricto sensu* e em um dar, então podemos expor que o que se está obrigando, permitindo ou proibindo, modos de conduta, é ou um fazer, ou um dar, ou também um não fazer, conteúdos elegíveis da prescrição.[458]

Podemos, então, dar mais um passo em nossa conceituação de tributo. Da norma jurídica, tomamos emprestado apenas a norma primária (veja-se 4.1). E quanto à norma primária, apontamos que contém, na hipótese, a descrição de um fato lícito (veja-se 4.2.1), descrito abstratamente (veja-se 4.2.2), independentemente de volição (veja-se 4.2.3), mas apto a representar um fato jurídico-econômico (veja-se 4.2.4). Neste momento, discorrendo sobre a consequência, olvidemos os modos de conduta proibido e permitido, e foquemo-nos na vertente obrigatória. Tributo é, com efeito, uma obrigação ou, desdobrando

---

omissão. A ação consiste numa prestação do indivíduo obrigado ao outro indivíduo. Objeto da prestação é uma determinada coisa ou serviço determinado (prestação de coisa ou de serviço). *Teoria pura do direito*, 2.ed., p. 141 (IV.3.a).

458. José Souto Maior BORGES bem separa o dever-ser da obrigação: "[...] há várias modalidades pelas quais se manifesta o dever-ser normativo. A doutrina moderna cunhou, para esses diversos modos de expressão, a terminologia 'modais deônticos', que, literalmente, significa modalidades do dever-ser. [...] esses modais deônticos correspondem [...] aos seguintes tipos de conduta normada: 1º) conduta autorizada; 2º) conduta proibida; 3º) conduta obrigatória. O estar prevista em norma jurídica uma determinada conduta não significa, então, que ela seja, necessariamente, obrigatória". *Obrigação tributária*, p. 40.

a ideia, tributo é uma norma primária com modo de conduta deôntico obrigatório.[459] Ademais, podemos preterir qualquer ideia de que tributo seja um não fazer. Tributo é, assim, uma obrigação de fazer (em sentido lato). Resta-nos, então, com isso estabelecer se estamos diante de uma obrigação de dar ou de uma obrigação de fazer em sentido estrito, ou seja, falta determinar o conteúdo da consequência da norma de tributação.

Ambas as possibilidades até seriam aceitáveis em uma conceituação de tributo, pois não desconhecemos que, vez ou outra, foram apresentados alguns fazeres específicos (serviço militar, serviço eleitoral) como obrigações tributárias.[460] Ocorre que, se assim também o fizéssemos, estaríamos catalogando obrigações distintas, bem separadas pela teoria do direito, com uma mesma etiqueta, sem, entretanto, duvidarmos que o direito positivo possa conceituar tributo [conceito no direito (veja-se 3.3)] com um aspecto bem amplo. De nossa parte, nada obstante tal possibilidade, pretendemos manter esse divórcio: as obrigações de dar recebem um tratamento; as obrigações de fazer em sentido estrito outro tratamento.[461] Com isso em conta, sendo o uso em separado das obrigações de dar e das obrigações de fazer mais do que consagrado, não vemos um porquê não realizar um segundo corte (o primeiro foi afastar as obrigações de não fazer), rumo à conceituação de

459. "[...] inexiste prestação jurídica que não consista num comportamento obrigatório, que não seja compulsória". Paulo de Barros CARVALHO, *Teoria na norma tributária*, p. 104.

460. "[...] a fim de que a relação jurídica tenha natureza jurídica tributária, pouco importa que a obrigação, por ela gerada, seja satisfeita por uma prestação em dinheiro ou *in natura* ou *in labore*, pois nas três hipóteses, o conteúdo *jurídico* da prestação sempre o mesmo [...]. [...]. O *objeto* da prestação é que poderá variar segundo o critério da Política Fiscal [...]". Alfredo BECKER, *Teoria geral do direito tributário*, p. 633.

461. "Um último aspecto do problema da autonomia é aquele através do qual se assevera que o direito tributário mantém completa e perfeita identidade com a disciplina que estuda as prestações obrigatórias *in natura* ou em serviços dos particulares à administração pública, como é o caso das desapropriações, das requisições, das convocações militares [...]. Não parece estar com a razão esse modo de entender. Com efeito, o que caracteriza a relação jurídica tributária é o fato de que ela constitui uma relação obrigacional de débito [...]". Amílcar FALCÃO, *Introdução ao direito tributário*, p. 18-19.

tributo, agregando ao redor do rótulo apenas as condutas de dar, evitando, assim, ter sob um mesmo nome, coisas diferentes.[462] Logo, conceituamos tributo como norma jurídica cujo conteúdo é uma obrigação de dar, afastando-o das obrigações de fazer, como nos casos da retenção na fonte (veja-se 4.3.1.1).

Tributo é norma primária, cuja hipótese contém a descrição de um fato lícito, de caráter econômico, em modo abstrato, indiferente à intenção humana de realizá-lo, e cuja consequência contempla uma obrigação de dar. Questão convencional, pois não acreditamos em conceituações que correspondam à essência das coisas. Também não estamos descrevendo uma particular ordem, o que faria com que estivéssemos a falar de conceito no direito (veja-se 3.3). Assim, passo a passo, estamos mostrando o que escolhemos para fazer parte do nosso conceito e o que deixamos de fora. Tudo é feito à luz do dia, pois, de ser uma escolha, não nos desobriga a que o conceito de tributo esteja de acordo com as escolhas anteriores feitas neste trabalho. A coerência é o nosso limite interno. Todavia, a coerência interna, por guia, mesmo que o melhor dos guias, não pode eclipsar o fato de que se trata de uma escolha, esta e não outra. Não apresentamos, portanto, nosso conceito de tributo como se uma revelação fosse, como se um sonho tivesse luzido o verdadeiro significado do que seja tributo, e que aqui não faríamos nada mais do que compartilhando com o leitor a verdade a nós confiada.[463]

4.3.1.1 O que se deve dar

Convencionalmente, estabelecemos que tributo é uma obrigação de dar. Entretanto, o verbo "dar" é de sentido incompleto, necessitando de complementação, assim, quem dá, dá

462. "Sejam as prestações em dinheiro, 'in natura' ou 'in labore, é fundamental estabelecer tratamento diferenciado, que deverá iniciar-se pela própria designação". Paulo de Barros Carvalho, *Teoria da norma tributária*, p. 105.

463. "Tendo José acordado do sono, fez aquilo que lhe ordenara o anjo do Senhor [não se divorciar de Maria] e recebeu a sua mulher". Mateus 1:24, *Bíblia*: novo testamento: os quatro evangelhos, p. 60.

algo.[464] E o que seria esse algo?[465] Não temos dúvidas de que essa é uma questão para o direito positivo quando se aprecia seu conceito no direito (veja-se 3.3). Contudo, como não nos prendemos aqui a um específico ordenamento jurídico, podemos encetar outro passo em nossa conceituação de tributo e pactuar um novo corte, agora de caráter semântico, pois, sintaticamente, bastaria expor que tributo é meramente dar "algo".

De tudo o que pode ser dado como obrigação, gênero das coisas mensuráveis, podemos dividi-lo em dois grupos: de um lado, dinheiro; de outro, conjunto complemento, o resto, o que não seja dinheiro. E por que fazemos isso? Por que nos damos ao trabalho de mais uma divisão? Ora, por um motivo muito simples: "[g]rana, ervário, tutu, numerário, espécie, ganho, proveito, meios, erva, dindin (sic), recursos; chame-o como quiser, o dinheiro tem importância, faz diferença".[466]

Quando apontamos tributo como obrigação de dar, apartando-o da obrigação de fazer em sentido estrito, valemo-nos de uma sólida tradição jurídica na demarcação das obrigações. Agora, para segregarmos a obrigação de dar dinheiro das demais obrigações de dar, elegendo apenas a primeira como tributária, usaremos como fundamento a supremacia que possui o sistema monetário sobre o sistema de trocas. Afinal, não podemos considerar equivalentes dar dinheiro e dar outro tipo de bem que não dinheiro. E não podendo atribuir a eles o mesmo valor, pois, inclusive, está consagrado mundialmente um padrão monetário que carece de lastro para conversão à taxa fixa,[467] então devemos considerar em nossa con-

---

464. *DAR 1. TD (I)*: dá-lo (a...); dar(-lhe) algo". Celso Luft, *Dicionário prático de regência verbal*: verbete "dar", p. 161.

465. "No direito antigo, era corrente o pagamento de tributos *in natura*, isto é, a entrega ao fisco de uma parte dos próprios bens sujeitos ao tributo [...]". Rubens Gomes de Sousa, *Compêndio de legislação tributária*, p. 119.

466. Niall Ferguson, *A ascensão do dinheiro*, p. 9 (Introdução).

467. "*GOLD BULLION STANDARD*. Sistema monetário adotado em 1925 pela Inglaterra [...]. A vantagem deste sistema é a existência de uma economia de ouro, por este não circular como dinheiro internamente, embora conservando a sua conversibilidade

ceituação de tributo tal distinção. Assim, em nosso contrato para conceituarmos tributo, não podemos desconsiderar que uma coisa é dar dinheiro, e que outra coisa, bem diferente, é dar algo que, por mais valioso que seja, não é dinheiro.

Mas este raciocínio ainda precisa de complemento, pois que se deva dar dinheiro é ponto acordado, mas ainda insuficiente para uma precisa demarcação, pois, para tanto, devemos especificar que se deve dar dinheiro próprio, dinheiro que pertença a quem tem a obrigação, não a terceiros. Não olvidamos que o tirar de um para entregar a outro pode muito bem ser o mandamento de uma norma jurídica, mas não é assim que construímos nosso conceito de tributo, nossa norma de tributação. Com essa afirmação, "[o] que se quer acentuar é que, se o patrimônio donde provier o dinheiro não for do próprio contribuinte, não estaremos diante de um dar dinheiro [...]".[468] Retenção e repasse são, para nós, obrigações de fazer e, portanto, ficarão ao largo da nossa conceituação.[469]

Ou seja, deve-se ter os devidos cuidados com a expressão "obrigação tributária", a qual, sem dúvidas, pode significar

---

ou movimento no âmbito internacional. Os Estados Unidos, entre 1934 e 1971, mantiveram um *gold bullion standard* restrito, isto é, o dólar era conversível em âmbito internacional, mas não internamente, embora cotizado em ouro para efeitos contábeis até o fechamento da *gold window*, em agosto de 1971 (quando o dólar foi desvalorizado e deixou de ser conversível em âmbito internacional numa taxa fixa). Paulo SANDRONI (org.), *Novíssimo dicionário de economia*: verbete "gold bullion standard", p. 266.

468. Marco Aurelio GRECO, *Norma jurídica tributária*, p. 41. E, com essa mesma face, ainda podemos reproduzir Paulo de Barros CARVALHO: "Quando se faz referência a entregas de dinheiro ao Estado, comportamento que realiza a prestação tributária, é sumamente importante salientar que a quantia entregue deve sair do patrimônio do sujeito passivo. Do contrário, não teremos tributo, mas outro tipo de relação". *Teoria da norma tributária*, p. 90.

469. Nesse sentido, Sacha Calmon Navarro COÊLHO: "Quanto aos 'retentores de tributos' (desconto na fonte), estes são pessoas obrigadas pelo Estado a um ato material de fazer (fazer a retenção de imposto devido por terceiro). [...]. Não são sujeitos passivos de obrigação tributária, mas sujeitos a uma potestade administrativa". Sacha Calmon Navarro COÊLHO, *Teoria geral do tributo, da interpretação e da exoneração tributária*, p. 268. Ou, ainda, Marco Aurélio GRECO: "[...] nos tributos de retenção na fonte [...] existe um dever a cargo da fonte pagadora [...], o objeto desse dever é um *fazer*". *Norma jurídica tributária*, p. 41.

coisas diferentes. Por um lado, há a obrigação de dar e, por outro, há a de fazer (e a de não fazer).[470] Ademais, dentro da obrigação de dar, há a obrigação de dar dinheiro próprio e há a de dar dinheiro de terceiro. Em razão dessa situação, o melhor é que haja um nome para cada uma delas, isso ao menos no plano teórico. Para tanto, reservemos "obrigação tributária" para a obrigação de dar dinheiro próprio e "obrigação de retenção e repasse" para a de dar dinheiro alheio. Por sua vez, em relação à obrigação de fazer (e não fazer), conforme veremos com mais detalhes à frente (veja-se 5.2.3), ao menos duas situações devem ser em distintas, apesar de a doutrina, mesmo que com terminologias diferentes, agrupá-las sob um mesmo guarda-chuva.[471] Por um turno, há a obrigação de enunciar a norma de autolançamento ou, simplesmente, "obrigação de autolançar"; por outro, há a obrigação de co-

470. Sobre a expressão "obrigação tributária", "[...] no se trata únicamente de la obligación de pago [...], sino de diversas obligaciones que exigen comportamientos distintos que pueden consistir bien en un hacer, bien en un no hacer, bien en dejar hacer". Hans NAWIASKY, *Cuestiones fundamentales de derecho tributario*, p. 63.

471. Paulo de Barros CARVALHO emprega a expressão "deveres instrumentais": "Nossa preferência recai [...] na expressão deveres instrumentais ou formais. Deveres, com o intuito de mostrar, de pronto, que não têm essência obrigacional, isto é, seu objeto carece de patrimonialidade. E instrumentais ou formais porque, tomados em conjunto, é o instrumento de que dispõe o Estado-Administração para o acompanhamento e consecução dos seus desígnios tributários". *Curso de direito tributário*, 18.ed., p. 304. Um primeiro ponto é saber se a crítica que faz ao uso do abjetivo "acessório", a de que nem sempre haveria um principal, não pode ser voltada, igualmente, à palavra "instrumental", uma vez que se algo é instrumental, o é em razão de um fim, e se o fim é dar dinheiro, pode ele nem sempre estar presente, o que significaria que há obrigações de fazer que não são instrumentais. Outro, diz respeito à ideia de que somente a obrigação patrimonial seria uma verdadeira obrigação, a qual, todavia, não tem respaldo na teoria do direito, já que as obrigações podem ser de dar, fazer e não fazer (veja-se 4.3.1). Possivelmente, seu posicionamento é reflexo da civilista alemã do século passado, o qual, todavia, não vemos sentido em replicar. Ademais, preferimos reservar o termo "dever" para a imputação que liga a hipótese à consequência normativa e "obrigação" para um dos modos de conduta (veja-se 2.6). Já José Souto Maior BORGES sai em defesa da expressão "obrigação acessória": "No CTN, art. 113, § 2º, está contemplada uma norma não patrimonial. Logo, esse dispositivo falseia o enunciado 'toda obrigação é patrimonial'". *Obrigação tributária*, p. 85. Sua posição é correta, mas apenas enquanto conceito no direito, pois, por essa óptica, é o direito positivo quem formula o que é a obrigação acessória, mas não necessariamente necessita ser assim, pois podemos estar a cuidar de um conceito do direito, o que se faz por pactuação (veja-se 3.3).

laborar com a fiscalização ou, simplesmente, "obrigação de prestar informação", cuja face omissiva fica melhor desenhada como "obrigação de suportar a fiscalização".

Por fim, cabe lembrar que ser permitido, em algumas hipóteses, cumprir a obrigação não só em dinheiro, como também por meio de compensação ou até dação, não afasta nossas considerações caso tenhamos presente que o conectivo "ou" pode assumir duas formas: uma forte ou excludente e uma fraca ou débil (veja-se 2.6). Pela primeira hipótese, da exclusão, a interpretação seria no sentido de que se for verdadeira a obrigação de dar dinheiro, então será falsa a obrigação de compensar / realizar dação e, consequentemente, se o que há é a obrigação de compensação / realizar dação, então não seria permitido o pagamento em dinheiro. Agora, no segundo caso, da inclusão, a possibilidade de compensação ou dação não afasta que se trate, mesmo assim, de uma obrigação de dar dinheiro, já que as opções não se excluem. Assim, hipóteses disjuntivas, quando ao lado do pagamento, também possa se cumprir a obrigação de outro modo, sem que o último caso impeça o primeiro, não têm o condão de afastar a ideia de que tributo é obrigação de dar dinheiro.

De sorte que podemos conceituar tributo como norma primária que contém, na consequência, uma obrigação de dar dinheiro próprio, tomando a palavra "dinheiro" por seu uso comum, sem maiores preocupações com tecnicidades.

4.3.1.2 Quanto se deve dar

Se a norma jurídica pode ser concreta ou abstrata, a depender do conteúdo da hipótese, por sua vez, o pender da conduta regrada faz dela ocorrente ou eventiva. Para a primeira situação, a de ocorrência, a conduta prescrita é projetada no futuro de modo precisado; para a segunda posição, o que se prescreve é também no tempo futuro, pois só se pode determinar o agir no porvir, mas agora de forma genérica (veja-se 2.12). E quando trazemos essa ideia para a tributação, podemos entender que ou a norma tributária expressa um definido valor pecuniário, sendo, portanto, ocorrente, ou limita-se a uma fórmula, com o *quantum debeatur* a ser apurado posteriormente, caso a caso, o que faz dela eventiva.[472]

Na primeira hipótese, se a norma de tributação, dispensado o caso particular e com indiferença à magnitude do fato, estabelece, de pronto, o valor que será devido, então estamos diante do que a doutrina denomina de tributo fixo.[473] Não há, nesse caso, a necessidade de qualquer cálculo para se encontrar a quantia de dinheiro que se deve dar, pois a norma de tributação desconsidera as particularidades do caso concreto, apresentando, desde o início, um valor certeiro. E, como exemplo, nenhum outro é melhor do que o tributo por capitação.[474] Na

---

472. Em linguagem corrente, nossa posição pode ser exposta na forma de que a determinação do valor do tributo ou é fixa ou é variável. Registramos que Valdir de Oliveira ROCHA foge desse dualismo, apontando uma terceira forma de determinação do tributo, a avaliação: "[...] *entendo que não são duas as modalidades de determinação do montante do tributo, mas trê* (sic): *além da fixação* (termo que passo a adotar para indicar a determinação estabelecedora de montante fixo) *e da quantificação* (termo que passo a adotar para indicar a determinação estabelecedora de montânte variável resultante de operação matemática), *há que se ter em conta uma terceira modalidade, a avaliação* (termo que passo a adotar para indicar a determinação estabelecedora de montante variável que não resulta de cálculo, mas de uma constatação — a da valorização imobiliária decorrente de obras públicas, quando o ente tributante, à sua discrição, cobra-a na sua totalidade". *Determinação do montante do tributo*, p. 100.

473. Tributos fixos "[s]ão aqueles destituídos de base de cálculo, cujo *quantum debeatur* aparece, desde logo, traduzido na legislação, a exemplo do imposto sobre serviços incidentes sobre a atividade de advogados, em que cada profissional paga um determinado valor anual correspondente a um dado número de salários mínimos (sic)". Eduardo JARDIM, *Dicionário jurídico tributário*: verbete "tributo fixo", p. 324. Carlos Renato CUNHA aponta que há dois tipos de tributo fixo, ocultação e contração, dentro do gênero abreviação: "Na *Ocultação* há uma elipse sintática em que determinados elementos da Regra-Matriz não são expressos no âmbito dos textos de direito, mas que podem ser reconstruídos na interpretação por meio da qual se constrói a norma com sentido [...]. [...]. Já na *Contração* há uma aglutinação sintática de dois elementos da Regra-Matriz Normativa, que são unidos em um só sem a possibilidade de reconstrução e sem implicitudes". *Praticabilidade tributária*, p. 451-452.

474. "Um tributo é fixo quando a lei estabelece quantia invariável em relação ao valor da matéria tributável. A captação, velho, imposto da antiguidade, é o melhor exemplo do imposto fixo: todo indivíduo adulto pagará, por exemplo, R$ 1.000,00 qualquer que seja seu patrimônio ou sua renda". Aliomar BALEEIRO, *Uma introdução à ciências das finanças*, p. 264.

segunda situação, quanto à fórmula que permite encontrar o valor devido mediante a saturação dos categoremas, não vemos limites à criação humana, podendo ser desde a singela equação base de cálculo multiplicada pela alíquota até questões mais complexas, a depender do tecnicismo do feitor da norma jurídica. De todo modo, não há um porquê imaginar que tudo se resumiria a um multiplicando e a um multiplicador, pois ajustes como adições e subtrações podem ser, sem qualquer dúvida, integrantes do modo de cálculo do tributo devido.[475]

Ademais, não cremos ser impossível construir a norma de tributação com créditos decorrentes da não cumulatividade nela constando, apesar de que, não negamos, isso possa trazer alguma dificuldade.[476] Se a não cumulatividade dá-se no modelo base contra base (*basis on basis*), as complicações são menores, pois a alíquota será aplicada sob a diferença ou resto decorrente da subtração de dois valores, *v.g.*, o preço de compra e o preço de venda da mesma mercadoria. Todavia, se a modalidade é imposto contra imposto (*tax on tax*), os câmbios são muito mais profundos, pois há, ainda, uma alteração no critério temporal da hipótese da mesma norma de tributação. E, para ficarmos no mesmo exemplo, não é mais o vender mercadoria em determinado instante que configura a hipótese de tributação, mas sim em um determinado período. Além de que, a alíquota aplica-se, agora, sobre o valor das vendas nesse período, mas o critério quantitativo somente é obtido depois de subtraído os créditos

475. Nesse sentido, Sacha Calmon Navarro Coêlho: "Comporta [o critério quantitativo] [...] adições e subtrações, além de cálculo de valorações diversificadas". *Teoria geral do tributo, da interpretação e da exoneração tributária*, p. 94. Ou, ainda, Carlos Renato Cunha: "[...] existe uma maior complexidade, em alguns tributos, para a (sic) cálculo do valor devido, que não se limita a uma base de cálculo e alíquota conjugados, de forma simples". Da regra-matriz de incidência à regra-matriz normativa, *Revista de direito tributário contemporâneo*, v. 4, p. 181. Em sentido contrário, José Roberto Vieira: "[...] adições e subtrações posteriores à base de cálculo são irrelevantes, pois também posteriores à norma-padrão e aos seus efeitos; e as adições e subtrações anteriores já se presumem embutidas na base de cálculo". *A regra-matriz de incidência do IPI*, p. 68.

476. "[...] a não-cumulatividade poderá integrar ou não a estrutura da norma tributária em função do modelo de regra-matriz adotado pelo exegeta". André Mendes Moreira, *A não-cumulatividade dos tributos*, p. 95.

que foram acumulados ao longo de compras não necessariamente correlacionadas com as mercadorias vendidas.[477]

Outra questão diz respeito a compensações que não estejam ligadas à não cumulatividade, mas que tenham relação direita com o tributo. Um caso clássico é o do imposto de renda pessoa jurídica, quando os prejuízos acumulados em períodos anteriores podem ser compensados com o lucro do período atual.[478] Também consideramos que integram o critério quantitativo os pagamentos antecipados, os quais tem a função de subtraendo no processo de apuração.[479] Assim, em nosso modo de ver, apenas métodos alternativos de cumprimento da obrigação tributária que por infortúnio também recebem o nome de compensação, como o encontro de contas com pagamentos a maior ou indevidos, é que ficariam fora da estrutura da norma de tributação. De qualquer sorte, as possibilidades são muitas, não havendo um modo único,

---

477. "O IVA admite duas formas de abatimento do imposto pago nas etapas anteriores: a dedução produto a produto (em que se vincula o crédito à mercadoria adquirida) e a compensação por período (na qual os débitos oriundos das saídas em determinado lapso temporal são cotejados com os créditos das entradas geradoras de créditos ocorridas nesse mesmo período)". André Mendes Moreira, *A não-cumulatividade dos tributos*, p. 83.

478. No Brasil, não raras vezes, a compensação é vista como um direito decorrente do próprio texto constitucional, sendo tachada, por isso, de inconstitucional a restrição que se faz à compensação do lucro apurado com prejuízos acumulados em períodos anteriores. E, quanto a isso, já nos manifestamos favoráveis a constitucionalidade da trava de 30% imposta ao caso, sob o fundamento de que não há "[...] uma obrigação de comunicação irrestrita entre os períodos de apuração da renda. Essa é uma opção, mas não a única. E se é o caso de volição, então a escolha cabe ao legislador porque assim prescreve a Constituição". Valterlei da Costa, Limitação à compensação de prejuízos fiscais na apuração do IRPJ: esconsa, mas constitucional, *Revista ABRADT Fórum de direito tributário — RAFDT*, p. 284.

479. A retenção na fonte, muitas vezes, tem caráter de antecipação de pagamento, mas, outras vezes, pode ser definitiva, quando não é possível qualquer compensação e diz-se, então, que é definitiva: "Pode ser, também, que haja o isolamento de algum elemento do componente ativo da renda e que, sobre ele, recaia a tributação, sem a possibilidade de ajuste no encerramento do período em que é apurada. Para essas situações, emprega-se o termo 'definitivo' [...]". Valterlei da Costa, Rendimentos recebidos acumuladamente (RRA), *Revista de estudos tributários*, n. 147, p. 62.

determinado *a priori*, para se encontrar a quantia que se deve dar. Tudo vai depender, portanto, do direito positivo.

Agora, se pode ser mais do que a singela equação "base de cálculo vezes alíquota", igualmente, pode ser menos, pois que todos os tributos devam ter base de cálculo e alíquota é um desejo, não uma questão ontológica, que defina a própria existência do tributo.[480] No entanto, coisa diversa é se a norma de competência de um particular tributo em um específico ordenamento jurídico, ao prescrever a conduta de pôr a norma de tributação, impuser que a criação normativa somente pode ocorrer com esse formato. Por essa linha, uma norma jurídica que não seja desenhada com base de cálculo e alíquota, seria invalidável, e se a norma de competência se encontra na Constituição, então é caso de inconstitucionalidade. Mas devemos deixar em paz outros tópicos como a lógica, pois uma norma de tributação que não se utilize dos dois consagrados fatores, ou que a esses agregue outros, pode ser adjetivada de várias coisas, menos de ilógica.

Dentro ainda da fórmula de cálculo, chamamos a atenção para a necessidade de sempre estar ao menos um dado incompleto, com sua posição na estrutura ocupada por uma variável, sob pena de estarmos diante de um tributo fixo, ficando apenas faltando a realização da operação matemática. Como ilustração, tomemos a forma mais elementar, a da base de cálculo multiplicada pela alíquota. Geralmente, a alíquota é dada de forma única, quer como porcentagem (*ad valorem*), quer como unidade monetária (específica).[481] Então, para que se mantenha o cará-

480. Nesse sentido, Sacha Calmon Navarro Coêlho: "[...] o aspecto quantitativo apresenta dois elementos: base de cálculo e alíquotas, embora nem todos os tributos possuam alíquotas e outros tantos prescindam de bases de cálculo". *Teoria geral do tributo, da interpretação e da exoneração tributária*, p. 94. Em sentido contrário, Ruy Barbosa Nogueira: "Se tivermos presente que o tributo se expressa, em última análise, em uma quantia devida, [...] vemos que a base de cálculo e / ou alíquota são elementos fundamentais ou matemático-quantificadores da essência do fato gerador". *Curso de direito tributário*, p. 154.

481. Quando a alíquota é única, estamos diante dos tributos proporcionais, mas nada impede que seja também oscilante, alterando-se, quer por conta do valor da base de

ter de indeterminação da quantia devida, a base de cálculo deve ser apenas determinável, mas não determinada. Caso já haja, de forma precisada, sem a necessidade de precificação mediante o caso concreto, os valores da alíquota e da base de cálculo, então o que resta é apenas o cálculo aritmético, permitindo-nos também, para esses casos, falar de tributo fixo.[482]

---

cálculo, caso de progressividade, quer em relação ao humor de outros critérios, o que é o caso de seletividade. E, para bem demarcar, imposto progressivo "[...] é aquele que exige uma alíquota maior à medida que o valor tributável vai aumentando". Kiyoshi Harada, *Sistema tributário na Constituição de 1988*, p. 161. A seletividade, por outra mão, também é modo de variação da alíquota, só que não ligada à base de cálculo. Cuidando especialmente do IPI, expõe Bernardo Ribeiro de Moraes: "[s]uas alíquotas devem ser seletivas, isto é, variáveis em função das diferentes mercadorias". *Curso de direito tributário*: sistema tributário da Constituição de 1969, v. 1, p. 313. Assim, as alíquotas alteram-se em relação ao produto que é objeto da operação. Só que, com fins de se ter uma ideia completa, o termo seletividade deve vir acompanhado de um complemento, pois se é seletivo, essa seleção se dá em relação a algo. No caso do IPI, tomado aqui como exemplo, a seletividade não deixa de ser em relação ao produto, mas é mais do que isso, diz respeito à essencialidade desse produto, pois "[n]ão se discute que o sentido da norma constitucional é promover uma seleção dos produtos objeto das operações que serão atingidas pelo imposto, utilizando a ideia de essencialidade como critério de seleção, para graduar a intensidade do tributo". José Roberto Vieira, *A regra-matriz de incidência do IPI*, p. 126. Ademais, dentro do campo da essencialidade, "[l]embremo-nos, ainda, que a seletividade pode considerar não somente a natureza do produto, mas também sua finalidade específica". Maurício do Valle, O princípio da seletividade do IPI, *Cadernos da Escola de Direito e Relações Internacionais*, v. 17, p. 465. Agora, além da essencialidade, pode haver outros tipos de seletividade, como, *v.g.*, em razão do grau de parentesco: "A alíquota do imposto sobre transmissão *causa mortis* poderá [...] buscar a seletividade no grau de parentesco e estabelecer que quanto menor for esse grau de parentesco, maior, então, será a alíquota do ITCM". Valterlei da Costa, Imposto sobre transmissão *causa mortis*: alíquota seletiva em razão do grau de parentesco, *Revista de direito tributário contemporâneo*, v. 17, p. 185. Dito isso e tendo em mente que as alíquotas podem ser únicas ou variáveis, podemos concluir que, para os casos em que ela é única — compreendendo os episódios em que ela é x% de $ e os que é x $ por unidade —, não haverá a necessidade de precificação sua na norma de lançamento, pois já está ela dada na norma de tributação, ficando a determinação apenas para a base de cálculo, na contingência do caso concreto. Ponto que nos induz a estar de acordo com Aires Barreto quanto à sua distinção entre "base de cálculo" e "base calculada": "A base de cálculo é magnitude abstrata; a base calculada é magnitude concretamente considerada". *Base de cálculo, alíquota e princípios constitucionais*, p. 91. Todavia, quanto à classificação das alíquotas que realizou, em abstratas e concretas, a nosso modo de ver, apenas nos casos em que se preveja variação é que seria aplicável o entendimento de que "[é] imperioso [...] distinguir a alíquota normativa daquela utilizada no caso concreto". *Ibidem*, p. 42.

482. Os tributos fixos teriam base tributável, mas não base de cálculo: "A rigor (sic) terminológico, a 'base de cálculo' pode ser havida como uma espécie mais ampla, a 'base tributável'. Está última se aplicaria não só aos tributos variáveis, como aos tributos fixos". José Souto Maior Borges, *Lançamento tributário*, p. 148.

A norma de tributação apresenta na consequência uma conduta de dar dinheiro, respondendo à questão sobre o que se deve dar. Quantia, que pode já estar nela, de pronto, determinada ou apenas se mostrando em estado determinável. Neste último caso, há uma fórmula, a qual não é possível conhecer *a priori*, com a necessidade de substituição das variáveis por dados verificados no mundo para se chegar a um específico número. Já no primeiro caso, a quantia é de pronto conhecida, prontamente fixada. Assim, sendo resolvido desde logo o valor a ser dado, com a dispensa da substituição dos fatos, então é caso de falarmos de conduta ocorrente, situação presente principalmente na norma de lançamento, mas que não é de todo ausente na norma de tributação, pois, vez ou outra, deparamo-nos com tributos fixos, que podem até ser inconstitucionais, mas não são ilógicos. Porém, o mais comum é que a quantia a ser entregue ainda precisará de apuração, a partir de elementos concretos, estando meramente formulada, sendo, portanto, determinável, mas não determinada. Nesse caso, a conduta da norma de tributação é eventiva.

Devemos, por fim, analisar a afirmação doutrinária que aponta a necessidade de equivalência do núcleo da descrição da hipótese à base de cálculo presente na quantificação da consequência na norma de tributação.[483] Um primeiro ponto diz

483. Alfredo Becker, para não deixar dúvidas sobre a importância da correspondência, trouxe a base de cálculo para dentro da hipótese da norma de tributação: "A hipótese de incidência da regra jurídica de tributação tem como *núcleo*: a base de cálculo [;] como *elementos adjetivos*: todos os demais elementos que integram sua composição". *Teoria geral do direito tributário*, p. 374. Geraldo Ataliba, pelo mesmo caminho, manteve juntos na hipótese o cerne da descrição do fato e o seu reflexo numerável: "A base imponível é ínsita à hipótese de incidência". *Hipótese de incidência tributária*, 4.ed., p. 107. Todavia, sobre a hipótese conter tanto a descrição do fato como ainda sua dimensão mensurável, é algo que somente se pode aceitar como caráter meramente ilustrativo, para reforçar a proximidade de ambas as figuras, pois, seguindo a estrutura dual da norma jurídica primária, a base de cálculo, por se ligar à conduta devida, deve estar no mandamento da norma de tributação. Lição que nos foi ensinada por Paulo de Barros Carvalho: "Por base de cálculo entendemos aquela grandeza instituída na consequência das endonormas tributárias e que se destina [...] confirmar o critério material da hipótese endonormativa". *Teoria da norma tributária*, p. 174. Nesse mesmo sentido, ainda podemos citar José Souto Maior Borges: "A base de cálculo e a alíquota alojam-se [...] no consequente ou estatuição da norma". *Lançamento tributário*, p. 149.

respeito à validade da norma jurídica que apresente desacordo, quando confrontada com norma de competência. Assim, se uma norma de competência dispõe sobre a instituição de certo tributo, quer-se com isso dizer que hipótese e consequência da norma de tributação instituída devem, ambos, corresponder ao que está disposto na norma de competência. Caso isso não ocorra, então deve ser a invalidação da norma de tributação ou ainda a sua convalidação.[484] Entretanto, não havendo essa norma de competência, nada impede que se construa a norma de tributação contendo tal divergência, pois a quantificação ser um reflexo da hipótese é apenas uma exigência de direito positivo e não de lógica.[485] Assim, dado "p", então deve recolher tributo com base em "q", é perfeitamente possível, não havendo nada, a não ser o direito positivo que é contingente, que estabeleça como válida apenas a norma dado "p", então pague tributo com base em uma dimensão de "p". Ademais, ainda podemos manter os mínimos laços de proximidade entre a hipótese e a consequência, reconstruindo a proposição se "p", então deve

484. As opções são, para o caso de desencontro entre o cerne da figura e a base de cálculo, a prevalência do contido na hipótese, a prevalência do presente na consequência ou, ainda, a invalidação da norma de tributação. No entanto, nossa melhor doutrina restringe a questão a uma delas, como nesta passagem de Paulo de Barros Carvalho: "[...] havendo desencontro entre os termos do binômio (hipótese de incidência e base de cálculo), a base é que deve prevalecer". *Curso de direito tributário*, 18.ed., p. 346. Ou, ainda, Eurico de Santi e Vanessa Canado: "[...] o aspecto material da hipótese tributária deverá estar em consonância com a base de cálculo do tributo ou, caso contrário, redesenhando a hipótese tributária [...]". Direito tributário e financeiro: reconstruindo o conceito de tributo e resgatando o controle da destinação, *in* Eurico de Santi (coord.), *Curso de direito tributário e finanças públicas*, p. 613-614. De nossa parte, não vemos razões para uma tomada de posição *a priori*. Para uma teoria da norma tributária, qualquer uma das três opções é legítima.

485. Poder-se-ia alegar que a necessidade de identidade entre a base de cálculo e o critério material decorre dos princípios. Contudo, no nosso entendimento, os princípios integram a norma de competência, não sendo algo à parte dela. Nesse sentido, Eurico de Santi e Daniel Peixoto: "O critério material da competência informa os limites relativos ao conteúdo da norma que será veiculada com o propósito de instituir determinado tributo. Sua composição é complexa e absorve numerosas referências presentes na Constituição Federal. Assim, por ocasião do exercício da competência legislativa tributária, o órgão competente deverá atentar para [...] iii) os princípios e demais vetores constitucionais relativos aos direitos e garantias fundamentais do contribuinte em matéria de tributação [...]". PIS e COFINS na importação, competência: entre regras e princípios, *Revista dialética de direito tributário*, v. 121, p. 38-39.

pagar "q", apontando que, na verdade, ela contém uma elipse: dado $p \wedge q$, então se deve recolher tributo com base em q. Ou seja, caso seja proprietário e a propriedade esteja alugada, então recolha dinheiro, calculando-o sobre o valor do alquilé.

Uma outra questão ligada à imperiosidade de correspondência é a romântica e ingênua ideia de que há apenas um único modo de associar hipótese e consequência (veja-se 3.4.1). Ao ouvir algo como "mercadoria", sai o jurista em disparada, buscando encontrar a verdadeira base de cálculo. No entanto, esquece que é apenas um rótulo, cuja forma, como usada pelos demais utentes, pode ser mais ou menos atestada, mas que, de modo algum, possui algo como que uma essência. De toda forma, volta com uma verdade, a sua verdade, e relata-nos que há apenas uma base de cálculo que poderá atender à imprescindibilidade de confluência. Talvez faça isso para não ouvir o que a DUQUESA disse a ALICE: "— Você não sabe muita coisa [...]. — Essa é que é a verdade".[486] Talvez por se imaginar um benemérito, aquele a quem cabe a missão de revelar a base de cálculo justa, salvando, assim, o pobre do contribuinte do malvado fisco. Quiçá um LOHENGRIN, só que não com uma espada não mão, mas sim uma balança.[487] De qualquer maneira, por uma via ou por outra, "[o] jurista [ou] se apresenta como um sumo sacerdote ou [como um] reformador social e não como um técnico social".[488] E para demonstrar essa impossibilidade de sempre haver unicidade, basta-nos lembrar que a base de cálculo pode ser expressa, *v.g.*, na forma de peso, medida ou valor. Essa é a primeira escolha. No entanto, a questão não acaba nisso, pois exclusivamente com o rótulo "mercadoria" não é possível saber, *a priori*, se a "embalagem", por exemplo, deve sem computada no peso, na medida ou no valor da "mercadoria". Por essa mesma linha, tanto FOB (*free on bord*) como CIF (*cost, insurance and freight*) são valores que

486. Lewis CARROLL, *Aventuras de Alice no país das maravilhas*, p. 79 (6).

487. "Lohengrin, filho de Parsifal, deve, por ordem do Sagrado Graal, socorrer a duquesa Isabel de Brabante, perseguida pelo ódio de Telramund. O jovem Lohengrin chega em um barco conduzido por um cisne para vencer Telramund e desposar Isabel". Wolfram von ESCHENBACH, *Parsifal*, p. 493.

488. Alf ROSS, *Direito e justiça*, p. 385 (acrescentamos entre colchetes).

podemos dar à "mercadoria", não havendo meios de, sem mais dados para contextualizar, apontar qual deles é o correto.

4.3.2 Quem deve dar a quem

Tributo é norma jurídica. Só que após um primeiro corte, restringimo-nos à norma primária. Da norma em sua estrutura completa, norma primária e norma eventual, limitamo-nos à primária. Assim, tributo é norma primária. E como norma que é, contém prescrição condicionada de conduta. Na hipótese, há a descrição em abstrato de um fato, um estado de coisas, de cunho econômico, que, por estar em norma primária, é lícito, sendo-lhe indiferente o elemento vontade. Na consequência, das condutas possíveis, delimitamos aquela que diz respeito à conduta de dar dinheiro, quantificável, modalizando-a obrigatoriamente. Ocorre que essa conceituação ainda é demasiadamente genérica para as nossas pretensões, o que nos permite um complemento da convenção até aqui realizada, com mais duas especificações ligadas ao dar dinheiro: "quem" e "a quem". E aqui de deve ter a devida atenção, pois "quem" e "a quem" devem ser sujeitos diferentes em razão de que o direito não comporta relações reflexivas.[489]

No direito tributário brasileiro, é praxe denominar de sujeito ativo aquele em face de quem a prestação da obrigação de dar é devida.[490] No entanto, polos ativo e passivo são questões

489. "*Logicamente, é plenamente possível que um termo tenha relação reflexiva com ele mesmo. Mas é a textura do direito positivo que repele essa retroversão de um termo sobre ele mesmo*". Lourival Vilanova, *Causalidade e relação no direito*, p. 166 (V.7). Entretanto, isso não significa que a imunidade recíproca seja uma imperiosidade, pois "[...] nada impede, em tese pelo menos, que um governo cobre tributos de outro, desde que possa exercer efetivamente a sua soberania sobre ele. [...]. a possibilidade existe no plano interno, especialmente nos países federais [...]". Rubens Gomes de Sousa, *Compêndio de direito tributário*, p. 94. Sobre imunidade, veja-se 5.1.2.2.1.
"[...] nada impede, em tese pelo menos, que um governo cobre tributos de outro, desde que possa exercer efetivamente a sua soberania sobre ele. [...] a possibilidade existe no plano interno, especialmente nos países federais [...]". Rubens Gomes de Sousa, *Compêndio de legislação tributária*, p. 94.

490. Alfredo Becker utiliza sujeito ativo e sujeito passivo, não sem antes fazer referência a polo positivo e negativo: "A relação jurídica tem dois polos; o positivo e o negativo. [...]. A pessoa que se encontra no polo negativo, assume a posição jurídica de *sujeito passivo* na relação jurídica. A pessoa que tomar lugar no polo positivo, assume a

meramente referenciais, o que nos autorizaria inclusive uma inversão, pois muito bem poderia ser chamado de sujeito ativo aquele que deve levar o dinheiro e não quem deve suportar tal entrega.[491] Poderíamos, ainda, adotar a posição kelseniana de que só há um sujeito, o que tem a conduta regrada, sendo, por essa linha, aquele em face de quem a conduta é regrada integrante, e não sujeito, do próprio objeto da prestação. Ou seja, que o direito, no sentido de direito subjetivo, no fundo, é apenas o reflexo de um dever jurídico, com a quem se deve dar sendo estruturalmente não mais do que um complemento da própria conduta.[492]

Há, assim, vários posicionamentos possíveis. Entretanto, como em nossa conceituação de tributo, a quem se deve dar apresenta um caráter determinante, como se verá logo abaixo, manteremos a nomenclatura tradicional, evitando equívocos que possam advir de uma má nomeação, e utilizar-nos-emos, por conseguinte, das consagradas expressões "sujeito ativo" e "sujeito passivo".

4.3.2.1 Sujeito ativo

Por mais diferentes que sejam os enunciados normativos, com uma variedade inumerável de possibilidades, ao fim e ao cabo, o que trazem, quando despidos das aparências, é uma

---

posição jurídica de *sujeito ativo*". *Teoria geral do direito tributário*, p. 340. Marco Aurélio Greco, em vez de utilizar os célebres sujeitos ativo e passivo, prefere "executor da" e "favorecido pela" entrega de dinheiro. "Executor da entrega [...] é qualquer pessoa indicada pela norma, salvo vedação constitucional nos casos de imunidade. [...]. Quanto ao favorecido, trata-se também de pessoa designada pela lei, podendo sua indicação ser feita explícita ou implicitamente". *Norma jurídica tributária*, p. 43.

491. "Nenhuma norma jurídica é concebível, considera Bentham, se não contiver, mesmo que implicitamente, os três elementos [...]. O *sujeito ativo* de uma norma jurídica é constituído pelas pessoas ou coisas, das quais tem origem o ato (a conduta, o comportamento) regulado pela norma [...]. O *sujeito passivo* de uma norma jurídica é constituído pelas pessoas ou coisas que constituem o termo final do ato regulado pela norma [...]. O *objeto* de uma norma jurídica é constituído, enfim, pelo *ato*, pela *conduta*, ou pelo *comportamento*, individual ou de classe, regulado pela norma". Pierluigi Chiassoni, *O enfoque analítico na filosofia do direito*, p. 84 (I.12).

492. "O indivíduo que tem o direito, isto é, aquele em face do qual esta conduta há de ter lugar, é apenas objeto da conduta que, como correspondente à conduta devida, está já conotada nesta". Hans Kelsen, *Teoria pura do direito*, 2.ed., p. 143 (IV.3.a).

regulação de conduta humana, prescrevendo ações ou omissões, ao que acrescentaríamos a limitação ao possível. Com isso em conta, ficamos confortáveis em concordar com a assertiva de que "[o] direito cria deveres e direitos que têm por conteúdo a conduta humana, mas não cria pessoas".[493-494] Mas, dessa não criação de pessoas, não significa que o conceito de pessoa não possa ser aplicável, pois é ele um conceito auxiliar, promovendo unidade, sob um rótulo, de vários deveres e direitos.[495] Assim, em vez de enumerar todas as condutas devidas por alguém (direitos e deveres), usa-se, com fins de simplificação, o termo "pessoa", o qual recebe como qualificações mais comuns os adjetivos "física" e "jurídica".[496] Entretanto, o que interessa à nossa conceituação de tributo, com base no sujeito ativo, é a distinção entre sujeitos — ou pessoas, aqui igualamos os termos —, público e privado.

---

493. Hans Kelsen, *Teoria pura do direito*, 2.ed., p. 212 (IV.7.f). No mesmo sentido, Pontes de Miranda: "Rigorosamente, só se devia tratar das pessoas, depois de se tratar dos sujeitos de direito; porque ser pessoa é apenas ter a possibilidade de ser sujeito de direito". *Tratado de direito privado*, t. I, p. 207 (47).

494. E isso vale tanto para democracias como para regimes escravocratas, pois se alguém tem o dever de se conduzir de determinado modo, escravo ou cidadão, então poderíamos dar um passo adiante e obter, por derivação, que esse alguém tem o direito de não ser impedido de assim agir sob o excludente de não ser punido, pouco importando, por esse ponto de vista, se há no ordenamento jurídico norma que se refira a um conceito de pessoa. Agora, não desconhecemos que podem surgir dessa posição, pessoa como plexo de normas jurídicas, problemas de ordens outras que não a jurídica, pois assim se afastariam "[...] todas as referências que caracterizam o homem como pessoa em sentido ético". Karl Larenz, *Metodologia da ciência do direito*, p. 648 (II.VI.1.e). Entretanto, entendemos que a cobrança por justiça deve recair sobre o conteúdo das normas jurídicas, que são postas por atos de vontade, e não sobre uma concepção teórica do direito não militante (deixemos para outro lugar uma discussão sobre se seria a não militância uma forma de militância). Nossa esperança é que, repetindo várias vezes, entenda-se que o não falar o tempo todo de direitos humanos não é o mesmo que ser contra os direitos humanos.

495. "Isto em nada é alterado pelo fato de também a autoridade criadora do Direito, o legislador, se poder servir deste conceito [de pessoa], como aliás de qualquer outro criador pela ciência jurídica". Hans Kelsen, *Teoria pura do direito*, 2.ed., p. 212 (IV.7.f). Sobre conceitos auxiliares como rótulos, veja-se 3.3.

496. "Segundo a concepção dos juristas, a pessoa — tanto a física quanto a jurídica — vive como um ser autônomo diferente da ordem jurídica e dotado de existência autônoma, designado comumente como portador de deveres e direitos e ao qual se atribui, ora mais ora menos, uma existência real. Se esta realidade é restrita à pessoa física ou, como na teoria orgânica, também estendida para as assim chamadas pessoas jurídicas, é aqui indiferente. Basta constatar a tendência explícita de hipostasiar a pessoa (*Realsetzung der Person*)". Hans Kelsen, *Sobre a teoria das ficções jurídicas*, p. 66.

Seja com o verbo dar, obrigação de dar, ou análogos — *v.g.*, remeter ou enviar —, estaremos diante de ações que pedem dois complementos, um direto e outro indireto.[497] Quanto ao complemento direto, já sabemos que o dado, remetido ou enviado é dinheiro (veja-se 4.3.1.1). Esse é um ponto importante da nossa conceituação. Agora, precisamos saber se o outro complemento do verbo que indica a conduta, o indireto, deve também ganhar um colorido, uma determinação semântica, ou se basta um "a alguém".

Em princípio, o levar dinheiro é a qualquer sujeito. Logo, uma conceituação de tributo poder-se-ia contentar apenas com "a alguém". Entretanto, devemos debruçar-nos mais demoradamente sobre o sujeito ativo, pois há um aspecto que não pode ser ignorado, mesmo por um trabalho eminentemente sintático como este: o recolher dinheiro é feito com vistas a uma finalidade.[498] Alerta-se, todavia, que com essa afirmação não apontamos nada muito elaborado, uma função minuciosamente refinada, ou um fim para cada norma tributária. Pedimos vênia apenas para dar vazão a uma veia contratualista mínima, na qual, para que cada um não decida por si mesmo o tempo todo, então que haja alguém para decidir por todos, evitando algo como um *homo homini lúpus*.[499] Em razão disso, do conjunto total de quem pode receber dinheiro — sujeitos públicos e sujeitos privados —, convencionamos que apenas os sujeitos considerados públicos é que poderão ocupar a posição de sujeito ativo.

Todavia, nossa forma de especificação da conceituação de tributo, saturando o sujeito ativo na norma de tributação, apenas ganha precisão, se estivermos de posse de significados para

---

497. "Nocionalmente se caracterizam por serem indispensáveis para uma comunicação satisfatória feita em certos verbos, apresentando o alvo do processo verbal, sobre o qual incide (objeto direto) [...] ou para o qual o processo serve de termo de referência (objeto indireto)". Joaquim Mattoso CAMARA JR., *Dicionário de linguística e gramática*: verbete "objetos", p. 224.

498. Não deve causar assombro que uma teoria estrutural do direito tenha pontos de contato com a funcionalidade, pois mesmo KELSEN, como nos conta Norberto BOBBIO, não se furtou a isso: "Não obstante todos os preconceitos antiteleológicos, não obstante as repetidas afirmações do postulado de que o direito é um meio, e não um fim, Kelsen deixa escapar, em uma passagem de *General theory of law and State*, a afirmação de que 'o direito é indubitavelmente um ordenamento para a promoção da paz". Em direção a uma teoria funcionalista do direito, *in Da estrutura à função*, p. 58.

499. "[...] um medo contínuo e perigo de morte violenta. E a vida do homem é solitária, miserável, sórdida, brutal e curta". Thomas HOBBES, *Leviatã*, p. 109 (XIII).

as expressões "sujeitos público" e "sujeito privado". Quanto às pessoas privadas, sem maiores pretensões, adotaremos sua concepção pela negativa, sendo privada, quem não for pública. Já quanto à pessoa, em sentido jurídico, pública, num primeiro momento até poderia haver certa aproximação entre ela e o que se considera entes estatais, entretanto, "[...] las personas o entes públicos [...] pueden o no ser estatales [...]".[500] Sem dúvidas, há aquelas que são órgãos específicos do Estado (tomando essa palavra em seu sentido material),[501] mas há também aquelas que, mesmo não sendo órgãos específicos do Estado, num sentido estrito, "[...] por estar sometidas a un régimen especial, de derecho público, son calificadas como 'públicas'".[502] Assim, por um ângulo, temos os entes estatais atuando, mas também sabemos que o direito positivo pode não se confortar apenas com a atuação desses entes primeiros, o que nos permite dizer que "[e]ssa concepção vem sendo alterada, com a perspectiva de que a função administrativa é desempenhada também por entidades não estatais".[503] Portanto, mesmo sem ser um ente estatal, podemos falar de sujeito, em sentido jurídico, público, o que estaria ligado mais a uma função do que a um estado.

Adotado, portanto, um conceito amplo de pessoa pública, que não se identifica com o de ente estatal, podemos conceituar tributo como norma jurídica primária que contém, no consequente, a obrigação de dar dinheiro a um sujeito, em sentido jurídico, público, abarcando, além dos órgãos estatais, pessoas de direito que, mesmo sem serem membros do

---

500. Agustín Gordillo, *Tratado de derecho administrativo*: parte general, t. 1, p. XIV-6.

501. Na teoria kelseniana, "Estado" equivale a "Direito": "Se sistemas sociais são sistemas de normas, se a causalidade específica do Estado [...] é a causalidade normativa, ressaltada em particular pela Escola de Viena, então é impossível conceber a teoria do Estado a não ser como teoria normativa, isto é, como o conhecimento de um sistema de normas [...]". Hans Kelsen, *O estado como integração*, p. 12 (I). Entretanto, o mesmo o mestre da teoria pura propõe uma dupla concepção para o termo "Estado": "[...] podremos establecer al lado del concepto formal lato de Estado (que abarca el orden jurídico completo, o sea la suma de todas las situaciones jurídicas), otro *concepto material* más estrecho que abarca sólo ciertas normas jurídicas, únicamente ciertos hechos". *Compendio de teoría general del estado*, p. 129 (I.14).

502. Agustín Gordillo, *Tratado de derecho administrativo*: parte general, t. 1, p. XIV-16.

503. Marçal Justen Filho, *Curso de direito administrativo*, p. 128.

Estado, exerçam função de Estado, o que nos permite compreender questões como a da parafiscalidade.[504-505]

---

504. Igualamos ser pessoa pública a exercer função pública, o que nos fez utilizar neste tópico uma ponte entre estudos estruturais da norma tributária e a finalidade da tributação. No entanto, não desconhecemos que essa simbiose pode não acabar bem. Em relação às finalidades da tributação, temos as fiscais e as extrafiscais: "[...] entre las finalidades propias de la actividad financiera del Estado distinguimos las siguientes. 1) *FISCALES.* La actividad financiera tiene finalidad fiscal cuando su objetivo se agota en la obtención de ingresos, siendo en tal supuesto su característica distintiva la *instrumentalidad.* [...]. 2) *EXTRAFISCALES.* [...]. Podemos decir que la actividad financiera con finalidad extrafiscal procura atender el interés público en forma directa". Héctor Villega, *Curso de finanzas, derecho financiero y tributario*, p. 9-10. Por sua vez, no que tange à sujeição ativa, encontramos sujeitos fiscais e parafiscais: "O sujeito ativo pode ser pessoa de Direito Público interno ou não (parafiscalidade)". Sacha Calmon Navarro Coêlho, *Teoria geral do tributo, da interpretação e da exoneração tributária*, p. 93. Logo, sem que seja algo absolutamente necessário, ainda assim é apresentada a questão da extrafiscalidade por meio da parafiscalidade, principalmente nos livros mais antigos: "A teoria da parafiscalidade significa que o Estado pode criar tributos com objetivos não pròpriamente fiscais, ou essencialmente tributários. [...]. Temos, dêsse modo, [...] [o ponto] da parafiscalidade, representando um sistema tributário próprio ou específico das entidades autárquicas, descentralizadas do Estado". Petrelli Gastaldi, *Iniciação ao curso de direito tributário*, p. 34-35. Extrafiscalidade, no sentido de não ser meramente arrecadatório, e parafiscalidade, na concepção de ente não estatal, é uma possibilidade de combinação, mas não a única. De toda sorte, o ponto fulcral é a função que o sujeito exerce, o que leva a doutrina nacional a entender que, a depender do caso, até uma pessoa física poderia ser sujeito ativo. Nessa linha, Roque Carrazza: "[...] cremos inexistir qualquer empecilho jurídico a que um indivíduo, por desempenhar, num certo momento histórico, atividades de relevantíssimo interesse social, venha a receber do Estado, a faculdade de arrecadar um certo tributo, para o custeio do seu importante trabalho". *O sujeito ativo da obrigação tributária*, p. 46. Igualmente, Paulo de Barros Carvalho: "[...] há a possibilidade jurídica de uma pessoa física vir a ser sujeito ativo de obrigação tributária. A hipótese traz como pressuposto que tal pessoa desempenhe, em determinado momento, atividade exclusiva e de real interesse público". *Curso de direito tributário*, 18.ed., p. 311. Ou, ainda, Marco Aurélio Greco: "[...] entendemos ser possível o deferimento de capacidade tributária ativa a entidades outras que não pessoas jurídicas". *Dinâmica da tributação e procedimento*, p. 252. Em sentido contrário, Alfredo Becker: "Nunca poderão ser sujeito *ativo* de relação jurídica *tributária*, nem o indivíduo humano, nem a pessoa jurídica não estatal". *Teoria geral do direito tributário*, p. 275.

505. Especialmente sobre o direito positivo brasileiro, afirma Maurício do Valle que por não haver previsão constitucional expressa, a não ser para certos casos (ITR, Contribuição Sindical e Contribuições do "Sistema S"), e por haver expressa disposição do art. 119 do CTN, prescrevendo que sujeito ativo é pessoa jurídica de direito público, então "[s]alvo os casos expressamente previstos na Constituição Federal, parece-nos que não há, no direito tributário brasileiro como posto atualmente, lugar para a parafiscalidade". *Princípios constitucionais e regras-matrizes de incidência do imposto sobre produtos industrializados — IPI*, p. 246.

4.3.2.2 Sujeito passivo

A norma jurídica, na consequência, prescreve conduta, entretanto, não se pode limitar a isso, devendo ser mais precisa e apontar quem deverá realizar essa conduta prescrita. Para tanto, está à sua disposição duas formas: ou individualiza o sujeito de pronto, ou elege-o de modo geral, de maneira subjetivizante, para posteriormente ser subjetivado. Nessa linha, do modo como o sujeito é apresentado no mandamento, da semântica de um ou todos, podemos classificar as normas jurídicas, respectivamente, como individuais e gerais (veja-se 2.12). E se assim é para a norma jurídica, igualmente é para a norma tributária. Em razão disso, podemos realizar um corte, ligando o sujeito geral à norma de tributação, e fixando o sujeito individual como constante da norma de lançamento. Bem divididas as coisas, entres sujeitos geral e individual, é possível conceituar a norma de tributação como aquela que apresenta, na consequência, um sujeito geral, obrigado a dar dinheiro — quantificável, mas não quantificado —, ao Estado ou a quem lhe faz as vezes. E se considerarmos a hipótese, então tributo, no aspecto estático, como norma de tributação, é norma jurídica abstrata, eventiva e geral.

A norma de tributação contém, na consequência, um sujeito geral. Esse é um ponto que utilizamos para a conceituação de tributo, conceito do direito; todavia, disso não se conclui que o sujeito apresentado de modo generalizado não seja individualizável, havendo duas formas para tanto. Pela primeira, a conduta será devida por quem praticar a situação descrita na hipótese normativa. Assim, aquele que der vazão à passagem da abstração à concretude é quem será o obrigado a dar dinheiro. Entretanto, uma segunda situação é aquela na qual o sujeito do mandamento não é o mesmo da conduta descrita na hipótese, caso em que se deverá apontar o modo de, entre todos os sujeitos, precificar-se um deles como detentor da obrigação tributária.[506] De toda sorte, dadas essas

506. Hans Kelsen tratou muito bem do tema: "Um indivíduo é juridicamente obrigado a uma determinada conduta quando uma oposta conduta sua é tornada

duas possibilidades de individualização de quem deve dar dinheiro, é caso de se classificar o sujeito passivo da obrigação tributária em direto e indireto.[507] Quando houver coincidência entre o sujeito da hipótese e o sujeito da consequência, estar-se-á diante do "sujeito passivo direto". Sendo, ao contrário, distintos os sujeitos, com quem tem o dever de entregar pecúnia não sendo quem praticou a conduta descrita na hipótese, então será o caso da presença de "sujeito passivo indireto".[508]

---

pressuposta de um ato coercitivo (como sanção). Mas este ato coercitivo, isto é, a sanção como consequência do ilícito, não tem de ser necessariamente dirigida [...] contra o indivíduo obrigado [...], mas pode também ser dirigida contra um outro indivíduo que se encontre com aquele numa relação determinada pela ordem jurídica. [...]. No primeiro caso, responde pelo ilícito próprio. Aqui o indivíduo obrigado e o indivíduo responsável são uma e mesma pessoa. [...]. No segundo caso, responde um indivíduo pelo delito cometido por um outro: o indivíduo obrigado e o indivíduo responsável não são idênticos". *Teoria pura do direito*, 2.ed., p. 134 (IV.2.c).

507. Partindo dos marcadores "eu" e "outro", em ótimo trabalho, Ricardo Siqueira de CARVALHO faz uma cisão na "sujeição passiva tributária": "[...] o sujeito passivo descrito na relação jurídica formal prescrito no consequente da norma padrão de incidência, e só nela, é o contribuinte (destinatário legal tributário); os demais sujeitos, que dependem da interação de outras normas jurídicas para além da norma padrão, são os responsáveis em sentido amplo". *Substituição tributária*, p. 161. Todavia, nos termos deste nosso livro, a responsabilidade em sentido amplo nem sempre carecerá de duas normas jurídicas, ao menos não necessariamente, já que a norma de tributação pode ser construída *ab initio* com sujeito da hipótese diferente do sujeito passivo da consequência.

508. Note-se que estamos classificando o sujeito da obrigação tributária em direto e indireto a depender de um critério totalmente intranormativo: coincidência ou não com o sujeito da hipótese. Desse modo, não empregamos um critério econômico, como fez Rubens Gomes de SOUSA, para estabelecer a classificação: "[...] o tributo deve ser cobrado da pessoa que tira uma vantagem econômica do ato, fato ou negócio jurídico. Quando o tributo seja cobrado nessas condições, dá-se a *sujeição passiva direta* [...]. Entretanto, pode acontecer que em certos casos o Estado tenha interesse ou necessidade de cobrar o tributo de pessoa diferente: dá-se então *sujeição passiva indireta*". *Compêndio de legislação tributária*, p. 92. Assim, por nossa base de discriminação ser outra, não nos preocupamos com a crítica de Paulo de Barros CARVALHO àquele a quem chamou de "mestre de todos os mestres de nosso Direito Tributário": "[...] não haveria, em termos propriamente jurídicos, a divisão dos sujeitos em direitos e indiretos, posto que (sic) repousa em considerações de ordem econômica". *Teoria da norma tributária*, p. 169. Nossa proposta de categorização está mais próxima daquela sugerida por Sacha Calmon Navarro COÊLHO, para quem "[o] sujeito passivo pode ser direto ou indireto. Será direto quando tiver relação pessoal e direta com a situação que constituir o *fato gerador* da 'sua' obrigação". Será *indireto* quando tenha o *dever* de pagar *tributo* decorrente de *fato de terceiro* [...]". *Teoria geral do tributo, da interpretação e da exoneração tributária*, p. 93.

Sobre a sujeição passiva direta, cabem algumas observações. Uma, sobre a simetria da relação descrita na hipótese; outra, sobre a assimetria.[509] A primeira diz respeito aos casos em que o estado de coisas da hipótese é uma relação simétrica entre sujeitos. Nesse caso, quando "S_1 está em relação com S_2" equivale a "S_2 está em relação com S_1", então se deve enquadrar como sujeição passiva direta as hipóteses em que a norma de tributação traga na hipótese S_1 e na consequência S_2. Entretanto, como optamos por eleger como abstração da norma de tributação apenas as de conteúdo econômico, a situação com que nos deparamos é a de assimetria, de caráter sinalagmático[510]. Por essa linha, ilustrando, "receber" apresenta como contrapartida "dar";[511] mas não equivale "S_1 recebe de S_2" a "S_2 recebe de S_1". Logo, não temos uma exata igualdade de sujeitos quando a norma de tributação possui, na hipótese, o receber de S_1, mas, na consequência elege como aquele que tem a obrigação de levar dinheiro ao Estado ou análogo S_2, por ser ele quem deu a S_1. Contudo, essa ausência de identidade não significa que não se esteja diante de uma relação de sujeição passiva direta, pois tanto S_1 como S_2, conduzem-se de forma interligada para o estado de coisas, no caso, a descrição do fato jurídico-econômico "dar-receber", já que são ângulos da mesma abstração. Assim, mesmo sem ser uma identidade perfeita, para o caso, quem diz S_1 diz S_2 e quem diz S_2 diz S_1. Mas, para evitar ambiguidades, preferimos então denominar o caso idêntico de sujeitos na hipótese e consequência de "su-

509. "*Simétrica* é uma relação que, se vale entre A e B, vale em sentido inverso. Assim, se 'A igual a B', então 'B igual a A'. *Assimétrica* se vale em sentido direto, não em sentido inverso. Assim, 'A maior que B' dá a conversa 'B menor que A'. No direito, temos relações simétricas e assimétricas, como 'A é esposo de B', então 'B é esposa de A'; 'A é pai de B', então 'B é filho de A'". Lourival VILANOVA, *Causalidade e relação no direito*, p. 166.

510. "SINALAGMÁTICO. [...]. [...] na terminologia jurídica, é a expressão empregada correntemente no sentido de bilateral, identificando, assim, o contrato em que se estabelecem obrigações recíprocas". De Plácido e SILVA, *Vocabulário jurídico*: verbete "sinalagmático", p. 760.

511. Com fins de simplificação, omitimos o elemento intermediário entre "dar" e "receber", que é "aceitar".

jeição passiva direta própria" e o caso em que são diferentes os sujeitos, em razão do uso da conversão da relação sinalagmática, de "sujeição passiva direta imprópria".[512]

A sujeição passiva indireta, por sua vez, é aquela em que os sujeitos da hipótese e da consequência são diversos e não podem ser convertidos, mesmo que modulado o sinal da comutação, um no outro. Definida a sujeição passiva indireta como diversidade de sujeitos na norma de tributação, sem a possibilidade de reduzir um ao outro, mesmo que com os devidos ajustes, surge a questão de sua pertinência. A doutrina apresenta de forma mecânica a imperiosidade de o construtor da norma de tributação optar pela igualdade de sujeitos na hipótese e na consequência.[513] Provavelmente, por enten-

---

512. Preferimos uma bifurcação da sujeição passiva direta em própria e imprópria, em vez de pôr de um lado o contribuinte e, do outro, todos os demais, como, aliás, fez Daniel PEIXOTO (para os tributos não vinculados): "Contribuinte [...] é aquela pessoa [...] que se coloca na condição de sujeito da ação descrita na hipótese de incidência tributária. Qualquer outra pessoa que determinada regra indicar, em seu consequente, como sujeito passivo, i.e., como indivíduo que terá de recolher o tributo, mas não se identifica como o agente do comportamento previsto na hipótese de incidência da regra-matriz de incidência tributária, contribuinte não será, mas responsável tributário". *Responsabilidade tributária e os atos de formação, administração, reorganização e dissolução de sociedades*, p. 145.

513. Héctor VILLEGAS aponta essa naturalidade de identidade entre o sujeito da hipótese e o sujeito da consequência, dizendo do primeiro que é o "destinatário legal tributário": "*ASPECTO PERSONAL*. Este elemento se integra por aquella persona que realiza el hecho o se encuadra en la situación que fue descripta al definir la ley el elemento material. Este realizador puede ser denominado *destinatario legal tributario*". *Curso de finanzas, derecho financiero y tributario*, p. 283. Marçal JUSTEN FILHO concorda com o autor argentino quanto à existência de um destinatário do tributo, referindo-se, inclusive, à automaticidade de sua escolha, pois, para o brasileiro, "[...] a eleição de uma certa situação para compor a materialidade da hipótese de incidência importa automática seleção de sujeitos". *Sujeição passiva tributária*, p. 262. Entretanto, discorda de VILLEGAS quanto ao adjetivo que se deve pospor ao termo destinatário quando o foco de estudo é o direito pátrio, já que "[...] no Brasil, pode-se falar não apenas em um destinatário legal tributário, mas também no destinatário constitucional tributário". *Ibidem*. Sobre esse mesmo tema, Geraldo ATALIBA inicialmente expos que na hipótese de incidência haveria apenas "[...] o estabelecimento do critério para identificar o sujeito passivo [...]". *Hipótese de incidência tributária*, 1.ed., p. 85. Posteriormente, explicitou essa ideia, passando a adotar a expressão "destinatário constitucional tributário", mas a atribuindo a VILLEGAS: "O sujeito passivo é, no direito constitucional brasileiro, aquele que a Constituição designou [...]. Só pode ser posto nessa posição o 'destinatário constitucional tributário' (para usarmos a excelente ca-

der que há um sujeito passivo natural é que fala de substituto tributário para os casos em que esse sujeito passivo natural não se apresente.[514] Entretanto, à primeira vista, não há nada que impeça ser a norma confeccionada de modo diverso desse suposto modo natural de ser, pois dura *lex, sed lex,*[515] cabendo bradar aos céus contra a injustiça da disparidade entre os sujeitos, pois, conforme dito e redito, este trabalho não embaralha direito positivo com justiça.[516] Ocorre que, se a justiça não é um ponto para validade das normas jurídicas, o mínimo de eficácia é (veja-se 2.2), além de que, quando da pactuação do conceito de tributo, marcamos como norma de tributação apenas aquelas que tenham na descrição um conteúdo econômico (veja-se 4.2.4). Com esses dois pontos, devemos promover alguns ajustes na ampla liberdade de escolha da autoridade normativa quanto ao sujeito passivo.

A eficácia é algo que se verifica empiricamente, entretanto podemos aceitar como com boa chance de ineficácia, dispensando uma investigação, uma norma de tributação que descreva uma conduta e ligue deonticamente a obrigação de levar dinheiro a alguém totalmente alheio ao fato tributário ou, ainda,

---

tegorização de Hector Villegas". *Hipótese de incidência tributária*, 4.ed., p. 77.

514. Alfredo Becker apontou que a substituição se verifica no momento político de elaboração da norma, não no plano jurídico, mas continuou a usar o termo substituição: "O fenômeno da substituição opera-se no *momento político* em que o legislador cria a regra jurídica". *Teoria geral do direito tributário*, p. 554.

515. "*Dura Lex, sed Lex* — a lei é dura, mas é a lei esclarece que o império da lei deve prevalecer, partindo da premissa de que o objetivo está no bem-estar social, no bem de todos, na punição do culpado [...]". Irineu Antonio Pedrotti *et al.*, *Máximas latinas no direito*, p. 330.

516. Nesse sentido, Alfredo Becker: "O legislador [...] tem liberdade [...] de escolher *qualquer* pessoa [...] para sujeito passivo da relação jurídica tributária. [...]. Esta liberdade do legislador pode, no plano *filosófico-financeiro*, ser fonte de gritantes injustiças: entretanto a injustiça não tem influência no tocante à *validade* (juridicidade) da regra jurídica". *Teoria geral do direito tributário*, p. 279. Em sentido contrário, Sacha Calmon Navarro Coêlho: "[...] a questão de se saber se o legislador pode livremente escolher o 'substituto' jurídico daquele que deveria pela lógica e por motivos econômicos, ser o sujeito passivo da obrigação, por ter praticado o fato gerador. A indagação funda-se no valor justiça e no princípio da segurança que exige a 'ética da tributação'". *Teoria geral do tributo, da interpretação e da exoneração tributária*, p. 256.

acople a obrigação a alguém totalmente estranho a quem praticou o estado de coisas contido na hipótese.[517] Ademais, se tomamos como pertencente à hipótese da norma de tributação um conteúdo econômico, seria incoerente agora desconsiderá-lo ao tratar da sujeição passiva, pois a coerência implica que os desígnios anteriores sejam considerados ao se realizar as escolhas presentes. Assim, conceituamos tributo estaticamente pactuando que o sujeito passivo indireto, presente na consequência, deve possuir um vínculo potencial com a abstração da hipótese, sob pena de não ser de norma de tributação que falamos, questão à parte a possibilidade de tal norma de tributação nem norma jurídica válida ser, pois provavelmente ineficaz.

A sujeição passiva indireta contempla os casos em que o sujeito da hipótese diverge do sujeito da consequência na norma de tributação, excetuados os casos de simetria e, especialmente, de sinalagma. Mas ser diferente, não significa que possa ser todo e qualquer, havendo a necessidade de o sujeito da consequência guardar uma relação potencial com a hipótese. Quanto à essa relação potencial, pode-se verificá-la de duas formas. Por um ângulo, não sendo os mesmos, a ligação entre o sujeito da consequência pode ser com o sujeito da hipótese, sem, no entanto, estar atrelado ao estado de coisas. Como exemplo, temos o caso em que a hipótese é composta por sujeito, todo e qualquer, que realize a situação prevista, havendo indiferença à sua capacidade jurídica para a realização da conduta, e a consequência é formada com responsável legal por incapaz.[518] Para esse caso de ligação entre os sujeitos,

---

517. Nesse sentido, Hans Kelsen: "A responsabilização por um delito cometido por outrem, no caso em que a sanção é dirigida contra outro indivíduo que não o delinquente, apenas pode ter eficácia preventiva quando entre os dois indivíduos existe uma relação que permita presumir que o indivíduo obrigado, o delinquente potencial, também receba como um mal a execução da sanção no caso de ela incidir sobre um outro indivíduo como objeto da responsabilidade [...]".*Teoria pura do direito*, 2.ed., p. 136 (IV.2.d).

518. Se o sujeito é incapaz, pode o direito positivo desconsiderar a situação para fins de conduta da hipótese, mas não vemos como desconsiderar essa situação no mandamento, já que tal segmento pressupõe que a pessoa compreenda que conduta deve realizar para afastar a norma eventual. E cremos que seja esse o motivo

guardamos a expressão "sujeição passiva indireta subjetiva". Pode ainda, nos casos de ligação indireta, ser a concatenação entre o sujeito da consequência e a descrição do estado de coisas, mas não de forma direta, como se dá para quem realiza a concretização. Caso típico é o das operações comerciais plurifásicas, onde a tributação somente ocorre sobre quem vende ao consumidor final. Situação a qual denominamos de "sujeição passiva indireta objetiva".

4.3.3 Onde e quando

A norma tributária em sentido estrito é norma primária e, como tal, apresenta hipótese e consequente. Na hipótese, fato lícito, de conteúdo econômico, descrito de forma abstrata, projetado no futuro, carecendo de intenção para sua realização; na consequência, alguém que deve dar dinheiro, generalidade, a ser quantificado, eventualidade, ao Estado ou a quem lhe faça as vezes. Entretanto, para uma compreensão plena do tema, falta ainda dizer quando e onde se deve dar o dinheiro. É tudo questão de completude de sentido, pois, sem saber a que tempo se deve dar e a que lugar se deve levar a pecúnia, não há como cumprir a prescrição.[519] Com efeito, a exposição dos dois advérbios, "onde" e "quando", por aquele que põe o enunciado é de suma importância para que seja possível interpretar a norma jurídica como prescritora de uma mensagem completa. Assim, dispor quem entrega o quê, em que quantia, a quem, é

---

para Paulo de Barros Carvalho considerar que "[...] na consequência do juízo condicional, havemos de convir que o rol de opções do legislador se restringe, sensivelmente, não lhe sendo possível indicar para sujeito passivo alguém que não tenha personalidade jurídica [...]". *Direito tributário, linguagem e método*, p. 640. De qualquer sorte, no nosso exemplo, a norma de tributação é construída *ab ovo* com sujeitos diversos, incapaz, para a hipótese, e capaz, para a consequência. Uma construção diferente seria inválida, pois a norma não teria um mínimo de eficácia.

519. Pode ser o caso de o sujeito passivo não ter de ir a lugar algum, devendo esperar pacientemente o almotacé: "[no Brasil colonial] Junto a cada donatário, o almotacé, uma espécie de fiscal do Erário, encarregava-se da arrecadação, obedecendo a ordens diretas da Metrópole". Paul Hugon, *O imposto*, p. 157.

necessário, mas não é suficiente, sendo preciso dar conta, ainda, do tempo e do espaço da conduta devida.[520]

E aqui devemos apartar a discussão em duas: uma, é que tipo de enunciado deve ser posto para cuidar de tais assuntos; outra, é a completude da mensagem. Para o primeiro caso, pode até ser que, em um específico ordenamento jurídico, o "onde" e o "quando" pagar possam estar em enunciados de posição baixa, mais ao pé da pirâmide normativa, ao contrário de outros elementos da consequência da norma de tributação. Assim, "quem", "a quem", "o quê" e o "modo de calcular" esse "o quê" podem ser questões para dispositivos de boa linhagem, nobres, relegando a instrumentos de menor porte "onde" e "quando'. Questão de direito positivo.[521] Agora, qual-

---

520. Em sentido contrário, José Roberto Vieira: "No que toca ao como, quando e onde pagar, cremos que, embora revestidas de significação econômica, constituem questões de menor relevância jurídica [quando e onde pagar] [...]". *A regra-matriz de incidência do IPI*, p. 68. Também entende ser questão de menor importância "onde" e "quando" pagar, Julio Aveiro: "Evidentemente, deve ser previsto, no ordenamento, o modo como a relação jurídica se extingue, indicando os elementos necessários. [...]. Contudo, [...] tais disciplinamentos não se qualificam como fundamentais, ao menos segundo pensamos". *A regra-matriz de incidência do imposto em razão da morte*, p. 69.

521. No Brasil, a questão envolve o princípio da legalidade, ou seja, se o "onde" e o "quando" pagar devem vir consignados em lei. Especialmente quanto à data de pagamento, ainda sob a regência da Constituição de 1969, já se manifestava nossa doutrina pela necessidade de lei: "[...] pela Constituição, fixar prazo para cumprimento de obrigação pecuniária não é matéria administrativa. É assunto que não comporta discrição. É matéria legal, porque diz respeito à quantificação da obrigação tributária do cidadão diante do Estado". Geraldo Ataliba e Lima Gonçalves, Carga tributária e prazo de recolhimento de tributos, *Revista de direito tributário*, v. 45, p. 27. E essas razões, que tratam da presença da lei como um imperativo para a questão do tempo de pagamento, cunhadas sob a Carta Anterior, igualmente poderiam ser encontradas, agora, na Carta Atual. Nesse sentido, Roque Carrazza: "[...] as reduções de prazos e as alterações das formas de pagamento dos tributos implicam aumento da carga tributária. E o aumento da carga tributária deve obedecer aos princípios da estrita legalidade". *Curso de direito tributário*, p. 237. Ou, ainda, Betina Grupenmacher: "[...] a redução de prazo bem como a modificação dos critérios para o recolhimento dos tributos implicam de forma indireta no aumento da carga tributária e portanto devem obedecer ao princípio da estrita legalidade". *Eficácia e aplicabilidade das limitações constitucionais ao poder de tributar*, p. 92. Para uma posição defendendo que, no direito brasileiro, o critério temporal do consequente da norma de tributação pode ser saturado por meio de legislação (art. 96 do CTN) e não necessariamente por lei, veja-se: Valterlei da Costa, REIDI – noções gerais e natureza jurídica: um estudo sobre isenção e suspensão, *Revista direito tributário atual*, n. 47, p. 471.

quer que seja o veículo do enunciado, mesmo que um mal-ajambrado para certas estéticas de mundo, ele deve existir, pois não há a possibilidade de prescrição de conduta, com sentido completo, sem se informar o local e a data de pagamento da quantia devida.

4.4 CONCEITO ESTÁTICO DE TRIBUTO

A partir da homogeneidade sintática das normas jurídicas, saturamos os categoremas para construir uma proposição com função aglutinadora, conceito de tributo do direito, e passamos a agrupar então, ao redor dessa conceituação, normas jurídicas, às quais designamos de normas de tributação. Da norma jurídica em sua feição completa, tomamos apenas a norma primária, desmembrando-a em hipótese e consequência unidas pela imputação. Com isso, passamos a ter, na hipótese, a descrição de um fato lícito, de conteúdo econômico, com projeção no futuro, o que faz dela uma abstração — expressa pela forma sujeito, verbo e complemento — identificável por meio de marcadores, quais sejam, o tempo e espaço. Por sua vez, na consequência, tendo por norte seu caráter prescricional, registramos tributo como uma obrigação de dar, mais especificamente como uma obrigação de dar dinheiro. Quanto à quantia a ser dada, sublinhamos que a norma de tributação traz a forma de cálculo, necessitando ainda, para alcançar o valor devido, de dados concretos, o que faz dela uma norma jurídica eventiva. Assim, tributo é uma obrigação computável de dar dinheiro, ainda não determinada, de alguém a outro, com esse outro sendo, um dos polos, o Estado ou quem exerça uma função que possa ser lida como estatal. No outro polo, há aquele que deve dar, apresentando-o de forma geral, podendo, a depender do cotejo com o sujeito da hipótese, ser classificado em sujeito passivo direto, quando há identidade entre eles, e indireto, quando não há tal conformidade. Por fim, para que tenha sentido completo a afirmação de que alguém, em razão da norma de tributação, é obrigado a dar dinheiro, a ser apurado, a outro, necessita-se apontar, ainda, "onde" e "quando" da conduta devida.

Esse é o ponto a que chegamos em nossa conceituação estática de tributo, utilizando, para tanto, uma teoria da norma jurídica. A ideia foi mostrar, passo a passo, como construímos o conceito para que outros possam refazer o caminho e, sendo o caso, fazer os ajustes necessários. E esse trajeto, dentro do possível, tentamos fazê-lo sozinhos para que não sentíssemos a tentação de vincularmo-nos à posição de ilustres tributaristas,[522] pois algumas ideias possuem uma força tão grande de atração que o processo de satelitização ocorre, não pelo chicote do mestre, mas pelo desejo do discípulo.[523] Em razão disso, a doutrina tributária foi usada como uma régua de nossa posição, mas sem caráter axiomático. Assim, em alguns casos coincidiu o que escrevemos com as lições dos grandes jurisconsultos, em outros não. Havendo igualdade de posição, um bom sentimento tomava conta, pois outros grandes já haviam passado por ali. E, nos casos em que não houve a convergência, checamos novamente nosso entendimento, verificando o motivo da divergência e, em alguns casos, fizemos as mudanças necessárias, mas, em outros, sentimo-nos

522. "Uma trilha que subia teimosamente entre os seixos, maldosa, solitária, não mais animada por ervas e arbustos: uma trilha de montanha rangendo sob a teimosia de meus pés. Mudos, andando sobre o zombeteiro chiar do cascalho, pisando os pedregulhos que os faziam deslizar: assim meus pés forçavam o caminho para o alto. [...]. Para o alto: — embora ele estive em minhas costas, meio anão, meio toupeira; aleijado; aleijador; pingando chumbo em meus ouvidos, pensamentos-gotas de chumbo em meu cérebro. 'Ó Zaratustra', cochichou zombeteiramente, sílaba por sílaba, 'ó pedra da sabedoria! Tu te arremessaste para cima, mas toda pedra arremessada tem de cair - cair! [...]'. Então calou-se o anão; e isso durou muito. Mas seu silêncio me oprimia; e estar assim a dois é, em verdade, mais solitário do que estar a um! [...]. Mas existem algo, em mim, que chamo de coragem: até agora, sempre matou em mim todo desânimo. Por fim, essa coragem me mandou parar e falar: 'Anão! Ou tu, ou eu!'". Friedrich Nietzsche, *Assim falou Zaratustra*, p. 148-149 (III, Da visão e enigma, 1).

523. "Lamentavelmente [...], na vida literária, há pessoas que se contentam em gravitar ao redor de um pensador ou escritor de talento, atraídas pelo seu brilho. Renunciam, por essa via, à ousadia intelectual, numa espécie de autorregulação mutiladora de suas próprias virtudes intelectuais adormecidas. Contentem-se (sic) com um papel 'modesto', i. é., secundário na vida do espírito. Dá-se então o fenômeno, altamente perturbador pela sua persistência insinuante, da satelitização da inteligência". José Souto Maior Borges, *Ciência feliz*, p. 29.

seguros de nossa posição. Quando isso se deu, após todas as vênias, rapapés e salamaleques que tal situação exige, relatamos o busílis da disputa e o porquê de entendermos nossa posição como a melhor. Que fique claro, a ideia sempre foi seguir um caminho próprio e jamais discordar por discordar, mas também foi nunca capitular em face do argumento de autoridade. Agora, dito tudo isso, não podemos deixar de frisar que um trabalho como esse somente tem lugar porque alguém já nos mostrou antes que é possível um estudo sobre a norma tributária por meio da teoria geral do direito. Assim, não importa o quanto discrepemos em pontos específicos de Alfredo BECKER, Geraldo ATALIBA e Paulo de Barros CARVALHO, as homenagens devem ser prestadas, pois, se algum dia, em nós, surgiu a ideia de um estudo sobre a norma de tributação com a feição que aqui apresentamos, isso se deu porque lemos esses três maestros. Em razão disso, vamos finalizar este tópico com um singelo tributo a eles, por meio de uma breve exposição crítica de seus posicionamentos.

Numa posição revolucionária, em *Teoria geral do direito tributário*, de 1963, Alfredo BECKER já usava a expressão "estrutura lógica", para, com base nessa ideia, fazer a cisão em duas da norma jurídica, partes as quais, neste trabalho, apresentamos como hipótese e consequência.[524] A partir disso, tratou cada uma delas de forma analítica, expondo que: a hipótese é formada de um núcleo e um ou mais elementos adjetivos, ao lado de coordenadas de tempo e lugar;[525] a consequência, por sua vez, contempla os sujeitos ativo e passivo da relação jurídica, bem como a prestação.[526] Fácil perceber,

524. "Dissecada em sua *estrutura lógica*, a regra jurídica se decompõe em duas partes: a) a *hipótese de incidência* ('fato gerador', suporte factício, 'fattispecie', 'Tatbestand'); b) a *regra* (a norma, a regra de conduta, o preceito)". *Teoria geral do direito tributário*, p. 295.

525. "A dissecação de toda e qualquer hipótese de incidência mostrará que ela se compõe de um único núcleo e de um ou mais elementos adjetivos e que ela somente poderá se realizar na época e no espaço que foram previstos pelas coordenadas de tempo e lugar". *Teoria geral do direito tributário*, p. 329.

526. "Porque a relação jurídica é sempre pessoal (entre pessoa e pessoa), o conteúdo da prestação *nunca é o bem* (dinheiro, móvel ou imóvel, etc.), mas um *facere* ou

portanto, que uma ideia-chave deste trabalho já estava no jurista gaúcho, que a norma de tributação, por ser norma jurídica, não tem uma estrutura especial diante das demais normas jurídicas.[527] E aqui fica registrada nossa dívida.

Dez anos depois da grande obra de BECKER, advém o livro de Geraldo ATALIBA, *Hipótese de incidência tributária*, de 1973, que apresenta, em menos de 200 páginas, em verdade duas teses: uma, foco deste trabalho, sobre a secção da norma de tributação; outra, que pretendemos tratar no futuro, em data incerta, mas que garantimos que não será deixada às calendas, sobre as espécies tributárias. De qualquer sorte, há uma proximidade muito grande entre os trabalhos, com este citando aquele amiúde e, dada essa cercania, vamos aqui apresentar três observações advindas do cotejo entre as duas obras, tendo a *Hipótese de incidência tributária* como parâmetro. A primeira é positiva, pois o mestre paulista foi mais analítico em relação a cada desdobramento da norma tributária do que o gaúcho. Nesse ponto, houve uma evolução. A segunda é neutra. Nosso primeiro Teórico do direito tributário, com "T" maiúsculo mesmo, ao tentar mostrar a necessidade de relação entre a base de cálculo de um tributo e a situação descrita em abstrato desse mesmo tributo, acabou por confundir as duas situações, igualando-as.[528] Geraldo ATALIBA dá-se conta de que há ali, em verdade, duas questões distintas, mas, preso ao jurista gaúcho, não consegue ainda fazer o translado da base de cálculo para

---

non facere (ato ou abstenção humana) do *sujeito passivo* e referente àquele bem". *Teoria geral do direito tributário*, p. 347.

527. "De 1958 a 1962, durante 4 anos consecutivos, não gozei férias, nem sábados, nem domingos, nem feriados. [...]. Após esses 4 anos, em 1962 [...], eu entreguei à Editora Saraiva, em São Paulo, um livro com 62 páginas, cujo título é Teoria Geral do Direito Tributário. [...]. Aquele livro era e é pura teoria geral. Não comenta, nem analisa nenhuma legislação. Apenas ensina o seu leitor a pensar e, depois, por si mesmo, resolver o seu problema jurídico resultante de qualquer lei tributária". Alfredo BECKER, *Carnaval tributário*, p. 28.

528. "Nas regras jurídicas de tributação, o núcleo da hipótese de incidência é sempre a *base de cálculo*". *Teoria geral do direito tributário*, p. 329.

a consequência da norma de tributação.[529] A terceira e última questão a ser levantada é negativa. Chega mesmo a causar espécie que um jurista do porte daquele que foi reitor da PUC/SP tenha, sem qualquer explicação, deslocado aquele que deve prestar a conduta e aquele em face de quem a conduta deverá ser prestada para a hipótese da norma de tributação.[530] Quem dá e quem recebe são questões mandamentais, da consequência normativa, que não se encontram, de modo algum, no lugar sintático reservado à descrição do fato. De todo modo, feitas as contas, tudo pesado e sopesado, a pequena obra em tamanho de Ataliba é uma gigante na literatura do direito tributário nacional, e mesmo quem a leu muitas vezes, sempre encontra frescor quando novamente sobre ela se debruça.[531]

No ano seguinte ao lançamento do livro de *Hipótese de incidência tributária*, em 1974, dimana a obra de Paulo de Barros Carvalho, *Teoria da norma tributária*, resultado de sua tese de doutorado apresentada um ano antes na PUC/SP, tendo o próprio Ataliba como orientador, com o sugestivo título *A estrutura lógica da norma jurídica tributária*. Ganha, então, a composição da norma de tributação seu formato mais bem elaborado.[532]

---

529. "É [a base de cálculo] [...] uma grandeza ínsita na h.i. (Alfredo Augusto Becker a coloca, acertadamente, como cerne da h.i.)". *Hipótese de incidência tributária*, 4.ed., p. 108.

530. "O aspecto pessoal, ou subjetivo, é a qualidade [...] que determina os sujeitos da obrigação tributária [...]. É [...] um critério de indicação de sujeitos, que se contém na h.i.". *Hipótese de incidência tributária*, 4.ed., p. 77.

531. Não desconhecemos que a obra em questão foi transladada para o espanhol, sob o título *Hipótesis de incidencia tributaria*, tradução de Roque García Mullin, com edições em Montevideo, em 1977, e Lima, em 1987, e tradução de Jorge Cucci *et al.*, com edição igualmente em Lima, mas no ano de 2011. Contudo, não sabemos dizer seu grau de penetração em outros países.

532. Nesse sentido, Sacha Calmon Navarro Coêlho: "A norma tributária encontrou em Paulo de Barros Carvalho o seu melhor expositor na literatura luso-hispano-americana. [...]. Esta é, talvez, a mais aguda percepção da estrutura da norma tributária". *Teoria geral da interpretação e da exoneração tributária*, p. 94-95. E, igualmente, Marçal Justen Filho: "O estudo mais correto, a nosso ver, realizado no campo [da estrutura da norma tributária] incumbiu a Paulo de Barros Carvalho [...]". *O imposto sobre serviços na Constituição*, p. 44. Quanto ao que pensa Paulo de Barros Carvalho sobre sua obra, em 1974, expôs: "Esse modo de enxergar a regra

A teoria apresenta a norma de tributação por meio de critérios — deixando claro que, além dos que expõe, outros seriam dispensáveis[533] —, que são os: material, espacial e temporal, na hipótese; pessoal e quantitativo, na consequência.[534] Contudo, se podemos concordar que a fórmula carvalhiana é até então a melhor, o mesmo não podemos dizer da exaustividade dos critérios. Questão que merece ser mais bem analisada, mas, antes de prosseguirmos, cabe aqui um pequeno paralelo. Afinal, com que termos se deve apresentar a secção da norma de tributação: "elementos", "aspectos" ou "critérios"?

---

jurídica tributária não pretende ser original e sabemos não tratar-se de posição da qual possam advir consequências práticas sensíveis". *Teoria da norma tributária*, p. 115. Já em 1996, foi mais assertivo: "[...] [a teoria da regra-matriz] se tem mostrado utilíssima no elucidamento (sic) de conflitos jurídico, exibindo, à luz do sol, as fronteiras em que o legislador e o aplicador das normas devem manter-se, para não ofender o Texto Constitucional". IPI - Comentários sobre as regras gerais de interpretação da tabela NBM/SH (TIPI/TAB), *Revista dialética de direito tributário*, n. 12, p. 51 (esclarecemos entre colchetes). De toda sorte, para darmos conta da importância de sua teoria, basta lembrarmos que "[...] esse esquema lógico-semântico de isolamento da incidência tributária vem sendo usado, intensamente, pela doutrina, existindo trabalhos específicos de aplicação aos vários tributos do sistema. Vale referência às obras de José Roberto Vieira, sobre o IPI [...]". Paulo de Barros Carvalho, *Direito tributário*, p. 82. Além de que, "[a]tualmente [2009], aproxima-se de uma centena a quantidade de obras que promoveram a aplicação da Regra-Matriz de Incidência Tributária a fim de definir a natureza dos tributos brasileiros". Clarice von Oertzen de Araujo, Prefácio à 5ª ed., *in* Paulo de Barros Carvalho, *Teoria da norma tributária*, p. 13 (esclarecemos entre colchetes).

533. "Nada mais será preciso para que conheçamos, em toda extensão, o liame jurídico estabelecido por virtude do acontecimento do suposto". *Teoria norma tributária*, p. 115.

534. "Quais os critérios que poderão servir para identificar um fato lícito, que não acordo de vontades considerado em si mesmo? O critério material — descrição objetiva do fato — que é o próprio núcleo da hipótese; o critério espacial — condições de lugar onde poderá acontecer o evento; e o critério temporal — circunstâncias de tempo que nos permitirão saber em que momento se considera ocorrido o fato. [...]. Todavia, se os critérios que logramos encontrar nas hipóteses endonormativas tributárias são aqueles que nos dão elementos para reconhecer um fato que poderá acontecer no plano concreto da realidade, os critérios que encontraremos na consequência serão atinentes, única e exclusivamente, com a relação jurídica que haverá de inaugurar-se com a ocorrência daquele fato, tudo por força da imputação normativa. E de que maneira nos será possível identificar essa relação jurídica? Sabendo qual o critério para a determinação dos sujeitos — ativo e passivo — (critério pessoal) e de que modo será estabelecido o conteúdo do dever jurídico, a cargo do sujeito passivo, portanto o critério quantitativo". *Teoria norma tributária*, p. 114-115.

Alfredo Becker não foi uniforme em sua exposição, mas, quando necessitou fazer uma precisa delimitação, valeu-se do termo "elemento", ao lado de "núcleo" e "coordenadas".[535] Geraldo Ataliba, por sua vez, opõe-se à ideia de que a norma jurídica tenha elementos, já que o termo deve ser usado para os casos em que um elemento é combinado com outro elemento para formar, então, algo diferente do resultado da mera justaposição. A norma de tributação, por sua vez, seria um todo, não formado da combinação de partes, e logo não teria elementos, mas sim qualidades, atributos ou relações.[536] Ocorre que a norma jurídica, enquanto proposição, é sim formada de partes, não havendo nada de errado, portanto, com o uso do vocábulo.[537] De toda sorte, prefere aquele que foi reitor da PUC/SP a palavra "aspecto", para designar os atributos da norma.[538] Questão que também gerou desacordo, sob a argumentação de que apenas concretudes teriam aspecto.[539] De

535. "No conteúdo da hipótese de incidência, além do núcleo, existem ainda um ou mais elementos das mais diversas naturezas que *adjetivam* o núcleo, determinando-lhe menor ou maior especificação". *Teoria geral do direito tributário*, p. 295. Sua inspiração é Pontes de Miranda: "A configuração do suporte fático é extremamente importante: ou a regra jurídica concebe o suporte fático em esquema rígido, indeformável; ou, para cada deformação, ou alteração, que lhe não mude os elementos-cerne (= elementos comuns), *outra* regra jurídica intervém e incide". *Tratado de direito privado*, t. I, p. 80 (13.1).

536. "Não nos parece adequada a expressão *elementos* da hipótese de incidência, usada por alguns autores. É que esta expressão sugere a ideia de que se está diante de algo que entra na composição doutra coisa e serve para formá-la. Cada aspecto da hipótese de incidência não é algo a se *stante*, de forma que associado aos demais resulte na composição da hipótese de incidência, mas, são simples qualidades, atributos ou relações de uma coisa una e indivisível, que é a hipótese de incidência juridicamente considerada". *Hipótese de incidência tributária*, 4.ed., p. 74.

537. "*elemento* [...] *11. Linguística* Parte de um todo linguístico [...] que se pode apreciar em separado, através da análise". Luiz Antonio Sacconi: *Grande dicionário Sacconi*: verbete "elemento", p. 737.

538. "Preferimos falar em aspectos da hipótese de incidência porque, na verdade, esta unidade conceitual pode ser encarada, examinada e estudada sob diferentes prismas, sem destituir-se de seu caráter unitário e sem que a compreensão, exame e estudo de um possa permitir negligenciar ou ignorar os demais, partícipes da unidade e nela integrados". *Hipótese de incidência tributária*, 4.ed., p. 75.

539. [...] rigorosamente, não se poderia aludir a aspectos [...], relativamente à norma [...]. Esses aspectos, mais propriamente, existem é no fato imponível [...]". Marçal Justen Filho, *O imposto sobre serviços na Constituição*, p. 44.

nossa parte, acreditamos que, por essa linha, estar-se-ia vendo coisas, uma espécie de confronto contra o holandês voador, já que desconhecemos a necessidade de resguardar o uso do verbete "aspecto" apenas aos entes concretos.[540] Por fim, Paulo de Barros CARVALHO elegeu "critério" como nome do dado que se usa para identificar os fatos como fatos jurídicos tributários.[541] Escolha que também causou agitação,[542] apesar de nos parecer correta, pois é usada na função de identificador.[543] De nossa parte, não vemos nada que seja decisivo, que traga vantagens, no uso de um ou outro termo, muito menos encontramos algo tão errado que inviabilize a utilização de

540. "*aspecto.* [...]. 5. Cada um dos diversos modos com que um fenômeno, uma coisa, um assunto, etc., pode ser visto, observado ou considerado; lado; face; ângulo". Aurélio Buarque de Holanda FERREIRA, *Novo dicionário da língua portuguesa*: verbete "aspecto", p. 208.

541. "Na hipótese encontramos os critérios para a identificação de um fato acontecido no mundo da realidade física. Na consequência, os critérios para a identificação da relação jurídica que se instala com o acontecimento do suposto. No plano puramente normativo, assim, não há ainda falar-se em fato, muito menos em relação jurídica. Temos somente critérios". *Teoria da norma tributária*, p. 89. Agora, depois de conceber a distinção entre "fato" e "evento", quando os fatos jurídicos também devem ser tidos como proposições linguísticas, para eles, então, passou a empregar "elementos", reservando "critérios" apenas para a norma de tributação: "Anote-se que utilizo 'elementos' para referir-me aos componentes de linguagem do 'fato jurídico tributário' e 'critérios' para os da hipótese de incidência da norma geral e abstrata (regra-matriz do tributo)". *Direito tributário*: fundamentos jurídicos da incidência, p. 109.

542. Nesse sentido, Sacha Calmon Navarro COÊLHO: "Divergimos [...] na terminologia, porquanto ao invés de (sic) 'critérios', utilizamos o termo aspecto para qualificar as facetas da hipótese e da consequência da norma jurídico-tributária". *Teoria geral da interpretação e da exoneração tributária*, p. 95. Marçal JUSTEN FILHO também discorda do termo, mas apenas quando aplicado ao consequente: "[...] é cabível aludir a critérios de reconhecimento na hipótese. Mas não o é relativamente à consequência. No mandamento, há não critérios, mas determinações, imposições. *O imposto sobre serviços na Constituição*, p. 46. No entanto, não há razões para distinção. Se a norma de tributação apresenta a fórmula (D) p→Oq, tanto em "p" como em "q", há elementos, aspectos ou critérios. Por sua vez, a obrigação "O" é um modalizador de "q", sem com isso fazer parte do próprio "q". Assim, uma coisa é a característica da conduta, que se expressa por meio de elementos, aspectos ou critérios; outra, totalmente distinta, é se essa conduta, uma vez demarcada, é obrigatória.

543. "critério [...] *1* norma de confronto, avaliação e escolha [...] *2 p.ext.* faculdade de discernir e de identificar a verdade; juízo, razão *3 p.ext.* fundamento, base para uma opção e/ou decisão [...]". Antônio HOUAISS e Mauro de Salles VILLAR, *Dicionário Houaiss da língua portuguesa*: verbete "critério", p. 875.

qualquer um deles e, ao fim e ao cabo, cremos que tudo não passa de uma daquelas discussões por palavras, que uma ida ao dicionário resolveria. Agora, se tivéssemos de escolher, optaríamos por "critério", e isso em razão de algo muito simples, que aqui relatamos para os que têm desejo de que tudo no mundo tenha uma explicação: CARVALHO ensinou ao Professor JOSÉ ROBERTO VIEIRA quem, por sua vez, ensinou-nos ser a secção da norma de tributação promovida mediante critérios.[544]

Feita essa pequena digressão, podemos voltar à estrutura da norma de tributação de CARVALHO, para verificarmos que seu maior mérito foi ter equilibrado os critérios da norma entre a hipótese e a consequência. Todavia, em nosso modo de ver, não levou essa paridade às últimas consequências, pois não nos basta uma relativa harmonia entre a hipótese e a consequência, mas pugnamos por nada menos do que uma perfeita simetria entre elas, uma vez que tenha sido acordado que na hipótese há também, como na consequência, uma conduta humana. Com efeito, tanto hipótese como consequência possuem os mesmos elementos, aspectos ou critérios, os quais podem ser representados assim: QUEM, FAZ O QUÊ, QUANDO e ONDE. No mais, questões sobre a conveniência e oportunidade de apresentar a estrutura da norma em sua completude não mudam a questão central. Assim, há, na hipótese, os critérios: pessoal (quem), comportamental (faz o quê, na forma verbo e complemento), temporal (quando) e espacial (onde); de igual modo, há, na consequência, os critérios: pessoal (quem e a quem), comportamental (faz o quê, um dar dinheiro), temporal (quando) e espacial (onde).

Por fim, resta escrever algumas linhas sobre a consagrada expressão "regra-matriz de incidência tributária" (RMIT). Iniciemos fazendo uma observação: toda grande teoria precisa

544. "E quais os *critérios da regra-matriz de incidência tributária*? [...]. [...] teremos, na hipótese, um comportamento de pessoas (critério material), subordinado a uma condição de lugar (reconhecida pelo critério espacial) e a uma condição de tempo (reconhecida pelo critério temporal); e na consequência, sujeitos ativo e passivo (critério pessoal), e base de cálculo e alíquota (critério quantitativo". *A regra-matriz de incidência do IPI*, p. 60-61.

de um título esplendoroso e, sem dúvida alguma, regra-matriz de incidência tributária é uma locução mais do que adequada, é um ícone do direito tributário brasileiro.[545] Dito isso, o que seria, então, a regra-matriz de incidência tributária?[546] Para o seu criador, a regra-matriz de incidência tributária é a norma que estipula, define, a incidência do tributo.[547] Entretanto, ao

---

545. Em *Teoria da Norma Tributária*, de 1974, já encontramos o que hoje conhecemos por teoria da regra-matriz, mas ainda não há o epíteto, que somente com a tese apresentada em 1981, para a obtenção da livre-docência em direito tributário, na PUC/SP, passa a ser ostensivo: *A Regra Matriz do ICM*. Deve-se ter em conta, ainda, artigo publicado em 1978, no qual já emprega Paulo de Barros CARVALHO a expressão que ficaria consagrada: "No esquema de compreensão da regra-matriz [...]". Hipótese de incidência e base de cálculo do ICM, *in* Ives Gandra da Silva Martins (coord.), *O fato gerador do ICM*, p. 326. Mas ainda se estava em fase da escolha, pois também se vale de "regra-modelo" e "arquétipo": "Daí poder falar-se em regra-modelo ou arquétipo de norma jurídica [...]. *Ibidem*, p. 324. Bem como, no mesmo artigo, experimenta "protótipo": "[...] poderíamos aludir ao protótipo de norma [...]". *Ibidem*, p. 325. Em 1983, a expressão já aparece na doutrina, com Lima GONÇALVES publicando o artigo *Princípios informadores do "critério pessoal da regra matriz de incidência tributária"*, na *Revista de direito tributário*, n. 23-24.

546. Sobre o assunto, já nos manifestamos no sentido de ser a regra-matriz uma construção da teoria e não da ciência do direito: "A regra-matriz, como teoria do direito, dá-nos uma abstração do mundo, um "diagrama lógico-semântico", para que então possamos organizar a ciência do direito (proposições verdadeiras ou falsas), que obtemos por meio da observação e descrição. Logo, há o objeto de estudo, a norma jurídica tributária em sentido estrito, que encontramos a partir do direito posto, e há a ciência que se produz por descrição do objeto, que é a ciência do direito tributário. Só que essa descrição científica do direito tributário deve ser amoldada a partir de um arquétipo. Faz-se então evidente a necessidade de uma teoria do direito tributário para a organização do pensamento". Valterlei da COSTA e Matheus ZICCARELLI, A regra-matriz tributária: uma formulação da teoria do direito, *Revista tributária e de finanças públicas*, v. 141, p. 254-255.

547. Em obras diferentes, encontramos passagens que remetem a ser a regra-matriz uma norma jurídica: "[...] normas que estipulam a incidência do tributo [...]. [...]. Chamaremo-las de 'norma-padrão de incidência' ou 'regra-matriz de incidência tributária' [...]". Paulo de Barros CARVALHO, *Direito tributário*, p. 79. "[...] normas que definem a incidência do tributo [...] (*norma-padrão de incidência ou regra-matriz da incidência tributária*)". Paulo de Barros CARVALHO, *Curso de direito tributário*, 18.ed., p. 251. E a doutrina especializada comprou a ideia: Nesse sentido, Lima GONÇALVES: "Só a lei pode criar uma regra matriz de incidência [...]". Princípios informadores do "critério pessoal da regra matriz de incidência tributária", *Revista de direito tributário*, n. 23-24, p. 261. Ou José Roberto VIEIRA: "[...] a norma tributária em sentido estrito ou regra-matriz de incidência [...] é uma das mais típicas regras de comportamento". *A regra-matriz de incidência do IPI*, p.70. Ou, ainda, Eurico de SANTI: "[a] regra-matriz de incidência tributária [...] é uma norma jurídica de comportamento

pensarmos na regra-matriz como "D{[Cm(v.c).Ce.Ct]→[Cp(-Sa.Sp).Cq(bc.al)]}",[548] de forma alguma podemos concordar que ela é uma norma jurídica. Isso porque uma coisa é a norma jurídica, enquanto ente posto, outra, totalmente distinta, é a proposição que a descreve e uma questão terceira é a estrutura comum tanto à norma jurídica quanto à proposição jurídica. Sendo assim, seguindo as bases do próprio autor, a regra-matriz não pode ser, ela mesma, a norma jurídica tributária, mas deve ser a estrutura dessa norma jurídica tributária.[549] Ademais, não é ela algo meramente estrutural, pois, do contrário, não seria tributária, já que a norma de tributação possui a mesma estrutura de qualquer outra norma jurídica. Logo, por mais caráter de estrutura lógica que tenha a regra-matriz, principalmente quando apresentada em fórmula, não pode deixar de ter traços semânticos, pois só assim é possível diferenciá-la da estrutura de outras normas jurídicas.

[...]". *Lançamento tributário*, p. 127.

548. "Explicando os símbolos dessa linguagem formal, teremos: "D" é o dever-ser neutro, interproposicional, que outorga validade à norma jurídica, incidindo sobre o conectivo implicacional para juridicizar o vínculo entre a hipótese e a consequência. "[Cm(v.c).Ce.Ct]" é a hipótese normativa, em que "Cm" é o critério material da hipótese, núcleo da descrição fáctica; "v" é o verbo, sempre pessoal e de predicação incompleta; "c" é o complemento do verbo; "Ce" é o critério espacial; "Ct" o critério temporal; e "." é o conectivo conjuntor. "→" é o símbolo do conectivo condicional, interproposicional; e "[Cp(Sa.Sp).Cq(bc.al)]" é o consequente normativo, onde "Cp" é o critério pessoal; "Sa" é o sujeito ativo da obrigação; "Sp" é o sujeito passivo; "bc" é a base de cálculo; e "al" é alíquota". Paulo de Barros Carvalho, A regra-matriz de incidência do imposto sobre importação de produtos estrangeiros, *in* Eurico de Santi (coord.), *Curso de direito tributário e finanças públicas*, p. 524-525.

549. "[...] a Ciência do Direito Tributário vem desenvolvendo a concepção da chamada 'regra-matriz de incidência', esquema lógico que revela a presença de um juízo condicional [...]". Paulo de Barros Carvalho, IPI – Comentários sobre as regras gerais de interpretação da tabela NBM/SH (TIPI/TAB), *Revista dialética de direito tributário*, n. 12, p. 49.

5

CONCEITO DINÂMICO DE TRIBUTO

> "Os deuses são mortais, os humanos imortais, vivendo sua morte e morrendo a sua vida. Entramos e não entramos nos mesmos rios, somos e não somos".[550]
>
> HERÁCLITO

Uma vez pactuado qual conteúdo deve ter uma norma jurídica para que possa receber o epíteto de norma de tributação (veja-se 4.4), devemos perquirir, verificando o que há acima e abaixo dela, a estrutura escalonada do ordenamento jurídico (veja-se 2.9). Assim, se encontramos, em um primeiro momento, um conceito estático de tributo, agora se faz necessário apontar um conceito dinâmico, usando como ponteiro nossa norma de tributação. Ordem de pesquisa, aliás, que nos leva a uma inversão do entendimento padrão, segundo o qual primeiro estuda-se a norma de competência tributária, para depois estudar a norma de tributação. Aproximação, não negamos, coerente, pois se norma jurídica há, é porque há outra norma jurídica que assim dispõe (veja-se 2.3). Entretanto, optamos aqui por uma posição diferente, pois entendemos que

550. Questões homéricas, 24.3-5, *in* Jonathan BARNES, *Filósofos pré-socráticos*, p. 136 (8).

somente é possível conceituar a norma de competência tributária de posse da compreensão do que seja a norma de tributação. Com efeito, se conceituamos a norma de competência tributária como a que disciplina a norma de tributação, a afirmação somente será completa se for acompanhada do conceito de norma de tributação. Em razão disso é que promovemos essa anástrofe,[551] inclusive no título deste trabalho: "... um estudo normativo sobre tributação, competência e lançamento".

Nessa linha, todo esforço foi feito, primeiramente, para termos um identificador, um aglutinador, da norma de tributação. Então, uma vez firmada a norma de tributação como meridiano, é possível perscrutar seu fundamento de validade e, nesse ponto, deparamo-nos com a norma de competência tributária. Assim, dinamicamente, a norma de competência tributária é a norma fundante da norma de tributação, a qual, por essa ótica, é a norma fundada. Estaticamente, a norma de tributação basta, apesar disso, dinamicamente, é preciso especificar seu fundamento de validade, quando encontramos a norma de competência tributária, um degrau acima na construção em graus que é o direito positivo.

Esquadrinhado acima, devemos ulteriormente escrutinar abaixo, ainda tendo a norma de tributação como paralelo, a qual demonstra, assim, não ocupar apenas a posição de norma fundada, mas desempenha, outrossim, o papel de norma fundante, quando o que é efeito passa a ser causa e o imutável passa a ser dinâmico.[552] Agora, é a norma de tributação que passa a ser o fundamento direto de validade de outra norma jurídica, a norma de lançamento. E, novamente, em sentido estático, a norma de tributação bastaria, mas um estudo completo

551. "A ordem inversa que colide com a norma geral da colocação constitui a figura da sintaxe chamada ANÁSTROFE [...]". Joaquim Mattoso CAMARA JR., *Dicionário de linguística e gramática*: verbete "colocação", p. 89.

552. "A antiga ideia de um universo em essência imutável que pudesse ter existido e pudesse continuar a existir foi substituída para sempre pela ideia de um universo dinâmico e em expansão [...]". Stephen HAWKING, *Uma breve história do tempo*, p. 52-53 (2).

do tributo não pode prescindir da particularização normativa. Percebe-se, dessarte, que um adequado estudo do lançamento, tomado como norma concreta, individual e ocorrente, não pode ser feito sem antes um conhecimento da tributação, aqui como norma com seus contornos abstratos, gerais e eventivos.

Eis nossa tríade, nossa trinca, construída a partir de uma ideia básica, qual seja, tributo é norma jurídica, a qual, por sua vez, pode ser desdobrada em três, sendo a norma de tributação, cujo conteúdo identificamos por meio do cotejo com uma proposição pactuada, o norte a partir do qual posicionamos outras duas normas a ela ligadas: *supra*, há a norma de competência tributária, o fundamento de validade da norma de tributação; *infra*, há a norma de lançamento, à qual, por sua vez, a norma de tributação confere validade. Em um momento, busca-se em que se funda; em outro, a demanda é pelo que ela fundamenta e, assim, a partir da "norma de tributação" (veja-se 4), são precisadas outras duas normas que dizem respeito ao tributo, quais sejam, a "norma de competência tributária" (veja-se 5.1) e "norma de lançamento tributário" (veja-se 5.2).

O que é plano estático deixa de ser o núcleo, com o devir, aspecto dinâmico, assumindo o centro do palco, o que nos lembra HERÁCLITO, pois o movimento passa a ser o cerne.[553] Por esse novo ângulo, o fixo é abandonado; o que, em um caso, é norma fundante, passa a ser, em outro, norma fundada. Contudo, deixamos claro, a modificação não altera a necessidade de referência, que é a nossa norma de tributação, pois o que temos é uma ampliação do leque, com "de onde veio" e "para onde vai" sendo alçados à condição de novas pedras de toque do estudo do tributo, sem que não se esqueça "onde está". Em curta síntese, em seu aspecto dinâmico, ao estudioso do tributo interessa não só a criatura, como também seu criador.

---

553. "Heráclito diz: Tudo é devir; este devir é o princípio. [...]. É isto que Heráclito expressou com suas sentenças. O ser não é, por isso é o não-ser, e o não-ser é, por isso é o ser; isto é a verdade da identidade de ambos". Georg HEGEL, Preleções sobre a história da filosofia, *in* José Cavalcanti de SOUZA (super.), *Os pré-socráticos*, p. 103.

5.1 COMPETÊNCIA TRIBUTÁRIA

Se se verificar uma especificada situação (presença ou ausência de estado de coisas), então deve ser uma conduta (modalizada de forma obrigatória, permitida ou proibida) relacionada à produção, alteração ou extinção de norma jurídica. Assim é a norma de competência primária, que traz, geralmente, além da autoridade competente, em maior ou menor grau, o conteúdo da norma jurídica disciplinada — apresentado de forma positiva e negativa, ao lado do procedimento —, bem como o tempo e o espaço no qual deve ser enunciada (veja-se 2.9). E se o conteúdo pautado é o contemplado pelo conceito estático de tributo que apresentamos (veja-se 4.4), ou seja, se é a norma de tributação, então podemos falar de norma de competência tributária. Divisão de ordem semântica, que se lastreia no conteúdo.

Entretanto, não podemos negar que há outras normas primárias de competência que, de um modo ou de outro, podem ser confundidas com a norma de competência tributária em questão. Inicialmente, podemos lembrar que, além da norma de tributação, que é norma primária, há a norma eventual a ela ligada de forma disjuntiva, como consequência nos casos de não pagamento do valor devido (veja-se 4.1). Percebe-se, com isso, que, também para a norma eventual, há a imperiosidade de norma de competência.[554] De igual modo, além da norma de tributação, há, associadas a ela, com função instrumental, outras normas cujo foco não é um dar dinheiro, mas sim um fazer (veja-se 4.3.1). Esses casos, outrossim, necessitam de norma de competência. Ainda, como conteúdo de norma de competência, podemos deparar-nos com uma obrigação de levar dinheiro decorrente de fato lícito, sem que seja a norma de tributação, que é abstrata, geral e eventiva, mas

554. Como estamos realizando uma apresentação analítica, destacando a norma de tributação e a norma eventual, em vez da norma jurídica completa, por questão de simetria, estamos apontando, igualmente, uma norma de competência para cada uma delas. Entretanto, poderíamos formular a questão de outra forma, expondo que a norma de competência diz respeito à norma em sua feição completa, primária e eventual.

seja, sim, a norma de lançamento, que é concreta, individual e ocorrente (ver 5.2.1). Além desses casos, devemos lembrar que a norma de competência, em sua feição completa, é formada tanto por norma primária, cujo conteúdo diz respeito à norma de tributação, como por norma eventual, a qual estabelece as consequências para o caso de descumprimento, ligadas por disjunção (veja-se 2.10).

Feitos esses apontamentos sobre a existência de outras normas, vamos, então, reservar a locução "norma de competência tributária" exclusivamente para a norma primária que regula a norma de tributação, com fins de evitar ambiguidades. Posição que já nos permite uma primeira tomada de posição: competência tributária é norma jurídica (mais precisamente, norma primária) e não, como quer a doutrina, aptidão para criar tributo.[555] Isso porque, a nosso ver, apresentar a competência tributária como uma aptidão é algo incompleto e equivocado. Incompleto pois, em vez de focar na norma jurídica, fixa-se em uma consequência sua, que não existiria sem a norma jurídica. Afinal, se alguém tem a aptidão para criar tributos, isso somente decorre de norma jurídica e de nem uma outra situação. É, portanto, contar meia história.[556]

555. Sobre ser a competência tributária a aptidão para criar tributos, é farta nossa doutrina: "Temos assim a *competência tributária* — ou seja, a *aptidão para criar tributos* — [...]". Luciano AMARO, *Direito tributário*, p. 93. "A competência tributária é a aptidão para criar os tributos [...]". José Eduardo Soares de MELO, *Curso de direito tributário*, p. 113. "Competência legislativa é a aptidão de que são dotadas as pessoas políticas para expedir regras jurídicas [...]. Competência tributária [...] é uma das parcelas entre as prerrogativas legiferantes [...], consubstanciada na possibilidade de legislar para a produção de normas jurídicas sobre tributos". Paulo de Barros CARVALHO, *Curso de direito tributário*, 18.ed., p. 228. "Competência tributária é a aptidão para criar, *in abstracto*, tributos". Roque CARRAZZA, *Curso de direito constitucional tributário*, p. 431. "[...] competência tributária, no Brasil, é a aptidão [...] de criar, *in abstrato*, tributos [...]". Betina GRUPENMACHER, *Tratados internacionais em matéria tributária e ordem interna*, p. 38. "[...] competência tributária é a aptidão para instituir tributos [...]". Regina COSTA, *Imunidades tributárias*, p. 55. "Competência legislativa tributária é a aptidão jurídica, modalizada como permitida, imputada aos entes federativos para criar normas relativas à instituição, arrecadação ou fiscalização de tributos, por meio de processo legislativo". Tácio GAMA, *Competência tributária*, p. 221.

556. Pode ser que meia história já baste, e tudo não passe de uma elipse. De todo modo, o que queremos aqui é chamar a atenção para o fato de não existir qualquer direito

Equivocado porque a palavra "aptidão" já induz, de pronto, a pensar-se que a competência tributária é meramente uma disposição.[557] Ora, ter aptidão é ter "[c]apacidade para alguma coisa [...]";[558] o que remete à ideia de permissão, mas, conforme veremos com mais vagar, a competência tributária pode dar-se quer na forma de obrigação quer na de proibição (veja-se 5.1.2.1). A competência tributária é, portanto, uma norma jurídica e não uma aptidão.

Com esses esclarecimentos, vejamos, de forma analítica, a norma de competência tributária, a partir da secção hipótese e consequência.[559]

5.1.1 Hipótese da norma de competência tributária

Na hipótese da norma de competência, temos, desde toda e qualquer situação, sem maiores especificações, projetada no futuro, até concretudes, pois não há empecilho lógico — podendo, todavia, ser contestada em outros campos, como, por exemplo, o da justiça — a que se refira a algo passado (veja-se 2.12). Com isso, querermos expor que, com qualquer conteúdo, abstrato ou concreto, haja vista a homogeneidade sintática adotada neste trabalho, há sempre uma hipótese normativa na norma de competência (veja-se 2.5 e 2.9).

---

subjetivo sem norma jurídica que o ampare. Hans KELSEN já havia avisado que "[n]a descrição do Direito, o direito (subjetivo) avulta tanto no primeiro plano, que o dever quase desaparece por detrás dele [...]. *Teoria pura do direito*, 2.ed., p. 140 (IV.3.a). Nós, na mesma linha, apontamos que não há competência sem norma de competência.

557. "*APTIDÃO* [...] Disposição, capacidade natural ou adquirida [...]". Caldas AULETE, *Dicionário contemporâneo da língua portuguêsa*: verbete "aptidão", v. I, p. 339.

558. MICHAELIS: *Moderno dicionário da língua portuguesa*: verbete "aptidão", p. 196.

559. Uma outra forma de apreciar o caso seria de um ponto de vista externo, quando "[a] edição de uma norma de incidência como 'fato institucional' no sistema jurídico e, sendo assim, simplesmente ocorre ou não ocorre, não havendo terceira possibilidade [...]. É dizer, se a observância das regras que condicionam o agir do sujeito competente houver sido suficiente para atender a 'todas' as normas sobre a produção jurídica [...], a norma válida terá sido produzida; do contrário, simplesmente não terá restado produzida [...]". Guilherme FOLLADOR, *As normas de competência tributária*, p. 262.

Especificamente em tema tributário, quando a conduta regrada é a de assentar norma de tributação, é comum que seja a disposição para todo e qualquer caso, apesar de não serem estranhas situações como calamidade pública, guerra externa (ou sua iminência) ou investimento urgente e relevante, constarem na hipótese da norma de competência tributária.[560] Há, portanto, dois grupos de hipóteses da norma de competência tributária: encontramos, em um, toda e qualquer situação; em outro, os casos especificados. Ponto que tem motivado a doutrina a classificar a competência tributária em ordinária e extraordinária,[561] o quê, a nosso modo ver, não seria outra

---

560. Nossa ilustração é feita com signos retirados dos arts. 148 e 154 da CF/88, dispositivos que permitem à União instituir empréstimos compulsórios e impostos extraordinários. Como base comum desses signos, podemos dizer que há neles, sem dúvidas, a marca da excepcionalidade, o que nos põe em comunhão com José Roberto VIEIRA: "[...] o legislador constitucional cogita de tributos a serem instituídos em situações de excepcionalidade [...]". Competências tributárias no Brasil: mitos e mentiras, *in* Paulo de Barros CARVALHO (coord.), *30 anos da Constituição Federal e o sistema tributário brasileiro*, p. 621. Entretanto, o que viria a ser um caso de excepcionalidade, para figurar na hipótese da norma de competência tributária, pode ser algo extremamente amplo, como, *v.g.*, um casamento real. Paul KIRCHHOF lembra-nos de que "[o]s tributos podiam ser cobrados por serviços de guerra e para construção de fortificações, para a libertação do Rei levado prisioneiro, para a nomeação a cavaleiro do primogênito e para a primeira celebração do casamento da filha mais velha". *Tributação no estado constitucional*, p. 18 (I.1). Sendo assim, dada a imprecisão que a palavra "excepcional" pode trazer, preferimos algo mais amplo para que não tenhamos de pôr-nos na condição de julgar se a hipótese da norma de competência é ou não a descrição de algo excepcional. Tácio GAMA, atentando para a estrutura, e não para conteúdo, utilizou "condicionada" e "não condicionada" para classificar a competência tributária: "Essa modalidade [não condicionada] é de exercício livre, não demanda o atendimento de requisitos além daqueles necessários à forma e à matéria. Já a competência condicionada, exige o preenchimento de certos requisitos para que a competência possa ser validamente exercida". *Competência tributária*, p. 276 (esclarecemos entre colchetes). Entretanto, como, neste trabalho, todas as normas jurídicas são hipotéticas e, pois, condicionais (veja-se 2.5), preferimos utilizar os termos "nominado" e "inominado".

561. Luciano AMARO refere-se à competência extraordinária, mas apenas usa a expressão para os casos em que a União, em razão de guerra, possa criar tributo que, como regra, não lhe compete: "[...] no plano dos impostos da União, além de sua competência *ordinária*, há, em caso de guerra, uma competência *extraordinária*, com base na qual [...], lhe é autorizado estabelecer impostos que, *ordinariamente*, pertencem à competência dos outros entes políticos (CF, art. 154, II)". *Direito tributário brasileiro*, p. 95. Irapuã BELTRÃO faz alusão à competência extraordinária, vinculando-a também ao imposto extraordinário de guerra, expondo que "[o] exercício

coisa do que uma classificação da hipótese da norma de competência tributária, na linha da metonímia, pois se estaria a classificar uma parte, em vez do todo.[562] De toda forma, preferimos classificar a hipótese da norma de competência tributária — e, por extensão, a própria norma de competência — em nominada e inominada. Por inominada, designamos os casos abertos da hipótese, na base de toda e qualquer situação. Por nominadas, aquelas descrições que, do mundo, especificam algo, que o nominam em particular.

A hipótese da norma de competência tributária é assim mais abrangente do que a da norma de tributação, que está restrita a uma conduta humana que conote conteúdo econômico, conforme nossa estipulação (veja-se 4.2.4). Aqui, parece-nos que a regra é toda e qualquer situação, caso inominado, não sendo, nas situações em que há a nominação, estranha à descrição de eventos da natureza, como fenômenos físicos que provoquem grandes danos e mesmo vítimas. Sendo assim, o campo é muito mais amplo do que um critério comportamental e seu sujeito, mas nada impede que construamos a hipótese por meio de verbo e, a depender do idioma em que seja vazada a formulação, sujeito.[563]

---

da competência extraordinária possibilitará o aparecimento de tributo similar a outro já existente". *Curso de direito tributário*, p. 153. Regina Costa também utiliza o verbete "extraordinário" para referir-se à competência tributária, mas, igualmente, limita-se aos impostos da União, além de fazer do vocábulo "residual", em vez de "ordinário", o par do termo: "Quanto às competências residual e extraordinária em matéria de impostos, atribuídas à União, não aponta materialidades, mas apenas pressupostos a serem atendidos para o seu exercício (art. 154, CR)". *Curso de direito tributário*, p. 45.

562. "A palavra é reservada [...] para designar o fenômeno linguístico pelo qual uma noção é designada por um termo diferente do que seria necessário, sendo as duas noções ligadas por uma [...] relação da parte ao todo [...]". Jean Dubois *et al.*, *Dicionário de linguística*: verbete "metonímia, p. 412.

563. No inglês e no alemão, como regra, o sujeito sempre é expresso: "[...] *em inglês* [...] de um modo geral, a estrutura básica em qualquer frase = sujeito + verbo + objeto (+ complemento). [...]. *It* preenche a posição do sujeito e do objeto para atender à estrutura básica indicada". Cristina Schumacher, *Inglês urgente! para brasileiros*, p.35. "Toda a oração necessita expressar o REALIZADOR, mesmo que ele já tenha aparecido anteriormente [...]". Birgit Braatz e Cristina Schumacher, *Alemão urgente! para brasileiros*, p. 124.

Ademais, seja como toda e qualquer situação, no modo inominado, seja de forma nominada, por meio de um verbo, há de se perscrutar os advérbios onde e quando. Podem ser eles todo e qualquer tempo e espaço como podem ser, ainda, especificados. Um cataclismo pode ser um evento a que se impute a competência tributária, mas pode ser que, durante certa época do ano, mesmo que ele não seja desejável, seja comum. Assim, a hipótese da norma de competência pode trazer um critério temporal, abarcando certos períodos e excluindo outros, para que a ocorrência de tais eventos seja lida como gatilho da atuação normativa. De igual modo, uma erupção de vulcão pode ser uma ocorrência a que se associe a competência tributária, mas pode ser que, em determinado local, isso seja ordinário. Assim, a hipótese da norma de competência pode trazer um critério espacial, demarcando um onde, para que tal acontecimento seja considerado ou não uma condição para o exercício da competência tributária.

Por fim, destacamos que não se deve embaralhar a hipótese, cuja verificação se faz necessária para dispor-se sobre a norma de tributação, conteúdo da norma de competência, com a hipótese da própria norma de tributação, criada com base na referida norma de competência. Assim, de um ponto de vista estático, seria um erro inocular na estrutura normativa, regra-matriz, de certos tributos, como o empréstimo compulsório, questões que pertencem à sua norma de competência.[564] Com efeito, os critérios da norma de tributação não se embaralham com a descrição da hipótese da norma de competência.

5.1.1.1 Equívocos da doutrina

Os estudos sobre a norma de competência tributária, ao menos na doutrina nacional, são infinitamente menores do

564. Em sentido contrário, Fernando Castellani: "[...] propomos a inclusão, na regra-matriz, dos aspectos necessários para a identificação das espécies, quais sejam, destinação e restituição dos valores". *Contribuições especiais e sua destinação*, p. 82. E também Tatiana Alvim: "[...] a regra-matriz de incidência das contribuições deverá explicitar em seu consequente a finalidade da exação [...]". *Contribuições sociais*, p. 71.

que os sobre a norma de tributação. Com isso, não se criou um pensamento minimamente homogêneo, tal como no caso da estrutura da norma de tributação e, para isso demonstrar, vamos analisar especificamente a forma como é apresentada a hipótese da norma de competência tributária pelos nossos jurisconsultos. Antes, retomemos algumas ideias.

Um dos pontos em que se apoia este trabalho é o da homogeneidade sintática (veja-se 2.5), o que significa que a estrutura da norma é sempre (bi)bimembre (veja-se 2.8), sendo isso aplicável às normas de competência (veja-se 2.9) e restringindo-nos à norma primária, no campo da competência, encontramos hipótese e consequência conectadas pela imputação (veja-se 2.6). Especificamente quanto à hipótese, temos a descrição de um campo amplo, que vai de uma conduta humana até um evento da natureza, sendo possível abarcar toda e qualquer situação, desde que possível empiricamente. Já para a consequência, apenas pode ser seu conteúdo uma conduta, em um dos modais, que dispõe sobre outra norma jurídica. Agora, feita essa separação, baseada na analiticidade, não há um porquê se imiscuir temas da consequência na hipótese, pois, uma questão é a condição na norma de competência; outra é a conduta prescrita no consequente. Lição comezinha que não é seguida. Vejamos...

Pôr, alterar ou excluir norma jurídica são condutas que pertencem à consequência. E, *a fortiori*, a forma de pôr, alterar ou excluir a norma jurídica também se encontra na consequência. Razões essas que tornam, para nós, inexplicável os desígnios de autores, como GAMA[565] e IVO,[566] para apresentarem, na hipótese da norma de competência, a conduta e seu

565. "No antecedente, o verbo descreve a conduta que precisa ser realizada para a inserção de novas normas no sistema de direito positivo". Tácio GAMA, *Competência tributária*, p. 68.

566. "A norma de produção normativa em sentido amplo teria a seguinte estrutura: O *antecedente*: dado o fato de o sujeito competente exercer sua competência conforme o procedimento em circunstância de tempo e espaço". Gabriel IVO, *Norma jurídica*, p. 30.

procedimento. Assim, sem titubear, devemos afastar da hipótese da norma de competência tributária o comportamento, ao lado de seu rito, que discipline a norma de tributação, pois pertence à consequência.

Outro equívoco é apresentar, na hipótese da norma de competência tributária, a pessoa política, na condição de sujeito, linha seguida por Mendonça[567] e por Santi e Peixoto,[568] ou, com o mesmo sentido, o órgão legislativo, como quer Carvalho.[569] Desde que Ataliba foi corrigido por Carvalho por expor os sujeitos da norma de tributação na hipótese (veja-se 4.4), pareceu-nos que não poderia mais haver dúvidas sobre a posição sintática do sujeito da conduta na estrutura da norma. Quem tem a atuação disciplinada aparece na consequência, ponto final. Claro que pode haver coincidência nominal entre o sujeito da hipótese da norma de competência tributária e o sujeito da consequência, *v.g.*, para que se enseje a competência a alguém, deve haver uma ação prévia desse alguém, mas isso não muda o fato de que ocupam posições sintáticas diversas. Ademais, nem sempre há sujeito da conduta na hipótese, como no caso de uma norma de competência tributária que permita a instituição de tributo, com prazo certo de tempo, para custear a comemoração de datas nacionais. Por ela, se (for) ocorrer uma data nacional, então é permitido pôr norma de tributação.

De todo modo, mesmo que se queira frisar que apenas pessoas políticas, ou seus órgãos legislativos, podem dispor sobre a norma de tributação, não há a necessidade de

---

567. "[...] a estrutura da norma de competência tributária em termos gerais: *Antecedente*: Se for pessoa política constitucional no território brasileiro no tempo X". Cristiane Mendonça, *Competência tributária*, p. 69.

568. "Podem ser [a hipótese da norma de competência legislativa] de duas espécies, em que; *hs* (hipótese subjetiva) = estipula a necessidade de o agente ser identificado como pessoa política; e *ho* (hipótese objetiva) = estabelece as circunstâncias que devem ou não devem ocorrer para que surja determinada autorização". Eurico de Santi e Daniel Peixoto, PIS e COFINS na importação, competência: entre regras e princípios, *Revista dialética de direito tributário*, v. 121, p. 37 (esclarecemos entre colchetes).

569. "*Regra de estrutura*: *Antecedente*: dado o fato da existência do órgão legislativo municipal". Paulo de Barros Carvalho, *Direito tributário*, p. 37.

qualquer duplicação, pois bastará isso dispor na consequência da norma de competência tributária, no campo do sujeito da conduta. Não se deve confundir a hipótese da norma com as condições de existência do mundo, já que haveria nisso um claro equívoco, uma vez que se tomaria implicação por pressuposição, até porque "[...] o processo de nosso jogo de linguagem repousa sempre sobre uma pressuposição tácita".[570] Logo, uma coisa é a pressuposição de que exista um país, que tal país seja uma federação e assim por diante, outra é qual seria a condição para implicar, deonticamente, a ação normativa. Na verdade, parece-nos, por não encontrar o que alocar na hipótese, já que a conduta e seu procedimento são partes da consequência, sem se dar conta de que "toda e qualquer situação" exerce muito bem essa função sintática, duplicou-se o sujeito, em vez de fazê-lo constar só na consequência da norma de competência tributária.

5.1.2 Consequência da norma de competência tributária

A consequência da norma de competência tributária não se diferencia de qualquer outra norma jurídica no seu aspecto estrutural (veja-se 2.5 e 2.9). Com isso em mente, devemos procurar reportar "quem", "faz o quê", "quando" e "onde" para bem conhecê-la, com a única ressalva de que o "faz o quê" deve ligar-se à norma de tributação. Ao lado disso, devemos perquirir se todos os modais deônticos — proibido, permitido e obrigado — são aplicáveis à norma de competência tributária ou se há algum ponto que vincule apenas o modo permitido. Perguntas que tentaremos responder abaixo.

570. Ludwig WITTGENSTEIN, *Investigações filosóficas*, p. 240 (II.5). Assim, "[...] *p* pressupõe *q* se, e somente se, caso *q* seja falsa, *p* não será verdadeira nem falsa [...]. Uma razão conspícua pela qual essa relação difere da de implicação é o fato de que, apesar de *p* implicar *q* significar que se é *p* verdadeira então *q* é verdadeira, o mesmo não se aplica à contraditória *p*". António Horta BRANCO e Pedro SANTOS, Pressuposição, *in* João BRANQUINHO, Desidério MURCHO e Nelson Gonçalves GOMES, *Enciclopédia de termos lógico-filosóficos*, p. 614.

5.1.2.1 Modalização da conduta devida

A hipótese é ligada à consequência pelo dever-ser. Entretanto, ao lado da implicação deôntica neutra, que liga duas proposições, há a implicação deôntica modalizada que dá sentido à conduta regrada, estabelecendo-a como obrigatória, proibida ou permitida. No entanto, nesse caso, o deôntico, em vez de encontrar-se interproposicionalmente, localiza-se, estruturalmente, no interior da consequência (veja-se 2.6). E se isso vale para as normas jurídicas, igualmente vale para as normas de competência (veja-se 2.9). Ademais, na mesma linha de raciocínio, se é aplicável às normas de competência, então é aplicável à norma de competência tributária, na qual, se dado um estado de coisas, então deve ser imputada uma conduta — numa das formas: obrigatória, proibida ou permitida — em relação à norma de tributação.

A ideia geral é que as normas de competência se manifestam com qualquer modal. E como exemplo dessa afirmação, podemos, para o caso da proibição, assinalar as cláusulas pétreas, que nada mais são do que dispositivos que vedam a conduta de pôr normas jurídicas com certos conteúdos, sob pena de invalidação (veja-se 2.10).[571] Já para as normas de competência cuja conduta é modalizada como obrigatória, com fins de ilustração, podemos apontar o "princípio da anualidade orçamentária",[572] que, visto de perto, não seria outra coisa senão a obrigação de legislar-se sobre o orçamento,[573] sob a consequência, para o caso de assim não agir, de não se poder

571. "Uma constituição escrita pode restringir a competência do órgão legislativo, não apenas pela especificação da forma e do modo de legislar [...] mas pela exclusão absoluta de certas matérias do âmbito da competência legislativa, impondo assim limitações substantivas". Herbert Hart, O conceito de direito, p. 77 (IV.3).

572. "O princípio significa que o orçamento deva ser atualizado todos os anos, ou seja, que para cada ano haja um orçamento". Regis Fernandes de Oliveira e Estevão Horvath, Manual de direito financeiro, p. 73.

573. "*Formalmente*, o orçamento não difere das demais leis. Apresenta a redação comum às leis, recebe o número de ordem na coleção destas, resulta de projeto iniciado na Câmara dos Deputados, é objeto de sanção e poderá ser vetado, como já aconteceu no Brasil". Aliomar Baleeiro, Uma introdução à ciência das finanças, p. 555.

encerrar a sessão legislativa. Nesse caso, a norma de competência obriga a legislar, a pôr a lei orçamentária, e se assim não fizer quem a isso está vinculado, deverá então arcar com a consequência da norma eventual. De todo modo, lembramos que nem sempre a norma de competência se faz acompanhar de uma invalidade, podendo a norma eventual trazer outras consequências, como a responsabilização (veja-se 2.9). Há, por fim, as permissões, as quais — sem qualquer pretensão estatística — são o modo mais comum de manifestação das normas de competência, quando têm elas, por conteúdo, a regulação de norma abstrata, eventiva e geral (veja-se 2.12).

Assim, todas as três opções de modos de conduta — obrigatória, proibida e permitida — são aplicáveis às normas de competência. E se podem, todos esses modos, estar presentes na norma de competência, por igual razão, podem fazer-se sentir na norma de competência tributária, o que nos leva a descartar, no plano da teoria do tributo sob enfoque normativo, que apenas a permissão seja um dos modos de conduta. Vejamos isso com mais vagar.

5.1.2.1.1 Facultatividade

Este trabalho aparta, de um lado, o direito positivo e, de outro, a teoria do direito, consideramos, assim, uma heresia a apresentação de um padrão de conteúdo encontrado em determinadas normas jurídicas precisadas no tempo e no espaço como característica estrutural de uma teoria normativa.[574] Daí ser possível compreender questões como a da facultatividade, pois responder se seria ela uma característica da competência tributária implica, primeiro, demarcar se se busca um conceito do direito ou se se ausculta um conceito no direito (veja-se 3.3).

---

574. "Por mais regular que se admita ter sido até agora o curso das coisas, isso, isoladamente, sem algum novo argumento ou inferência, não prova que, no futuro, ele continuará a sê-lo". David Hume, *Investigações sobre o entendimento humano e sobre os princípios da moral*, p. 68 (I.4).

Inicialmente, antes de propriamente cuidarmos da facultatividade, devemos esclarecer que compreendemos o modo facultativo da conduta na norma de competência como uma permissão para se pôr norma jurídica, pois os modais deônticos, apesar de serem interdefiníveis, são três e apenas três (veja-se 2.2). Assim, sob o rótulo da facultatividade, o que se estuda é a modalização de conduta intranormativa presente na consequência da norma tributária de competência. Ou seja, investiga-se se a conduta de pôr a norma de tributação é permitida, obrigatória ou proibida. Com isso em mente, que perquirir a facultatividade da competência tributária é escrutinar os modos de conduta com que se assenta a norma de tributação, podemos retomar, então, a questão da separação do direito positivo da teoria do direito.

Meramente, do plano teórico, que toma a norma de tributação por convenção como conceito estático para só posteriormente verificar os predicados que sua correspondente norma de competência teria em um conceito dinâmico, não é possível derivar a necessidade da facultatividade. Com efeito, deve-se assumir potencialmente tanto uma norma de competência tributária, que permita que se crie tributo, como também que proíba ou obrigue. Por um lado, questões como a imunidade nada mais são do que vedações a que se estabeleça certas normas de tributação (veja-se 5.1.2.2.1). Por outro, inteiramente possível que determinados tributos sejam de criação obrigatória, quer diante de toda e qualquer situação, quer diante de certas condições específicas. Para o primeiro caso, das condições inominadas na hipótese, o que envolve toda e qualquer situação, podemos dar como exemplo algo como um "princípio da gestão fiscal responsável".[575] Para o

575. Regina Costa, ao defender a constitucionalidade do art. 11 da LRF (LC 101/2001) — artigo que dispõe sobre a obrigatoriedade de "instituição, previsão e efetiva arrecadação de todos os tributos da competência constitucional do ente da Federação" — parece-nos que acaba jogando por terra a possibilidade de ser facultativa a competência tributária no Brasil, principalmente quando afirma que "[...] a ideia de responsabilidade afina-se com conceitos de Estado de Direito, e a *gestão fiscal responsável* (art. 1º, § 1º) implica que o administrador institua e arrecade os tributos de sua competência para a obtenção dos recursos necessários à satisfação

segundo caso, da necessidade de se criar um tributo mediante a verificação de situações nominadas, podemos pensar num gatilho em relação à dívida pública. Assim, sempre que for ultrapassada uma determinada relação PIB / dívida pública, então deve ser obrigatório à autoridade competente instituir certo tributo.[576] Com isso, damos por demonstrado que, para uma teoria normativa do tributo, além da permissão, também é possível a existência da proibição e da obrigação de pôr norma de tributação. Sendo assim, a facultatividade não pode ser uma característica da norma de competência tributária.

Já para o caso de um específico ordenamento jurídico, com suas normas precisadas no tempo e no espaço, nossa resposta à questão da facultatividade, como característica da competência tributária, terá cunho contingente. Isso porque, nesse plano, primeiramente, devemos demarcar todas as normas de competência tributária do ordenamento dado para, só depois, verificar se contêm como modal deôntico intraproposicional apenas permissões de enunciar normas de tributação. E se, como resultado desse processo, obtivermos um sim, então será correto aludir à facultatividade como característica da competência tributária. Entretanto, na linha do tudo ou nada, se houver uma única norma de competência tributária com outro modal que não a permissão, então a facultatividade

das necessidades coletivas. Os princípios constitucionais da moralidade administrativa e da eficiência (art. 37, *caput*, CR) preconizam tal responsabilidade [...]. Portanto, a facultatividade da competência tributária já está restringida pela responsabilidade imposta ao administrador no próprio plano constitucional, sendo que o art. 11 veio apenas explicitá-lo [...]". *Curso de direito tributário*, p. 43-44.

576. CF/88: Art. 149. *Omissis*. § 1º A União, os Estados, o Distrito Federal e os Municípios instituirão, por meio de lei, contribuições para custeio de regime próprio de previdência social, cobradas dos servidores ativos, dos aposentados e dos pensionistas, que poderão ter alíquotas progressivas de acordo com o valor da base de contribuição ou dos proventos de aposentadoria e de pensões. § 1º-A. Quando houver deficit atuarial, a contribuição ordinária dos aposentados e pensionistas poderá incidir sobre o valor dos proventos de aposentadoria e de pensões que supere o salário-mínimo. § 1º-B. Demonstrada a insuficiência da medida prevista no § 1º-A para equacionar o deficit atuarial, é facultada a instituição de contribuição extraordinária, no âmbito da União, dos servidores públicos ativos, dos aposentados e dos pensionistas.

não se fará presente.[577] Ocorre que é possível, em vez de um tudo ou nada, fazer-se referência à preponderância, o que permitiria manter a facultatividade como característica da competência tributária de determinado ordenamento jurídico, mesmo que nem todas as normas de competência tributária sejam construídas por permissões.[578]

---

577. "Dizemos que uma teoria está falseada somente quando dispomos de enunciados básicos aceitos que a contradigam". Karl Popper, *A lógica da pesquisa científica*, p. 91 (IV.22). Porém, um único enunciado básico é suficiente para falsear uma teoria, pois "[b]asta comprovar que, aqui e agora, há um cisne preto para falsear o enunciado de que todos os cines são brancos". José Souto Maior Borges, *Obrigação tributária (uma introdução metodológica)*, p. 75.

578. Tomemos, no caso brasileiro, o ICMS. Ao que parece, é tributo de instituição obrigatória: "Trata-se de uma outorga de competência complexa [o ICMS], onde a faculdade para permitir ou não a instituição da norma tributária é dada ao CONFAZ e não aos Estados. Para esses, a competência é condicional, pois, na ausência de autorização do órgão competente, positivada num Convênio, só lhe resta instituir o tributo obrigatoriamente". Tácio Gama, *Competência tributária*, p. 280 (esclarecemos entre parênteses). Todavia, assumindo que fosse obrigatório instituir o ICMS, qual seria a norma eventual em caso de descumprimento da norma primária de competência (veja-se 2.10)? Várias são as respostas possíveis, que vão desde o judiciário expedir uma ordem ao legislativo para que crie o tributo, até a situação dele próprio, o judiciário, exercer a competência em caráter substitutivo. No entanto, nenhuma dessas conjunturas é aceita por Roque Carrazza, que encontra, como a única solução possível, aquela em "[...] que as demais pessoas políticas competentes para criar este imposto [ICMS] podem bater às portas do Poder Judiciário [...] e, lá, postular o ressarcimento dos prejuízos (sofridos ou iminentes) causados por tal omissão". *Curso de direito constitucional tributário*, p. 587. De toda sorte, independentemente de quais seriam as consequências por sua não instituição, o ICMS, se lido como exceção à regra da facultatividade, obriga-nos a tomar uma entre duas posições. A primeira seria aceitar que o ordenamento jurídico brasileiro não é dotado da facultatividade como característica da competência tributária, como quer Paulo de Barros Carvalho, porque o caso do ICMS "[...] permite entrever a facultatividade do exercício de competência como algo que não está presente em todos os casos, não podendo, portanto, consubstanciar o caráter necessário que acompanha a identificação dos atributos". *Curso de direito tributário*, 18.ed., p. 238-239. A segunda, por sua vez, seria manter a facultatividade, e valer-se do brocardo "a exceção confirma a regra", na linha de Roque Carrazza: "[...] as pessoas políticas não estão obrigadas a exercitar suas competências tributárias. Pensamos que a única exceção a esta facultatividade [...] é a que toca ao imposto sobre operações relativas à circulação de mercadorias e serviços (ICMS) [...]". *Curso de direito constitucional tributário*, p. 586. Para mais detalhes, veja-se: Valterlei da Costa, A facultatividade da competência tributária e a gestão fiscal responsável, *Revista de estudos tributários*, n. 135, *passim*.

5.1.2.1.2 "Ter de"

A modalidade é tema já encontrado em ARISTÓTELES, quem designava de "[...] eventual e de contingência (possível) a coisa que quando — não sendo necessária — ao ser assumida, não acarreta nenhuma impossibilidade [...]",[579] e, a partir daí, construiu-se a ideia do deôntico em correlação ao alético (veja-se 2.3). Logo, se, por um lado, só há necessidade, impossibilidade e contingência, então, por outro, só haveria obrigação, proibição e permissão, mas tal posicionamento promove todo tipo de especulação, pois parece envolver alguma espécie de compromisso ontológico, pelo qual as modalidades realmente existiriam no mundo, independentemente da vontade humana, sendo somente tais e tais, fixadas a depender do mundo em que se esteja, o epistêmico ou normativo. Entretanto, cremos que a melhor forma de compreender o caso é tomando as modalidades não como algo existente deveras, mas sim como modelos.[580] Logo, poderiam ser criados outros, contendo outras modalidades que não a obrigação, permissão e proibição, igualmente às lógicas não clássicas e às geometrias não euclidianas, mas, com isso, não se está desobrigado a apresentar uma visão coerente, ao menos do ponto de vista interno, sendo essa a nossa razão para não aceitar como modal deôntico intraproposicional algo como um "ter de".[581]

Em um primeiro corte, uma ação normativa deve ser (modal deôntico neutro); em um segundo, não há problemas em se apontar que tal ação deve ser ou uma obrigação ou uma proibição, mas parece não se ter essa mesma desenvoltura no caso da permissão, com o imbróglio envolvendo saber qual seria a correta gramática jurídica dessa palavra, já que somos

579. Analíticos anteriores I, *Órganon*, p. 136 (I.XIII, 32a 15-20).

580. "[...] a noção de modelo estrutural deve ser vista em clima de metodologia operacional e não implica nenhuma afirmação de tipo ontológico [...]". Umberto ECO, *A estrutura ausente*, p. 284 (D.3.I.1).

581. "Indica necessidade, obrigação ou dever: [...]. O original é *ter de* .... O que, nessa acepção, surgiu por cruzamento com *ter (algo) que* [...]". Celso LUFT, *Dicionário prático de regência verbal*: verbete "ter", p. 503.

tentados a não considerar "permitir" como sinônimo perfeito de "autorizar". E, em razão dessa dificuldade, é que se tem posto em xeque a homogeneidade sintática das normas jurídicas,[582] com o tema na doutrina brasileira ganhando corpo com a excelente obra de Guilherme FOLLADOR sobre as normas de competência tributária. Com efeito, para o jurista em questão, "[...] encontramos em nosso sistema tributário, além dos enunciados predicativos, [...] enunciados que indicam de que maneira o sujeito competente 'tem de' agir para conseguir o resultado 'norma jurídica tributária válida' [...]".[583]

De nossa parte, que o termo "permissão", e suas derivações, seja extremamente ambíguo, principalmente quando empregado em norma de competência, é posição que só podemos endossar, mas disso não se pode concluir que a melhor alternativa, em vez de refiná-lo, seria sua substituição por algo como um "ter de", pois, ao menos, poderíamos apontar duas objeções, as quais apresentamos na ordem da menos importante para a mais importante. Primeiramente, seria solução *ad hoc*, que rompe tanto com o paralelismo entre os modos aléticos e deônticos, como com a igualdade existente entre os modos da norma de conduta e os da norma de competência. Todavia, não ignoramos que a falta de elegância de uma solução não é motivo para recusá-la, apesar de nos ser um alerta, mas também há um segundo motivo, não meramente de ordem estilística. Com efeito, é saída que, ao inserir um corpo

---

582. Um exemplo claro de teoria que questiona a tese da homogeneidade sintática da norma jurídica é a de ROBLES, quem, depois de classificar as normas em indiretas e diretas, aponta que as últimas podem ser: "*a*) Normas procedimentais, que podem ser expressas mediante o verbo ter que [...]. b) Normas potestativas, suscetíveis de serem expressas mediante o verbo *poder* [...]. *c)* Por último, as normas *deônticas*, que são aquelas que estabelecem os *deveres*". Gregorio ROBLES, *O direito como texto*, p. 16-17 (I.10).

583. *As normas de competência tributária*, p. 260. E mesmo um autor como Paulo de Barros CARVALHO, quem primeiro aplicou a teoria da homogeneidade sintática ao direito tributário — veja-se: O direito positivo como sistema homogêneo de enunciados deônticos, *Revista de Direito Tributáro*, n. 45, *passim* —, tem adotado que as regras procedimentais "[...] operam com o núcleo lógico *ter-que* (*müssem*) [...]". Prefácio, *in* André Moreira, *A não-cumulatividade dos tributos*, p. XIV.

estranho com vocação alética, borra as fronteiras entre o ser e o dever-ser (veja-se 2.2), atraindo toda sorte de problemas, pois a norma de competência, que prescreve a ação normativa, não se iguala a um manual que descreve uma relação entre meios e fins, sujeita à causalidade, a partir do qual se entenderia as proposições como verdadeiras ou falsas (veja-se 2.9). Para nós, prescrever uma conduta cujo resultado será uma norma não é o mesmo que descrever algo como necessário (ter de) para a obtenção de um produto.[584]

As normas de competência não deixam de ser normas de conduta (a ação normativa) e, portanto, não têm uma gramática diferentes, não havendo um porquê apresentar, somente para tal caso, um modal casuístico, sem isso significar que não caiba, em relação ao termo "permissão", um refinamento.

5.1.2.2 Sentido da conduta

A homogeneidade sintática das normas jurídicas é um ponto de apoio deste trabalho (veja-se 2.5). Em razão disso, uma classificação das normas jurídicas de caráter sintático tem alcance restrito, já que, por esse prisma, todas as normas são iguais.[585] E, tendo isso em conta, a distinção das normas como de conduta e de competência teve como espeque a semântica, mais especificamente, um particular conteúdo da consequência da norma de competência primária (veja-se 2.9). Assim, sabendo que toda consequência normativa traz um comportamento humano (sentido lato), o que caracteriza a norma de competência é a conduta que diga respeito ao

---

584. "O ter de — expressa necessidade causal. Supõe-se que também o 'dever-ser' expressa uma necessidade, então precisa separar-se claramente a necessidade causal da normativa. [...] às vezes, ambas as espécies de necessidades não se tornam nitidamente distintas, e empregam-se as palavras 'dever-ser' e ter de' como sinônimos, o que é sumamente equivocante". Hans KELSEN, *Teoria geral das normas*, p. 13 (2).

585. A distinção entre norma de conduta e norma de competência é categorização de cunho semântico. Entretanto, também adotamos neste trabalho uma classificação sintática das normas jurídicas quando seccionamos a norma jurídica completa em norma primária e norma eventual (veja-se 2.8).

caráter dinâmico do ordenamento jurídico. Para tanto, podemos apresentar, como verbos que expressam essa conduta, "pôr", "alterar" ou "excluir", sendo seu complemento a expressão "norma jurídica". Agora, se estamos conceituando tributo, em seu aspecto dinâmico, a norma de competência tributária regula a conduta humana, em um dos modais (veja-se 5.1.2.1). Em razão disso, é neste tópico, sentido da conduta na norma de competência tributária, que se deve estudar a questão do procedimento para dispor sobre a norma de tributação, bem como os pontos que envolvem o conteúdo da conduta propriamente, aquele predefinido para a norma de tributação, vinculando a autoridade normativa.

5.1.2.2.1 Competência e imunidade

O vínculo de substância entre a norma fundante e a norma fundada pode ser feito de modo positivo ou negativo. Inicialmente, tomemos "p" e "~p", respectivamente, como formas positiva e negativa do conteúdo da norma que será posta, na sequência, com vistas à simplificação, limitemos o caso ao verbo "pôr" e relembremos os modos de condutas [proibido (V), obrigatório (O) e permitido (P)]. Ato seguinte, combinemos as condutas e os modais, ao lado das regras de interdefinibilidade dos modais, para concluir que permitir a conduta de pôr a norma de conteúdo "p" equivale a (≡) não obrigar "~p", como ainda equivale a não proibir "p".[586] Há, portanto, como se nota, uma relação de interdependência entre o conteúdo, que pode ser positivo ou negativo, e o modal que se utiliza, podendo uma mesma norma ser expressa de mais de uma forma.[587] Entretanto, com fins de padronização, vamos

586. "O(p) ≡ V(~p) ≡ ~P(~p) / V(p) ≡ O(~p) ≡ ~P(p) / P(p) ≡ ~O(~p) ≡ ~V(p) / P(~p) ≡ ~O(p) ≡ ~V(~p)". Fábio Ulhoa Coelho, *Roteiro de lógica jurídica*, p. 57.

587. Humberto Ávila, *v.g.*, em vez de apontar as normas de competência tributária como permissões, constrói-as como obrigações: "As regras previstas pela Constituição de 1988 devem ser qualificadas como regras que estabelecem proibições [...], na medida em que, ao preverem [...] determinados aspectos das hipóteses de incidência de as consequências [...], proíbem que o destinatário exerça a competência relativamente a fatos geradores, bases de cálculo e sujeitos diversos daqueles previs-

expressar toda a conduta de pôr norma na forma positiva "p", deixando a variação para o modal.

Com isto fixado, podemos, então, analisar se há a necessidade de uma separação entre competência tributária e imunidade[588]. De forma geral, mesmo que ninguém negue a existência de uma proximidade, a competência tributária e a imunidade são apresentadas como questões não coincidentes, na linha da regra e da exceção à regra,[589] do poder e da limitação.[590] Assim, por um lado, se se obriga ou, o mais comum, se se permite pôr a norma de tributação, então se trata de competência tributária; por outro lado, se se proíbe pôr a norma de tributação, então é caso de imunidade, com a doutrina expondo a questão como caso de impossibilidade de tributação ou, ainda, de "intributabilidade".[591] Não podemos comungar

---

tos". *Competência tributárias*, p. 34.

588. Nosso estudo diz respeito à norma e nada temos a dizer sobre liberdades preexistentes. Sobre isso, deixamos a palavra com Ricardo TORRES: "As imunidades consistem na intributabilidade (sic) absoluta ditada pelas liberdades preexistentes. [...]. Está inteiramente superada, no constitucionalismo contemporâneo, salvo no Brasil, a orientação positivista segundo a qual a imunidade seria proibição imanente à própria Constituição ou *autolimitação do poder tributário*". *Curso de direito financeiro e tributário*, p. 65.

589. "[...] a regra de imunidade estabelece exceção". Hugo de Brito MACHADO, *Curso de direito tributário*, p. 246.

590. Nesse sentido, "*Aliomar Baleeiro, autor clássico das imunidades, define-as, por seus efeitos, como limitações constitucionais ao poder de tributar*". Misabel DERZI, Nota, *in* Aliomar BALEEIRO, *Limitações constitucionais ao poder de tributar*, p. 226. No mesmo sentido, Ives Gandra MARTINS, ao expor que a imunidade seria "[...] limitação à competência tributária por determinação exclusiva da Constituição [...]". *Sistema tributário na Constituição de 1988*, p. 146.

591. Regina COSTA afirma que "[...] *a imunidade é a impossibilidade de tributação — ou a intributabilidade — de pessoas, bens, e situações, resultante da vontade constitucional*". *Imunidades tributárias*, p. 51. Com a devida vênia, não podemos aceitar tal entendimento. Primeiro porque não é impossível tributar aquilo que é contemplado pela imunidade, e uma rápida pesquisa pela jurisprudência do STF está aí para confirmar a alegação. O que temos é uma proibição sob consequências em caso de descumprimento. Em segundo lugar, há ainda a questão de a palavra "intributabilidade" não constar do VOLP — consultamos, da Academia Brasileira de Letras, o *Vocabulário Ortográfico da Língua Portuguesa*, 5.ed., de 2009. Indo além, a imunidade é a proibição de pôr norma de tributação sobre qualquer coisa que assim discipline a norma de competência e não somente sobre pessoas, bens e situações, a não

desse entendimento, já que não entendemos que as coisas se passem a conta-gotas, pois a norma jurídica é a interpretação dada ao fim de um processo e não uma justaposição de interpretações fracionadas.[592]

No geral, há gênero e há exceção do gênero, sendo a norma de competência tributária o resultado da interpretação de ambos os casos. Agora, aqui, com fins de síntese, vamos tomar apenas os casos em que a imunidade é total, de gênero. Com isso, podemos conceituar a imunidade como uma forma de apresentar a competência tributária por meio do modal proibido.[593] Em outras palavras, a imunidade é a norma de competência que, sob certas condições, podendo ser toda e qualquer, proíbe a enunciação de certa norma de tributação.[594]

---

ser que se queira, com essas especificações, englobar todas as possibilidades. Por fim, totalmente dispensável a referência a uma vontade constitucional, pois bastaria dizer que no direito brasileiro a imunidade sempre decorre do texto constitucional.

592. "A segunda norma, através da qual o domínio de validade da primeira é limitado, é uma norma não autônoma. Aquela apenas faz sentido em combinação com esta. Ambas formam uma unidade". Hans Kelsen, *Teoria pura do direito*, 2.ed., p. 62 (I.6.e).

593. A norma de competência eventual pode ligar ao descumprimento da norma de competência primária quer uma consequência contra o sujeito que a transgrediu, quer a própria invalidade da norma posta, ou ainda ambas (veja-se 2.9), mas isso em nada muda a forma como a norma primária disciplina a produção normativa. Já Guilherme Follador, entende que a invalidade não necessitaria estar regrada, uma vez que seria consequência ineludível da própria inobservância da norma de competência: "[...] não existe a necessidade de se criar uma nova norma para que a irregularidade de incidência tributária, criada em desconformidade com as regras que regulam a sua produção, seja inválida. Isso porque a sua invalidade já corresponde, analiticamente, por definição, à inobservância das regras que regulam a sua produção". *As normas de competência tributária*, p. 253.

594. A associação entre a imunidade e a incompetência não é estranha à doutrina: "Sempre que a Constituição estabelece uma imunidade, está, em última análise, indicando a incompetência das pessoas políticas para legislarem acerca daquele fato determinado". Roque Carrazza, *Curso de direito constitucional tributário*, p. 627. "[...] o conceito de imunidade [...] como a classe finita e imediatamente determinável de normas jurídicas, contidas no texto da Constituição Federal, e que estabelecem, de modo expresso, a incompetência das pessoas políticas de direito constitucional interno para expedir regras instituidoras de tributos que alcancem situações específicas e suficientes". Paulo de Barros Carvalho, *Curso de direito tributário*, 18.ed., p. 195. Temos simpatia pela ideia, desde que fique claro que a norma de incompetência não é outra coisa do que uma norma de competência construída

Ademais, como é a imunidade uma norma de competência, pode ser, igualmente, classificada como nominada ou inominada, a depender da hipótese (veja-se 5.1.1). "Se toda e qualquer situação, então deve ser proibido instituir certo tributo" é uma forma inominada de apresentar a norma de competência, construída como uma imunidade, por utilizar o modal proibido. Poderíamos arquitetar, ainda na forma nominada, uma norma de competência de cunho proibitivo, ou seja, uma imunidade, exemplificando com "se declarado estado de sítio, então deve ser proibido pôr certa norma de tributação ou mesmo todas".

5.1.2.2.2 Enumerabilidade e competência residual

Quem exerce a competência deve respeitar, a depender do direito positivo, certo conteúdo para a norma jurídica fundada na sobrenorma, o que nos levaria a discutir o grau de liberdade da autoridade para o fabrico das normas de tributação.[595] No entanto, o que nos interessa aqui não é propriamente o grau de predeterminação da norma de tributação, a margem de atuação da autoridade competente, pois disso já tratamos acima (veja-se 3.3 e 3.4), mas sim saber se apenas os tributos arrolados em lista são aqueles que poderão ser instituídos. Nessa linha, por um lado, a criação de tributo somente se poderia dar com o conteúdo determinado pela norma de competência, por outro lado, qualquer norma de tributação com substrato diverso seria proibida. Situação que possui a enumerabilidade, em oposição à forma livre, como característica da competência tributária.

---

com o modo proibido, e isso quando não for o caso de mero fragmento, com função excludente em norma de competência permissiva ou obrigatória.

595. Reinaldo Pizolio, para os casos em que a norma de competência tributária restringe a atuação da autoridade que pode dispor sobre a norma de tributação por meio de conceitos, usa a clássica expressão "limitação constitucional ao poder de tributar": "Considerando o conceito constitucional como elemento componente da própria outorga de competência, podemos também afirmar sua natureza jurídica que [...] é de *limitação constitucional ao poder de tributar* [...]". *Competência tributária e conceitos constitucionais*, p. 193.

Entretanto, ao lado das duas situações extremas — criação de toda e qualquer norma de tributação sem previsão de conteúdo e instituição apenas das exaustivamente determinadas —, ainda há a questão da competência residual.[596] Nesse caso, estabelece-se o conteúdo das normas de tributação que podem ser criadas previamente, mas se deixa uma válvula de escape para a atuação do sujeito da norma de competência tributária. Assim, para alguns casos, com certas limitações, geralmente exigências mais penosas do que as feitas para a criação normativa dos casos expressamente arrolados, o que nos permite chamá-las de pedágio, seria possível a criação de tributos não previstos no rol positivo das competências tributárias.[597]

596. Denominar de residual a competência tributária para além das normas de tributação enumeradas, parece-nos a forma clássica. Como exemplo desse uso tradicional, podemos citar Antônio Sampaio Dória: "[...] não esgotada a capacidade contributiva diferencial do país pelo catálogo dos impostos privativos, outros poderão ser criados sobre tal campo residual [...]. *Discriminação de renda tributárias*, p. 20. Ou, já sob a Constituição de 1988, Hugo de Brito Machado: "A competência para a instituição de impostos não especificamente previsto diz-se residual". *Curso de direito tributário*, p. 256. No entanto, não podemos olvidar que outro grande tributarista da nossa história, Rubens Gomes de Sousa, analisando a Constituição de 1946, preferiu utilizar, em vez de competência residual, o termo concorrente: "O art. 21 da Constituição diz que a União e os Estados poderão criar outros impostos, além dos que são atribuídos privativamente pelos arts. 15 e 19 respectivamente [...]: não diz quais sejam esses impostos, que serão, portanto, quaisquer outros que possam ser imaginados, desde que sejam diferentes dos privativos; chamam-se impostos *concorrentes* ou de competência *concorrente*". *Compêndio de legislação tributária*, p. 182-183. Mas devemos considerar que, quando Rubens Gomes de Sousa abandona o emprego do termo "residual", fá-lo tendo em conta que a possibilidade de instituir tributos não previstos de forma enumerativa deveria ser de todos os entes federativos, pois, para ele, "[...] com a definição dos três terrenos privativos, o constituinte esgotou a lista dos impostos que teve razões para destinar especificamente à União, ou ao Estado, ou ao Município. Feito isto, restavam apenas aquêles impostos — quais sejam êles — em que o constituinte não enxergou características que os fizessem tipicamente federais, ou estaduais, ou municipais. E a êsses se reconheceu um caráter nacional: já que não devem pertencer a alguém, justo é que pertençam a todos. Por isso propus o têrmo 'concorrente' em lugar do amorfo 'residual'. Não se trata de um resíduo no sentido de 'resto', de uma *res nullius* que não pertence a ninguém e que por isso qualquer um pode apropriar, mas de um saldo que pertence a todos". O sistema tributário brasileiro, *Revista de direito administrativo*, v. 72, p. 7.

597. No direito tributário brasileiro, é permitida à União, por meio de lei complementar, a criação de impostos que não constem no rol de sua competência tributária (art. 153, I a VII da CF/88), desde que eles sejam não cumulativos e não tenham fato gerador ou base de cálculo próprios dos discriminados na Constituição (art. 154, I, da CF/88), podendo o mesmo ser dito das contribuições sociais (art. 195, § 4º, da CF/88).

Desse modo, como ilustração, podemos expor que, como regra geral, a norma de competência apresentaria uma hipótese com toda e qualquer situação, inominada, implicando uma consequência de conduta, segundo um procedimento padrão, de pôr apenas, de forma exaustiva, as normas de tributação, conteúdo positivo, "nt_1" e "nt_2"; entretanto, haveria outra norma de competência ainda, a residual, na qual, dada certa situação específica, nominada, prevista na hipótese, então também poderia ser posta, por um procedimento especial, mais complexo, a norma de tributação "nt_x", sem a determinação prévia de conteúdo, a não ser alguma restrição negativa.[598] Pelo exemplo, haveria uma competência tributária enumerada, ao lado de uma competência residual, dentro de algumas regras.

5.1.2.2.3 *Inalterabilidade*

Da competência tributária, diz-se inalterável. Entretanto, faz-se necessário especificar em que sentido seria inalterável a competência tributária, pois há, aqui, a possibilidade de dupla interpretação. Com efeito, tanto pode ser inalterável a norma de competência em si, como também pode o termo estar sendo aplicável àquilo que se regula.[599] Ou, dito de ou-

---

Já para as taxas e contribuições de melhoria, lembra-nos José Roberto VIEIRA que a competência residual pertence aos Estados e ao Distrito Federal: "É que, como nesse caso, a competência tributária é determinada pela competência administrativa, e como a competência administrativa residual pertence aos Estados e ao Distrito Federal, acaba também por pertencer-lhes, por via de consequência, a competência tributária residual". [...]". Competências tributárias no Brasil: mitos e mentiras, *in* Paulo de Barros CARVALHO (coord.), *30 anos da Constituição Federal e o sistema tributário brasileiro*, p. 633. Raciocínio que já havia sido antes desenvolvido por Roque CARRAZZA: "[...] nos tributos vinculados, a competência residual pertence aos Estados e ao Distrito Federal, uma vez que eles é que, em matéria administrativa, podem fazer tudo o que não foi, neste setor, expressamente deferido pela Carta Fundamental à União e aos Municípios". *Curso de direito constitucional tributário*, p. 565.

598. Havendo enumeração em norma de competência tributária, damos às normas de tributação números, por isso usamos "nt_1" e "nt_2" no exemplo acima. Agora, havendo previsão, mas sem especificação do conteúdo, como norma residual de tributação, então a simbolizamos por "nt_x".

599. Visando a afastar a ambiguidade, sugere José Roberto VIEIRA que, em vez de "inalterabilidade", usemos o termo "inextensibilidade": "Como nossa manutenção

tro modo, quando expomos que a competência é inalterável, podemos estar tratando quer de uma alteração na própria norma de competência, como também podemos estar a cuidar das dimensões, limites, moldura, da norma de tributação que pode ser posta em razão da norma de competência.

A norma de competência tributária estabelece a conduta de um sujeito em relação a uma norma de tributação, a qual, a depender do direito positivo, estará mais ou menos disciplinada (veja-se 3.4), o quê, por esse prisma, implica, quanto o sujeito vai exercer sua competência normativa, já se encontrar limitado em sua atuação, não podendo ultrapassar as bordas da moldura interpretativa, sob pena de invalidade da norma posta (veja-se 2.10). Sendo assim, sua situação é de vínculo com a norma de competência, tendo permissão para pôr norma de tributação, com fundamento em norma fundante, norma de competência tributária, nos limites dados, mediante procedimento específico, mas não detém permissão para alterar a própria norma fundante. Nisso reside uma das ideias de inalterabilidade.

Um caso diferente é o da inalterabilidade da própria norma de competência. A depender do direito positivo, pode ou não tal norma ser alterada, e é aqui que reside o segundo ponto da inalterabilidade: se há ou não possibilidade de alterar a norma de competência tributária. Estamos a tratar, portanto, não sobre a inalterabilidade da competência tributária enquanto exercida, mas sim sobre ausência de competência para alterar a própria norma de competência tributária. Questão contingente, a depender do direito positivo, que pode permitir qualquer alteração, torná-la mais custosa do que para outras situações ou simplesmente vedá-la.[600] Assim, caso a norma de

dessa característica se faz da perspectiva da pessoa política destinatária da competência, e tão só no sentido de obstáculo a que ela seja ampliada, alargada ou dilatada, parece-nos mais adequado substituir a tradicional — mas pouco exata — referência à "inalterabilidade", pela menção mais precisa da característica da *inextensibilidade*". Competências tributárias no Brasil: mitos e mentiras, *in* Paulo de Barros Carvalho (presid.) e Priscila de Souza (org.), *30 anos da Constituição Federal e o sistema tributário brasileiro*, p. 616.

600. "El poder de reforma constitucional es — como todo poder constituido — un poder limitado, circunscrito por las normas que lo regulan". Riccardo Guastini,

competência tributária em sentido estrito seja protegida de qualquer modificação por meio de reforma — o que somente pode ser reconhecido pela observação de um específico ordenamento jurídico —, então a inalterabilidade seria um limite não apenas dos contornos da norma que possa vir a ser posta, como da própria norma que dá esses contornos.

Em curta síntese, sob o signo da inalterabilidade da competência tributária, albergam-se duas realidades: a primeira, um sujeito pode dispor sobre norma de conduta apenas dentro dos limites dados pela norma de competência tributária, do contrário, deve ser a invalidação da norma produzida; a outra, a norma de competência tributária que regula a criação da norma de tributação não pode ser alterada.[601] Questões que se situam em planos diversos na hierarquia normativa.[602]

Interpretar y argumentar, p. 319-320 (IV.III.1). Para o caso específico brasileiro, mais do que apropriadas as palavras de José Roberto VIEIRA: "Quando a *Lei Maior brasileira* opta pela *constitucionalização minuciosa* das normas primeiras do respectivo sistema jurídico-tributário, está a perseguir a *Estabilidade Jurídica*, elemento essencial da ideia de *Certeza do Direito* e, por via de consequência, da noção de Segurança Jurídica. [...]. Não significa isso que a *opção constitucional tributária brasileira* implique impossibilidade de mutação do seu sistema normativo, mas que as alterações são mais lentas, de modo a *prestigiar a Estabilidade Jurídica e a Segurança do Direito*". O direito constitucional tributário comparado numa visão copernicana: uma homenagem ao Prof. George Gomm, *in* Michele Heloise AKEL, Fabio Artigas GRILLO, Fabriccio Petreli TOROSO e Matheus Monteiro MOROSI (coord.), *Direito tributário paranaense*, v. II, p. 37-38.

601. "Afirmar a inalterabilidade da competência tributária pelo sujeito com ela contemplado, naturalmente, não implica negar a possibilidade de a competência ser alterada mediante emenda à Constituição, nos limites do art. 60, § 4º, da Carta". Guilherme FOLLADOR, *As normas de competência tributária*, p. 274.

602. José Roberto VIEIRA, ao comentar a proposta de emenda constitucional nº 175/1995 — que, entre outras coisas, pretendia a substituição do IPI por um ICMS federal — alertou sobre os riscos de inconstitucionalidade que alterações de normas de competência constitucionais podem acometer: "*Confiamos [...] na condenação dos projetos oficiais de Reforma Constitucional Tributária* [...], sob pena de, uma vez aprovados, vermos ofendidos o Princípio da Federação, magoado o Princípio da Autonomia dos Municípios, golpeado o Princípio da Isonomia das Pessoas Constitucionais, contundido o núcleo intangível da Carta Magna e subvertido todo o nosso Sistema Jurídico Constitucional!". Imposto sobre produtos industrializados, *in* Paulo de Barros CARVALHO (presid.), *Justiça tributária*, p. 530-531. E, em outro texto, reforça o preclaro mestre o significado da inconstitucionalidade: "[...] daquele que constitui o *demônio público da pior espécie, o da inconstitucionalidade*". Crédito presumido do IPI

Por fim, fazemos uma observação dirigida a todos, e não só àqueles que fazem uma leitura muito rígida do que comumente se denomina de cláusulas pétreas. Elas não foram, realmente, gravadas na pedra, não são leis divinas,[603] e por mais que se tenha admiração por um texto constitucional, ele é criação do homem, havendo muito de distópico no querer que ele valha para todo o sempre.[604] De todo modo, Ulisses, se muito pressionado, pode encontrar forças para se desamarrar.[605-606]

---

na Industrialização por encomenda: um estado "maquiaveliano" e talvez "maquiavélico", *in* Paulo de Barros Carvalho (presid.), *Sistema tributário brasileiro e crise atual*, p. 508.

603. "Iahweh disse a Moisés: 'Sobe a mim na montanha, e fica lá; dar-te-ei tábuas de pedra — a lei e o mandamento — que escrevi para ensinares a eles'". Êxodo 24:12, *Bíblia de Jerusalém*, p. 137.

604. "Nenhuma ilusão nutriam [...] os constituintes de 1946, que buscaram o melhor dentro duma fórmula de transação entre os vários interêsses e aspirações em conflito. Êles sabiam lucidamente ser orgulho vão ou veleidade ingênua supor que pudessem acorrentar as gerações futuras". Aliomar Baleeiro, Estados, discriminações de rendas e reforma constitucional, *Revista de direito administrativo*, v. 30, p. 25.

605. Em sua volta para casa, após a guerra de Tróia, em sua Odisseia, Ulisses, ao passar pela costa da Ilha das Sereias, ordenou que fosse amarrado ao mastro de seu navio, "[...] dando instruções a seus homens para não libertá-lo, fosse o que fosse que dissesse ou fizesse [...]". Thomas Bulfinch, *O livro de ouro da mitologia*, p. 289 (XXIX). Baseado nessa grande história, Elster conta-nos em que casos Ulisses (o legislador), mesmo imaginado bem amarrado, pode-se libertar: "[...] as tentativas de restringir a sociedade com muita força poderia surtir o efeito oposto, por dois motivos. Primeiro, os cidadãos poderiam reagir à própria ideia de serem limitados. [...]. Em segundo lugar, os cidadãos poderiam achar que cláusulas muito rígidas para a aprovação de emendas são um obstáculo intolerável à mudança". Jon Elster, *Ulisses liberto*: estudo sobre racionalidade, pré-compromisso e restrições, p. 127-128 (2.2). Para mais detalhes, veja-se: Valterlei da Costa, As cláusulas pétreas e [a] norma de (in)competência ou uma história de Ulisses e as sereis, *Revista de direito brasileira*, v. 28, *passim*.

606. No direito brasileiro atual, toda a discussão gira em torno da possibilidade de reforma que unifique uma série de tributos pertencentes a entes federados diversos sob um único rótulo. Ou seja, as normas de competência seriam alteradas. No entanto, isso seria possível diante do art. 60, § 4°, I, da CF/88, que protege a forma federativa? Roque Carrazza, com sua visão de que da Constituição é possível apenas uma única interpretação, diz-nos que não: "Esta 'cláusula pétrea' [art. 60, § 4°, I, da CF/88] não pode ser violada, nem por via direta, nem por via oblíqua, o que ocorreria, por hipótese, se se retirasse, mediante emenda constitucional, a competência tributária dos Estados". A competência tributária dos estados-membros, diante da nova Constituição Federal, *Revista de direito tributário*, n. 45, p. 57 (esclarecemos entre colchetes). Na mesma linha, José Eduardo Soares de Melo aponta que "[a] inalterabilidade é contemplada como elemento substancial da competência

5.1.2.2.4 Procedimento

Sendo permitido ou obrigado pôr norma de tributação, então pode muito bem ser que o direito positivo crie um determinado procedimento para tanto. Assim, não bastaria mais só a conduta resultar num texto, que será interpretado como norma jurídica, mas também deve ser seguido um rito, um modo específico de agir. Não se tem mais, por essa via, em conta somente o fim, o lançar linhas, o enunciar, mas passa a importar o meio, como isso é feito.[607] Logo, em razão de que a conduta de assentar norma jurídica pode ser prescrita por meio de procedimentos, vemos como imperiosas algumas observações.

Primeiramente calha muito bem separar o procedimento necessário para pôr a norma jurídica de conduta das condições previstas na hipótese da norma de competência tributária em sentido estrito. Com efeito, uma coisa é o procedimento por meio do qual se deve produzir a norma de tributação, outra, bem diferente, é saber quais são as condições que possibilitam o exercício da conduta prescrita na consequência da norma tributária de competência. Com essas bases, fácil

---

tributária, porque acode ao irrestrito prestígio do princípio federativo, não podendo ser modificada a matéria tributável". *Curso de direito tributário*, p. 114. No entanto, podemos encontram posições mais atenuadas na nossa doutrina, como vemos em Regina COSTA: "[...] quanto à inalterabilidade da competência tributária, somente é verdadeiro afirmá-lo se considerarmos a impossibilidade de modificação de seus contornos pelo próprio legislador infraconstitucional, porquanto por meio de emenda, ainda que existam sérias limitações (art. 60, § 4º, CR), é possível realizar alterações". *Curso de direito tributário*, p. 44. De toda sorte, parece-nos interessante o entendimento de Tácio GAMA, para quem basta a autonomia financeira para se resguardar a federação, nada impedindo "[...] que seja aumentado o grau de concentração da arrecadação de tributos à mão de um ente federativo, se for assegurada a repartição de receitas tributárias proporcionais [...]". Federação, autonomia financeira e competência tributária: é possível uma federação sem repartição de competência tributária? *in* Paulo de Barros CARVALHO (presid.), *Sistema tributário brasileiro e as relações internacionais*, p. 1158.

607. Neste sentido: "*cp* (critério procedimental) = previsão do conjunto de fatos jurídicos que deverão se dar de modo concomitante ou sucessivo e que têm por efeito o surgimento de determinado produto, no caso, novos enunciados prescritivos que passarão a compor o plano de expressão do ordenamento jurídico". Eurico de SANTI e Daniel PEIXOTO, PIS e COFINS na importação, competência: entre regras e princípios, *Revista dialética de direito tributário*, n. 121, p. 37.

entender que, *v.g.*, a necessidade de urgência e relevância é algo que deve estar presente para que se verifique a permissão de pôr norma jurídica por meio de texto conhecido por "medida provisória".[608] Agora, coisa totalmente distinta é como o chefe do executivo deve agir, procedimento, para pôr texto do qual, por interpretação, obter-se-á norma jurídica.[609]

Desse modo, deve-se ter em mente que o procedimento diz respeito à forma de confecção do texto jurídico, ao modo de se conduzir do sujeito para se obter o fim e, portanto, encontra-se na consequência da norma de competência; já a condição, que inclusive pode ser toda e qualquer situação, está também nessa mesma norma, só que na hipótese, o que demonstra, *per se*, a necessidade de distinção. Assim, detrás de expressões como "lei ordinária", "lei complementar", "emenda constitucional", há não só um produto, texto a ser interpretado, como também há um processo, um meio.

Por fim, para bem explanar o tema, podemos apontar o caso do empréstimo compulsório no direito brasileiro, lendo-o como norma de competência tributária.[610] Na hipótese, encontramos ou a existência de despesas extraordinárias ou

608. "Medida provisória" é expressão ambígua. Tanto é medida provisória a norma constitucional que a autoriza como é medida provisória a norma posta pelo chefe do executivo. De igual modo, é medida provisória o enunciado, o suporte físico, que será interpretado. Clèmerson CLÈVE faz interessante comparação da medida provisória com o decreto. Por um lado, a norma regulamento é criado por decreto; por outro, a norma medida provisória é instituída por medida provisória: "[...] com a Constituição de 1988, o Presidente da República edita medidas provisórias veiculadas por um instrumento que assume idêntica denominação. O mesmo não ocorre com o regulamento, pois veiculado por meio de decretos". *Medidas provisórias*, p. 62.

609. Em clássica obra, Geraldo ATALIBA, cuidando do procedimento de produção do decreto-lei, perante a Constituição de 1967, realiza manifestação que, a nosso ver, aplica-se às medidas provisórias: "Ato privativo do Presidente da República, [o decreto-lei] surge por iniciativa sua, independentemente de qualquer provocação ou processo". *O decreto-lei na Constituição de 1967*, p. 26.

610. CF/88: Art. 148. A União, mediante lei complementar, poderá instituir empréstimos compulsórios: I - para atender a despesas extraordinárias, decorrentes de calamidade pública, de guerra externa ou sua iminência; II - no caso de investimento público de caráter urgente e de relevante interesse nacional, observado o disposto no art. 150, III, "b".

a urgência em investimento público de relevante interesse nacional; já na consequência, há a permissão de conduta de pôr norma de tributação, que também recebe o nome de empréstimo compulsório, ou seja, de criar tributo, só que isso somente por meio de lei complementar, o que implica um procedimento, um processo legislativo, de votação favorável absoluta do parlamento.[611] Fica evidente que o procedimento, no caso, lei complementar, que se estrutura na consequência normativa, em nada se conecta com a necessidade expressa pela hipótese de ocorrência de situações excepcionais.

5.1.2.3 Sujeito

A conduta prescrita pela norma de competência tributária diz respeito à norma de tributação, em um dos modos deônticos, por meio dos verbos "pôr", "modificar" ou "excluir". Ocorre que tão importante quanto saber "o quê" é permitido, proibido ou obrigado, é conhecer o destinatário da norma, "quem". De pronto, deixamos claro que não debandaremos do nosso posto e ingressaremos em questões políticas, pois, se isso fizéssemos, poderíamos acabar dizendo que o único sujeito a quem reconhecemos legitimidade para pôr a norma de tributação seria um órgão específico do Estado, que é comumente chamado de "poder legislativo".[612] Afinal, não são estranhos desejos de que haja uma relação de legitimidade entre aquele sujeito que deve levar dinheiro ao Estado e o sujeito que põe a norma de tributação, como mostram as muitas revoluções que ocorreram por causa da tributação.[613]

611. CF/88: Art. 69. As leis complementares serão aprovadas por maioria absoluta.

612. "[...] é no procedimento legislativo, nos atos da produção legislativa que, indiscutivelmente, se surpreende a realização por excelência tanto da representatividade republicana quanto da participação popular democrática". José Roberto Vieira, Legalidade tributária e medida provisória: mel e veneno, *in* Octavio Fischer (coord.), *Tributos e direitos fundamentais*, p. 182.

613. Podemos dar colorido à exposição, pinçando dois momentos da história dos Estados Unidos. Em ambos, o cerne é a tributação sem representatividade. O primeiro trata da independência americana: "[...] em 1767, sob o comando de Charles Townshend, ministro da Economia, o Parlamento impôs novas taxas sobre vidro,

Entretanto, não há nada que vincule, de um ponto de vista estritamente teórico, um ordenamento jurídico a não eleger, para o trato da norma de tributação, outro sujeito que não o parlamento: questão inteiramente de direito positivo.[614] E — para ficarmos apenas nos casos em que os sujeitos da norma de competência tributária estejam restritos à clássica tripartição dos "poderes", mas nada impede, inclusive, que sejam outros — poderíamos mesmo fazer momice a uma norma de competência tributária que permitisse ao judiciário instituir tributo com fins de custear suas atividades, mas não poderíamos deixar de reconhecer como jurídica tal norma. De igual modo, a ojeriza contra uma norma de competência tributária que permitisse ao executivo enunciar uma norma de tributação não seria, teoricamente, uma razão de invalidade, quer da norma de competência tributária, quer da norma de tributação. Ademais, quanto aos "poderes", aceita-se que a questão é de preponderância, não de exclusividade.[615] De toda sorte, não há um direito natural a que somente o legislativo possa assentar a norma de tributação.[616]

---

tinta, papel e chá importados para as colônias. [...]. Em fevereiro de 1768, a Câmara dos Representantes de Massachusetts enviou às outras assembleias legislativas colônias uma 'circular' que acusava as tarifas Townshend de violação inconstitucional do princípio de não haver taxação sem representatividade". Gordon WOOD, *A revolução americana*, p. 54-57 (II). O segundo diz respeito à guerra da secessão: "Quando o Congresso aprovou uma nova lei de tarifa alta em 1832, os representantes da Carolina do Sul protestaram, convocando uma assembleia no seu estado. Nesta assembleia os participantes declaram que tal tarifa era 'nula, vazia e nenhuma lei, sem obrigação para este estado, os seus funcionários, ou os seus cidadãos". Peter EISENBERG, *Guerra civil americana*, p. 40.

614. "Todo o problema político dos nossos dias gira em tôrno da elaboração da lei. *Quem faz a lei é que é o mestre da vida social*". PONTES DE MIRANDA, *Comentários à Constituição de 1946*, v. II, p. 213.

615. "Hoje, o princípio [da separação dos poderes] não configura mais aquela rigidez de outra". José Afonso da SILVA, *Curso de direito constitucional positivo*, p. 109.

616. José Roberto VIEIRA, ao cuidar das garantias fundamentais do contribuinte, parte de um ponto de vista do direito positivo: "De um ângulo mais largo, *a legalidade tributária*, como corolário da legalidade genérica, *encontra-se irrecusavelmente entre os direitos e garantias fundamentais* (Constituição, art. 5º, II). Já de um prisma mais estreito, esta tem *um lugar privilegiado assegurado entre os direitos e garantias fundamentais do cidadão-contribuinte* (Constituição, art. 150, I)". Fundamentos republicano-democráticos da legalidade tributária: óbvios ululantes e não

Agora, que essa seria uma boa norma de competência tributária, concordamos plenamente, mas disso não decorre que o direito positivo não possa escolher de modo diverso. Um começo para que tenhamos leis justas é compreendendo que elas são criações humanas e não revelações do divino.

5.1.2.3.1 Privatividade

A clássica fórmula "discriminação das rendas" apenas pode ser inteiramente entendida quando se traz como anteparo a ideia de Estado Federal, pois "[é] dentro da moldura ampla das autonomias federativas que se insere, de preferência, o tema da discriminação de rendas".[617] Assim, em um primeiro plano, há ordem central e ordens locais,[618] mas, em um segundo, os tributos são previstos exaustivamente, mesmo que com a eventual válvula de escape da competência residual, e também, para podermos falar de um sistema rígido de distribuição, divididos de tal modo que "[d]a atribuição de competência privativa a uma unidade federada resulta a exclusão das demais unidades federadas quanto ao exercício de competência idêntica".[619] Nesse caso, estaremos a cuidar de uma das características que se aponta para a competência tributária, qual seja, a privatividade.

Ao lado do sistema rígido de distribuição de competências, por meio da privatividade, há o flexível, ou elástico, por meio do qual uma mesma projeção de uma norma de tributação, presente ou não no rol de tributos exaustivos, pode ser

---

ululantes, *in* Melissa Folmann, (coord.), *Tributação e direitos fundamentais*, p. 195.

617. Amílcar Falcão, *Sistema tributário brasileiro*, p. 19. Nesse mesmo sentido: "O princípio básico que preside à estruturação do Estado federal é a repartição de competências [...], em particular, a repartição de competências tributárias [...]". José Souto Maior Borges, *Teoria geral da isenção tributária*, p. 29.

618. "A ordem jurídica de um Estado federal compõe-se de normas centrais válidas para o seu território inteiro e de normas locais válidas apenas para porções desse território, para os territórios dos "Estados componentes (ou membros)". Hans Kelsen, *Teoria geral do direito e do estado*, p. 451-452 (II.V.D.a.1).

619. Amílcar Falcão, *Sistema tributário brasileiro*, p. 39.

concretizada por mais de um ente da federação. E a esse existir mais de um sujeito na norma de competência tributária é o que se denomina competência concorrente, em oposição à competência privativa. Podemos imaginar, ainda, uma federação onde apenas a ordem central institui tributo, com as ordens parciais recebendo um repasse do que for arrecadado. Caso que não nos parece, por si só, inviabilizar a federação, pois a autonomia financeira não precisa, necessariamente, vir acompanhada de uma autonomia para instituir, alterar ou extinguir tributo.[620]

De todo modo, o cerne da privatividade gira em torno de reconhecer-se que é atribuído a um só ente o polo de sujeito na norma de competência tributária, implicando essa condição de sujeito único, geralmente, não só a disciplina de que só ele pode criar a norma de tributação, mas que somente a ele compete alterá-la ou exclui-la.[621] Ademais, sendo verificada como afirmativa a questão, então também se deve inferir que estão todos os demais entes proibidos de ocupar essa posição, ou seja, que é vedada a criação de norma de tributação por outrem quando reservada a um de forma privativa.[622] Disso,

---

620. No sentido de que a autonomia financeira é minimamente suficiente para garantir a federação, mas não seria o modelo adequado, temos Raquel Ramos MACHADO: "Em tese, numa federação, o ente central poderia cobrar todos os tributos, e, em seguida, partilhar, de forma automática e compulsória, o produto arrecadado com os entes periféricos. Seria possível também, a fortiori, a existência de uma federação em que se atribuam competências tributárias aos entes federativos, central e periféricos, e que essas competências não sejam privativas, mas comuns. [...]. Mas, embora em tese possíveis, essas formas, pode-se dizer que a brasileira é mais adequada [...]". *Competência tributária*, p. 58.

621. Nesse sentido, José Souto Maior BORGES: "No poder de tributar se contém o poder de eximir, como o verso e reverso de uma medalha". *Teoria geral da isenção tributária*, p. 29. Posição interessante é a de Clélio CHIESA, para quem, no caso brasileiro, não haveria uma perfeita equivalência entre quem pode instituir os tributos e quem pode deles desonerar: "A competência para desonerar da tributação não tem exatamente a mesma configuração, pois não só a União, Estados-membros, Distrito Federal e Municípios podem desonerar da tributação no âmbito de suas respectivas competências, mas também o Estado brasileiro". *A competência tributária do estado brasileiro*, p. 32.

622. Entendimento encontrado em autores os mais díspares: "Esse princípio constitucional [discriminação de rendas tributárias], ao mesmo tempo que atribui o poder tributário a cada entidade política contemplada, inibe o exercício desse poder em relação à entidade política não contemplada [...]". Kiyoshi HARADA, *Sistema*

haver ou não mais de um sujeito autorizado a dispor sobre norma de tributação, decorre que de um tributo apenas podemos dizer que ou é privativo ou é concorrente, não havendo outra possibilidade, ou seja, *tertium genus non datur.*[623] Agora,

---

tributário na Constituição de 1988, p. 6 (esclarecemos entre colchetes). "[...] o texto supremo arrola os impostos que caberão, exclusivamente, a cada nível de govêrno; por consequência, sôbre o campo de sua incidência [,] não poderão se acamar tributações múltiplas, por existir, aí, uma invasão de esfera de atribuições [...]". Antônio Sampaio DÓRIA, *Discriminação de renda tributárias*, p. 20 (complementamos entre colchetes). "[...] a repartição da competência tributária [...] implica, ao mesmo tempo, atribuição expressa da competência para certa pessoa política, e recusa da competência idêntica às outras unidades da Federação". Reinaldo PIZOLIO, *Competência tributária e conceitos constitucionais*, p. 96-97. "As pessoas políticas são dotadas de privatividade para criar os tributos que lhes foram reservados pela Constituição, o que, por via oblíqua, implica a exclusividade e consequente proibição de seu exercício por quem não tenha sido consagrado com esse direito". José Eduardo Soares de MELO, *Curso de direito tributário*, p. 113.

623. Ao tratar da Emenda Constitucional nº 18 à Constituição de 1946, e cuidando especificamente dos impostos, chegou Geraldo ATALIBA à idêntica conclusão, apontando que a competência tributária ou é privativa ou é concorrente: "Não existe, juridicamente, possibilidade de qualquer tipo de impôsto escapar ao dilema: ou se configurará como privativo (arts. 15, 19 e 29) ou será concorrente (art. 21). *Sistema constitucional tributário brasileiro*, p. 113. Entretanto, ao lado do caráter privativo ou concorrente que se atribui à competência tributária, ainda, vez ou outra, deparamo-nos com o adjetivo "comum" que a doutrina lhe prega. Por essa linha, haveria uma terceira forma para a competência. Entretanto, não devemos ficar impressionados com essa terceira espécie, imaginando que possa quebrar nosso binômio, pois ela geralmente é usada como sinônimo de competência concorrente. E, como prova desse uso sinonímico, podemos citar Rubens Gomes de SOUSA, para quem "[t]ributos comuns são os que a Constituição prevê expressamente como podendo ser criados tanto pela União, como pelos Estados ou pelos Municípios [...]". *Compêndio de legislação tributária*, p. 180. Entretanto, não desconhecemos que há certa celeuma sobre o tema quando envolve tributos que tenham por foco uma atuação estatal, o que faz com que balance a terminologia, pois não haveria algo comum, já que "[...] não provocam problemas de bitributação, pois são a contrapartida daquela atividade desempenhada pelo poder público". Antônio Sampaio DÓRIA, *Discriminação de rendas tributárias*, p. 21. Em razão disso, José Roberto VIEIRA prefere falar de mito (ou mentira) da competência comum para as taxas e contribuição de melhoria, uma vez que "[...] por trás da competência tributária, descansa, nas Taxas e nas Contribuições de Melhoria, a competência administrativa para prestar os serviços, para exercer a atividade de polícia ou par construir a obra pública. Ora, *sempre que essa competência administrativa for privativa de determinada esfera de governo, por decorrência necessária, também a competência tributária o será*". Competências tributárias no Brasil: mitos e mentiras, *in* Paulo de Barros CARVALHO, *30 anos da Constituição Federal e o sistema tributário brasileiro*, p. 628. E, ainda, na mesma ordem de ideia, podemos lembrar o posicionamento de Hugo de Brito MACHADO: "Indicar-se como competência comum os tributos vinculados não nos parece adequado. Preferimos dizer que esses tributos são

sendo a privatividade o ponto escolhido, a divisão entre os entes da federação pode-se dar quer quanto ao conteúdo da norma de tributação, quer quanto à territorialidade.[624] No mais, qualquer que seja a forma de separação, haverá situações nebulosas, os casos difíceis, em que haverá dúvidas sobre quem pode tributar o quê.[625]

Por fim, devemos ter em conta que a classificação dos sistemas de tributação em rígidos ou flexíveis parece ser mais uma questão de grau do que um tudo ou nada. Afinal, bem-vistas as coisas, um único tributo que possa ser criado de forma concorrente seria suficiente para afastar a rigidez do modelo em sentido absoluto. No entanto, não foi por esse caminho que seguiu a doutrina nacional, preferindo a preponderância como marco para a classificação.[626] De todo modo, a privativi-

---

privativos de quem exercer a atividade estatal a que se ligam [...]". *Curso de direito tributário*, p. 258. De todo modo, como não pretendemos cuidar das espécies tributárias neste trabalho, deixamos de analisar se as taxas e as contribuições de melhoria encontram-se sob competência privativa ou concorrente, ou se melhor seria, para esses casos, uma denominação diversa, tal como comum.

624. "[...] o critério adotado pela Constituição, na partilha das competências impositivas dos Estados entre si e dos Municípios entre sim foi o territorial". Roque Carrazza, *Conflitos de competência*: um caso concreto, p. 44.

625. José Roberto Vieira nega a possibilidade de conflitos de competência, pois "[...] eles não passam de mera ilusão e de pura aparência, porque, afinal, *nada mais são do que conflitos de leis gerados por conflitos interpretativos*". O papel da lei complementar no estabelecimento das fronteiras IPI X ISS: óculos para macaco, *in* Paulo de Barros Carvalho (presid.), *Sistema tributário brasileiro e as relações internacionais*, p. 574. De nossa parte, entendemos que eles não só existem como somente podem ser dirimidos por um ato de vontade e não por algo como uma "interpretação correta": "A função da norma geral, a ser posta por lei complementar, no que toca ao fato gerador, base de cálculo e contribuintes dos impostos é escolher, entre as interpretações possíveis do texto constitucional, aquela que deve ser seguida pelos entes federativos [...]". Valterlei da Costa e Vivian Carla da Costa, Normas gerais em matéria tributária, *Revista de direito tributária contemporânea*, v. 29, p. 235.

626. "[...] interessa saber se a distribuição da competência tributária foi feita separadamente [...] a cada uma das categorias ou ordens de entidades federadas, de modo que para cada uma destas se configure uma área definida e ampla de competência privativa ou exclusiva, abrangedora senão da totalidade, pelo menos da porção prevalente das respectivas receitas fiscais. No caso afirmativo, a discriminação será rígida; na hipótese contrária, definir-se-á como flexível ou elástica". Amílcar Falcão, *Sistema tributária brasileiro*, p. 24.

dade pode apresentar certo hibridismo, com os tributos sendo bem demarcados — quem pode instituir o quê, aparecendo de forma precisada[627] —, mas deixando em aberto, como eventualidade, que um ente da federação possa instituir tributo atribuído a outro ente da federação, desde que sob certas condições específicas.[628]

5.1.2.3.2 "Indelegabilidade"

Outra questão acerca do sujeito da norma de competência tributária é a da possibilidade de delegar-se a outro sujeito a competência para dispor sobre a norma de tributação, debatendo a doutrina sobre ser a "indelegabilidade" uma característica da competência tributária, apesar de tal palavra

---

627. Em José Roberto Vieira, encontramos a ideia de que a privatividade está ligada a uma demarcação de conteúdo da norma de tributação pela norma de competência: "A *norma de competência tributária*, constitucional por sua natureza, quando confere a uma das esferas de governo a faculdade inerente ao estabelecimento e tributos [...] termina por *oferecer dados essenciais da norma jurídica de incidência dos respectivos tributos*". Equiparações de estabelecimentos comerciais a industriais: ficções que tangem o divino ou que tocam o demoníaco? *in* Paulo de Barros Carvalho (coord.), *Direito tributário e os novos horizontes do processo*, p. 708. Posição a qual nos filiamos, com duas ressalvas caso estejamos no plano da teoria do tributo, sem nos fixarmos a um específico ordenamento jurídico: uma, a norma de competência pode assumir qualquer roupagem, não somente a de texto constitucional (veja-se 5.2.2.4); outra, ainda quanto à norma de competência tributária, pode ela ser construída tanto com o modal permitido como com o obrigatório, além da possibilidade do proibido (veja-se 5.2.2.1).

628. Na Constituição brasileira, podemos encontrar duas hipóteses que permitem à União instituir tributo que não lhe é atribuído exclusivamente. Uma, é havendo território federal, quando poderá instituir, então, os impostos estaduais e, não havendo municípios no território, os municipais (art. 147 da CF/88). Outra, é em caso de deflagração de guerra externa, ou sua iminência, quando poderá instituir impostos extraordinários que, por uma primeira linha, são dos Estados e dos Municípios. Essas duas exceções à privatividade fazem com que Paulo de Barros Carvalho a negue como característica da competência: "Tenho para mim que a privatividade é insustentável. [...]. Dir-se-á que se trata de exceção, mas é o que basta para derrubar proposição afirmativa colocada em termos universais, de tal sorte que impostos privativos, no Brasil, somente os outorgados à União". *Curso de direito tributário*, 18.ed., p. 233. Agora, a quem se refere o "dir-se-á"? Quiçá Roque Carrazza? "De nossa parte, pensamos que estas situações excepcionalíssimas [arts. 147 e 154, II, da CF/88], que só vêm confirmar a regra geral". *Curso de direito tributário*, p. 445 (esclarecemos entre colchetes).

não constar no VOLP.[629] E, por "indelegabilidade", quer-se expor a impossibilidade de que quem conste como sujeito da norma de competência tributária delegue a outrem essa sua posição.[630] Acontece que um posicionamento sobre o tema somente é possível se se especificar um ordenamento jurídico, para nele observar, então, se há ou não essa possibilidade de delegação, o que faz da questão uma contingência.

De uma forma geral, aceita-se que o sujeito (s_0) — aquele que põe a norma de competência tributária (nct_1), na qual, por sua vez, consta o sujeito (s_1), quem deverá dispor sobre a norma de tributação — é o único que poderia alterar a norma de competência (nct_1), estabelecendo, assim, nova norma de competência (nct_2), que substituiria a anterior (nct_1). De modo que haveria a norma de competência primeira (nct_0), a qual estabelece quem põe, altera ou exclui a norma de competência (nct_1), dando vazão, em caso de alteração, à nova norma de competência (nct_2). E esse alguém é s_0 e não s_1. Nada impede, no entanto, que a norma de competência (nct_1) seja construída de modo que o sujeito destinatário na sua consequência (s_1), possa delegar o outrem (s_x) sua posição. Só que, nesses casos, entendemos pela necessidade de disposição expressa. Por essa linha, havendo previsão expressa em (nct_0), aquele que receber a competência tributária (s_1), poderá repassá-la a outrem (s_x); do contrário, isso não será possível, sendo caso, então, de "indelegabilidade".

Como ilustração de um caso de delegação expressa, podemos rememorar a Constituição de 1946, a qual permitia aos Estados que transferissem aos Municípios tributos de sua competência.[631] A Constituição de 1969, de igual modo, per-

---

629. Consultamos, da Academia Brasileira de Letras, o *Vocabulário Ortográfico da Língua Portuguesa*, 5.ed., de 2009.

630. "Quando se afirma que [a] competência tributária é indelegável, quer-se dizer que a instituição do tributo há de se dar única e exclusivamente através de lei proveniente da casa legislativa da entidade [...] que a Constituição expressamente tenha indicado como titular de tal faculdade". Mauro Lopes, *Direito tributário brasileiro*, p. 41 (complementamos entre colchetes).

631. CF/46: "Art. 29 – Além da renda que lhes é atribuída por força dos §§ 2º e 4º do art. 15, e dos impostos que, no todo ou em parte, lhes forem transferidos pelo Esta-

mitia a delegação de competência, só que, dessa vez, com a União podendo transferir aos Estados, ao Distrito Federal e aos Municípios a sua competência residual.[632] Já como mostra da impossibilidade de delegação, podemos citar a atual Constituição brasileira, sobre a qual é firme a doutrina quando expõe a impossibilidade daquele que figure como sujeito da norma de competência ditar, ele próprio, a norma de delegação, alterando sua situação de destinatário e repassando a outrem competência recebida.[633] Assim, no caso brasileiro atual, entende-se que, uma vez dada a competência privativa para determinado ente da federação, fica vedada sua delegação, por esse ente da federação, a outro.

Devemos levar em consideração, todavia, que os exemplos dados dizem respeito à possibilidade ou não de delegação entre entes da federação e não abarcam, portanto, o caso de delegação

---

do, pertencem aos Municípios os impostos: [...]".

632. CF/69: "Art. 18, § 5º – A União poderá, desde que não tenham base de cálculo e fato gerador idênticos aos dos previstos nesta Constituição instituir outros impostos, além dos mencionados nos artigos 21 e 22 e que não sejam da competência tributária privativa dos Estados, do Distrito Federal ou dos Municípios, assim como transferir-lhes o exercício da competência residual em relação a impostos, cuja incidência seja definida em lei federal". E, como esclarecimento do alcance da expressão "lei federal", trazemos à baila as palavras de Aliomar Baleeiro: "Essa lei pode ser a ordinária e há de estabelecer, desde logo, pelo menos, o fato gerador, a base de cálculo e os limites máximos da alíquota". *Limitações constitucionais ao poder de tributar*, p. 502.

633. Estamos tratando da competência tributária e não da capacidade tributária, sendo a diferença entre elas o fato de que "[a] capacidade tributária ativa se correlaciona exatamente com o sujeito que ocupa a posição de credor dentro da obrigação tributária [...]". Roque Carrazza, *O sujeito ativo da obrigação tributária*, p. 31. Agora, dada a separação, é possível, tendo em conta o direito positivo brasileiro, asseverar que "[...] a competência tributária é intransferível, enquanto a capacidade tributária ativa não o é". Paulo de Barros Carvalho, *Curso de direito tributário*, 18.ed., p. 229. No mesmo sentido, assenta-se que "[é] indelegável a competência tributária. [...]. É razoável, todavia, admitir-se a delegação, a outra pessoa jurídica de Direito público, das funções de arrecadar ou fiscalizar tributos [...]". Hugo de Brito Machado, *Curso de direito tributário*, p. 235. Em sentido contrário, e original, temos Maurício do Valle, quem, ao prestigiar o art. 119 do CTN, expõe que: "Por mais que tenhamos procurado, não encontramos qualquer enunciado prescritivo que, expressamente, autorize a delegação da prerrogativa de figurar no polo ativo da relação jurídico tributária, que não aqueles relativos ao Imposto Territorial Rural — ITR, à Contribuição Sindical e, a algumas Contribuições ao 'Sistema S'". *Princípios constitucionais e regras-matrizes de incidência do imposto sobre produtos industrializados — IPI*, p. 238-239.

entre "poderes" de um mesmo ente da federação. Uma ilustração desse caso de delegação entre "poderes" de um mesmo ente federativo seria uma norma de competência tributária elegendo como sujeito para dispor sobre a norma de tributação o parlamento, mas permitindo que esse mesmo parlamento delegue ao executivo tal competência. Como reforço, podemos espraiar essa explanação, dando-lhe mais cor, evocando o direito positivo brasileiro, para o qual se verifica posição doutrinária que entende cabível ao legislativo, por meio do rito da lei delegada, outorgar ao executivo a competência de pôr tributo.[634] No mais, quando se fala de "indelegabilidade" da competência tributária, devemos ter em conta o caráter amplo da restrição, com o termo significando que o sujeito da norma de competência tributária, seja quem for, não pode delegar a outrem, seja quem for, sua posição na estrutura normativa. De toda sorte, é uma questão contingente, de direito positivo, a possibilidade de delegação, bem como, sendo ela possível, para quem e mediante qual procedimento isso poderia dar-se.

5.1.2.3.3 Irrenunciabilidade

E o que se expôs sobre a "indelegabilidade" (veja-se 5.1.2.3.2) pode, igualmente, ser estendido à irrenunciabilidade;[635] ou seja, que apenas na presença de enunciado expresso

---

634. A Constituição de 1988 é expressa sobre a possibilidade de delegação da função de criar leis do legislativo ao executivo: "Art. 68. As leis delegadas serão elaboradas pelo Presidente da República, que deverá solicitar a delegação ao Congresso Nacional". Nada obstante, se tal dispositivo seria suficiente para entender-se que o pôr norma de tributação possa ser repassado do Congresso Nacional ao Chefe do Poder Executivo Federal, é questão em aberto. A Cristiane MENDONÇA parece que sim: "[...] a Carta da República Federativa do Brasil de 1988, em seu art. 68, permite a delegação da competência legislativo-tributária do órgão legislativo para o órgão executivo de uma mesma pessoa política". *Competência tributária*, p. 290. A Roque CARRAZZA que não: "[...] às leis delegadas não é permitido criar ou aumentar tributo". *Curso de direito constitucional tributário*, p. 262.

635. Sendo permitido pôr norma de tributação, o sujeito pode ou não instituir o tributo, sendo que, para o não exercício da competência, não haveria consequências. Agora, a norma de competência pode ser construída na forma obrigatória, sob a consequência de que, se não for o tributo criado até certo prazo, não o poderá mais ser. Nesse caso, modal obrigatório associado à invalidação da norma posta após certo tempo como consequência, é que se poderia falar de caducidade, mas não de

é que seria possível àquele que recebeu a competência para dispor sobre norma de tributação renunciar a tal posição, pois haveria, como consequência desse ato de renúncia, a extinção da própria norma de competência, sem, entretanto, haver previsão normativa para tanto.[636]

A norma de competência estabelece um sujeito para dispor sobre a norma de tributação. E esse sujeito pode estar obrigado, permitido ou proibido em relação a certo conteúdo. Se está permitido, pode ou não pôr a norma jurídica. Se está proibido e mesmo assim a põe, há consequências, como, *v.g.*, a invalidação da norma posta. Na mesma linha, se está obrigado e não age, igualmente, há consequências.

Portanto, o sujeito pode ou não se conduzir em conformidade com a norma de competência, o que não pode é alterar a própria norma de competência, por meio de sua exclusão como sujeito que tem a conduta regrada. Se é permitido, pode ou não agir; se é proibido, deve-se omitir; se é obrigatório, a norma deve ser posta. Essas são as possibilidades decorrentes da norma de competência. Entretanto, sempre nela estará como sujeito, não tendo o condão, a não ser que haja outra norma dispondo nesse sentido, de alterá-la, renunciando à sua posição.

---

renunciabilidade. De toda sorte, o não exercício, questão fática, não deve ser confundido com a renúncia, questão jurídica. Nesse sentido: "A 'irrenunciabilidade' significa que as pessoas políticas não detêm o direito de dispor das competências tributárias, que lhes são cometidas pela Constituição, o que não se confunde com o desinteresse no efetivo exercício de sua competência". José Eduardo Soares de MELO, *Curso de direito tributário*, p. 115.

636. Se a competência tributária é atribuída a um só ente, então, se houvesse a renúncia por parte dele, a saturação da estrutura normativa ficaria sem qualquer sujeito, o que implicaria a própria extinção da norma. Entretanto, havendo mais de um ente na posição de sujeito, a renúncia de um deles não atinge a existência da norma de competência tributária.

5.1.2.4 Tempo e espaço

A norma de competência, por não diferir das outras normas jurídicas em sua estrutura, disciplina, de modo obrigatório, proibido ou permitido, uma conduta humana (veja-se 2.10). Entretanto, somente adquire sentido, adquire completude, se prescrever, ao lado do que alguém deve fazer — no caso da norma de competência, pôr, alterar ou excluir norma jurídica— o onde e o quando tal conduta deve ser realizada.[637] Quem, faz o quê, quando e onde é mantra deste trabalho, ao menos para a consequência normativa.[638]

Ademais, se não esquecemos que pôr norma jurídica é pôr, antes de tudo, um significante que será interpretado (veja-se 2.2), fica patente a necessidade de a norma de competência estabelecer em que lugar isso se deve dar. E se houver um rito para a elaboração do enunciado, que será interpretado como norma, podem ser estabelecidos, inclusive, mais de um lugar. Claro que também pode ser o caso de, expressamente, não haver qualquer referência a um lugar específico para a confecção normativa. Isso, entretanto, não quer dizer que não haja um critério espacial. Simplesmente significa que pode ser ele todo e qualquer. Agora, em vez de termos latos como todo e qualquer, pode ser o caso, principalmente para significantes representativos com "lei", que haja uma previsão de lugar muito bem determinado, como um exclusivo prédio, em uma específica cidade.

Por outro turno, na consequência da norma de competência, o critério temporal também se faz presente. De forma geral, quando a conduta de pôr norma jurídica estiver na modalidade permitida, apresentar-se-á para qualquer data, período, mas

---

637. Nesse sentido: "Todo verbo descreve ação ou estado que se dá no espaço e no tempo. Isso ocorre de tal forma que seria possível e até intuitivo afirmar que os indicadores de espaço e de tempo são pressupostos à enunciação de qualquer ato. A referência de tempo delimita o lapso temporal em que a conduta pode ser realizada. Já a referência de espaço indica onde a enunciação deve ocorrer". Tácio Gama, *Competência tributária*, p. 71.

638. Em nossa conceituação estática de tributo, restringimos, por pactuação, a hipótese normativa à conduta humana (veja-se 4.2.4). Entretanto, é possível que contenha, a depender da perspectiva que se queira dar, elementos outros, como eventos da natureza. Já a consequência, por sua vez, sempre será uma conduta humana.

não são incomuns recessos obrigatórios de órgãos de produção normativa, o que significa que a permissão se dá apenas para certo tempo, o que nos leva à construção de que, para os outros marcos, então é proibida a conduta de assentar norma. Por sua vez, para o modo de conduta obrigado, deve haver, de maneira minimamente determinável, data ou período, pois somente assim será possível averiguar se a obrigação foi cumprida ou descumprida. Ademais, uma obrigação para ser cumprida ao alvedrio não seria uma obrigação, mas sim uma permissão.

De toda sorte, não se deve confundir os critérios temporal e espacial da norma de competência tributária com o conteúdo que se deve atribuir a norma de tributação, o qual, por sua vez, pode trazer um tempo e um espaço que lhe seja próprio. Assim, que determinada norma de competência tributária só possa ser exercida até certa data, é seu critério temporal, presente na consequência, que, por seu turno, é diferente dos critérios temporais, para a hipótese e a consequência, que essa mesma norma de competência possa previamente definir para a norma de tributação.

À guisa de desenlace, podemos concluir que a norma de competência tributária possui, em sua consequência, critérios espacial e temporal. Dito isso, como a doutrina dá destaque ao que aponta como uma das características da competência tributária, a "incaducabilidade", que nada mais é do que uma permissão para, a qualquer tempo, assentar a norma de tributação, vamos promover um maior desenvolvimento do tema em apartado.

5.1.2.4.1 "Incaducabilidade"

A ausência de qualquer marco temporal para praticar a conduta prescrita na norma de competência liga-se a uma das características que se aponta para a competência tributária, qual seja, a "incaducabilidade," mesmo que tal palavra não conste no VOLP.[639] De toda forma, entende-se por "incaducabilidade"

639. Consultamos, da Academia Brasileira de Letras, o *Vocabulário Ortográfico da Língua Portuguesa*, 5.ed., de 2009.

a não existência de um prazo para o exercício da permissão de pôr norma de tributação, "[...] uma vez que o seu não exercício, ainda que por longo tempo, não acarreta o efeito de impedir que a pessoa política venha, a qualquer tempo, a exercê-la [...]".[640]

De pronto, devemos deixar claro que se trata de tema contingente, de cada ordenamento, haver ou não prazo para o exercício da permissão de pôr norma jurídica. Logo, não é questão que possa ser definida *a priori*, sem o recurso à observação.[641] Entretanto, havendo um prazo para que a norma de tributação seja posta, então é possível apresentar a questão sob um outro prisma, pois se é permitido pôr a norma jurídica até uma específica data, numa intepretação por camadas, por derivação, é proibido criar essa mesma norma jurídica após tal data. O que é permitido até certo período, significa, por uma outra leitura, que é proibido depois do transcurso desse período. Haveria, portanto, uma relação entre a facultatividade e os casos caducáveis, pois se é permitido apenas até um determinado marco temporal pôr norma de tributação, então também se quer dizer com isso que é proibido enunciá-la após o decurso do prazo.

5.1.3 Distinção entre tributo e contrato

O desejo de que apenas seja autoridade competente para instituir tributo um conselho de representantes dos que arcarão com a tributação é ponto de justiça que acaba transbordando para o conceito estático de tributo, com a doutrina em peso

640. Regina COSTA, *Curso de direito tributário*, p. 43.

641. Tanto Roque CAZZARRA quanto paulo de Barros CARVALHO, este último com argumentos mais políticos do que jurídicos, elegem a "incaducabilidade" como característica da competência tributária. Entretanto, devemos ter presente que estão a falar do direito positivo brasileiro e não da norma de competência, sob o prisma de uma teoria do tributo. Para o primeiro, "[a] competência tributária é [...] *incaducável*, já que seu não exercício [...] não tem o condão de impedir que a pessoa política, querendo, venha a criar [...] os tributos que lhe forem constitucionalmente deferidos". *Curso de direito constitucional tributário*, p. 575. Para o segundo, "[i]mpõe-se [...] a perenidade das competências, que não poderiam ficar submetidas ao jogo instável dos interesses e dos problemas por que passa determinada sociedade". *Curso de direito tributário*, 18.ed., p. 232.

estabelecendo a instituição em lei como elemento componente seu.[642] No entanto, por mais que nos agrade o pensamento de que tributo deva ser instituído por lei, não podemos deixar de ver, na alocação dessa ideia no próprio conceito de tributo, uma tentativa de transvestir uma teoria política em uma teoria geral do tributo. Afinal, se tributo, por um ângulo, é uma norma de conduta primária, sob a forma abstrata, eventiva e geral, com as delimitações semânticas que apresentamos para sua identificação (veja-se 4.4), então quem é a autoridade que pode assentar tal norma em nada interfere no conceito estático. Desse modo, devemos bem apartar o criador da criatura para não corrermos o risco de atribuir a um a propriedade do outro.

Não olvidamos que sem a possibilidade de escorar-se no elemento lei para conceituar tributo, ter-se-ia certa dificuldade para diferenciar tributo de contrato, enquanto tomarmos ambos como previstos por legislação.[643] Com efeito, de um ponto de vista estático, tanto tributo como contrato podem ser compreendidos como normas primárias, estando presentes, na hipótese, a descrição de uma situação lícita e, na consequência, uma obrigação, ligadas pela implicação deôntica. Devemos, então, promover uma distinção, sem termos de confundir a norma fundante com a norma fundada.

Quanto à criação das normas jurídicas, é possível a adoção de uma classificação em autônomas e heterônomas.[644] No

---

642. Geraldo Ataliba define tributo como "*ex lege*": "Define-se tributo como obrigação jurídica pecuniária, *ex lege* [...]". *Hipótese de incidência tributária*, p. 34. Sacha Calmon Navarro Coêlho deixa o latim de lado e expõe tributo como "previsto em lei": "*Tributo* é toda prestação pecuniária [...] previsto em lei [...]". *Teoria geral do tributo, da interpretação e da exoneração tributária*, p. 90. Por fim, Paulo de Barros Carvalho vê redundância na afirmação de que o tributo é instituído em lei: "[...] por dizer-se que se trata de prestação jurídica, já se estará aludindo à instituição em lei". *Teoria da norma tributária*, p. 107.

643. O cotejo entre tributo e contrato deve ser feito no mesmo plano, ambos como normas abstratas, gerais e eventivas ou ambos como normas concretas, individuais e ocorrentes.

644. "A diferença entre o Direito administrativo como Direito público e o Direito privado não reside no fato de a relação entre Estado e pessoa privada ser diferente da relação entre pessoas privadas, mas na diferença entre uma criação heteronômica e

primeiro caso, da autonomia, a norma de conduta é criada por quem ter de a ela submeter-se. Assim, "[a]través do ato do sujeito é criada uma norma ou são criadas normas pelas quais é constituído numa obrigação o sujeito que põe o ato".[645] Há, portanto, uma identidade entre o sujeito da norma de conduta e o da norma de competência. E, por isso, fala-se de autonomia. No segundo caso, da heteronomia, a conduta é devida em razão de norma jurídica da qual o sujeito não toma parte diretamente da sua confecção.[646] E um caso exemplar dessa dissociação entre quem deve a conduta e quem põe a conduta devida é o da tributação, pois "[...] a obrigação do contribuinte é determinada por uma norma secundária [norma primária neste trabalho, veja-se 2.8] de cuja criação o sujeito a ser obrigado não participa".[647] Como consequência, fala-se, então, de heteronomia. Com isso, estão lançadas as bases para uma diferenciação entre tributo e contrato, a partir do plano dinâmico, no qual a produção normativa entra em cena, quando se deve analisar a norma fundante e a norma fundada, cotejando os sujeitos de ambas, sendo a existência de discrepância entre esses sujeitos um traço definitivo para distinguir-se tributo de contrato.[648]

---

uma criação autônoma de normas secundárias". Hans Kelsen, *Teoria geral do direito e do estado*, p. 295 (II.I.D.d).

645. Hans Kelsen, *Teoria pura do direito*, 2.ed., p. 290 (V.2.h).

646. Nas democracias, há participação, só que indireta, por meio de representantes. Todavia, se pensarmos em concordância imediata, na linha do que se chama de democracia direta, devemos distinguir dois pontos: no primeiro, se somente quem concordar será tributado; no segundo, se, mesmo discordando, ainda assim se deve levar dinheiro ao Estado, desde que seja a vontade da maioria. Para a primeira situação, as linhas entre tributo e contrato diluem-se. Já para o segundo caso, podemos ainda manter os termos autonomia e heteronomia, não sendo o fato de ter sido diretamente ouvido, aquele que deve levar dinheiro, suficiente para afastar a divisão, já que seria um terceiro, a maioria, quem lhe impõe o dever, independentemente de ter votado com ou contra essa maioria.

647. Hans Kelsen, *Teoria geral do direito e do estado*, p. 294 (II.I.D.d) (remetemos entre colchetes).

648. Foi com base na lição kelseniana que distingue as normas em autônomas e heterônomas que Greco promoveu sua distinção entre tributo e preço público: "[...] o elemento da definição de tributo que serve para extremá-lo (sic) do preço é ser uma norma jurídica de formação *heterônoma*". Marco Aurélio Greco, *Norma jurídica tributária*, p. 57.

Podemos concluir que, dinamicamente, no processo de produção normativo, há a necessidade de que, após o cotejo entre a norma de competência e a norma de conduta dela derivada, não sejam os sujeitos de ambas os mesmos para que possamos falar de tributo. Assim, sobre o sujeito da norma de competência tributária, basta-nos que não seja o mesmo da norma de tributação. Posição que nos permite deixar para cada ordenamento jurídico outras precisões — questões contingentes, a serem decididas inteiramente pelo direito positivo, estranhas, portanto, a uma teoria do tributo —, tal como a de ser o sujeito da norma de competência um parlamento, com vedação de qualquer outro. Até porque não haveria nenhuma ofensa à lógica se a norma de competência tributária apontasse como autoridade competente para pôr a norma de tributação o chefe do poder executivo. O que se teria em tal caso, entre outras considerações possíveis, seria uma ofensa a uma estética de mundo, pois se pode muito bem não desejar viver num mundo onde tributos são cobrados sem a concordância — mesmo que indireta, via legislativo — daqueles que devem levar o dinheiro ao Estado. Entretanto, para distinguir tributo de contrato, não há a necessidade de trazermos ao centro do debate o imperativo de serem os tributos instituídos por lei, bastando-nos diferenciar a produção normativa em autônoma e heterônoma.

5.1.4 Conceito dinâmico de tributo: norma de competência

O direito positivo disciplina a criação, modificação e extinção das normas jurídicas (veja-se 2.9). E se assim é para todas as normas que são jurídicas, não poderia deixar de ser para as que aglutinarmos sob a rubrica "norma de tributação" (veja-se 3.3). Logo, uma vez identificadas, entre todas as normas jurídicas, as que são de tributação, por meio do cotejo com uma proposição pactuada, é o caso de questionar, então, a fonte de validade dessas normas, que outra coisa não pode ser do que outra norma jurídica (veja-se 2.3). Estamos a falar, portanto, da norma de competência tributária, a norma que disciplina a criação, modificação e extinção da norma de tributação. Contudo, em sua configuração completa, a norma de competência apresenta composição dúplice, formada de norma primária e norma eventual, ligadas por disjunção (veja-se 2.10), o que nos impôs um corte, deixando a designação de "norma de competência tributária" apenas para a norma de competência primária. A partir disso, com base na homogeneidade sintática (veja-se 2.5), é que pudemos estudar a norma de competência tributária, seccionando-a em hipótese e consequência normativas.

Na hipótese da norma de competência tributária, encontramos a descrição de um estado de coisas, que pode ser desde um evento da natureza até uma particular conduta humana, bastando estarem precisados no tempo e no espaço. Quanto ao estado de coisas, sua forma de expressão é o verbo, ficando a existência de um sujeito a depender de especificidade verbal ou de particularidade da língua em que é expresso; quanto ao tempo e espaço, são indispensáveis, pois, sem a demarcação de um "onde" e de um "quando", não há a possibilidade de identificação do fato. Pode a hipótese, também, contemplar um amplo campo, o que acontece, geralmente, quando a consequência contém o modo de conduta permitido. Para esses casos, não é incomum que a hipótese da norma de competência assuma a forma "todo e qualquer estado de coisas em todo e qualquer tempo e espaço", sem isso, segundo nossa formulação, nada alterar o caráter bimembre da norma jurídica. O que temos, então, é que a norma de competência tributária, a depender da hipótese, é nominada ou inominada (veja-se 5.1.1).[649]

A consequência da norma de competência tributária, tal qual a de qualquer outra norma jurídica, é bem compreendida se se saturar, sem se olvidar os modos de conduta, os termos: "quem", "faz o quê", "quando" e "onde". E foi a partir disso que procedemos nosso estudo dinâmico do tributo. Quanto ao modal deôntico, a norma de competência tributária comporta qualquer um deles, podendo ser construída como permissão, obrigação ou proibição (veja-se 5.1.2.1). Pode até ser que, em um particular ordenamento jurídico, não haja norma de

649. Em sua formulação completa, a norma jurídica é (bi)bimembre (veja-se 2.8)

competência tributária arquitetada sob a forma de obrigação, entretanto, é mais do que comum, ao lado da permissão de se pôr certa norma de tributação, proibir-se a instituição de outras, quando se fala de imunidade (veja-se 5.1.2.2.1). Assim, mesmo nos casos em que apenas há as permissões, em contraposição às obrigações, ainda se deve ter os devidos cuidados para apontar a facultatividade como característica da competência tributária, pois, ao lado dessas permissões, provavelmente, haverá proibições de se pôr certas normas de tributação (veja-se 5.1.2.1.1).

Já quanto ao "fazer o quê", é nele que reside o busílis da distinção entre norma de competência e norma de conduta, sendo o tema estendido para o estudo do tributo, pois a norma de competência tributária é a norma que disciplina a dinâmica da norma de tributação. Assim, o "fazer o quê" da norma de competência tributária, a conduta devida, é ou um pôr ou um modificar ou um extinguir a norma de tributação (veja-se 5.1.2.2), segundo um procedimento (veja-se 5.1.2.2.4). Pode a norma de competência tributária conter, com maior ou menor grau, a identificação da norma de tributação a ser posta, o que pode ser feito com uma lista exaustiva, ao lado de um campo residual (veja-se 5.1.2.2.2). Ademais, quando há essa predefinição de conteúdo, com vínculo de substância na produção normativa, sob consequência de invalidade, então é que se diz da competência tributária inalterável, o que deve ser entendido como limitação, um daqui não se pode passar, endereçada ao sujeito disciplinado para enunciar a norma de tributação (veja-se 5.1.2.2.3).

Dando desdobramento ao tema, ainda dentro da estrutura da consequência da norma de competência tributária, se há um "o quê", então há um "quem". É a questão do sujeito, aquele que é obrigado, permitido ou proibido de proferir a norma de tributação. E aqui, pela forma clássica de tratar do tema (república e federação), dois destaques são necessários: primeiro, há uma aspiração de que o sujeito da norma de competência tributária seja o parlamento, conferindo, assim, legitimidade à tributação; outro, é que, em uma federação, podemos ter como sujeitos tanto a ordem global como as parciais. Quanto ao primeiro ponto, a questão somente pode ser vista como busca pela melhor norma jurídica, não havendo qualquer impedimento — num plano teórico, a partir de uma teoria da norma posta como ato de vontade, que tem como limite a eficácia e não a justiça — para que outros assumam a condição de sujeito da norma de competência que não um órgão legislativo, formado de pessoas escolhidas por meio de eleições livres (veja-se 5.1.2.3). Quanto ao segundo tópico, havendo uma federação, é que se discute a questão da privatividade, ou seja, se há, para cada norma de tributação predefinida, um e apenas um sujeito competente, que seja integrante da federação, para sobre ela dispor (veja-se 5.1.2.3.1). E é ainda dentro do tópico do sujeito que questões como a da "indelegabilidade" (veja-se 5.1.2.3.2) e a da irrenunciabilidade (veja-se 5.1.2.3.3), apontadas como característica da competência, têm lugar, pois a posição de sujeito na norma de competência tributária — quer para renunciar a ela, quer para delegá-la a outro — não pode ser alterada por esse mesmo sujeito, a não ser que haja disposição expressa para tanto. Mas, nada impede que aquele que pôs a norma de competência tributária altere o sujeito que nela conste como destinatário da competência.

Por fim, se há a prescrição de conduta, um quem deve fazer o quê, para que haja um sentido normativo completo, ainda se devem fazer presentes as demarcações temporal e espacial (veja-se 5.1.2.4). A conduta — proibida, permitida, ou obrigatória — de assentar a norma de tributação deve, sem qualquer dúvida, ser precisada com um "quando" e um "onde". O quê, por seu turno, não deve ser confundindo com o "quando" e o "onde" da norma de tributação — quer os constantes na hipótese, quer os presentes na consequência. Ademais, especificamente quanto ao marco temporal da consequência da norma de competência tributária, é nesse item que se apresenta a discussão sobre ser a "incaducabilidade" uma característica da competência (veja-se 5.1.2.4.1). Como síntese, podemos expor que se a norma de competência tributária é construída no modo de permissão, então a norma de tributação pode ser posta em qualquer tempo no futuro. Porém, caso haja um prazo para pôr a norma de tributação, sob pena de se assim não fizer, então será invalidável a norma que for posta posteriormente, sob a consequência da norma eventual, é caso de não mais se falar de permissão, mas sim de obrigação, o que poderíamos sintetizar como caducidade.

5.2 LANÇAMENTO TRIBUTÁRIO

Dinamicamente, uma norma é norma jurídica porque seu fundamento de validade é outra norma jurídica (veja-se 2.3). Norma fundante e norma fundada, o que nos possibilita um desdobramento em norma de competência e norma de conduta (veja-se 2.9). E o mesmo raciocínio é legítimo para o estudo do tributo, quando tomado como norma jurídica. Afinal, se a norma de tributação, nossa norma de referência, identificada a partir de uma proposição acordada, é norma jurídica, então carece de norma de competência, uma norma fundante, a qual para nós, é a norma de competência tributária (veja-se 5.1). Entretanto, a norma de tributação pode não só ocupar a posição de norma fundada, podendo também ser, a depender do direito positivo, norma fundante, o que, desse modo, leva-nos a outra norma jurídica na estrutura escalonada do ordenamento jurídico. E, quando for esse o caso, perfaz-se a tríade normativa, exsurgindo uma teoria trilógica do tributo: a partir da norma de tributação, verifica-se acima a norma de competência tributária, que é necessária, e abaixo se averigua a norma de lançamento, que é contingente.

Com isso, nossa posição afasta a equivocidade de que padece o termo "lançamento",[650] pois, sem desmerecer outros

---

650. "Entre nós enraizou-se a expressão 'lançamento', cuja origem etimológica aponta para o significado de calcular, efetuar um lance; em Itália [...] fala-se em *accertamento tributario*, inobstante uma forte corrente da doutrina preconizar [...] a substituição deste conceito pelo de *atto de imposizone*; na Alemanha empregam-se as noções de *Steuerveranlagung*, *Steuerfestsetzung*, *Steuerverfügung* e *Steuerbescheid*; em França fala-se na *liquidation de l'impôt*, distinta da *assiette*, mas já na Bélgica a expressão consagrada é a de *cotisation*; nos países de língua castelhana tanto se usa a

pontos de vista, lançamento tributário outra coisa não é, para este trabalho, do que norma jurídica. Contudo, para diferenciá-la da norma de tributação, desde já, deixamos consignado que a norma de lançamento tributário é norma cujo conteúdo é concreto, individual e ocorrente (veja-se 2.12), ao contrário daquela cujo teor é abstrato, geral e eventivo (veja-se 4.4).[651] Feita essa demarcação, é possível dar um passo além, expondo que a norma de lançamento tributário pode ser capturada sob duas perspectivas: estática e dinâmica. Pelo ângulo estático, a norma de lançamento tributário é a descrição de um fato lícito, verificado no tempo e no espaço, de conteúdo jurídico-econômico, expressa no formato sujeito, verbo e complemento, ligada por imputação a uma conduta obrigatória, de alguém identificado, a dar-se no futuro, com data e local especificados, de dar dinheiro, em valor precificado, ao Estado ou a outro que lhe faça as vezes, igualmente designados. Já pelo padrão dinâmico, a norma de lançamento tributário é o produto decorrente de um processo, o que possibilita à investigação se feita por cotejamento, pois, por essa aproximação, há a norma de lançamento, mas há também a norma que disciplina o lançar.

Feita essa distinção entre aspectos estático e dinâmico, já é possível realizar a comparação entre os dados da norma posta, a norma de lançamento tributário, e os elementos presentes em outra norma, a norma que prescreve esse instituir, a norma de competência da norma de lançamento, para expor, na sequência, nossa posição sobre os assuntos mais candentes que envolvem o tema lançamento tributário.

---

expressão *liquidación* como *determinación*; nos países anglo-saxônicos é geralmente utilizado o termo *tax assessment*; em Portugal a lei adotou a expressão *ato tributário*, com a qual se designa o ato administrativo típico da função de aplicação das leis tributárias aos casos concretos, que também é correntemente chamado de *liquidação*". Alberto Xavier, *Do lançamento no direito tributário brasileiro*, p. 3-4.

651. Tomamos a locução "norma de lançamento tributário" como gênero da norma concreta, individual e ocorrente tributária, abarcando espécies, que serão apresentadas abaixo. Eurico de Santi, por sua vez, reserva, para o gênero, a expressão "ato-norma formalizador", o qual comportaria "[...] duas espécies de normas jurídicas individuais e concretas: o ato-norma administrativo de lançamento tributário e ato-norma formalizador instrumental". *Lançamento tributário*, p. 185.

5.2.1 Lançamento tributário como norma jurídica

O presente trabalho apresenta como guia metodológico a concepção de direito como conjunto de normas jurídicas, todas elas iguais sintaticamente (veja-se 2.5) e encadeadas entre si (veja-se 2.9). Assim, como desdobramento da ideia de que o direito é norma, não deve causar espécie que tomemos tributo como norma jurídica para, um passo adiante, deslaçá-la em três normas jurídicas, tudo a partir da norma de tributação, encontrada por cotejo com uma proposição acordada (veja-se 3.3). Assim, por um lado, sobre a norma de tributação, temos a norma de competência tributária; por outro, sob a norma de tributação, temos o lançamento tributário, que, em um estudo normativo, outra coisa não é do que uma específica norma jurídica.

Em relação à norma de tributação, pactuamos que é norma primária, abstrata, geral e eventiva (veja-se 4.4), agora, sobre a norma de lançamento tributário, dado o caráter dinâmico do direito positivo, é o caso de particularizá-la também como norma primária, só que no outro extremo, como concreta, individual e ocorrente (veja-se 2.12). Assim, lançamento tributário, expressão polissêmico, ganha precisão, passando a ser entendido neste trabalho, estaticamente, como norma jurídica que contém, na hipótese, a descrição de um estado de coisas concreto e, na consequência, um sujeito individualizado associado a uma conduta prescrita bem precisada. Ou, por outro giro, há a descrição, de modo concreto, de um fato lícito, que se concatena deonticamente a uma conduta, modalizada como obrigatória, de dar dinheiro, em valor quantificado, prescrita a alguém individualizado, de conteúdo normativo. Além disso, a norma de lançamento tributário pode ser analisada dinamicamente, sob a forma regra e regra-de-regra ou, como adotamos neste trabalho, norma de conduta e norma de competência (veja-se 2.9). Por esse ângulo, a norma de lançamento tributário é norma de conduta, pois tem como mandamento um específico dar dinheiro, só que, em razão disso, devemos buscar sua norma fundante, o seu amparo de validade, uma vez que as normas jurídicas não são válidas *per se*. Antes, entretanto, de prosseguirmos com o estudo estático e dinâmico do lançamento tributário na condição de norma jurídica, vamos apreciar duas questões que se ligam à natureza do lançamento tributário: por um lado, se seria ato ou procedimento; por outro, se teria caráter declaratório ou constitutivo.

5.2.1.1 Ato ou procedimento

Há o enunciado, o qual depende de um suporte físico, e há a interpretação desse enunciado, a norma (veja-se 2.2). Entretanto, para a produção desse enunciado, pode muito bem a norma de competência estabelecer um determinado ritual que pode ir desde fórmulas complicadas até a forma livre. E é a partir dessas explanações que vamos destrinçar a afirmação de ser o lançamento tributário um procedimento, pois, nesses casos, a fixação principal da atenção está na forma de confecção do enunciado.[652] Todavia, não podemos deixar de apontar que, por tal senda, o fim da jornada é a conhecida ambiguidade processo / produto, já que, em vez de se expor o que algo é, acaba-se enfocando o modo pelo qual ele é faturado.[653] Ademais, como problema adicional para a tese procedimental, devemos lembrar que pode, inclusive, não haver procedimento algum a ser seguido para se assentar enunciado pois, "[...] a existência de um procedimento, ainda que rudimentar, não é essencial à existência do lançamento — que em certos casos pode dele prescindir".[654]

Pode-se superar o inconveniente de não haver procedimento prescrito em alguns casos igualando-se a forma livre a

---

652. "[...] podemos constatar [...] que realmente se trata de um procedimento, pois o lançamento consiste sempre em vários atos jurídicos sucessivos, dirigidos à mesma finalidade de individualização do crédito tributário e todo ato que se segue pressupõe necessàriamente o anterior e prepara e prenuncia o subsequente". Ruy Barbosa Nogueira, *Teoria do lançamento tributário*, p. 33.

653. A distinção entre processo e produto é conhecida ao menos desde Aristóteles, com sua classificação dos fins: "[...] uns são, por um lado, as atividades puras; outros, por outro lado, certos produtos que delas resultam para além delas: o produto do seu trabalho". Ética a Nicômaco, p. 17 (I.I.1094a5).

654. Alberto Xavier, *Do lançamento no direito tributário brasileiro*, p. 24.

um procedimento, na linha de que se não há rito, então todo e qualquer é permitido, oportunizando-se, com isso, compreender o porquê nossa doutrina aponta um aspecto triplo para o lançamento tributário, dizendo ser ele "norma", "procedimento" e "ato". Mas, para que possamos aderir a tal posição, precisamos primeiramente desambiguar o termo "norma", que pode aparecer quer como primeiro na sequência, quer como último, quando então o lançamento é apontado como "ato", "procedimento" e "norma".[655] Principiemos nosso raciocínio com o termo "norma" abrindo o encadeamento. Nessa ordem, para que a sequência faça sentindo, deve ser ele, o termo "norma", entendido como norma de competência. Assim, há a norma de competência que estabelece um procedimento para enunciar algo, o que é feito por meio de um ato, mas, para que esteja completo o processo dinâmico da tributação, deve-se entender que a interpretação do produto desse ato é uma norma jurídica, o que nos remete à situação em que o vocábulo "norma" é usado como fecho. A sequência completa é, portanto, formada de um quarteto: norma (de competência), procedimento, ato, norma (de lançamento).

Com isso, podemos concluir que somente é possível a investigação do procedimento do qual decorre o lançamento tributário no plano dinâmico, além de que deve ser apontado um específico ordenamento jurídico para essa investigação. Isso porque uma teoria do tributo não pode revelar, de antemão, qual procedimento, ou mesmo sequer cogitar de sua

655. Em obra com o sugestivo título de *Lançamento tributário como ato administrativo*, Vivian de OLIVEIRA prefere, em vez de desambiguar a expressão "lançamento tributário", espraiá-la como ato, procedimento e norma. *Ipsis litteris*: "Adiantamos que nosso entendimento de lançamento é ato, procedimento e norma [...]". *Lançamento tributário como ato administrativo*, p. 91. Mais à frente explica sua posição: "Um ato tributário, um ato de lançamento tributário, visto sob o ponto de ato, nada mais é que uma concatenação de atos que, somados, chamam-se procedimento, todos regulados por normas que visam *(sic)* inserir norma individual e concreta no sistema do direito positivo. Essa norma individual e concreta última chama-se de lançamento tributário". *Idibem*, p. 96. Essa atitude, de apontar um caráter triplo para o lançamento tributário, é reveladora de quem bebeu em Paulo de Barros CARVALHO: "[...] podemos aludir ao "lançamento", concebido como norma, como procedimento ou como ato". *Curso de direito tributário*, 18.ed., p. 399.

existência, pois pode não mesmo não ser prescrito;[656] ademais, estaticamente, o lançamento tributário já se apresenta como norma jurídica, como produto, não havendo qualquer razão, nesse plano, de uma investigação sobre ter sido ele produzido por meio de um único ato ou como uma série de atos, como um procedimento (veja-se 5.3).

5.2.1.2 Declaratória ou constitutiva

Há ainda outro ponto que se deve ressaltar quanto à afirmação de ser o lançamento tributário um ato jurídico, independentemente de esse ato ser ou não a conclusão de um procedimento, pois há certa linha de pensamento, para quem, a partir de um ponto na cadeia de positivação normativa, então não mais haveria criação jurídica, mas apenas declaração, mera aplicação do direito, cujo resultado não se designaria como norma jurídica, mas ato jurídico.[657] Ocorre que tal formulação somente seria possível se desconsiderarmos um ponto-chave deste trabalho, qual seja, o de que a aplicação do direito equivale à criação do direito. Com isso, por mais concreta que seja a descrição contida na hipótese, por mais individualizada que esteja a conduta, com todas as suas determinações precisadas, ainda assim estamos diante de uma norma jurídica e não de uma de declaração, o que nos impinge a afirmar o caráter constitutivo do lançamento tributário, que é norma jurídica.[658]

---

656. Nesse sentido, Eurico de Santi: "É o próprio ordenamento jurídico, mediante as normas que prescrevem o exercício formal da competência administrativa, quem decide se o suporte fáctico suficiente para postura do ato-norma é um ato isolado ou um procedimento". *Lançamento tributário*, p. 149.

657. Registramos aqui a posição de Alberto Xavier: "Como ato de aplicação da norma tributária material ao caso concreto, o ato tributário é, por natureza, um ato que declara uma obrigação ou que reconhece ou denega um direito decorrente da referida norma". *Do lançamento no direito tributário brasileiro*, p. 66. Todavia, não podemos esquecer as palavras de Norberto Bobbio: "Que o juiz declare, e não crie, o direito não é uma teoria, mas uma ideologia (é a ideologia que quer manter a ilusão da certeza do direito)". Estrutura e função na teoria do direito de Kelsen, *in Da estrutura à função*, p. 195.

658. Interessante a nomenclatura utilizada por Eurico de Santi, mantendo a tradição do termo "ato" para designar o lançamento tributário, mas o combinando com "norma". O citado autor define lançamento tributário como "[...] *o ato-norma*

Assim, a vetusta questão de saber se o lançamento tributário possui caráter constitutivo ou declaratório, deve ser respondida tendo em conta que é ele uma norma jurídica o quê, por si só, garante-lhe a condição de não ser meramente uma declaração.[659] Afinal, antes da norma jurídica, não há conduta devida.[660] De toda sorte, por não olvidamos que, sendo norma jurídica, o lançamento tributário apresenta aquela estrutura bimembre e que, na sua hipótese, encontra-se a descrição de um fato concreto, o qual se tem por realizado, até podemos compreender o porquê de tanto apego ao aspecto declaratório. Entretanto, isso não altera o ponto fulcral do tema, pois a conduta devida, a obrigação de levar dinheiro ao Estado, é por ele, o lançamento tributário, constituída.

---

administrativo que apresenta estrutura hipotética-condicional, associando à ocorrência do fato jurídico tributário (hipótese) uma relação jurídica intranormativa (consequência) que tem por termos o sujeito ativo e o sujeito passivo, e por objeto a obrigação deste em prestar a conduta de pagar quantia determinada pelo produto matemático da base de cálculo pela alíquota". Lançamento tributário, p. 155-156 (itálicos do original).

659. A discussão sobre o caráter constitutivo ou declaratório do lançamento tributário apresenta nuances, fora do campo de tudo ou nada, como se vê na posição de Hugo de Brito Machado: "O lançamento [...] é *constitutivo do crédito tributário*, e apenas *declaratório da obrigação* correspondente". *Curso de direito tributário*, p. 153. Contudo, a contemplação não agrada a todos: "[...] é erro rotundo dizer que o lançamento *institui* o crédito. O erro continua redondo para aqueles que querem conciliar correntes inconciliáveis e proclamam que o lançamento *declara* a obrigação e *constitui* o crédito. A obrigação nem sempre necessita ser declarada, e o crédito nasce sempre com ela". Sacha Calmon Navarro Coêlho, *Curso de direito tributário brasileiro*, p. 751. Cabe, ainda, registro do entendimento de Estevão Horvath, que, mesmo assumindo posição pela tese declarativista (sic), aponta que, no fundo, a questão seria de referencial: "Adotamos a tese declarativista, porquanto entendemos que a obrigação nasce com a ocorrência do fato gerador, sendo somente declarada mediante o ato de lançamento. [...]. Não podemos, sem embargo do que dissemos acima, deixar de frisar que, em verdade, a constitutividade ou declaratividade de qualquer ato dependerá [...] do referencial que houver sido adotado para a elaborar o raciocínio. Se o lançamento é declaratório quanto a reportar-se à obrigação surgida com a ocorrência do fato imponível, não há dúvidas de que também 'constitui' deveres e direitos que, antes da prática daquele ato não se conheciam". *Lançamento tributário e "autolançamento"*, p. 77-78.

660. "[...] o lançamento aplica normas jurídicas gerais e abstratas [...]. Mas, simultaneamente, cria normas individuais que irradiam direitos e deveres para o Fisco e sujeito passivo. Esses direitos e deveres eram inexistentes antes da conclusão do lançamento". José Souto Maior Borges, *Lançamento tributário*, p. 115.

5.2.2 Contingência da norma de lançamento tributário

O tributo, a partir de um enfoque normativo, desdobra-se em três normas: de tributação, norma-guia; de competência, norma que concede validade; e de lançamento, norma máxima da positivação. Todavia, essa é apenas uma padronização, que comporta exceção, já que a ideia de normatividade triádica do tributo, em seu processo dinâmico, é algo que deve ser apreciado empiricamente, em análise sobre um específico ordenamento jurídico, sem que possa jamais ser estendida à categoria de teoria que dispense os dados concretos. Ao fim e ao cabo, o processo dinâmico da tributação é lógico-jurídico, mas se ele é triádico, por sua vez, é questão jurídico-positiva.[661] Afinal, nada impede que o ordenamento jurídico construa, antes da norma de tributação, *v.g.*, duas normas de competência. De igual modo, pode adotar uma posição reducionista, ao menos para algumas normas de tributação, limitando tudo a uma norma de competência e a uma norma de conduta, sendo esta, na sua forma abstrata, eventiva e geral, dispensando, assim, a necessidade de se pôr outra norma de conduta, uma norma concreta, ocorrente e individual.[662]

---

661. Nesse mesmo sentido, manifestou-se Adolf Merkl, ao cuidar de qual seria a estrutura do direito: "Assim como a existência da forma da proposição jurídica particular, assim também sua posição sistemática no ordenamento jurídico particular não é condicionada por meio da essência do direito, mas sim por meio de sua configuração em termos de direito positivo". Prolegômenos para uma teoria da construção escalonada do direito, *in Escritos de teoria do direito*, p. 282.

662. Hugo de Brito Machado percebe com clareza que uma discussão sobre o lançamento tributário pode ser desenvolvida em duas frentes: uma, a partir do ponto de vista da teoria da norma; outra, tendo em conta um particular ordenamento jurídico: "A questão que se coloca, então, é a de saber se no plano da Teoria Geral do Direito, sem levarmos em conta nenhum ordenamento jurídico positivo, é possível um tributo sem lançamento". Impossibilidade de tributo sem lançamento, *Revista dialética de direito tributário*, n. 90, p. 56. Mas acaba por responder negativamente a pergunta sobre a existência de tributos sem lançamento — com o que não podemos concordar, conforme abaixo —, por entender que a verificação, por parte do Estado, de ter sido ou não cumprida a conduta de levar dinheiro equivaleria a lançamento: "[...] este existirá, sempre, consubstanciado na manifestação da Administração Tributária a respeito da determinação, feita pelo sujeito passivo, do valor do tributo". *Ibidem*, p. 60.

Hipoteticamente, podemos exemplificar esse minimalismo com uma norma de competência tributária que permite, dadas certas condições, mediante um procedimento estabelecido, com conteúdo pré-definido, instituir tributo, ou seja, pôr norma de tributação, a qual, uma vez posta, descreve abstratamente um fato lícito e prescreve a obrigação de um sujeito não particularizado, característica geral, de levar dinheiro ao Estado, *quantum* calculável, mas não precisado, sua característica eventiva. Ainda, neste mesmo exemplo hipotético, se ecoar em concreto a situação descrita em abstrato, então deve ser, a um específico sujeito, a obrigação de conduta determinada (levar quantia exata de dinheiro), sem a necessidade de que essa obrigação dependa da positivação de qualquer outra norma mais específica. Isso porque, uma vez "[r]ealizado o evento típico e inaugurada a relação jurídica, o sujeito devedor encontrará na lei todas as informações relativas ao fiel cumprimento da obrigação que lhe cabe [...]".[663]

Claro que pode o ordenamento jurídico ser construído de um outro modo, no qual a norma abstrata, eventiva e geral não bastaria para que a obrigação passasse a ser devida, sendo necessário outro passo na cadeia de positivação. Entretanto, essas duas possibilidades de construção demonstram que uma norma concreta, individual e ocorrente é algo acidental diante de uma teoria do direito, pois não há qualquer obstáculo que impeça o modelo mínimo, com apenas uma norma de competência e uma norma de conduta não precisada, não passando o caso, portanto, de uma questão de conveniência.[664]

663. Paulo de Barros Carvalho, Curso de direito tributário, 1.ed., p. 255. Devemos, todavia, registrar que o autor mudou de posição: "[...] a norma geral e abstrata, para alcançar o inteiro teor de sua juridicidade, reivindica, incisivamente, a edição de norma individual e concreta. Uma ordem jurídica não se realiza de modo efetivo, motivando alterações no terreno da realidade social, sem que os comandos gerais e abstratos ganhem concreção em normas individuais". Direito tributário, p. 218. Outro que entende pela imperiosidade da construção de toda a cadeia de positivação é Eurico de Santi: "[...] não há tributo que prescinda de ato-norma que formalize seu crédito". Lançamento tributário, p. 220.

664. Encontramos em Hans Kelsen uma leitura da norma de lançamento como contingência: "[...] um projeto de lei financeira obriga os indivíduos a pagar impostos

Assumida a contingência da norma de lançamento, voltemos nossa atenção para a norma de tributação, que, não olvidemos, é norma primária. Nela consta, na hipótese, uma abstração e, na consequência, um sujeito dado de forma geral, com a obrigação de entregar moeda, sem exatidão de quanto ainda, sendo dada apenas a forma de cálculo (veja-se 4.4). Contudo, se dermos como verificado o descrito em abstrato, então se abrem duas possibilidades: ou a conduta prescrita se realiza ou não se realiza. Com a primeira hipótese, a cadeia de causalidade normativa é interrompida. Já para a segunda situação, faz-se necessária a positivação da norma eventual (veja-se 2.8). E é aqui que, para nós, reside o busílis. A norma primária, mesmo que abstrata, eventiva e geral, se assim dispuser o direito positivo, obriga de pronto, sem a necessidade de positivação de outra norma primária mais específica. A partir disso, a adequação da conduta daquele que é obrigado pode ou não ser observada de fato. No primeiro caso, sendo verificada, não haveria norma a assentar; entretanto, pela segunda hipótese, sendo constatado o não cumprimento da obrigação, então surgiria a necessidade de positivação da causalidade jurídica, não via outra norma primária, mas sim por meio de uma norma eventual.

---

de acordo com sua renda prevendo sanções no caso de o imposto não ser pago. Mas, de acordo com algumas ordens jurídicas, um indivíduo concreto só é submetido à obrigação efetiva de pagar tal e tal imposto se um órgão competente, um funcionário do fisco, após avaliar seu rendimento, ordenar que ele o faça". *Teoria geral do direito e do estado*, p. 293 (II.I.D.c). Entre nós, sobre a acidentalidade do lançamento, ninguém foi mais direto do que Alfredo Becker: "Se a *exigibilidade* [...] do direito [...] ficasse sempre condicionada a uma demonstração ou comprovação histórico-jurídica do acontecimento dos fatos que realizam a hipótese de incidência, então estaria perdida a praticabilidade do direito. [...]. Entretanto, aquela *simultaneidade* no nascimento do direito e sua exigibilidade [...] pode, por exceção, ser quebrada [...]. Porém, esta quebra de simultaneidade é *anormalidade* na fenomenologia do nascimento da relação jurídica. [...]. Para que aquela anormalidade na fenomenologia jurídica seja admissível no mundo jurídico, é absolutamente necessária a *existência de uma regra jurídica cuja regra* [...] *seja justamente a criação daquela anomalia* [...]. A criação de uma tal regra jurídica fica ao arbítrio do legislador, o qual procurará, racionalmente, um ponto de equilíbrio entre a praticabilidade e a certeza do direito". *Teoria geral do direito tributário*, p. 356-357.

O processo dinâmico normativo significa que todo ato de aplicação é ato de criação. E se tomarmos a cadeia normativa inteira, ao longo do processo de causalidade jurídica, teremos, numa ponta, o fato fundamental, que não aplica norma alguma, a não ser a norma fundamental — e que, diga-se, não é norma jurídica (veja-se 2.3) —, e, no outro extremo, o último ato material decorrente de norma eventual, já que mantemos a linha do mínimo de eficácia como critério de validade (veja-se 2.2). Ocorre que, entre esses extremos, na cadeia normativa, pode muito bem não ser o caso de aplicação da norma eventual, tendo em conta o cumprimento espontâneo da obrigação de conduta prevista na norma primária. E não foi por outro motivo que preferimos unir a norma primária à norma eventual por meio do sincategorema disjuntivo (veja-se 2.8). Assim, caso não ocorra o comportar-se de acordo com a norma primária, ou seja, caso não se verifique a conduta nela prescrita, então, e só então, é que se faz necessária a positivação de uma nova norma eventual, agora dotada de maior concretude. A norma eventual, que em um primeiro momento é abstrata, geral e eventiva, ligada à norma de tributação — não sendo o dinheiro carreado a quem de direito, então deve ser, da parte de alguém, a execução forçada —, agora é novamente construída, só que de modo concreto, individual e ocorrente — tendo em conta que o dinheiro não foi entregue, então deve alguém específico retirar à força, se assim for preciso, uma exata quantia.

É nessa divisão entre norma primária e norma eventual que reside o ponto-chave da positivação, pois, para uma teoria normativa do tributo, sendo abstratas, eventivas e gerais tanto a norma de tributação, como a norma eventual que a ela se liga de forma disjuntiva (veja-se 4.1), apenas esta última precisaria ser mais uma vez positivada, já que o verter recursos para os cofres públicos pode ser devido sem o mister de qualquer outra norma jurídica, bastando, para isso, que assim disponha o direito positivo.

Desse modo, o que buscamos expor é que a norma primária de conduta, mesmo que abstrata, eventiva e geral, pode ser cumprida de plano, não carecendo, para tanto, de qualquer norma mais específica, e que, apenas em caso de seu descumprimento, necessitar-se-ia, então, de uma nova formalização em linguagem.[665] Com isso em mente, de um ponto de vista dinâmico, podemos conceber um ordenamento jurídico no plano tributário, plano da norma primária, com apenas duas normas: uma, a norma de competência; outra, a norma de tributação, que determina a obrigação de levar dinheiro ao Estado; não havendo a necessidade de qualquer terceira norma, como a de lançamento. Eis que, à guisa de arremate, não temos dúvidas em expor que ter ou não lançamento tributário, no sentido de norma jurídica, é uma questão do soprar dos ventos, ao alvitre de quem põe o direito positivo.

5.2.3 Fiscalização

A norma primária, mesmo quando abstrata, eventiva e geral, pode vincular a conduta do sujeito sem a necessidade de

---

665. Em sentido contrário, podemos citar: "[...] *as normas gerais e abstratas não ferem diretamente as condutas intersubjetivas, para regulá-las. Exigem o processo de positivação, vale dizer, reclamam a presença de norma individual e concreta a fim de que a disciplina prevista para a generalidade dos casos possa chegar ao sucesso efetivamente ocorrido, modalizando deonticamente as condutas*". Paulo de Barros Carvalho, *Direito tributário*, p. 83 (itálicos do original). "[...] parece ser que a única forma de realização das normas gerais e abstratas seja mediante as normas individuais e concretas". Estevão Horvath, *Lançamento tributário e "autolançamento"*, p. 26. "Como as condutas humanas perseguidas pelo direito [...] não são atingidas com as meras previsões gerais e abstratas, encartadas em regras jurídicas de escalão constitucional, legal ou mesmo infralegal, faz-se necessária a edição de normas individuais e concretas, para colher casos específicos". Cristiane Mendonça, *Competência tributária*, p. 84. Com a devida vênia, não podemos ter como correto um entendimento que associa a toda norma primária abstrata, geral e eventiva uma norma primária, concreta, individual e ocorrente. E para corroborarmos essa desnecessidade, um exemplo é mais do que suficiente, pois imaginemos a seguinte norma: exceto para os casos de excludentes de ilicitude (hipótese), deve ser a proibição de matar (consequência) [norma primária], ou [disjunção] se matar (hipótese), então deve ser a obrigação da aplicação da pena de reclusão (consequência) [norma eventual]. Ora, com base nessa norma, desde já, estamos todos obrigados a não matar, a não ser que presente algum excludente, sem a necessidade de qualquer outra norma mais específica. Por outro lado, apenas em caso de matar-se alguém, com a ausência do excludente, é então que deve ser a obrigação de assentar a norma concreta (descrição do descumprimento), com a prescrição, para alguém individualizado, de uma pena específica, fixada, o que lhe dá caráter ocorrente.

qualquer outra positivação. Não há, com efeito, um imperativo lógico para que o descrito abstratamente seja feito também de forma concreta, muito menos que a conduta dada apenas de forma genérica, eventiva, seja precificada como uma ocorrência ou, ainda, que o sujeito apresentado como geral precise tornar-se individual. Em suma, a conduta prescrita em norma primária abstrata, eventiva e geral pode muito bem ser devida sem precisar de qualquer outra norma mais específica. Não obstante, que certo ordenamento jurídico estabeleça que apenas é devida a conduta regrada em norma primária abstrata, eventiva e geral quando for positivada na sequência uma norma também primária, mas concreta, ocorrente e individual é questão de preferência. Duas são, portanto, as possibilidades: em um caso, pode muito bem ser possível que um específico ordenamento jurídico estabeleça que se dado o descrito em abstrato, hipótese da norma de tributação, então deve ser, para o sujeito prescrito, a obrigação de entregar moeda ao Estado, de pronto, sem a necessidade, para tanto, qualquer norma concreta, ocorrente e individual; em outro, a simples verificação do descrito na hipótese da norma de tributação não bastará para que a obrigação seja devida, necessitando-se, ainda, de uma norma de lançamento, com a passagem, por meio da positivação, do abstrato, geral e eventivo para o concreto, individual e ocorrente.

Não se olvida, por óbvio, que sem uma positivação normativa mais específica, havendo apenas a norma abstrata, eventiva e geral, fica a cargo do sujeito interpretar, de modo particular, se é devida ou não a conduta prescrita. Entretanto, essa operação mental feita em nada se confunde com o pôr uma norma jurídica mais específica. Uma coisa é reconhecer os fatos como subsumíveis à hipótese abstrata de uma norma jurídica e, então, interpretar como devida uma particular conduta; outra coisa, bem distinta, é produzir um enunciado onde os fatos e a conduta devida são apresentados de forma particularizada. No primeiro caso, dispensa-se a exteriorização de qualquer linguagem; já na segunda situação, ela é premente. Assim, "[n]ão devem, pois, confundir-se com os atos de aplicação da lei tributária, as suas operações de aplicação, caracterizadas pela natureza de juízos lógicos, aos quais falta a exteriorização numa conduta e a produção de efeitos próprios".[666]

Para um ordenamento que dispense a norma de lançamento, basta que o sujeito passivo da norma de tributação a interprete, combinando-a com os fatos, para concluir, então, se tem ou não a obrigação de circular guinéu, tendo que decidir, ato seguinte, caso entenda como devida a conduta, se vai, de fato, cumpri-la ou não. Agora, não há nisso um ato de aplicação do direito, que, ademais, em nosso trabalho, equipara-se com a criação do direito positivo.[667] Logo, devemos considerar duas questões, que são totalmente distintas: uma, a norma jurídica é posta, não pensada; outra, a norma jurídica, para ser cumprida, deve ser interpretada. Assim, a norma de tributação é norma posta, não pensada, que pode vincular desde sempre, sem a necessidade de outra norma, como uma norma de lançamento. Porém, situação diversa é ter a norma de tributação que ser interpretada e combinada como os fatos, para que, então, um específico indivíduo conclua se é obrigado a entregar dinheiro ao Estado, e em que quantia. No entanto, esse interpretar a norma junto aos fatos não se confunde com o ato de assentar a norma jurídica de lançamento.

---

666. Alberto Xavier, Do lançamento no direito tributário brasileiro, p. 50. No mesmo sentido, podemos apontar, ainda, José Soutor Maior Borges: "Identifica-se [lançar] [...] com uma operação lógica, uma operação intelectual. Mas essa operação lógica não basta, por si só, para a autonomização dos contornos jurídicos da noção de lançamento. Antes, é irrelevante para a sua caracterização. Lançamento tributário, p. 84 (esclarecemos entre colchetes).

667. Nesse sentido, Jose Souto Maior Borges: "A observância é relação de simples conformação da conduta à norma. A relação de aplicação, para a sua efetividade, envolve reversamente a necessidade a necessidade de ato formal [...]. Quem cumpre a norma, implicitamente a interpreta; quem aplica a norma, previamente a interpreta. Os resultados da interpretação são porém, em tais hipóteses, diversos. A conformação entre conduta e norma (subsunção) se esgota na simples observância do preceito. A aplicação da norma implica, como resultado, a criação de outras normas". Curso de direito comunitário, p. 42-43.
[...] a criação e aplicação do Direito devem ser distintas da simples obediência, conformação ou subsunção ao Direito". José Souto Maior Borges, Lançamento tributário, p. 110.

São prescrições diversas: em um caso, leve dinheiro ao Estado; em outro, enuncie a norma de lançamento tributário (ou mesmo de autolançamento, termo que guardamos para uma situação mais específica, conforme 5.2.4.4.1).[668]

Questão distinta da interpretação e do cumprimento da norma de tributação, bem como da necessidade de se enunciar norma de lançamento, é a da imputação à autoridade competente do dever de verificar se aquele que está obrigado a levar dinheiro em razão direta da norma de tributação interpretou-a e agiu em conformidade.[669] Um interpreta e comporta-se (ou não) conforme o prescrito em norma jurídica; outro, também interpreta, analisando os fatos e verificando sua subsunção à norma, mas seu comportamento não é o de levar dinheiro ao Estado, mas sim, em caso de desconformidade praticada pelo primeiro, positivar uma norma eventual.

Agora, como essa verificação deve-se dar, é questão inteiramente de direito positivo, sem a possibilidade de uma determinação padrão *a priori*. Apesar disso, ressaltamos que um modo simples de fiscalizar outrem é estabelecer a ele a obrigação de prestar contas a quem fiscaliza. Afinal, "[c]om relação a todos os tipos de atos e atividades, reivindicações e refutações, cidadãos de uma sociedade podem ser chamados a demonstrar a justificação legal para o que fazem".[670] Com

---

668. Nesse sentido, Dino JARACH: "[...] existem tributos [...] que a obrigação não só existe, senão que é exigível e deve ser cumprida prescindindo de qualquer ato de determinação por parte de um órgão estatal. Alguns escritores são chamados à atividade lógica do obrigado, com que ele determina a existência de sua obrigação e o montante da prestação adequada, *autoaccertamento*, isto é, autodeterminação. Este nome, dado a uma atividade puramente lógica é errôneo e contém, o que é pior, um fundamental equívoco sobre a natureza dela". *O fato imponível*, p. 69.

669. "Cuando la determinación de la obligación tributaria debe ser efectuada directamente por el propio deudor [...], la Administración tiene que estar facultada para comprobar que, en efecto, el tributo ha sido satisfecho en la oportunidad y forma previstas en el ordenamiento. El conjunto de actos que integran el procedimiento para llevar a cabo tal comprobación es lo que denominamos 'fiscalización'". Humberto Medrano CORNEJO, Prescripción, intangibilidad de la determinación impositiva y fiscalización, *in* Heleno TORRES (coord.), *Teoria geral da obrigação tributária*, p. 391.

670. Neil MACCORMICK, *Argumentação jurídico e teoria do direito*, p. 23 (II).

isso, podemos pensar, ao lado da obrigação de prestar contar, questões como a denúncia espontânea, por meio da qual não há apenas a confissão de quem deveria pagar e não pagou, mas há juntamente o efetivo pagamento, tudo sob a motivação de ver a pena pelo descumprimento elidida.[671]

Assim, há a obrigação de levar o dinheiro (obrigação de dar, decorrente de norma de tributação), há a obrigação de prestar contas (obrigação de fazer, presente em norma primária), e há a obrigação de punir quem não entregou o dinheiro e/ou não prestou contas (constante de norma eventual). Com isso, queremos frisar, com as mais fortes cores, que não se deve promover um sincretismo entre a obrigação de prestar contas ao Estado e a obrigação de levar dinheiro ao Estado, uma vez que cada obrigação decorre de uma norma jurídica específica, com suas respectivas normas eventuais.[672]

A norma de tributação é apenas parte da norma completa, que contém, ainda, a norma eventual (veja-se 2.8 e 4.1). Entretanto, a cadeia normativa, ao longo do processo de positivação, pode ser escrita apenas com a concretização da norma eventual, pois pode muito bem não pretender o feitor do direito positivo que seja necessária uma norma de lançamento — norma primária concreta, individual e ocorrente — para que a conduta de levar dinheiro ao Estado passe a ser devida. Quando for assim, a imperiosidade de um revestimento em linguagem

671. Sobre a denúncia espontânea, no formato arrependimento-confissão-reparação, citamos José Roberto VIERA: "[...] arrependendo-se o sujeito passivo da prática da infração tributária, o instituto do art. 138 do CTN abre-lhe a perspectiva de tornar eficaz o seu arrependimento, desde que, antes de qualquer iniciativa do sujeito ativo, promova a confissão espontânea da infração (voluntariedade), fazendo-a acompanhar do pagamento do tributo devido e dos respectivos juros de mora (reparação), hipótese em que ficam definitivamente afastadas quaisquer penalidades que, de outro modo, lhe seriam aplicáveis, uma vez que esse dispositivo extingue a punibilidade da infração tributária confessada e reparada". José Roberto VIEIRA, Denúncia espontânea e multa moratória: confissão e crise na "jurisdição administrativa", *in* Luiz Eduardo GUNTHER (coord.), *Jurisdição*, p. 383.

672. "Os órgãos de fiscalização têm por missão específica o exercício de uma função de controle, de cumprimento das obrigações tributárias dirigida a uma pluralidade de situações, independente do eventual lançamento de tributos em casos individualizados". Alberto XAVIER, *Do lançamento no direito tributário brasileiro*, p. 64.

dá-se apenas para o descumprimento do previsto na norma de tributação, na qual haverá a descrição do não pagamento, bem como com a prescrição, agora individualizada e ocorrente, da obrigação de se retirar — se preciso for, à força — quantia determinada, a ser entregue ao Estado ou outro que exerça função pública, situação que denominamos de execução forçada.[673]

5.2.4 Ordenamentos que exigem lançamento tributário

A positivação de uma outra norma — norma de lançamento — além da norma de tributação, como imperativo para que a obrigação tributária surja, é apenas uma opção que pode ou não ser adotada. Afinal, duas normas primárias são suficientes para expor a dinâmica da tributação: a norma de competência e a norma de tributação. Apesar de suficiente, no grau mínimo, um ordenamento jurídico pode optar por uma tríade, pois é igualmente lícito dispor que apenas na presença de uma positivação do abstrato, eventivo e geral por outra norma jurídica, agora concreta, ocorrente e individual, norma de lançamento tributário, seria devida a conduta.[674]

Isso posto, uma teoria do tributo deve comportar as duas situações sob pena de ser, na verdade, a descrição de um

---

673. A ideia aqui é a de máxima simplificação, pois, do não cumprimento da obrigação presente na norma de tributação, passamos diretamente à ordem para o último ato material do processo de positivação do tributo, que é a entrega de dinheiro ao Estado, mesmo que sem o consentimento do obrigado. Entretanto, a depender de cada direito positivo, há uma enormidade de etapas a serem cumpridas antes disso. Aliás, basta lembrar que a expropriação se pode dar sobre outros bens que não dinheiro e, neste caso, mantendo nossa linha, a de que aquilo que se entrega ao Estado é dinheiro (veja-se 4.3.1.1), então deve haver prescrições para a conversão desses bens em dinheiro, uma vez que "[...] o exequente, que tinha um crédito em dinheiro, continua com o direito de recebê-lo em espécie, de sorte que os bens penhorados devem ser convertidos em pecúnia para seu pagamento". José Afonso da SILVA, *Execução fiscal, segundo o novo Código de Processo Civil*, p. 93.

674. "Se o lançamento tributário é uma formalidade legal definida como necessária [...], essa formalidade precisa ser cumprida no contexto da fiscalização responsável. [...]. [...] não podemos ignorar a lei, nem usar o pretexto de não gostar das soluções dadas pela lei, para fazer o direito que julgamos mais conveniente — sob pena de perdermos o referencial (*a lei*) que deve pautar o trabalho do aplicador do Direito". Luciano AMARO, Lançamento, essa formalidade! *in* Heleno TORRES (coord.), *Teoria geral da obrigação tributária*, p. 390.

particular ordenamento. Tudo isso sem perder de vista que somente a investigação poderá responder se a verificação da hipótese da norma de tributação já enseja a obrigação de transportar dinheiro ao Estado ou se, para surgir tal obrigação, seria necessária, ainda, a norma de lançamento tributário.[675]

No entanto, se a resposta for pela imperiosidade da norma de lançamento tributário, então isso significa que a norma de tributação — a norma que descreve o fato lícito ao qual liga deonticamente uma obrigação de levar dinheiro ao Estado, com os dados para a quantificação do valor e para a individualização do sujeito — não seria, na verdade, uma norma de conduta, como comumente se entende,[676] mas uma norma de competência, pois o que ela regula de fato é a conduta de produzir outra norma jurídica, sendo, então, essa nova norma quem regulará a conduta de dar.

5.2.4.1 Norma de tributação lida como norma de competência

Para uma teoria normativa do tributo, no plano dinâmico, de modo diminuto, apenas duas normas primárias já são suficientes, a norma de competência tributária e a norma de tributação. Pela primeira, disciplina-se a conduta de pôr, alterar ou excluir a segunda (veja-se 5.1); pela segunda, a conduta regulada é a de levar dinheiro ao Estado (veja-se 4). Entretanto, podemos buscar um modelo mais detalhado, alongando a cadeia de positivação, com um pé da pirâmide normativa maior, introduzindo em nosso modelo uma norma concreta, ocorrente e individual, que, em matéria de tributação, chamamos de lançamento tributário. Quanto a isso, não há nenhum impedimento. Entretanto,

675. "Não existe um *modelo* de 'lançamento' com características de exigência necessária. O que é o 'lançamento' e quais são as suas características dependerá da maneira como o Direito Positivo configura o fenômeno tributário". Marco Aurélio Greco, *Dinâmica da tributação e procedimento*, p. 241.

676. Nesse sentido: "[...] a regra-matriz de incidência tributária é, por excelência, u'a norma de conduta [...]". Paulo de Barros Carvalho, *Curso de direito tributário*, p. 357. "Quanto à norma tributária em sentido estrito ou regra-matriz de incidência tributária, indubitavelmente, é uma das mais típicas regras de comportamento". José Roberto Vieira, *A regra-matriz de incidência do IPI*, p. 70.

se assim o fizemos, não podemos perder de vista a mudança que nosso ordenamento paradigma sofre, pois a norma de tributação, que numa construção com apenas duas normas, é norma de conduta, passa a ser, então, norma de competência.

A norma de competência tributária dispõe sobre a criação da norma de tributação. Essa última norma, no modelo dual, com apenas duas normas, tem de ser a norma de conduta, ou seja, a norma que prescreve a obrigação de levar dinheiro ao Estado. Já, na relação triádica, com três normas, o foco da norma de tributação passa a ser outro, pois ela, em vez de regular a conduta de entregar dinheiro, passa a regular a conduta de pôr a norma de lançamento tributário. Só que, neste modelo, é a norma de lançamento tributário quem ocupa a posição de determinar o levar dinheiro ao Estado, ou seja, é quem se posiciona como norma de conduta. Há, portanto, uma mudança de *status* da norma de tributação, pois ela, em vez de regular a conduta de levar dinheiro ao Estado, disciplina a conduta de pôr outra norma jurídica, qual seja, a norma de lançamento tributário, o que faz dela, nos termos desta exposição, uma norma de competência.

Não que não haja, na norma de tributação, quando lida como norma de competência, a descrição de fato lícito, na hipótese, e, na consequência, entre outras coisas, a forma de calcular o devido. Isso permanece. O que não mais encontramos é o mandamento direto de dar dinheiro, razão que nos impõe, nos termos deste trabalho, a deixar de fazer referência a ela como norma de conduta. Assim, temos duas possibilidades, a demandar definição pelo direito positivo: ou a norma de tributação dispõe sobre o pagamento, ou a norma de tributação regula a forma de pôr a norma de lançamento tributário, para que ela, então, disponha sobre o pagamento. Ademais, a situação é excludente, ou uma ou outra, pois a conduta devida ou é a de pagar, dar dinheiro, ou é de pôr a norma de lançamento.[677] Porém, sendo devido pôr a norma de lançamento

677. Quanto à norma de tributação determinar o conteúdo da norma de lançamento tributário, não é o mesmo que determinar a obrigação tributária. Assim, ao falar-se em

tributário, até o advento dela, não há a obrigação tributária, no sentido de obrigação de dar dinheiro.

Na norma de tributação, quando lida como norma de conduta, modelo dual (uma norma de competência e uma norma de conduta), na consequência, na consequência fixa-se a obrigação de dar dinheiro, não se carecendo de qualquer outra norma jurídica mais específica para que essa conduta seja devida. Ela, norma de tributação, basta *per se*, e uma vez cumprida a obrigação, não há a necessidade de se alongar a cadeia de positivação normativa, ficando a imperatividade de positivação apenas para caso de descumprimento. Somente não sendo realizada a conduta devida, não sendo o dinheiro aportado às burras do *fiscum*, é que, então, surge a obrigação de positivação da norma eventual. E isso quer dizer que pode muito bem um ordenamento jurídico ser construído apenas com a positivação da norma eventual tributária, sem qualquer apelo à positivação além da norma de tributação, que é abstrata, geral e eventiva. Deveras, tudo não passa de uma questão contingente, a ser decidida por quem constrói o ordenamento jurídico. Assim, ou confeccionar-se-á a norma de tributação como norma de competência, por meio da qual o devido é pôr norma de lançamento tributário, que é concreta, eventiva e individual; ou edificá-la-á como norma de conduta, sendo devido, com a realização do descrito na hipótese, sem a necessidade de qualquer norma de lançamento tributário, o dar dinheiro.

De nosso exposto, é possível concluir que a norma de tributação pode ser assentada de dois modos: ou como norma de conduta ou como norma de competência. Por essa última via, antes de posta a norma de lançamento tributário, não há a obrigação

---

função dupla para a norma de tributação, o que se quer apontar é que tanto determina o enunciar da norma de lançamento, como prescreve o conteúdo que deve ter esse enunciado. Nesse sentido, José Souto maior BORGES: "As normas jurídicas tributárias de caráter geral e abstrato, sobretudo as leis ordinárias do tributo, podem exercer uma dupla função. A primeira consiste em determinar o órgão aplicador e o processo de aplicação da norma tributária. A segunda consiste em determinar o conteúdo dos atos administrativos tributários — e, entre estes, o conteúdo do lançamento. Por meio de uma dessas funções, o Fisco estabelece normas individuais que consistem na aplicação de normas gerais aos casos concretos". *Lançamento tributário*, p. 81.

de se levar dinheiro ao Estado, sendo que o obrigatório passa a ser uma outra atuação, a de pôr a norma concreta, ocorrente e individual, com essa sim contendo, na consequência, a obrigação, já individualizada, de carrear uma precisa quantia ao Estado. Para esse último caso, a norma de tributação — que é fundada na norma de competência tributária — passa a ser a norma fundante na cadeia normativa, pois não é por meio dela que se verifica a obrigação de dar pecúnia, a qual somente passa a ser devida com a norma de lançamento tributário.

5.2.4.2 Obrigação de lançar

No plano teórico, a passagem da norma de competência para a norma de conduta pode ser permitida, proibida ou obrigatória (veja-se 2.9). Assim, seria ou permitido ou proibido ou obrigatório a certo sujeito dispor sobre norma de conduta. E para o caso específico do lançamento tributário, sendo ele norma jurídica, também seria lícita tal leitura. Entretanto, vamos focar-nos em um modal específico de conduta, pois o comum é aludir que o ato de lançar é vinculado.[678] Ocorre que, com isso, outra coisa não se quer dizer a não ser que é obrigatório o estatuir uma norma concreta, ocorrente e individual, respeitando forma e conteúdo estabelecidos em norma de tributação, sob empuxo de consequências prescritas em norma eventual (veja-se 2.8).[679]

---

678. "[...] não é o ato-norma que recebe o qualificativo de vinculado, discricionário ou obrigatório: é a atividade que o precede, consubstanciada no suporte fáctico do fato jurídico suficiente para a edição do ato-norma administrativo". Eurico de SANTI, *Lançamento tributário*, p. 172.

679. Rubens Gomes de SOUSA elege a expressão "cobrada mediante atividade administrativa vinculada" como "[...] elemento definidor do tributo em contraste com outras receitas públicas [...]". *Comentários ao Código Tributário Nacional*, p. 47. Entretanto, a forma vinculada somente ganha relevo na conceituação de tributo se lermos a norma de tributação como norma de competência, então sendo obrigatória — ou seja, vinculada — a produção, positivação, de norma concreta, eventiva e individual. Agora, se entendermos tributo como norma de conduta, a forma vinculada de sua cobrança não pode fazer parte de seu conceito, cabendo à norma eventual prescrever as consequências para os casos em que o valor devido não é levado ao Estado.

No modelo tríadico, a norma de tributação obriga a pôr outra norma, a norma de lançamento, e não a dar dinheiro. Mas não é só nesse caso que ocorre mudança, com ela também se verificando na norma eventual que se conecta à norma de tributação. Para os casos em que a obrigação de levar dinheiro é o foco, a norma eventual, ao lado de outras possibilidades, como inclusive a prisão, prescreve a execução forçada para seu descumprimento. Porém, para os casos em que a obrigação é a de pôr a norma de lançamento, a norma eventual que se liga à norma de tributação pode assumir duas formas: uma é a de decadência, situação na qual a obrigação de lançar até certa data torna-se a proibição de lançar depois, em data posterior, tudo sob a condição de ter-se por invalidada a norma de lançamento posta;[680] outra é quando a consequência pelo descumprimento é dirigida diretamente contra quem tinha a obrigação de enunciar a norma de lançamento. Neste último caso, sendo autoridade pública, fala-se em responsabilidade funcional;[681] para os demais casos, fala-se em crime de omissão de prestação de informações.[682]

De toda sorte, deve-se ter em conta que não se está, necessariamente, diante de uma situação excludente, na qual apenas uma ou outra consequência pode advir do não cumprimento da obrigação de dar seguimento ao processo de positivação, de assentar a norma de lançamento. Com efeito,

---

680. Lembrando que se a norma foi posta, então ela é válida até ser excluída do ordenamento jurídico (veja-se 2.10).

681. Não devemos esquecer que não é apenas o não lançar que pode trazer a responsabilidade funcional, mas igualmente o lançar em excesso: "[...] é no instante do lançamento que podem se concretizar crimes contra o patrimônio público [...], bem como, e mais importante ainda, contra o sujeito passivo (excesso de exação), em que o agente do fisco não observa a lei e exige mais do que o contribuinte ou responsável deva pagar a título de tributos e penalidades, segundo o fato gerador ocorrido". Fábio Fanucchi, *Curso de direito tributário brasileiro*, v. I, p. 275.

682. "*A conduta omissiva deve ser* [...] *idônea a produzir um potencial efeito lesivo ao erário público*, assumindo o caráter de *ocultação intencional* de fatos com relevância tributária (fatos que fundamentam o nascimento da obrigação tributária ou repercutem sobre o *quantum* devido)". Cezar Roberto Bitencourt e Luciana de Oliveira Monteiro, *Crimes contra a ordem tributária*, p. 165.

pode-se muito bem ligar deonticamente a uma única hipótese mais de uma consequência, o que permitiria uma construção normativa na qual, do não cumprimento da obrigação de lançar, adviria tanto a invalidação do lançamento, quando realizado após o prazo estipulado, como a responsabilização funcional do agente obrigado que a não realizou.[683]

5.2.4.2.1 Decadência e prescrição

Prescrição e decadência são questões de direito positivo, não existindo *per se*, como uma espécie de direito natural.[684] Todavia, podemos estudá-las por um ângulo maior, da conceituação do direito, e não meramente no direito (veja-se 3.3). Por essa linha, podemos assentar, como traço comum a ambas, o serem específicas normas eventuais, em oposição às normas primárias (veja-se 2.8), E, ainda na linha ordinária, são consequências pelas práticas de condutas extemporâneas, qual seja, a invalidade (veja-se 2.10). Assim, a norma de competência permite ou obriga que se ponha norma jurídica até certa data, o que também significa que proíbe que se ponha depois de tal data; contudo, caso a referida norma seja posta depois do transcurso de prazo, então é o caso de ser ela invalidada. Feita essa precisão, podemos, então, denominar a específica

683. Nós traçamos como ponto de partida apenas uma norma, a norma de tributação lida como norma de competência, para ligarmos, então, a ela duas normas eventuais. Eurico de Santi também opta por duas normas, mas faz uma construção diversa da nossa: "O agente público é [...], simultaneamente, sujeito de um *dever* jurídico e titular de um *poder* jurídico. É polo passivo de um dever jurídico de empreender o ato-fato de lançamento tributário, em face do Estado-administração, que é o polo ativo nesta relação. É polo ativo do direito subjetivo público (competência) de efetuar o ato-fato de lançamento, em face do contribuinte, que é polo passivo nessa outra relação. [...]. Essas duas relações jurídicas de direito público são projetadas por duas normas jurídicas diversas e, quando descumpridas, ocorrem, também, efeitos distintos: do descumprimento do dever de lançar, decorre a *responsabilidade funcional* (Art. 142, parágrafo único do CTN); do não exercício do poder de lançar, decorre a *decadência* (Art. 173 do CTN)". *Decadência e prescrição no direito tributário*, p. 115-116.

684. Sobre a prescrição, nesse sentido, Pontes de Miranda: "O instituto da prescrição é de direito positivo. Se havia e há fundamento para êle, ou se é necessário depois de se chegar a certo grau de civilização, é outra questão. *Tratado de direito privado*, t. VI, p. 100-101.

norma eventual, ligada pela disjunção à norma de competência primária, de norma de caducidade, da qual a decadência e a prescrição são espécies.

A norma de caducidade prescreve a invalidade de certa norma posta depois de uma estipulada data. Esse é o gênero que, por sua vez, comporta espécies, a ser encontradas por meio de um elemento diferenciado, qual seja, o tipo de norma que se deve invalidar: primária ou eventual.[685] Se havia a proibição de se pôr uma norma primária depois de um dado prazo, então deve ser a invalidade da norma posta posteriormente. Essa é a norma de decadência. Agora, se havia a proibição de se pôr uma norma eventual após um marco, então deve ser a invalidade de tal norma posta de modo extemporâneo. Essa é a norma de prescrição.

Podemos, feita a demarcação, aplicar esse entendimento à teoria do tributo que aqui construímos. Inicialmente, imaginemos que há uma norma jurídica (1) que obrigue, até certa data, a pôr a norma de lançamento tributário, proibindo-a depois; agora, suponhamos que mesmo tendo passado esse prazo, a norma de lançamento tributário é posta; logo, deve ser a invalidação dessa norma posta. Ato contínuo, conjecturemos uma norma jurídica (2) que obrigue, para os casos de descumprimento da norma de lançamento tributário, dentro de um certo limite temporal, a enunciação de norma eventual, a qual, por sua vez, prescreve a execução forçada; agora, consideremos que a norma eventual de execução forçada foi posta de forma serôdia; por conseguinte, deve ser a invalidação da norma posta. Com isso, podemos estabelecer a norma (1) como norma de decadência tributária, ou seja, a que determina a invalidade da norma de lançamento, por intempestividade; e a norma (2) como norma de prescrição, ou seja,

685. Em sentido próximo, podemos citar: "[...] enquanto a decadência ocupa-se do direito consubstanciado na norma primária, a prescrição se dirige ao direito previsto na norma secundária, disciplinando o direito de ação perante o Estado-Juiz para efetivação deste dever. A primeira volta-se para a percussão de direito substantivo; a segunda, de direito adjetivo". Eurico de SANTI, *Decadência e prescrição no direito tributário*, p. 155.

a que prescreve a invalidade da norma de execução forçada, quando enunciada tardiamente.

5.2.4.3 Procedimento para lançar

A norma de tributação, quando lida como norma de competência, prescreve, se verificada sua hipótese, a determinado sujeito, por meio de um procedimento, a conduta de lançar, ou seja, a de pôr a norma concreta, ocorrente e individual, a qual, esta sim, deverá ter como conteúdo uma obrigação de dar dinheiro. Entretanto, quanto ao modo de realizar esse estatuir, pode ela assumir uma gradação, desde a forma mais detalhada até uma livre, caso em que se fala de ausência de procedimento. De toda sorte, se haverá um procedimento ou não a ser seguido para se instituir validamente a norma de lançamento, e qual será ele, mais ou menos complexo, é questão de direito positivo, a ser apreciada mediante o estudo da norma de competência, sem a possibilidade de determinação *a priori*, no campo da teoria normativa do tributo.[686]

Outro ponto importante, na questão do procedimento para pôr a norma de lançamento, é não o confundir com os atos mentais. Com efeito, estamos aqui tomando procedimento como uma sequência cronológica de atos exteriores que resultem no suporte físico no qual constará o enunciado que, uma vez interpretado, dar-nos-á a norma de lançamento. Já o processo mental, o pensar antes do agir, em como agir, não é por nós aqui considerado.[687] Afinal, direito positivo é direito posto, não direito pensado.

---

686. Nesse sentido: "É o próprio ordenamento jurídico por meio das regras de competência (estrutura) [...], que determina a forma legal deste agir para a consecução de introduzir uma norma jurídica no sistema". Eurico de SANTI, *Lançamento tributário*, p. 161. "[...] somente através do conhecimento do objeto e da observação da realidade colocada em cada contexto é que se poderá concluir se o lançamento efetivamente se configura como um ato isolado [...] ou ele poderá ser precedido de uma série de outros atos executados com vista à formalização do lançamento". Mary Elbe Queiroz MAIA, *Do lançamento tributário*, p. 35.

687. "O puro ato de pensamento constitui movimento, contudo de caráter interno, porque não se manifesta exteriormente. Lembremo-nos de que os atos meramente

Por fim, é no procedimento previsto para se assentar a norma de lançamento, especificamente a quem cabe sua iniciativa, que tem lugar o estudo de tradicional classificação do lançamento tributário: por um lado, de ofício; por outro, com base em declaração.[688] No primeiro caso, quem tem a obrigação de pôr a norma de lançamento tributário inicia a exteriorização dos procedimentos sem qualquer provocação. Já na segunda situação, aquele que tem a obrigação, apenas pode assentar a norma lançamento tributário após receber informações de outro. E, dessa situação, de haver dois sujeitos, um enuncia a norma de lançamento, outro dá início ao procedimento para isso resultar, é a razão de encontrarmos, vez ou outra, o lançamento com base em declaração também designado como lançamento misto.[689] De nossa parte, nada temos a opor a tal nomeação, pois ela quer dar realce ao processo e não ao produto, desde que fique claro que quem lança, no sentido de pôr norma jurídica, é apenas um e não ambos os sujeitos.

5.2.4.4 Sujeitos competentes para lançar

Um ordenamento, no que diz respeito ao tributo, pode ser construído segundo um de dois modelos, ao talante daquele que põe as normas jurídicas. Por um esquema, a norma

---

internos não têm relevância para o direito, todavia sim para a moral ou para a religião". Paulo de Barros Carvalho, *Curso de direito tributário*, p. 400.

688. Há "[...] dois procedimentos impositivos utilizados para a apuração do tributo: um procedimento clássico, acionado por iniciativa da administração, e outro procedimento não menos clássico, acionado por iniciativa do contribuinte no estrito cumprimento de deveres administrativos legalmente previstos". Zelmo Denari, *Curso de direito tributário*, p. 188.

689. Misabeu Derzi apresenta suas razões para não aceitar o adjetivo "misto" ao lado do substantivo "lançamento": "Afaste-se [...] terminologia buscada na doutrina estrangeira, inaplicável ao ordenamento positivo nacional, segundo a qual o lançamento disciplinado no art. 147 seria misto, porque realizado pela Administração e pelo contribuinte. As informações e declarações prestadas pelo sujeito passivo ou por terceiro legalmente obrigado apenas servem de suporte ou base para a prática do ato administrativo. Antecedem, portanto, ao lançamento como ato administrativo, que se aperfeiçoa posteriormente. Elas integram o procedimento para lançar, mas não o lançamento sem si, como ato". Nota de atualização, *in* Aliomar Baleeiro, *Direito tributário brasileiro*, p. 1218.

de tributação é norma de conduta; por outro, é norma de competência. Sendo norma de conduta, é diretamente dela que decorre a obrigação de pagamento; sendo, por sua vez, norma de competência, então prescreve não o dar dinheiro, mas um fazer, a obrigação de lançar, tomada como a obrigação de pôr norma concreta, eventiva e individual, ou seja, a norma de lançamento, sendo que, só a partir da confecção desta última norma, surgirá a obrigação de pagar.

No mais, para nós, norma de lançamento tributário significa uma norma concreta, individual e ocorrente, ou seja, uma norma que descreve um fato jurídico-econômico, praticado por um específico individuo, já concretizado no tempo e no espaço, bem como prescreve a um sujeito individual uma obrigação de levar dinheiro, quantia calculada, ao Estado, ou outro que lhe faça as vezes, também particularizado. No entanto, essa é uma posição estática da norma de lançamento tributário, sendo possível evoluir o entendimento para o aspecto dinâmico, o que faremos por meio de um cotejo entre o sujeito que tem a obrigação de lançar — que consta na norma de tributação, quando ela é lida como norma de competência — e o sujeito que deve levar dinheiro ao Estado — por força da norma de lançamento.

A comparação entre o sujeito que tem a obrigação de fazer na norma de tributação lida como norma de competência, e o sujeito que tem a obrigação de dar, decorrente da norma de lançamento, resultará em uma entre duas possibilidades: ou os sujeitos são iguais; ou os sujeitos são diferentes. Para o primeiro caso, quando quem deve pôr a norma concreta, eventiva e individual é o mesmo que deve recolher aos cofres públicos pecúnia, então denominamos, de forma estipulativa, sem maiores preocupações com usos diversos que se fazem do termo, a norma de lançamento tributário de "norma de autolançamento".[690] Já para o segundo caso, de sujeitos diversos

690. Estevão Horvath usa o termo "autolançamento", mas entende que não seria de todo acertado no direito brasileiro, pois nele todo ato de lançamento deve ser ato da administração: "[...] utilizamos o termo 'autolançamento' por tratar-se de voz corrente na doutrina internacional. Faz-se esta ressalva, tendo em vista que não seria

na cadeia de positivação, devemos prosseguir nossa investigação, analisando a quem a norma de tributação, lida como norma de competência, obriga a lançar. Então, vamos encontrar várias opções à disposição do confeccionador da norma para eleger o sujeito que deverá pôr a norma de lançamento tributário, sendo essa escolha uma questão de volição.[691]

5.2.4.4.1 Autolançamento

Tomemos um hipotético ordenamento cuja organização piramidal do tributo seja triádica, o que implica: uma norma de competência, que cuida da feitura da norma de tributação; outra norma, também de competência, pois, nesse caso, a norma de tributação passa a dispor sobre a produção normativa da norma de lançamento tributário; e, por fim, uma norma de conduta, contendo, na hipótese, a descrição de um fato jurídico-econômico, concretizado no tempo e espaço por um sujeito, e, na consequência, a prescrição individual de uma obrigação de carrear dinheiro ao Estado, especificado enquanto órgão, ou a outro que lhe faça as vezes, em quantia determinada. Agora, realizemos uma comparação entre o sujeito que deve lançar, tomado o verbo como ato de pôr específica norma jurídica, e o sujeito que deve entregar dinheiro ao Estado. Mas, que fique claro, tal paragonar somente é possível porque deixamos de tomar a norma de lançamento tributário em seu sentido estático, para a apreciarmos em sua feição dinâmica.[692] Dessa comparação, pode ser que resulte em su-

---

própria esta denominação, segundo o direito, pois [...] em que pese o fato de o particular participar ativamente do 'procedimento de lançamento' [...], o ato liquidatório [...], é um ato administrativo e, portanto, privativo da Administração". Lançamento tributário e "autolançamento", p. 112.

691. Nesses termos, já se manifestou Alfredo Becker: "A pessoa incumbida de praticar os atos que realizam o lançamento, pode ser tanto o *sujeito ativo* da relação jurídica, quanto o *sujeito passivo*, ou ambos, ou terceiro. Tudo depende do que estiver predeterminado na regra jurídica que disciplina o lançamento e cuja criação fica ao arbítrio do legislador". *Teoria geral do direito tributário*, p. 361.

692. Nesse sentido: "O ato-norma administrativo e o ato-norma de formalização instrumental apresentam idêntica estrutura sintática. Revestem-se igualmente na

jeitos iguais. Situação que nos permite, de forma precisa, denominar a norma produzida de "norma de autolançamento".

Não se quer, com isso, apontar que outros usos que se façam do termo "autolançamento" sejam errados ou coisas do gênero, mas apenas desanuviá-lo para o presente trabalho, o que só é possível tendo às claras o processo de criação da norma jurídica. Com efeito, dinamicamente, a partir de uma concepção triádica de tributo, a norma de tributação é lida como norma de competência e estabelece a obrigação do sujeito, verificada a situação descrita em abstrato, de assentar nova norma jurídica, em vez de levar dinheiro ao Estado. Essa norma posta é a que chamamos de autolançamento, sendo, no plano estático, compreendida como uma descrição de um fato, no modo concreto, bem como a prescrição, a partir da individualização do sujeito, da obrigação de levar dinheiro, já agora em quantia determinada, estado de ocorrência, ao Estado, ou quem exerça essa função, também particularizado, nada diferindo de outras normas de lançamento.

Temos, então, duas situações que dispensam a atuação de outrem que não o sujeito da obrigação tributária. Os casos de autolançamento e os casos que carecem de lançamento. Pelo primeiro, a obrigação somente surge após norma concreta, individual e ocorrente, que é enunciada por aquele que a deve cumprir; pelo segundo, a obrigação faz-se presente, decorrendo diretamente da norma de tributação, carecendo, portanto, de qualquer outra norma. Contudo, haveria dificuldades para diferenciar a prestação de informação para fins de fiscalização, nos casos em que não há a necessidade de norma de lançamento, da situação que exige um pôr norma de autolançamento. Isso porque, em ambas as situações, informa-se a quem de direito fatos contemplados na hipótese da norma de tributação.

Há, portanto, um ponto em comum nas duas situações: quer como fiscalização, nos casos em que se dispensa norma

---

forma enunciativa de vetores semânticos equivalentes: prescrever a obrigação de pagar o tributo devido". Eurico de SANTI, *Lançamento tributário*, p. 188.

de lançamento, quer como enunciando de norma de autolançamento, descreve-se a ocorrência de fato previsto na norma de tributação. Dito isso, um bom marco para separar as coisas é a questão temporal das condutas de descrição.[693] Se a conduta de prestar informação for devida em data posterior à conduta de levar dinheiro, fica evidente que não estamos diante de uma norma de autolançamento, pois a norma jurídica sempre regra a conduta no futuro (veja-se 2.2). O estado de coisas da hipótese já pode ter ocorrido, mas a prescrição é sempre no futuro (veja-se 2.12).[694] Sendo assim, se a conduta de levar dinheiro é obrigatória em uma data e a conduta de prestar informação é obrigatória em data posterior à primeira data, não pode ser a prestação de informação a causa da conduta obrigatória de dar, não se tratando, nesses termos, de norma de autolançamento.

A norma de autolançamento deve, pelos mesmos motivos, ser posta antes da data da obrigação tributária. Porém, com isso se deve entender exatamente o quê? Para nós, significa que a norma constituída pelo sujeito da obrigação deve ser dada ao conhecimento de quem pode assentar a norma

---

693. Nesse ponto, muito útil é a separação realizada por Paulo de Barros CARVALHO entre o "tempo do fato" e o "tempo no fato": "O tempo *do fato* é aquele instante no qual o enunciado denotativo [...] ingressa no ordenamento do direito posto [...]. [...]. Algo diverso, porém, é o tempo *no fato*, isto é, a ocasião a que alude o enunciado factual, dando conta da ocorrência concreta de um evento". *Direito tributário*, p. 122-123.

694. A hipótese, geralmente, e a consequência, sempre, contêm conduta humana. A da hipótese já se pode ter verificado, a da consequência, necessariamente, é projetada no futuro, pois não se pode prescrever o passado. Um exemplo disso: tendo-se verificado um fato no passado, mesmo que não previsto em norma à época, então deve ser certa conduta, no modo obrigatório, no futuro. Caso que não pode ser apontado como ilógico, mas sim injusto, pois "[...] leis retroativas são adequadas apenas para tiranos as criarem e escravos se submeterem". Timothy WALKER, *Introduction to american law*, p. 196-197 (11.83). Tradução nossa de: "[...] retroactive laws are fit only for tyrants to make, and slaves to submit to". Agora, se ambas as condutas estão no passado, então não é caso de prescrição, mas de descrição. Em sentido contrário, Eurico de SANTI: "Causa estranheza, à primeira vista, a verificação de que as normas individuais e concretas não se ocupem como as normas gerais e abstratas na estimulação de condutas futuras. Ora, como as hipóteses dessas normas são concretas, i.é, denotam um fato acontecido no espaço e tempo passado, não podem motivar qualquer conduta; é a mesma tese que impugna as normas abstratas com efeito retroativo: *não se pode motivar condutas que já ocorreram*". *Lançamento tributário*, p. 167.

eventual, ou seja, promover a execução forçada, até a data em que a conduta de dar dinheiro é devida.[695] Do contrário, sem esse conhecimento, é como se a norma não existisse, pois não pode a autoridade competente averiguar o regular cumprimento da conduta devida, pois nem conhecimento dela tem e, em caso negativo, dar início à execução forçada. Contudo, se o direito positivo determina que se faça tal ato *a posteriori*, depois da data do pagamento, então tudo não passa de um mero dever de prestar contas, não se devendo fazer qualquer alusão a autolançamento.[696]

A diferença entre prestar informações ao fisco e pôr norma de lançamento tributário não reside, porém, só no critério temporal da descrição. Afinal, a norma jurídica, sendo que com a norma de lançamento não seria diferente, possui também prescritor.[697] Assim, a investigação para diferenciar ambas as situações é perquirir se a conduta de levar dinheiro decorre de uma prescrição cujo enunciado foi posto por quem tem essa obrigação de dar ou se, de forma diversa, advém da própria norma de tributação, lida, então, como norma de conduta.

---

695. Concordamos com Estevão Horvath quando expõe que "[...] o autolançametno [...] não produz efeitos jurídicos enquanto não se exteriorize materialmente, seja numa declaração (legalmente apta a formalizar o débito) [...]". *Lançamento tributário e "autolançamento"*, p. 125. Entretanto, não o podemos seguir quando complementa o raciocínio: "[...] seja diretamente no pagamento do débito". *Ibidem*. Isso porque pagar tributo não pode equivaler a pôr norma jurídica, já que o autolançamento outra coisa não é do que uma norma jurídica.

696. Entendendo que, em qualquer caso, a confecção de documento de arrecadação equivaleria ao cumprimento de um "dever tributário acessório", temos Alberto Xavier: "A elaboração dos referidos documentos (as 'declarações-liquidações' a que se refere a doutrina espanhola), de harmonia com a lei fiscal, bem como a indicação neles do imposto correspondente ao valor da transação, constitui, porém, não a forma de um ato jurídico de aplicação da norma tributária material, anterior ao pagamento, mas a simples realização de um *dever tributário acessório*, imposto por lei para meros efeitos de fiscalização ou controle da legalidade dos pagamentos efetuados". *Do lançamento no direito tributário brasileiro*, p. 83.

697. "Por intermédio do autolançamento se qualificam os fatos e dados e se quantifica o débito tributário, o que, por si só, basta para diferenciá-lo claramente da mera descrição fática em que se consubstancia a declaração". Estevão Horvath, *Lançamento tributário e "autolançamento"*, p. 184.

E como desdobramento dessa ideia, podemos afirmar que, se a conduta for devida em razão de norma de autolançamento tributário, o seu descumprimento pode ensejar, sem qualquer desenvolvimento maior, a execução forçada. Não haveria, por essa linha, a necessidade de constituir em linguagem o fato lícito nem de quantificar a obrigação, podendo-se limitar muito bem a verificar que a prescrição contida em autolançamento não foi cumprida e, então, prescrever a retirada à força dos bens daquele que não entregou o dinheiro. Dispensa-se, desse modo, a positivação da norma primária, passando diretamente à positivação da norma eventual. Já quando há a prestação de informações, sem autolançamento, e se verifica que quem de direito não cumpriu o devido, em decorrência direta da norma de tributação, então há a imperiosidade de, primeiramente, constituir-se em linguagem a descrição do fato e a prescrição individual de conduta, para só então associar a essa norma as consequências pelo descumprimento da obrigação tributária. Pode até ser que tudo isso seja feito em um único documento, mas disso não decorre que não esteja lá, de forma inaugural, a norma de lançamento.

De tudo, podemos reforçar a conclusão anterior, de que atos mentais não fazem as vezes de norma de lançamento (veja-se 5.2.2), e agora estender o raciocínio às normas de autolançamento: sem a exteriorização de uma descrição e de uma prescrição, não há norma de autolançamento.[698] Entretanto, o que consideramos como exteriorização? Primeiramente, a existência de um suporte físico que contém os enunciados que serão interpretados como norma jurídica. Em segundo lugar, a exteriorização somente estará completa com a notificação de quem de direito. Assim, o suporte físico produzido, mas não comunicado, não pode ser considerado uma exteriorização.

---

698. Nesse sentido: "[...] tudo está em saber se o processo lógico de determinação e caracterização dos fatos e subsunção destes na norma, que o particular realiza logicamente antes do pagamento do imposto, se exprime ou não num ato jurídico autônomo e distinto do pagamento do tributo". Alberto XAVIER, *Do lançamento no direito tributário brasileiro*, p. 76.

Com esse aporte, estamos prontos para concluir e responder se o preenchimento de uma guia de pagamento de tributo pode ser considerado o significante de uma norma de autolançamento. Para tanto, devemos procurar se há, em tal documento, a descrição de um fato ocorrido, bem como uma prescrição de dar dinheiro. Havendo somente o valor a pagar, sem maiores detalhes, temos, no máximo, um fragmento. Além disso, devemos indagar, ainda, a intersubjetividade de tal documento, pois apenas se for essa guia de pagamento, antes do seu vencimento, informada ao fisco, é que poderemos cogitar de norma de autolançamento, já que, nesse caso, não sendo pago o devido, então se poderia seguir diretamente à execução forçada.

5.2.4.4.1.1 Homologação e não homologação

De forma contingente, pode haver, para um determinado ordenamento jurídico, a necessidade de positivação da norma de lançamento tributário para o surgimento da obrigação tributária. Questão que envolve saber quem deve lançar, no sentido de pôr norma jurídica. Agora, quando são iguais aquele que deve lançar e aquele que deve levar dinheiro ao Estado, estamos diante de uma norma de autolançamento tributário, o que somente pode ser captado no plano dinâmico. Portanto, o que caracteriza a norma de autolançamento não é nenhuma propriedade intrínseca sua, que, como qualquer outra norma jurídica, é formada de uma hipótese e um consequência, unidas pela imputação (veja-se 2.5), muito menos sua semântica, que é concreta, individual e ocorrente, pois as demais normas de lançamento tributário também são assim. Logo, o que permite afirmar que uma norma de lançamento tributário, como gênero, é uma norma de autolançamento, espécie, é a igualdade de sujeitos na norma fundante e na norma fundada (veja-se 5.3).

Quanto ao conteúdo da norma de autolançamento, está o sujeito obrigado a lançar, vinculado à substância e ao procedimento estabelecidos na norma de tributação, lida, para esses casos, como norma de competência, pois, havendo desconformidade, a norma de conduta posta — concreta, individual e ocorrente — deverá ser invalidada (veja-se 2.10). Assim, há a norma primária, que determina o lançamento, e há a norma eventual, que determina a invalidação do lançamento, caso não se tenha dado nos moldes prescritos. Ademais, para as situações em que haja a invalidação da norma de autolançamento posta, o que é feito com a expedição de uma norma eventual, é que guardamos a marca da "não homologação".

Acoplar o termo "homologação" à expressão "lançamento tributário", faz surgirem várias questões. Sendo assim, iniciarmos pela própria palavra, pode ser de valia e se sabemos que a palavra "homologação" significa "[...] ato, processo ou efeito de homologar [...],[699] e se também, por seu turno, conhecemos que homologar é um verbo derivado do adjetivo homólogo[700], o qual, por sua vez, é composto do antepositivo *hom (o)*, "[...] do gr. *homós* 'igual, semelhante' [...]",[701] e do pospositivo *log (o)*, "[...] do gr. *lógos* 'palavra, estudo, tratado' [...]",[702] então podemos desvelar o verbete "homologação" como ato, processo ou efeito de produzir palavras iguais.[703] Assim, homologar, para o nosso caso, é o estabelecimento em linguagem, por um terceiro, do reconhecimento de que a norma concreta, ocorrente e individual — a norma de autolançamento tributário —, foi posta de acordo com a norma de tributação, que, para o caso, é norma de competência.

---

699. Antônio Houaiss e Mauro Villar, *Dicionário Houaiss da língua portuguesa*: verbete "homologação", p.1548.

700. "De *homólogo + -ar* [...]". Aurélio Buarque de Holanda Ferreira, *Novo dicionário da língua portuguesa*: verbete "homologar", p. 1054.

701. Antônio Geraldo da Cunha, *Dicionário etimológico da língua portuguesa*: verbete "hom (o)", p. 341.

702. Antônio Geraldo da Cunha, *Dicionário etimológico da língua portuguesa*: verbete "log (o)", p. 393.

703. Em vez de "homologação", também poderíamos dizer "confirmação", nos termos de Caldas Aulete, *Dicionário contemporâneo da língua portuguêsa*: verbete "homologação, v. 3, p. 2083.

Vê-se, por essa linha, que a homologação de um autolançamento não representa, ela mesma, um lançamento, pois não põe, altera ou extingue qualquer norma jurídica.[704] Todavia, pode ser que a norma de autolançamento posta não tenha seguido forma e/ou conteúdo prescritos, sendo imperiosa, então, sua invalidação e, ato contínuo, a enunciação de uma nova norma jurídica, também concreta, ocorrente e individual, que traga, de forma correta, a descrição do fato verificado, o sujeito individualizado que deve levar o dinheiro ao Estado, bem como a precisa quantia devida. Além de quê, junto a essa nova norma jurídica, norma de lançamento tributário, também são postas outras normas jurídicas, como consequências do não cumprimento adequado da norma de competência que determina o autolançamento.[705] Ademais, possivelmente, todas essas novas normas advirão da intepretação de enunciados presentes em um único documento, o que pode causar dificuldades para as individualizar.[706]

704. Podemos encontrar essa linha de ideia em Alberto Xavier: "[...] a verdade é que uma *homologação expressa* não constitui em si mesmo um lançamento em sentido técnico, pois este consiste numa exigência de prestação tributária [...]". *Do lançamento no direito tributário brasileiro*, p. 87. Eurico de Santi, por sua vez, não chega a identificar a homologação ao lançamento fazendário, mas entende que aquela pressupõe este: "Sem formalizar o crédito 'de ofício' ou 'por declaração' a atividade homologatória é inócua. Quem homologa, homologa alguma coisa (o crédito instrumental) em relação a algo (o crédito lançado)". *Lançamento tributário*, p. 219.

705. Eurico de Santi relata-nos quatro situações possíveis: "Quatro atos administrativos distintos: quatro fato jurídicos: quatro motivações distintas: (i) fato jurídico tributário, (ii) fato jurídico do não pagamento, (iii) fato jurídico da mora e (iv) fato jurídico sancionador instrumental. Diversas as normas jurídicas que incidem sobre estes fatos tornando-os jurídicos: regra-matriz de incidência tributária, a primeira; regra-matriz de multa pelo não pagamento, a segunda; regra-matriz da mora, a terceira e regra-matriz sancionadora instrumental, a quarta". *Lançamento tributário*, p. 243.

706. "O lançamento aplica a norma tributária material, em cuja hipótese se integra um fato tributário e cujo mandamento se traduz na criação de uma obrigação tributária; ao invés, o ato de aplicação de uma pena fiscal concretiza a norma penal tributária, em cuja hipótese se integra um fato punível, constituído por uma infração à lei fiscal e cujo mandamento se traduz na sanção correspondente. [...]. É certo que lançamento — ato relativo a tributo — e auto de infração — ato relativo a (sic) penalidade — encontram-se por vezes formalmente confundidos no mesmo texto ou documento, que ora surge designando por um outro modo. Mas a simples corporização num só documento não pode conduzir o jurista a confundir realidades que, pela substância, se distinguem". Alberto Xavier, *Do lançamento no direito tributário brasileiro*, p. 58-59.

De tudo isso, podemos dizer que, neste trabalho, usamos os termos "homologação" e "não homologação" de forma bem restrita, aplicados à questão da validade da norma de autolançamento tributário. Não que, com isso, queiramos afirmar que a validade da norma de autolançamento decorra de sua homologação, pois, uma vez posta, ela já vincula a conduta, com os casos de suspensão de exigibilidade dependendo de cada direito positivo. O que nos importa aqui é retomar que a validade se confunde com a própria existência da norma jurídica (veja-se 2.10), não carecendo, assim, a norma de autolançamento tributário de qualquer homologação para ser válida. A homologação é processo posterior, uma declaração de que a norma de autolançamento foi posta segundo forma e conteúdo estabelecidos, sendo ela desacompanhada de comando direto, ao menos daquele que tenha por sentido um dar dinheiro.

Pode ser, ainda, o caso de ser dada uma interpretação restritiva ao termo "homologação", não associando o termo à norma de lançamento posta, mas apenas à confirmação de que a conduta prescrita por essa norma foi cumprida. Por essa linha, "[...] se trata de uma quitação no caso de homologação expressa".[707] Agora, a decorrência disso é que a homologação seria do pagamento,[708] cabendo o signo "não homologação" aos casos em que o pagamento não se concretizasse, ou seja, em que o dinheiro devido não fosse levado ao Estado. Todavia, não cremos ser possível prescindir de indagar-se da correção do autolançamento, enquanto norma posta, pois não bastará verificar se a quantia prescrita não foi levada ao Estado, pois também se fará necessário confirmar se a prescrição foi posta de acordo com a norma de competência. Em razão disso, reservamos os termos "homologação" e não "homologação",

---

707. Estevão Horvath, *Lançamento tributário e "autolançamento"*, p. 169.

708. Para aqueles que entendem que somente a autoridade administrativa pode lançar, não havendo lançamento propriamente dito no caso do "lançamento por homologação", então, por decorrência dessa premissa, a homologação somente poderia ser do pagamento. Como exemplo desse raciocínio, podemos citar: "Que lançamento? O que a Fazenda homologa é o pagamento". Sacha Calmon Navarro Coêlho, *Liminares e depósito antes do lançamento por homologação*, p. 50.

respectivamente, para a "adequação" e a "não adequação" da norma de autolançamento à sua norma-fundamento.

Por fim, lembramos que se encontra associado ao termo "homologação" o adjetivo "tácito". Ocorre que, nesse caso, da homologação tácita, não se faz presente qualquer linguagem estabelecendo a conformidade da norma de autolançamento tributário à norma de competência na qual se funda. Tudo se explica, então, por meio de ficção, na linha do "como se".[709] Assim, se não houver a homologação dentro de um determinado período, mesmo assim, considera-se como se tivesse ela ocorrido. No entanto, não precisamos ir tão longe para elucidar a homologação tácita, bastando lembrar que o que está em jogo é a possibilidade de excluir do ordenamento jurídico uma norma e substituí-la por outra. Desse modo, a homologação tácita não seria outra coisa do que não uma norma que proíbe, após certo prazo, a modificação da norma de autolançamento tributário posta, sem a necessidade de apelar-se para qualquer ficção, sem a imperiosidade de dar-se por ocorrido algo que não se verificou, se a imposição de mitificar. É caso de caducidade, simplesmente (veja-se 5.2.4.2.1).[710]

Por fim, devemos ter o cuidado de não entender o passar do tempo, por si só, como causa jurídica, pois há a necessidade de que esse transcurso de tempo esteja vertido em linguagem. Afinal, "[...] se não existisse, no sistema jurídico, norma proibitiva da omissão, ou norma que fizesse obrigatória a ação, a omissão não passaria a essa categoria de fato jurídico

709. "O pensamento faz desvios: frase que contém o verdadeiro segredo de todas as ficções: e [...] ficções são apenas pontos de passagem do pensamento e não da realidade". Hans VAIHINGER, *Philosophie des als ob*, s. 175 (I.B.25). Tradução nossa de: "Das Denken macht Umwege: dieser Satz enthält das eigentliche Geheimnis aller Fiktionen; und [...] Fiktionen eben nur Durchganspunkte des Denkens, keineswegs des Seins, sind".

710. Nesse sentido: "A decadência [...] não é do lançamento por homologação, mas do eventual lançamento de ofício que cabe à autoridade realizar quando constate omissão ou inexatidão do sujeito passivo". Alberto XAVIER, *Do lançamento no direito tributário brasileiro*, p. 90.

causal".[711] Por essa linha, a homologação tácita significa que se até um determinado período a norma de autolançamento tributário não for invalidada, então não mais poderá ser. No entanto, se, mesmo assim, for assentada modificação, o que se tem, então, é que essa nova norma deve ser invalidada, reconhecendo-se a higidez da norma de autolançamento, não porque, meramente, decorreu-se tempo, mas porque assim prescreve uma outra norma jurídica.

5.2.4.4.2 Alolançamento

O dinheiro deve ser levado ao Estado, ou a quem exerça função pública. Esse é um marco que adotamos na conceituação de tributo (veja-se 4.3.2.2), podendo, tal prescrição, decorrer ou da norma de tributação ou da norma de lançamento tributário. Agora, dever o dinheiro ser levado ao Estado, ou a quem esteja desempenhando uma atividade estatal, não implica que a norma jurídica que assim determina tenha de ser posta, exclusivamente, por esse mesmo Estado. Do sujeito competente para pôr a norma de tributação, já cuidamos acima (veja-se 5.1.2.3); bem como, igualmente, discorremos sobre os casos em que a norma de lançamento é posta pelo próprio sujeito que a deverá cumprir (veja-se 5.2.4.4.1). Agora, vamos averiguar aos casos em que há norma de lançamento, mas o sujeito da obrigação tributária é diverso do sujeito obrigado a lançar.

Porém, antes de prosseguirmos, devemos reforçar que é apenas no plano dinâmico que se torna possível a classificação, enquanto gênero, das normas de lançamento tributário por nós adotada: havendo coincidência entre os sujeitos da norma de competência e da norma de conduta, então é caso de "autolançamento"; por sua vez, havendo dissonância entre os sujeitos, sendo quem deve lançar diverso de quem deve carrear o dinheiro, estaremos diante de uma norma de "alolançamento".[712]

---

711. Lourival Vilanova, *Causalidade e relação no direito*, p. 66 (I.21).

712. "*al (o)- elem. comp.*, do gr. *allo-* 'outro, diferente' [...]". Antônio Geraldo da Cunha, *Dicionário etimológico da língua portuguesa*: radical "al (o)", p. 28.

No caso da norma de alolançamento, ao contrário da norma de autolançamento, a obrigação de lançar recai sobre alguém que não estará obrigado a dar pecúnia. O foco, portanto, deve ser na discrepância de sujeitos. E, uma vez realizado esse primeiro contorno, podemos progredir na particularização, na analiticidade, o que faremos separando, de um lado, o Estado, de outro, um sujeito qualquer que não seja o Estado. Temos, assim, uma classificação das normas de alolançamento em duas: alolançamento estatal, quando a norma de lançamento é posta pelo Estado, e alolançamento de terceiro, quando a enunciação é feita por particulares, que não sejam o próprio sujeito da obrigação tributária, pois seria, então, caso de autolançamento.[713]

Que um terceiro — nem o Estado nem o particular da obrigação de dar — possa enunciar a norma de lançamento tributário pode parecer estranho. E, de fato, não é uma ideia simpática. Agora, disso não decorre que não possa o direito positivo estabelecer assim. E se lembrarmos que outros, que não o Estado, podem receber tributos, então a excentricidade pode diminuir. De todo modo, é uma alternativa possível, que uma teoria do tributo não pode descartar de pronto.

Por sua vez, o caso do "Estado", por ser o termo extremamente lato e abrangente, comporta que se realize, sobre ele, uma partitura. Assim, do gênero, apresentamos duas classes de entes estatais: por um turno, a administração, em sentido restrito (veja-se 4.3.2.1); por outro giro, conjunto complemento, os demais órgãos do Estado que não sejam a administração. Vejamos essa ideia com mais vagar.

---

713. A partir da concepção de que há outros obrigados a dar dinheiro ao Estado que não o sujeito passivo, constrói Henrique Mello a figura do *alterlançamento*: "[...] um dever instrumental tributário atribuído a terceiros [...] para que interpretem a legislação tributária e apurem tributos *devidos por outrem*, tendo por efeito a constituição do crédito tributário alheio". *Os terceiros na sujeição passiva tributária e o alterlançamento*, p. 230. Figura que não se confunde com o nosso *alolançamento de terceiro*, pois neste aquele que constitui o crédito tributário não tem a obrigação de recolhê-lo; já naquele, o terceiro constitui o crédito e também fica obrigado a dar dinheiro, pois "[...] a terceiros também pode ser atribuído o dever de antecipar o pagamento". *Idem*, p. 232. Todavia, nos termos deste trabalho, não podemos conceber um terceiro obrigado a dar dinheiro que não seja sujeito passivo (veja-se 4.3.2.2).

Entre os entes estatais que não a administração, caberia um grande estudo, pois vão desde os outros "poderes", quando se toma a administração como o executivo, até órgãos paraestatais, como autarquias e fundações. Contudo, neste trabalho, damo-nos por satisfeitos em indicar a possiblidade da divisão, deixando o desenvolvimento, caso a separação seja de valor, a outros. De todo modo, lembramos que não seria ilógico discorrer que ao poder judiciário pode ser atribuída a competência para instituir tributo, ou seja, pôr norma concreta, individual e ocorrente, mesmo que não se queira chamar essa norma de norma de lançamento tributário.[714]

Já quanto à administração ser o sujeito competente para lançar, não há a necessidade de um grande arrazoado para expor o caráter ortodoxo de tal formulação, via pela qual caberia àquele que tem o direito de receber o dinheiro a obrigação de realizar a constituição em linguagem da norma concreta, individual e ocorrente. Na verdade, não é incomum que se tome essa particular espécie de norma de lançamento pelo gênero norma de lançamento.[715] E as causas disso podemos reduzir a duas: porque assim dispõe o direito positivo;[716] porque, em li-

714. "Podemos citar algumas formas de constituição do crédito tributário: [...] c) autos judiciais na Justiça Comum Estadual, na apuração do imposto causa mortis; d) autos judiciais em geral, quanto à (sic) custas judiciais; e) autos judiciais na Justiça Comum Estadual e Federal, na apuração da contribuição social e imposta (sic) de renda retido na fonte em lides previdenciárias; f) autos judiciais na Justiça do Trabalho, na apuração da contribuição social e imposto de renda retido na fonte". Gilberto Santi, *Lançamento tributário em autos judiciais*, p. 46.

715. Nesse sentido: "O lançamento é [...] um ato de aplicação da norma tributária material ao caso concreto. Mas ele ainda se individualiza por ser [...] um ato organicamente administrativo, no sentido de que é praticado por órgãos integrados na Administração ativo, no exercício de uma função administrativa. Distingue-se por isso dos atos que igualmente envolvem uma aplicação da norma tributária material ao caso concreto, mas que são da competência dos tribunais". Alberto Xavier, *Do lançamento no direito tributário brasileiro*, p. 63. "Só o crédito tributário lançado [...] corresponde ao prescritor do ato-norma administrativo de lançamento tributário, norma individual e concreta produzida por autoridade administrativa competente e segundo forma prevista em lei". Eurico de Santi, *Lançamento tributário*, p. 186.

716. Bem entendendo que a conceituação de lançamento como atividade administrativa é uma construção do direito positivo, temos José Souto Maior Borges: "A definição de lançamento formulada pelo art. 142 do CTN pode ser identificada

nhas gerais, a ordem tributária seria mais bem construída se aquele que tem o dever de receber for também aquele que deve lançar. Sem embargo, por qualquer dos dois ângulos, nossa resposta é a mesma: nem o direito positivo nem a conveniência ditam as possibilidades teóricas de uma teoria do tributo. Que, para um particular ordenamento, só haja uma ou algumas das possibilidades ou que, dentro de um padrão de julgamento, uma via seja melhor do que a outra, não são questões que se apresentam no plano em que nos ocupamos neste trabalho.

Registra-se, por fim, tal qual no autolançamento, quanto à norma de alolançamento estatal administrativo, há uma identidade a ser considerada, só que lá a igualdade é entre quem põe a norma de lançamento tributário e quem tem a obrigação, já cá, os iguais são quem tem a obrigação de lançar e quem tem o direito de receber o valor a ser pago.

5.2.5 Conceito dinâmico de tributo: norma de lançamento

Em um trabalho que tem por enfoque o aspecto normativo do tributo, a figura do lançamento tributário não poderia ser pensada de outra forma que não a de norma jurídica. Nesse ponto, então se forma a tríade que funda nossa teoria. A partir da norma de tributação (veja-se 4), identificada por meio do cotejo com uma proposição pactuada, foi possível identificar tanto sua norma de validade, a norma de competência tributária (veja-se 5.1), como a norma a que ela dá validade, a norma de lançamento (veja-se 5.2).

Considerando que a norma de lançamento é uma norma fundada na norma de tributação — abstrata, geral e eventiva (veja-se 4.4), — podemos compreendê-la na cadeia de positivação, como uma norma concreta, ocorrente e individual (veja-se 5.2.1). Com isso, lembrando a forma bimembre da norma primária, apresenta, em seu membro anterior, a descrição de

como um conceito jurídico-positivo, no sentido de que corresponde apenas a uma construção dessa categoria normativa pelo Direito Positivo brasileiro". *Lançamento tributário*, p. 94.

um fato de caráter econômico, já concretizado no tempo e no espaço, expresso por meio da fórmula sujeito, verbo e complemento; agora, na consequência, fazem-se presentes uma específica obrigação de dar, como quantia precificada, questão ocorrente, com as individualizações de quem deve dar e de quem deve receber, além do quando e onde. Plano estático da norma de lançamento tributário.

Não vemos, no entanto, que todo tributo deva ser expresso por meio de uma trilogia, pois reconhecemos que a ordem jurídica possa ser construída sem a norma de lançamento tributário (veja-se 5.2.2). Assim, a depender da volição de quem põe a norma de tributação, pode confeccioná-la de duas formas: como norma de competência, sendo seu mandamento, então, assentar a norma de lançamento (veja-se 5.2.4.1); ou como norma de conduta, da qual decorre a obrigação de dar dinheiro diretamente, sem a imperiosidade de qualquer outra norma mais específica. Para esses casos, não se devem confundir as informações que são prestadas à fiscalização com as normas de lançamento tributário, uma vez que, entre outras coisas, aquelas são elaboradas depois da conduta devida, e estas, pelo fato de a prescrição ser sempre no futuro, devem ser-lhe anteriores (veja-se 5.2.3).

Sendo caso de o ordenamento jurídico exigir a norma de lançamento para que a conduta de dar dinheiro se faça presente, devemos investigar a questão por meio da ótica dinâmica. Nesse ponto, o eixo volta-se para uma comparação entre o sujeito que é obrigado a lançar e o sujeito que é obrigado a dar dinheiro. Feito isso, se o resultado do cotejo for uma igualdade, então podemos falar de "norma de autolançamento" e, assim, bem isolamos uma espécie de norma de lançamento: situação em que quem deve levar pecúnia é o mesmo que deve pôr a norma da qual decorre essa obrigação (veja-se 5.2.4.4.1).

Uma vez sendo caso de norma de autolançamento, é preciso investigar o tema da homologação e da não homologação. Para a homologação, presente o reconhecimento de que a norma de lançamento foi posta segundo a norma de competência, podendo-se abarcar, ainda, com o termo as situações em que a conduta devida em razão da norma de lançamento foi realizada. Já para a hipótese da "não homologação", a simples afirmação de que a norma de lançamento não foi posta em conformidade não é o suficiente, impondo-se a substituição dessa norma desconforme por outra, além de, junto a isso, fazê-la acompanhada das devidas normas eventuais, que advêm desse agir em desacordo (veja-se 5.2.4.4.1.1).

Há, ademais, outra espécie de norma de lançamento, que se configura quando aquele que é obrigado a dar dinheiro é diverso de quem tem a obrigação de lançar. Para esses casos, de divergência entre os sujeitos, é que reservamos o termo "alolançamento". Assim, temos, por um lado, a norma jurídica que obriga alguém a lançar, e, por outro, a norma de lançamento que obriga outro, que não o sujeito lançador, a dar dinheiro. Para essa situação, podemos realizar um maior desenvolvimento, apontando que o obrigado a lançar pode ser cindido em dois grupos: num lado, o Estado; no outro, um particular, sem ser o próprio obrigado a dar dinheiro. Quanto a ser um particular, é questão de conveniência, nada tendo a opor uma teoria do tributo; quanto a ser o Estado, é possível prosseguirmos com partitura da classe, apontando, *v.g.*, a Administração ou o Judiciário (veja-se 5.2.4.4.2).

Podemos, dito isso, arrematar nosso trabalho, expondo que a opção adotada foi ter o lançamento tributário como norma jurídica, e a norma de lançamento como gênero, cujas espécies foram encontradas por meio de cotejo entre quem tem de levar o dinheiro e quem tem de pôr a norma concreta, individual e ocorrente. Assim, encontramos duas espécies de norma de lançamento: autolançamento e alolançamento. Por sua vez, dentre as normas de alolançamento, promovemos uma nova classificação: ente estatal ou terceiro, que não é o Estado. Por seu turno, somente dentro da classificação norma de alolançamento estatal é que nos deparamos com os casos em que administração é aquela obrigada a lançar. Uma, portanto, dentre as muitas opções.

Claro que, mesmo com todas essas opções à mesa, pode ser que o direito positivo eleja como competente para realizar o lançamento tributário apenas a administração, questão que, de todo modo, não pode ser conhecida *a priori* pelo teórico. E dizemos isso para expor que, no plano da teoria do tributo, há lugar para uma obrigação de lançar, no sentido de pôr norma de lançamento tributário, que seja própria da administração, ou seja, para se entender o lançamento tributário como um alolançamento estatal administrativo, sem, com isso, dizermos que somente à administração compete pôr a norma tributária concreta, ocorrente e individual. Mas isso, de modo algum, permite concluir, em um propósito de teoria do direito, que somente à administração pública caberia o posto de sujeito lançador. Até pode ser desse modo, de forma particular, mas, se assim for, isso ocorre por conta de um ato volitivo de quem põe a norma de competência, estabelecendo, na consequência dessa norma, apenas um e específico sujeito competente para lançar, e não em razão de uma imposição da teoria do direito, muito menos da lógica. A imprescindibilidade de lançamento e quem deve ser o sujeito competente para enunciá-lo são questões contingentes, a serem determinadas por cada ordem, não pertencendo a uma teoria normativa do tributo.

5.3 "NORMA INTRODUTORA" E "NORMA INTRODUZIDA"

A ação normativa pertence ao mundo do ser e produz como resultado um significante, do qual advém significado (veja-se 2.3). Ou, com o mesmo sentido, mas com outro vocabulário, o ato de enunciar, a enunciação, produz um enunciado, o qual exprime uma proposição.[717] No mais, bem analisada a questão, podemos ter duas espécies de enunciado: o primeiro tem por referência a própria enunciação, seus dêiticos;[718]

717. É de bom tom distinguir enunciado de proposição, mas não é incomum o emprego dos termos como sinônimos, pois a proposição seria "[o] mais simples sistema significativo composto de conceitos. *Sin.* enunciado". Mario Bunge, *Dicionário de filosofia*: verbete "proposição", p. 310.

718. "*Dêitico* é todo elemento linguístico que, num enunciado, faz referência: (1) à situação em que esse enunciado é produzido; (2) ao momento do enunciado [...]; (3) ao falante [...]". Jean Dubois *et al.*, *Dicionário de linguística*: verbete "dêitico", p. 167.

o segundo, fatos outros que não o enunciar do qual decorre. Agora, restringindo o tema ao campo jurídico, por um lado, temos as marcas da atividade normativa e, por outro, a prescrição de conduta devida, sendo, a partir dessa distinção, que a doutrina tributária passou a empregar as expressões "enunciação-enunciada" e "enunciado-enunciado", com o que, diga-se, estamos inteiramente de acordo.[719] Mas, em razão desse inaugural, também é feito um segundo movimento, o qual, todavia, não acompanhamos: que as normas poderiam ser classificadas como introdutora e introduzida.[720]

Uma palavra como "introduzir", e suas derivações, deve ser empregada com reservas, mesmo que no campo da dinâmica jurídica, pois transmite a ideia de que algo, o qual estaria fora em um primeiro momento, depois estaria dentro, já que significa "[...] fazer entrar, levar para dentro, fazer penetrar [...]".[721] Contudo, se pensarmos que as normas jurídicas são criadas, alteradas ou extintas, não há como pensar em uma norma introduzida, pois, com efeito, as normas jurídicas, a não ser que se imagine uma forma protótipa ou ideal, não estão em algum lugar à espera de que sejam levadas para dentro. Simplesmente, até serem criadas, não existiam; se alteradas, passam a existir de forma diferente; por fim, se extintas, deixam de existir (veja-se 2.9). Agora, nossa discordância não se limita, meramente, a uma logomaquia.

Uma vez que uma norma jurídica é criada, sua validade, no plano estático, é algo intrínseco, *per se*, ou seja, se é norma

---

719. "Os enunciados enunciados seriam o conteúdo da lei e a enunciação enunciada consistiria nas referências de tempo, lugar e pessoa que, inscritos no texto legal, propiciam a reconstrução do ato legislativo que deu ensejo á lei". Eurico de SANTI, *Decadência e prescrição no direito tributário*, p. 66.

720. Por todos, citamos Paulo de Barros CARVALHO: "[...] o sistema de normas, *introdutoras* e *introduzidas*, é o que conhecemos por direito positivo, ao passo que o conjunto de fatos aos quais a ordem jurídica atribui teor de juridicidade, se tomados na qualidade de *enunciação* e não de *enunciados*, estarão formando o território das *fontes do direito posto*". *Direito tributário, linguagem e método*, p. 437.

721. Caldas AULETE, *Dicionário contemporâneo da língua portuguesa*: verbete "introduzir", v. III, p. 2220.

jurídica, então é válida (veja-se 2.4); por sua vez, no plano dinâmico, a norma jurídica é válida em razão de outra norma jurídica, ou seja, a norma de competência é seu fundamento de validade e, assim, com duas normas jurídicas já é possível explicar, mesmo que minimamente, a gênese do direito, quando o modelo elemental seria formado por norma de competência e norma de conduta, com a validade da norma de conduta, dinamicamente, decorrendo da norma de competência (veja-se 2.11). E, em favor dessa exposição, milita o fato de ser ela extremamente simples, lembrando que não se deve adotar outra mais complexa se não houver ganhos explicativos, pois isso estaria em desacordo com o princípio da navalha de OCKHAM.[722] Dessarte, devemos analisar se uma teoria que classifique as normas jurídicas como introdutoras e introduzidas seria melhor explicação do que o modelo mais frugal.

O enunciado-enunciado, tomado como proposição que se obtém da interpretação do produto normativo, prescreve uma conduta devida, não havendo, quanto a isso, nada a se objetar. E para uma pergunta como por que seria tal prescrição válida, no contexto dinâmico, a resposta pode fazer referência à norma de competência, *tout court*. Entretanto, a doutrina tem redarguido de modo diferente, apontado para a existência uma norma introdutora, que não se confundiria com a norma de competência. Por essa linha, o enunciado-enunciado seria a norma introduzida, a qual, por sua vez, teria como fundamento a norma introdutora, lastreada na enunciação-enunciada.[723] No mais, quanto à norma introdutora, estar-se-ia diante de norma

722. "Pode-se dizer que o princípio da E. [Economia] foi formulado pela primeira vez por Ockham, no séc. XIV [...]. Mais tarde, com o nome de *navalha de Ockham*, esse princípio foi expresso com a fórmula "*Entia non sunt multiplicanda praeter necessitatem*", na forma que se encontra a partir da *Lógica vetus et nova* (1654) de Clauberg". Nicola ABBAGNANO, *Dicionário de filosofia*: verbete "economia", p. 298 (explicitamos entre colchetes).

723. "Da interpretação das orações que compõe a 'enunciação enunciada', podemos construir uma norma jurídica denominada 'norma introdutora' ou 'veículo introdutor' [...]. Enquanto objeto da conduta prescrita no consequente da norma concreta e geral, surgirão as normas introduzidas, que têm como base empírica os enunciados enunciados". Daniel PEIXOTO, *Competência administrativa na aplicação do direito tributário*, p. 100-102.

individual e concreta.[724] Assim, teríamos uma norma de competência, cujo exercício resultaria não só em duas partes, mas em duas normas: a primeira, a enunciação-enunciada, cuja interpretação dar-nos-ia a norma introdutora, a qual, por sua vez, "introduziria" na ordem jurídica a segunda parte, o enunciado-enunciado, cuja intepretação nos daria a norma introduzida.[725]

A formulação é engenhosa, não negamos, mas isso não é motivo para adotá-la, uma vez que, desnecessariamente, apresenta novos conceitos na teoria do direito, o de norma introdutora e norma introduzida, os quais, além da inexatidão do termo "introduzir", não produzem ganho argumentativo, pois, mesmo que se aceite que a norma introduzida tem fundamento na norma introdutora, ainda resta por respondem qual seria o fundamento da norma introdutora. Agora, essa resposta não pode ser outra do que a norma de competência, mas, se é assim, não seria o caso de indagar-se: por que, então, não fundamentar a norma introduzida diretamente na norma de competência, diminuindo a cadeia, esvaindo um certo ar de artificialidade e respeitando, no mais, o princípio da economicidade? Na falta de uma resposta adequada, ficar-se-á tentando a concluir que tudo não passa de uma duplicação desnecessária.

---

724. "[...] a norma sobre a produção jurídica descreve, em seu antecedente, um agente competente e o procedimento prescrito pelo ordenamento para a produção normativa e, em seu consequente, prescreve a *obrigação* de todos respeitarem as disposições inseridas, pelo próprio veículo introdutor, no sistema do direito positivo. Assim, a norma denominada veículo introdutor é da espécie concreta e geral". Tárek MOUSSALLEM, *Fontes do direito tributário*, p. 127.

725. A ideia de norma introdutora e norma introduzida tem ganhado tal força que vem sendo, inclusive, emprega n teoria das provas: "Produzido o enunciado protocolar correspondente à prova, este só ingressa no ordenamento por meio de uma norma jurídica geral e concreta, que em seu antecedente traz as marcas da enunciação (enunciação-enunciada), prescrevendo, no consequente, a introdução no mundo jurídico dos enunciados que veicula". Fabiana TOMÉ, *A prova no direito tributário*, p. 100.

6

UM, DOIS, TRÊS

> "O leão, o tigre e o chacal [...] saíram, em peregrinação amistosa [...]. Ao cair da tarde [...], chegaram [...] [em] uma pequena e verdejante planície. No meio dessa planície achavam-se [...] três pacíficos animais: uma ovelha, um porco e um coelho. [...] o leão [...] voltou-se para o tigre e rosnou, em tomo possivelmente amistoso: — Ó tigre admirável! [...]. Tu, que és vivo e esperto, deves saber, com talento, dividir três por três. [...]. Meu caro chacal [disse o leão]! Sempre fiz de tua inteligência o mais elevado conceito. Somos dois e os animais apetitosos são três. Pois bem: vais dividir os três por dois! — Na Matemática do mais forte, penso eu [o chacal], o quociente é sempre exato, e ao mais fraco, depois da divisão, nem o resto deve caber!".[726]
>
> MALBA TAHAN

Um, dois, três. Era uma vez alguém que sabia contar. Mas o que deveria contar, pensou? Como fazia parte da corte do direito, resolveu contar normas jurídicas. Contudo, antes de iniciar tal tarefa, necessitava saber o que seriam elas e, depois de consultar os sábios, aprendeu que normas jurídicas são construções humanas, resultantes da aplicação de outras normas jurídicas, todas elas representadas, minimamente,

726. *O homem que calculava*, p. 212-218 (esclarecemos entre colchetes).

por hipótese ligada, por imputação, à consequência. Sabia o que eram normas jurídicas; jubiloso, bateu palminhas! Mas quais deveria contar? Todas elas? Isso não! Afastou a ideia, pois não seria exequível. Resolveu, assim, que deveria pastoreá-las, apartá-las, reagrupá-las e, então, contá-las a partir de um dos conjuntos definido. Mas por qual critério? Como pertencia, na corte, à cúria do direito tributário, segregaria, de um lado, as normas tributárias; de outro, as demais. Era isso... Deveria contar as normas tributárias. Mas quais seriam elas? Conhecia o significado de norma jurídica, mas norma tributária lhe escapava. Podia, de novo, consultar os demiurgos, mas essa era uma direção que não granjeava sua simpatia. Podia, com ares de inteligente, acessar diretamente o sentido da expressão no mundo das ideias, mas nem acreditava em mundo das ideias nem queria ludibriar ninguém. Logo, deixou a revelação a outros. A saída, elucubrou, seria propor um pacto: que tal se norma tributária for uma norma jurídica que impute a descrição de um fato lícito — sujeito, verbo e complemento —, no tempo e espaço, de conteúdo econômico, à consequência de alguém, apresentado de modo geral, ser obrigado a dar dinheiro ao Estado ou equiparado, em valor determinável, com advérbios, ademais, de tempo e lugar? Os membros do conselho nada disseram, o que lhe bastou, pois, quem cala, consente. Satisfeito com sua própria proposta, resolveu intitulá-la: doravante, ela se chamaria "norma de tributação". E não se importou que outros já houvessem por aqueles mares navegado, pois, agora, tinha algo para chamar de seu. A felicidade tem dessas coisas, geralmente não se precisa de muito. Baixinho, disse "um"! Então lhe ocorreu que a norma de tributação estava desacompanhada. Alguma coisa estava errada: se o homem não foi feito para ser sozinho, a norma de tributação também não, conjecturou. Foi aí que atentou: se a norma de tributação era norma jurídica, haveria de existir uma outra norma, fundamento de sua criação. As coisas estavam fazendo sentido. Assim, pôde derivar que, se há norma de tributação, então há, igualmente, "norma de competência tributária": se dada a hipótese, então deve ser, em um dos modos de conduta, por alguém, o instituir, alterar ou excluir a norma de tributação, em um onde e em um quando. O conjunto que iria contar já não era mais unitário. "Um, dois", proferiu, ainda hesitante. Porém, não se sentia satisfeito de todo, havendo a sensação de que alguma coisa faltava. "O que será? O que será?". E, entre as interrogações, algo germinou: se a norma de tributação era norma fundada, por que não poderia ser ela, outrossim, norma fundante? Alegria, alegria, e soaram os tambores. *Fiat lux*! Havia, portanto, uma norma produto da aplicação da norma de tributação, a qual conteria a descrição de um fato já verificado, com a obrigação individualizada de alguém dar dinheiro, em quantia precisa, em lugar e prazo certos. Aqui estava a "norma de lançamento tributário". Agora, tinha diante de si uma trinca. Abriu e fechou os olhos, e lá continuavam elas, impávidas, as três normas. Contudo, faltava um nome para tudo isso; assim batizou de "Teoria Trilógica do Tributo". Achou o nome muito bonito, por mais que pudesse não haver nada de especial nele. "Um, dois, três", declamou! Estava ridente. E todos puderam viver felizes para sempre.

FINIS

REFERÊNCIAS

ABBAGNANO, Nicola. *Dicionário de filosofia*. Tradução de: Alfredo Bosi. 4.ed. São Paulo: Martins Fontes, 2000.

ABBOTT, Edwin A. *Planolândia*: um romance de muitas dimensões. Tradução de: Leila de Souza Mendes. São Paulo: Conrad. 2002.

ACADEMIA BRASILEIRA DE LETRAS — ABL. *Vocabulário Ortográfico da Língua Portuguesa (VOLP)*. 5.ed. São Paulo: Global, 2009.

AGOSTINHO, Santo. *Confissões*. Tradução de: Lorenzo Mammì. São Paulo: Penguin Classics Companhia das Letras, 2017.

ALCHOURRÓN, Carlos E.; BULYGIN, Eugenio. *Análisis lógico y derecho*. Madrid: Centro de Estudios Constitucionales, 1991.

______. *Introducción a la metodología de las ciencias jurídicas y sociales*. Buenos Aires: Astrea, 1998.

ALEXY, Robert. *Conceito e validade do direito*. Tradução de: Gercélia Batista de Oliveira Mendes. São Paulo: WMF Martins Fontes, 2009.

______. *Teoria da argumentação jurídica*: a teoria do discurso racional como teoria da fundamentação jurídica. Tradução de: Zilda Hutchinson Schild Silva. Rio de janeiro: Forense, 2017.

______. *Teoria dos direitos fundamentais*. Tradução de: Virgílio Afonso da Silva. 2.ed. São Paulo: Malheiros, 2011.

ALIGHIERI, Dante. *A divina comédia*. Tradução de: Fábio M. Alberti. São Paulo: Nova Cultural, 2003.

ALVIM, Tatiana Araújo. *Contribuições sociais*: desvio de finalidade e seus reflexos no direito financeiro e no direito tributário. Porto Alegre: Livraria do advogado, 2008.

AMARO, Luciano. *Direito tributário brasileiro*. 15.ed. São Paulo: Saraiva, 2009.

______. Lançamento, essa formalidade! *In*: TORRES, Heleno Taveira (coord.). *Teoria geral da obrigação tributária*: estudos em homenagem ao Professor José Souto Maior Borges. São Paulo: Malheiros, 2005, p. 374-390.

ARAUJO, Clarice von Oertzen. Prefácio à 5ª edição. *In*: CARVALHO, Paulo de Barros. *Teoria da norma tributária*. 5.ed. São Paulo: Quartier Latin, 2009, p. 9-13.

ARISTÓTELES. Ética a Nicômaco. Tradução de: António de Castro Caeiro. São Paulo: Atlas, 2009.

______. ÓRGANON: categorias, da interpretação, analíticos anteriores, analíticos posteriores, tópicos e refutações sofísticas. Tradução de: Edson Bini. Bauru-SP: EDIPRO, 2005.

ASCENSÃO, José de Oliveira. *A tipicidade dos direitos reais*. Lisboa: [s.n.], 1968.

ANSCOMBE, Gertrude Elizabeth Margaret. On brute facts. *Analysis*, Oxford University Press, vol. 18, n. 3, p. 69-72, jan. 1958.

ATALIBA, Geraldo. *Hipótese de incidência tributária*. São Paulo: Revista dos Tribunais, 1973.

______. ______.4.ed. ampl. e atual. em função da Constituição de 1988. 2.tir. São Paulo: Revista dos Tribunais, 1991.

______. *Hipótesis de incidencia tributaria*. Traducción de: Roque García Mullin. Montevideo: Fundación de Cultura Universitaria, 1977.

______. ______. ______. Lima: Chavin, 1987.

______.______. Traducción de: Jorge Bravo Cucci, Juan Carlos Panez Solórzano y Claudia Guzmán Loayza. Lima: ARA, 2011.

______. Imposto sobre serviços — diversões públicas — convites e ingressos gratuitos. *Revista de direito administrativo*. Rio de Janeiro: FGV, n.104, p.381-399, abr./jun., 1971.

______. *O decreto-lei na Constituição de 1967*. São Paulo: Revista dos Tribunais, 1967.

______. *Sistema constitucional tributário*. São Paulo: Revista dos Tribunais, 1968.

ATALIBA, Geraldo; LIMA GONÇALVES, J. A. Carga tributária e prazo de recolhimento de tributos. *Revista de direito tributário*, São Paulo: Revista do Tribunais, v. 45, p. 24-31, 1988.

AULETE, Caldas. *Dicionário contemporâneo da língua portuguêsa*. 5.ed ou 2.ed. brasileira. Rio de Janeiro: Delta, 1964. 5v.

AUSTIN, John Langshaw. *Cómo hacer cosas con palabras*. Traducción de: Genaro R. Carrió y Eduardo A. Rabossi. Barcelona, 2019.

AVEIRO, Júlio da Costa Rostirola. *A regra-matriz de incidência do imposto em razão da morte*. 143 f. Dissertação (Mestrado em Direito) — Setor de Ciências Jurídicas, Universidade Federal do Paraná, Curitiba, 2018.

______. ICMS e a exportação: alcance da imunidade, *In*: VALLE, Maurício Dalri Timm do; VALADÃO, Alexsander Roberto Alves; DALLAZEM, Dalton Luiz (coord.). *Ensaios em homenagem ao Professor José Roberto Vieira*: ao mestre e amigo com carinho .... São Paulo: Noeses, 2017, p. 759-784.

ÁVILA, Humberto. *Competência tributária*: um ensaio sobre a sua compatibilidade com as noções de tipo e conceito. São Paulo: Malheiros, 2018.

______. *Teoria dos princípios*: da definição à aplicação dos princípios jurídicos. 9.ed. São Paulo: Malheiros, 2009.

AYER, A. J. *Wittgenstein*. Chicago: The University of Chicag Press, 1986.

AYMARD, André. *Roma e seu Império*: as civilizações da unidade romana. Tradução de: Pedro Moacir Campos. Rio de Janeiro: Bertrand Brasil, 1994. (CROUZET, Maurice (dir.). *História geral das civilizações*, v. 4).

BACON, Francis. *Novo órganon* [Instauratio Magna]. Tradução de: Daniel M. Miranda. São Paulo: EDIPRO, 2014.

BALEEIRO, Aliomar. Estados, discriminação de rendas e reforma constitucional. *Revista de Direito Administrativo*. Rio de Janeiro, v. 30, p. 11-27, out./dez. 1952.

______. *Limitações constitucionais ao poder de tributar*. Atualização de: Misabel Abreu Machado Derzi. 7.ed. Rio de Janeiro: Forense, 2006.

______. *Uma introdução à ciência das finanças*. Atualização de: Hugo de Brito Machado Segundo. 18.ed. Rio de Janeiro: Forense, 2012.

BARNES, Jonathan. *Filósofos pré-socráticos*. Tradução de: Julio Fischer. São Paulo: Martins Fontes, 2003.

BARRETO, Aires Fernandino. *Base de cálculo, alíquota e princípios constitucionais*. São Paulo: Revista dos Tribunais, 1986.

BARRETO, Paulo Ayres. *Contribuições*: regime jurídico, destinação e controle. São Paulo: Noeses, 2006.

BARTHES, Roland. *Elementos de semiologia*. Tradução de: Izidoro Blikstein. 16.ed. São Paulo: Cultrix, 2006.

BECHO, Renato Lopes. *Lições de direito tributário*: teoria geral constitucional. 2.ed. São Paulo: Saraiva, 2014.

BECKER, Alfredo Augusto. *Carnaval tributário*. 2.ed. São Paulo: LEJUS, 1999.

______. *Teoria geral do direito tributário*. 3.ed. São Paulo: Lejus, 2002.

BELING, Ernst von. *A ação punível e a pena*. Tradução de: Maria Carbajal. São Paulo: Rideel, 2007.

BELTRÃO, Irapuã. *Curso de direito tributário*. 4.ed. São Paulo: Atlas, 2013.

BENTHAM, Jeremy. *As recompensas em matéria penal*. Tradução de: Thais Miremis Sanfelippo da Silva Amadio. São Paulo: Rideel, 2007.

______. *Uma introdução aos princípios da moral e da legislação*. Tradução de: Luiz João Baraúna. 2.ed. São Paulo: Abril Cultural, 1979.

BÍBLIA, volume 1: novo testamento: os quatro evangelhos. Tradução de: Frederico Lourenço. São Paulo: Companhia das Letras, 2017.

BÍBLIA, volume 2: novo testamento: apóstolos, epístolas e apocalipse. Tradução de: Frederico Lourenço. São Paulo: Companhia das Letras, 2018.

BÍBLIA DE JERUSALÉM: nova edição, revista e ampliada. GORGULHO, Gilberto da Silva; STORNIOLO, Ivo; ANDRESON, Ana Flora. (coord.). Traduções de: Estêvão Bettencourt (Segunda Epístola de São Paulo aos Coríntios); Gilberto da Silva Gorgulho (Êxodo); Euclides Martins Balancin (Eclesiastes). *São Paulo: Paulus, 2003.*

BITENCOURT, Cezar Roberto; MONTEIRO, Luciana de Oliveira. *Crimes contra a ordem tributária*. São Paulo: Saraiva, 2013.

BOBBIO, Norberto. *Contribución a la teoría del derecho*. Traducción de: Alfonso Ruiz Miguel. 2.ed. Madrid: Debate, 1990.

______. *Da estrutura à função*: novos estudos de teoria do direito. Tradução de: Daniela Beccaccia Versiani. Barueri, SP: Manole, 2007.

______. *O positivismo jurídico*: lições de filosofia do direito. Tradução de: Márcio Pugliesi, Edson Bini e Carlos E. Rodrigues. São Paulo: Ícone, 2006.

______. *Teoria da norma jurídica*. Tradução de: Fernando Pavan Baptista e Ariani Bueno Sudatti. 2.ed. Bauru, SP: EDIPRO, 2003.

______. *Teoria do ordenamento jurídico*. Tradução de: Maria Celeste C. J. Santos. 10.ed. Brasília: Universidade de Brasília, 1999.

BORGES, José Souto Maior. *A fixação em lei complementar das alíquotas das alíquotas máximas do imposto sobre serviços*. São Paulo: Resenha Tributária, 1975.

______. *Ciência feliz*. São Paulo: Max Limonad, 2000.

______. *Curso de direito comunitário*: instituições de direito comunitário comparado: União Europeia e Mercosul. São Paulo: Saraiva, 2005.

______. Em socorro da obrigação tributária: nova abordagem epistemológica, *In*: SANTI, Eurico Marcos Diniz de (coord.). *Curso de direito tributário e finanças públicas*: do fato à norma, da realidade ao conceito jurídico. São Paulo: Saraiva, 2008, p. 398-418.

______. *Lançamento tributário*. 2.ed. São Paulo: Malheiros, 1999.

______. *Obrigação tributária (uma introdução metodológica)*. 2.ed. São Paulo: Malheiros, 1999.

______. Prefácio. *In*: ATALIBA, Geraldo. *Hipótese de incidência tributária*. 2.ed. São Paulo: Revista dos Tribunais, 1975.

______. *Teoria geral da isenção tributária*. 3.ed. São Paulo: Malheiros, 2007.

BRAATZ, Birgit; SCHUMACHER, Cristina. *Alemão urgente! para brasileiros*: soluções simples e rápidas para apreender de vez. 3.ed. Rio de Janeiro: Campus, 2001.

BRANCO, António Horta. SANTOS, Pedro. *Pressuposição*. *In*: BRANQUINHO, João; MURCHO, Desidério; GOMES, Nelson Gonçalves (ed.). *Enciclopédia de termos lógico-filosóficos*. São Paulo: Martins Fontes, 2006, p. 614-617.

BRANQUINHO, João; MURCHO, Desidério; GOMES, Nelson Gonçalves (ed.). *Enciclopédia de termos lógico-filosóficos*. São Paulo: Martins Fontes, 2006.

BUCHANAN, Patrick. *Churchill, Hitler e a "guerra desnecessária"*. Tradução de: Vania Cury. Rio de Janeiro: Nova Fronteira, 2009.

BULFINCH, Thomas. *O livro de ouro da mitologia*: história de deuses e heróis. Tradução de: David Jardim Júnior. 25.ed. Rio de Janeiro: Ediouro, 2001.

BULYGIN, Eugenio. Raz e a teoria do direito. Comentários sobre "Pode haver uma teoria do direito?" de Joseph Raz. *In*: RAZ, Joseph; ALEXY, Robert; Bulygin, Eugenio. *Uma discussão sobre a teoria do direito*. Tradução de: Sheila Stolz. São Paulo: Marcial Pons, 2013, p. 111-119.

BUNGE, Mario. *Dicionário de filosofia*. Tradução de: Gita K. Guinsburg. São Paulo: Perspectiva, 2012.

BUYSSENS, Eric. *Semiologia e comunicação linguística*. Tradução de: Izidoro Blikstein. São Paulo: Cultrix, EdUSP, 1972.

BUZON, Frédéric de; KAMBOUCHNER, Denis. *Vocabulário de Descartes*. Tradução de: Claudia Berliner. São Paulo: WMF Martins Fontes, 2010.

CAMARA JR., Joaquim Mattoso. *Dicionário de linguística e gramática*: referente à língua portuguesa. 28.ed. Petrópolis, RJ: Vozes, 2011.

CARDOSO, Ciro Flamarion. Tempo e espaço no antigo Egito: sua fundamentação mítica sob o Reino Novo. *In*: CARDOSO, Ciro; OLIVEIRA, Haydée (org.). *Tempo e espaço no antigo Egito*. Niterói-RJ: PPGHistória – UFF, 2011, p. 59-92.

CARNAP, Rudolf. *Coletânea de textos*. Tradução de: Pablo Rubén Mariconda. São Paulo: Abril Cultura, 1980.

CARRAZZA, Roque Antonio. A competência tributária dos estados-membros, diante da nova Constituição Federal. *Revista de direito tributário*, São Paulo: Revista dos Tribunais. v. 12, n. 45, p. 45–80, jul./set., 1988.

______. *Conflitos de competência*: um caso concreto. São Paulo: Revista dos Tribunais, 1983.

______. *Curso de direito constitucional tributário*. 18.ed. São Paulo: Malheiros, 2002.

______. *O sujeito ativo da obrigação tributária*. São Paulo: Resenha Tributária, 1977.

______. *Princípios constitucionais tributários e competência tributária*. São Paulo: Revista dos Tribunais, 1986.

CARROL, Lewis. *Aventuras de Alice*. Tradução de: Sebastião Uchoa Leite. 3.ed. São Paulo: Summus, 1980.

CARVALHO, Paulo de Barros. A regra-matriz de incidência do imposto sobre importação de produtos estrangeiros. *In*: SANTI, Eurico Marcos Diniz de (coord.). *Curso de direito tributário e finanças públicas*: do fato à norma, da realidade ao conceito jurídico. São Paulo: Saraiva, 2008.

______. *A regra matriz do ICM*. 1981. 427f. Tese (Livre docência em direito tributário) — PUC/SP. São Paulo.

______. *Curso de direito tributário*. 1.ed. São Paulo: Saraiva, 1985.

______. ______. 18.ed. São Paulo: Saraiva, 2007.

______. *Direito tributário:* fundamentos jurídicos da incidência. 2.ed. São Paulo: Saraiva, 1999.

______. *Direito tributário, linguagem e método*. 4.ed. São Paulo: Noeses, 2011.

______. *Derivação e positivação no direito tributário*. v.1. São Paulo: Noeses, 2011.

______. Hipótese de incidência e base de cálculo do ICM. *In*: MARTINS, Ives Gandra da Silva (coord.). *O fato gerador do ICM*. São Paulo: Resenha Tributária, 1978. (Caderno de pesquisas tributárias, n.3).

______. Introdução ao estudo do impôsto sôbre produtos industrializados. *Revista de direito público*, São Paulo: Revista dos Tribunais, n. 11, p. 75-87, 1970.

______. IPI – Comentários sobre as regras gerais de interpretação da tabela NBM/SH (TIPI/TAB), *Revista dialética de direito tributário*, São Paulo: Dialética, n. 12, p. 42-60, set.1996.

______. O direito positivo como sistema homogêneo de enunciados deônticos. *Revista de direito tributário*, São Paulo: Revista dos Tribunais, n. 45, p. 32-36, jul./set. 1988.

______. Prefácio. *In*: MOREIRA, André Mendes. *A não-cumulatividade dos tributos*. 4.ed. São Paulo: Malheiros, 2020, p. XIII-XVIII.

______ *Teoria da norma tributária*. 5.ed. São Paulo: Quartier Latin, 2009.

CARVALHO, Ricardo Siqueira de. *Substituição tributária*: estrutura e função. São Paulo: Almedina, 2021.

CASTELLANI, Fernando Ferreira. *Contribuições especiais e sua destinação*. São Paulo: Noeses, 2009.

CHIASSONI, Pierluigi, *O enfoque analítico na filosofia do direito*: de Bentham a Kelsen. Tradução de: Heleno Taveira Torres e Henrique Mello. São Paulo: Contracorrente, 2017.

CHIESA, Clélio. *A competência tributária do estado brasileiro*: desonerações nacionais e imunidades condicionadas. São Paulo: Max Limonad, 2002.

CHOMSKY, Noam. *Estruturas sintáticas*. Tradução de: Gabriel de Ávila Othero e Sérgio de Moura Menuzzi. Petrópolis, RJ: Vozes, 2015.

CLÈVE, Clèmerson Merlin. *Medidas provisórias*. 3.ed. São Paulo: Revista dos Tribunais, 2010.

COELHO, Fábio Ulhoa. *Roteiro de lógica jurídica*. 4.ed. São Paulo: Saraiva, 2001.

COÊLHO, Sacha Calmon Navarro. *Curso de direito tributário brasileiro*. 9.ed. Rio de Janeiro: Forense, 2007.

______. *Liminares e depósitos antes do lançamento por homologação*: decadência e prescrição. São Paulo: Dialética, 2000.

______. *Teoria geral do tributo, da interpretação e da exoneração tributária* (o significado do art. 116, parágrafo único, do CTN). 3·ed. São Paulo: Dialética, 2003.

COPI, Irving Marmer. *Introdução à lógica*. Tradução de: Álvaro Cabral. 2.ed. São Paulo: Mestre Jou, 1978.

CORNEJO, Humberto Medrano. Prescripción, intangibilidad de la determinación impositiva y fiscalización. *In*: TORRES, Heleno Taveira (coord.). *Teoria geral da obrigação tributária*: estudos em homenagem ao Professor José Souto Maior Borges. São Paulo: Malheiros, 2005, p. 391-401.

COSSIO, Carlos. *Teoría de la verdad jurídica*. Buenos Aires: El foro, 2007.

COSTA, Regina Helena. *Curso de direito tributário*: Constituição e Código Tributário Nacional. São Paulo: Saraiva, 2009.

______. *Imunidades tributárias*: teoria e análise de jurisprudência do STF. 2.ed. São Paulo: Malheiros, 2006.

______. *Princípio da capacidade contributiva*. 4.ed. São Paulo: Malheiros, 2012.

COSTA, Valterlei da. A facultatividade da competência tributária e a gestão fiscal responsável. *Revista de estudos tributários*, Porto Alegre: Síntese, n. 135, p. 63-80, set./out. 2020.

______. Afinal, quem deve ser o guardião da Constituição. *Revista brasileira de teoria constitucional*, v. 6, n. 1, p. 23-40, jan./jun. 2020.

______. As cláusulas pétreas e [a] norma de (in)competência ou uma história de Ulisses e as sereias. *Revista de direito brasileira*, Florianópolis/SC, v. 28, n. 11, p. 16-33, jan./abr. 2021.

______. Critério espacial da hipótese da norma tributária. *Revista de direito público da procuradoria–geral do município de Londrina* / Associação dos procuradores do município de Londrina – APROLON / Procuradoria–geral do município de Londrina, Londrina, v. 6, n. 1, p. 171-196, dez. 2017.

______. Imposto sobre transmissão *causa mortis*: alíquota seletiva em razão do grau de parentesco. *Revista de direito tributário contemporâneo*, São Paulo: Revista dos Tribunais, ano 4, v. 17, p. 163-190, mar./abr. 2019.

______. Limitação à compensação de prejuízos fiscais na apuração do IRPJ: esconsa, mas constitucional. *Revista ABRADT Fórum de direito tributário — RAFDT*, Belo Horizonte: Fórum, ano 02, n. 04, p. 267-287, jul./dez. 2018.

______. Natureza jurídica da isenção: não incidência *tout court*. *Revista tributária e de finanças públicas*, São Paulo, ano 26, v. 139, p. 221-244, IV trim. 2018.

______. O critério temporal da hipótese tributária do imposto de renda: uma releitura da tradicional classificação dos "fatos geradores" em instantâneos e periódicos a partir de uma filosofia do tempo absoluto. *Revista ABRADT Fórum de direito tributário — RAFDT*, Belo Horizonte: Fórum, ano 03, n. 06, p. 119-150, jul./dez. 2019.

______. REIDI – Noções gerais e natureza jurídica: um estudo sobre isenção e suspensão. *Revista direito tributário atual*, São Paulo: IBDT, ano 39, n. 47, p. 461-497, 1º quadrimestre 2021.

______. Rendimentos recebidos acumuladamente (RRA). *Revista de estudos tributários*, Porto Alegre: Síntese, n. 147, p. 59-70, set./out. 2022.

______. Territorialidade e extraterritorialidade da norma tributária. *In*: MOROSINI, Matheus Monteiro (coord.). HAUER, Carolina Chaves; TAROSSO, Fabriccio Petreli; PADILHA, Robson Ochiai (org.). *Direito tributário paranaense*: os 30 anos da Constituição federal e o sistema tributário nacional, v. III. Curitiba: Instituto Memória, 2020, p. 270-304.

COSTA, Valterlei da; COSTA, Vivian Carla da. Normas gerais em matéria tributária. *Revista de direito tributário contemporâneo*, São Paulo: Revista dos Tribunais – Thomson Reuters, ano 6, v. 29, p. 209-242, abr./jun. 2021.

COSTA, Valterlei da; LINHARES, Rosicléia Macedo. Conceito de renda: lucro ou acréscimo patrimonial? Argumentando com as consequências. *Revista ABRADT Fórum de direito tributário — RAFDT*, Belo Horizonte: Fórum, ano 02, n. 03, p. 221-237, jan./jun. 2018.

COSTA, Valterlei. da; VALLE, Maurício Dalri Timm do. A utilidade como critério de classificação do direito e no direito. *Revista Brasileira de Direito*, Passo Fundo, v. 14, n. 3, p. 186-213, set./dez. 2018.

COSTA, Valterlei da; ZICCARELLI, Matheus. A regra-matriz: uma formulação da teoria do direito. *Revista tributária e de finanças públicas*, São Paulo, ano 27, v. 141, p. 249-263, II trim. 2019.

CUNHA, Antônio Geraldo da. *Dicionário etimológico da língua portuguesa*. 4.ed. Rio de Janeiro: Lexikon, 2010.

CUNHA, Carlos Renato. Da regra-matriz de incidência à regra-matriz normativa. *Revista de direito tributário contemporâneo*, São Paulo: Revista dos Tribunais, ano 2, v. 4, p. 171-187, jan./fev. 2017.

______. ISS e o local da prestação do serviço: extraterritorialidade da lei municipal e elementos de conexão. *In*: VALLE, Maurício Dalri Timm; VALADÃO, Alexsander Roberto Alves; DALLAZEM, Dalton Luiz (coord.). *Ensaios em homenagem ao professor José Roberto Vieira*. São Paulo: Noeses, 2017, p. 237-270.

______. *O SIMPLES nacional, a norma tributária e o princípio federativo*: limites da praticabilidade tributária. Curitiba: Juruá, 2011.

______. *Praticabilidade tributária*: eficiência, segurança jurídica e igualdade. São Paulo: Almedina, 2021.

CUNHA, Sérgio Sérvulo da. Introdução à edição brasileira. *In*: KELSEN, Hans. *Jurisdição constitucional*. Tradução de: Alexandre Krug (alemão), Eduardo Brandão (italiano) e Maria Ermantina Galvão (francês). São Paulo: Martins Fontes, 2003, p. VII-XVIII.

DENARI, Zelmo. *Curso de direito tributário*. 6.ed. Rio de Janeiro: Forense, 2000.

DERZI, Misabel de Abreu Machado. *Direito tributário, direito penal e tipo*. 2.ed. São Paulo: Revista dos Tribunais, 2007.

______. Legalidade material, modo de pensar "tipificante" e praticidade no direito tributário, *In*: TORRES, Heleno Taveira (coord.). *Justiça tributária*: direitos do fisco e garantias dos contribuintes nos atos da administração e no processo tributário. São Paulo: Max Limonad, 1998, p. 627-650.

______. Nota. *In*: BALEEIRO, Aliomar. *Limitações constitucionais ao poder de tributar*. 7.ed. Rio de Janeiro: Forense, 2006.

______. Nota de atualização. *In*: BALEEIRO, Aliomar, *Direito tributário brasileiro*. 12.ed. Rio de Janeiro: Forense, 2013.

______. Tipo ou conceito no direito tributário? *Revista da Faculdade de Direito da UFMG*, Belo Horizonte, n. 31 (30/31), p. 213-260, 1987/1988.

DESCARTES, René. A geometria: primeiro livro [369.8-370.14]. Tradução de: José Portugal dos Santos. *Cadernos de história e filosofia da ciência (CHFC)*, Campinas-SP, série 3, v. 19, n. 2, p. 221-250, jul./dez. 2009.

______. *Discurso do método*. Tradução de: Maria Ermantina Galvão. São Paulo: Martins Fontes, 1996.

______. *Meditações Metafísicas*. Tradução de: Maria Ermantina de Almeida Prado Galvão. 3.ed. São Paulo: WMF Martins Fontes, 2001.

______. *Regras para a orientação do espírito*. Tradução de: Maria Ermantina de Almeida Prado Galvão. 3.ed. São Paulo: WMF Martins Fontes, 2012.

DÓRIA, Antônio Roberto Sampaio. *Da lei tributária no tempo*. São Paulo: [s.n.], 1968.

______. *Discriminação de rendas tributárias*. São Paulo: José Bushatsky, Editor, 1972.

DUBOIS, Jean; GIACOMO, Mathée; GUESPIN, Louis; MARCELLESI, Christiane; MARCELLESI, Jean-Baptiste; MEVEL, Jean-Pierre. *Dicionário de linguística*. 8.ed. Tradução de: Frederico Pessoa de Barros, Gesuína Domenica Ferretti, Dr. John Robert Schmitz, Dra. Leonor Scliar Cabral, Maria Elizabeth Leuba Salum e Valter Khedi. São Paulo: Cultrix, 2001.

DURKHEIM, Émile. *As regras do método sociológico*. Tradução de: Walter Solon. São Paulo: Edipro, 2012.

DWORKIN, Ronald. *Levando os direitos a sério*. Tradução de: Nelson Boeira. 3.ed. São Paulo: WMF Martins Fontes, 2010.

ECHAVE, Delia Teresa; URGUIJO, María Eugenia; GUIBOURG, Ricardo A. *Lógica, proposición y norma*. Buenos Aires: Astrea, 1999.

ECO, Umberto. *A estrutura ausente*. 7.ed. Tradução de: Pérola de Carvalho. São Paulo: Perspectiva, 1991.

______. *Kant e o ornitorrinco*. Tradução de: Ana Thereza B. Vieira. Rio de Janeiro: Records, 1998.

______. *Tratado geral de semiótica*. 4.ed. Tradução de: Antônio de Pádua Danesi e Gilson Cesar Cardoso de Souza. São Paulo: Perspectiva, 2002.

EHLERS, Edel Helga Kick; EHLERS, Gunter. *MICHAELIS TECH*: dicionário de economia e direito alemão-português, português-alemão = Wortebuch Für Wirtschaft und Recht Deutsch-Portugiesich, Portugiesisch-Deutsch. São Paulo: Companhia Melhoramentos, 1995.

EINSTEIN, Albert. *A teoria da relatividade especial e geral*. Tradução de: Carlos Roberto Nogueira de Freitas. Rio de Janeiro: Contraponto, 1999.

EISENBERG, Peter Louis. *Guerra civil americana*. São Paulo: Brasiliense, 1982.

ELSTER, Jon. *Ulisses liberto*: estudos sobre a racionalidade, pré-compromisso e restrições. Tradução de: Cláudia Sant'Ana Martins. São Paulo: UNESP, 2009.

ENGISCH, Karl. *Introdução ao pensamento jurídico*. Tradução de: J. Baptista Machado. 11.ed. Lisboa: Calouste Gulbenkian, 2014.

ESCHENBACH, Wolfram von. *Parsifal*. Tradução de: A. R. Schmidt Patier. 4.ed. São Paulo: Antroposófica, 2015.

EUCLIDES. *Os elementos*. Tradução de: Irineu Bicudo. São Paulo: UNESP, 2009.

FALCÃO, Amílcar de Araújo. *Fato gerador da obrigação tributária*. 2.ed. São Paulo: Revista dos Tribunais, 1971.

______. *Introdução ao direito tributário*. Atualização de: Flávio Bauer Novelli. 4.ed. Rio de Janeiro: Forense, 1993.

______. *Sistema tributário brasileiro*: discriminação de rendas. Rio de Janeiro: Financeiras, 1965.

FARIA, Luiz Alberto Gurgel de. Comentários aos arts. 113 a 138. *In*: FREITAS, Vladimir Passos de (coord.). *Código Tributário Nacional Comentado*: doutrina e jurisprudência, artigo por artigo, inclusive ICMS (LC 87/96) – ISS (DL 406/68) – IPVA. São Paulo: Revista dos Tribunais, 1999, p. 627-728.

FERGUSON, Niall. *A ascensão do dinheiro*: a história financeira do mundo. Tradução de: Cordelia Magalhães. 2.ed. São Paulo: Planeta, 2017.

FERRAGUT, Maria Rita. *Presunções no direito tributário*. 2.ed. São Paulo: Quartier Latin, 2005.

FERRAZ JR., Tercio Sampaio. *A ciência do direito*. 2.ed. São Paulo: Atlas, 2008.

______. *Teoria da norma jurídica*: ensaios de pragmática da comunicação normativa. 4.ed. Rio de Janeiro: Forense, 2009.

FERREIRA, Aurélio Buarque de Holanda. *Novo dicionário Aurélio da língua portuguesa*. 4.ed. Curitiba: Positivo, 2009.

FEYERABEND, Paul. *Contra o método*. 2.ed. Tradução de: Cezar Augusto Mortari. São Paulo: Unesp, 2011.

FOLLADOR, Guilherme Broto. *As normas de competência tributária*. São Paulo: Almedina, 2021.

FREGE, Gottlob. *Lógica e filosofia da linguagem*. Tradução de: Paulo Alcoforado. 2.ed. São Paulo: EDUSP, 2009.

GAMA, Tácio Lacerda. *Competência tributária*: fundamentos para uma teoria da nulidade. São Paulo: Noeses, 2009.

______. Federação, autonomia financeira e competência tributária: é possível uma federação sem repartição de competência tributária? *In*: CARVALHO, Paulo de Barros (presid.); SOUZA, Priscila de (coord.). *Sistema tributário brasileiro e as relações internacionais*. São Paulo: Noeses, 2013, p. 1143-1160. (X Congresso Nacional de Estudos Tributários).

GASTALDI, Petrelli J. *Iniciação ao curso de direito tributário*. São Paulo: Saraiva, 1965.

GIBSON, William. *Neuromancer*. Tradução de: Fábio Fernandes. 5.ed. São Paulo: Aleph, 2016.

GIORDANI, Mário Curtis. *História da Grécia*. 8.ed. Petrópolis/RJ: Vozes, [s.d.].

GLOCK, Hans-Johann. *Dicionário Wittgenstein*. Tradução de: Helena Martins. Rio de Janeiro: Jorge Zahar, 1998.

GONÇALVES, José Artur Lima. Princípios informadores do "critério pessoal da regra matriz de incidência tributária". *Revista de direito tributário*, São Paulo: Malheiros, n. 23-24, p. 253-265, jan./jun. 1983.

GORDILLO, Agustín. *Tratado de derecho administrativo*: parte general. Tomo 1. 7.ed. Belo Horizonte: Del Rey e Fundación de Derecho Administrativo, 2003.

GRECO, Marco Aurélio. Breves notas à definição de tributo adotada pelo Código Tributário Nacional do Brasil. *In*: SANTI, Eurico Marcos Diniz de (coord.). *Curso de direito tributário e finanças públicas:* do fato à norma, da realidade ao conceito jurídico. São Paulo: Saraiva, 2008, p. 419-434.

______. Constitucionalidade do parágrafo único do artigo 116 do CTN. *In*: ROCHA, Valdir de Oliveira (coord.). *O planejamento tributário e a lei complementar 104*. São Paulo: Dialética, 2001, p. 183-204.

______. *Dinâmica da tributação e procedimento*. São Paulo: Revista dos Tribunais, 1979.

______. *Norma jurídica tributária*. São Paulo: Saraiva, EDUC, 1974.

GRUPENMACHER, Betina Treiger. *Eficácia e aplicabilidade das limitações constitucionais ao poder de tributar*. São Paulo: Resenha Tributária, 1997.

______. *Tratados internacionais em matéria tributária e ordem interna*. São Paulo: Dialética, 1999.

GUASTINI, Riccardo. Os princípios constitucionais como fonte de perplexidade. In: TEIXEIRA, Anderson Vichinkeski; OLIVEIRA, Elton Somensi de (org.). *Correntes contemporâneas do pensamento jurídico*. Tradução de: Anderson V. Teixeira. Baueri, SP: Manole, 2010, p. 42-60.

______. *Interpretar y argumentar*. Traducción de: Silvina Álvares Medina. Madrid: Centro de Estudios Políticos y Constitucionales, 2014.

GUIMARÃES, Ylves José de Miranda Guimarães. *O tributo*: análise ontológica à luz do direito natural e do direito positivo. São Paulo: Max Limonad, 1983.

GUIRAUD, Pierre. *A semiologia*. 2.ed. Tradução de: Filipe C. M. Silva. Lisboa: Presença, 1978.

HARADA, Kiyoshi. *Direito financeiro e tributário*. 21.ed. São Paulo: Atlas, 2012.

______. *Sistema tributário na Constituição de 1988*: tributação progressiva. São Paulo: Saraiva, 1991.

HART, Herbert L. A. *O conceito de direito*. Tradução de: A. Ribeiro Mendes. 4.ed. Lisboa: Calouste Gulbenkian, 2005.

HAWKING, Stephen. *Uma breve história do tempo*. Tradução de: Cássio de Arantes Leite. Rio de Janeiro: Intrínseca, 2015.

HEGEL, Georg Wilhelm Friedrich. Preleções sobre a história da filosofia. *In*: SOUZA, José Cavalcante de (super.). *Os pré-socráticos*: fragmentos, doxografia e comentários. Tradução de: Ernildo Stein. São Paulo: Nova Cultura, 2000.

HEGENBERG, Leonidas. *Definições*: termos teóricos e significado. São Paulo: Cultrix, 1974.

______. *Dicionário de lógica*. São Paulo: EPU, 1995.

HINNELLS, John R. *Dicionário das religiões*. Tradução de: Octavio Mendes Cajado. São Paulo: Cultrix, 1989.

HJELMSLEV, Louis. *Prolegômenos a uma teoria da linguagem*. Tradução de: J. Teixeira Coelho Netto. São Paulo: Perspectiva, 2003.

HOBBES, Thomas. *Do cidadão*. Tradução de: Renato Janine Ribeiro. 2.ed. São Paulo: Martins Fontes, 1998.

______. *Do corpo*: Parte I: Cálculo ou lógica. Tradução de: Maria Isabel Limongi e Viviane de Moreira. Campinas/SP: Unicamp, 2009.

______. *Leviatã*. Tradução de: João Paulo Monteiro e Maria Beatriz Nizza da Silva. São Paulo: Martins Fontes, 2003.

______. *Os elementos da lei natural e política*. Tradução de: Bruno Simões. São Paulo: WMF Martins Fontes, 2010.

HORVATH, Estevão. Classificação dos tributos. *In*: BARRETO, Aires F.; BOTTALLO, Eduardo Domingos (coord.). *Curso de iniciação em direito tributário*. São Paulo: Dialética, 2004, p. 37-50.

______. *Lançamento tributário e "autolançamento"*. 2.ed. São Paulo: Quartier Latin, 2010.

HOUAISS, Antonio; VILLAR, Mauro de Salles. *Dicionário Houaiss da língua portuguesa*. Rio de Janeiro: Objetiva, 2001.

HUGON, Paul. *O imposto*: teoria moderna e principais sistemas. São Paulo: Renascença, 1945.

HUME, David. *Investigações sobre o entendimento humano e sobre os princípios da moral*. Tradução de: José Oscar de Almeida Marques. São Paulo: UNESP, 2004.

______. *Tratado da natureza humana*: uma tentativa de introduzir o método experimental de raciocínio nos assuntos morais. Tradução de: Débora Danowski. 2.ed. São Paulo: UNESP, 2009.

HUSSERL, Edmund. *Investigações lógicas*: sexta investigação (elementos de uma elucidação fenomenológica do conhecimento). Tradução de: Želijko Loparić e de Andréa Maria Altino de Campos Loparić. São Paulo: Nova Cultura, 1996.

______. *Logische Untersuchungen*: Zeiter Band: Untersuchungen zur Phänomenologie und Theorie der Erkenntnis: III Zur Lehre von den Ganzen und Teilen. 5.aufl. Max Niemeyer Verlag, 1968.

HUXLEY, Aldous. *Admirável mundo novo*. Tradução de: Lino Vallandro e Vidal Serrano. São Paulo: Mediafashion, 2016.

IHERING, Rudolf von. *El fin en el derecho*. Traducción de: Leonardo Rodríguez. Madrid: B. Rodriguez Serra Editor, [s.d.].

______. *Der Zweck im Recht*. Leipzig: Breitkopf & Härtke, 1877.

IVO, Gabriel. *Norma jurídica*: produção e controle. São Paulo: Noeses, 2006.

JARACH, Dino. *O fato imponível*: teoria geral do direito tributário substantivo. Tradução de: Dejalma de Campos. 2.ed. São Paulo: RT, 2004.

JARDIM, Eduardo Marcial Ferreira. *Dicionário jurídico tributário*. 6.ed. São Paulo: Dialética, 2008.

______. *Manual de direito financeiro e tributário*. 11.ed. São Paulo: Saraiva, 2010.

JÈZE, Gaston. O fato gerador do impôsto (contribuição à teoria do crédito de impôsto). *Revista de direito administrativo*. Tradução de: Paulo da Mata Machado. V.2, fasc.I, p. 50-63, 1945.

JUSTEN FILHO, Marçal. *Curso de direito administrativo*. 10.ed. São Paulo: Revista dos Tribunais, 2014.

______. *Sujeição passiva tributária*. Belém: CEJUP, 1986.

KANT, Immanuel. *Crítica da Razão Pura*. Tradução de: Manuela Pinto dos Santos e Alexandre Fradique Morujão. 5.ed. Lisboa: Calouste Gulbenkian, 2001.

______. *Fundamentação da metafísica dos costumes*. Tradução de: Paulo Quintela. Lisboa: Edições 70, [s.d.].

KARAM, Munir. A sentença como fato criador de normas: debates. *In*: KARAM, Munir; PRADO, Luis Regis (coord.). *Estudos de filosofia do direito*: uma visão integral da obra de Hans Kelsen. São Paulo: Revista dos Tribunais, 1984.

KELSEN, Hans. *Allgemeine theorie der normen*. Wien: Manzsche Verlags- und Universitätsbuchhandlung, 1979.

______. *Autobiografia*. 5.ed. Tradução de: Gabriel Nogueira Dias e José Ignácio Coelho Mendes Neto. Rio de Janeiro: Forense Universitária, 2018.

______. *Compendio de teoría general del estado*. Traducción de: Luis Recaséns Siches y Justino de Azcárate. México: Colofón, 2007.

______. *Jurisdição constitucional*. Tradução de: Alexandre Krug (alemão), Eduardo Brandão (italiano) e Maria Ermantina Galvão (francês). São Paulo: Martins Fontes, 2003.

______. *O Estado como integração*: um confronto de princípios. Tradução de: Plínio Fernandes Toledo. São Paulo: Martins Fontes, 2003.

______. *O que é justiça?*: Tradução de: Luís Carlos Borges. São Paulo: Martins Fontes, 2001.

______. *¿Qué es la teoría pura del derecho?* Traducción de: Ernesto Garzón Valdés. 9.ed. México, D.F.: Distribuciones Fontamara, 2002.

______. *Reine rechtslehre*: einleitung in die rechtswissenschaftliche. Studienausgabe der 1. Auflage 1934. Tübingen: Mohr Siebeck, 2008.

______. *Reine rechtslehre*. 2. vollst. Wien: Verl. Österreich, 2000.

______. *Sobre a teoria das ficções jurídicas*: com especial consideração da filosofia do "como se" de Vaihinger. Tradução de: Vinicius Matteucci de Andrade Lopes. Rio de Janeiro: Via Verita, 2012.

______. *Teoría general de las normas*. Traductor: Hugo Carlos Deloy Jacobs. México: Trillas, 1994.

______. *Teoria geral das normas*. Tradução de: José Florentino Duarte. Porto Alegre: Sérgio A. Fabris, Editor, 1986.

______. *Teoria geral do direito e do estado*. Tradução de: Luís Carlos Borges. 4.ed. São Paulo: Martins Fontes, 2005.

______. *Teoría pura del derecho*: introducción a los problemas de la ciencia jurídica. Tradução de: Gregorio Robles Morchón y Felix F. Sánchez. Madrid: Trotta, 2011 (primera edición alemana de 1934).

______. *Teoria pura do direito*. Tradução de: J. Cretella Jr. e Agnes Cretella. 9.ed. São Paulo: Revista dos Tribunais, 2013 (1.ed., 1934).

______. *Teoria pura do direito*. Tradução de: João Baptista Machado. 6.ed. São Paulo: Martins Fontes, 1998 (2.ed., 1960).

KELSEN, Hans; KLUG, Ulrich. *Normas jurídicas e análise lógica* [correspondência trocada entre os Srs. Hans Kelsen e Ulrich Klug]. Tradução de: Paulo Bonavides. Rio de Janeiro: Forense, 1984.

KIRCHHOF, Paul. *Tributação no estado constitucional*. Tradução de: Pedro Adamy. São Paulo: Quartier Latin, 2016.

KUHN, Thomas S. *A estrutura das revoluções científicas*. Tradução de: Beatriz Vianna Boeira e Nelson Boeira. 11.ed São Paulo: Perspectiva, 2011.

LACEY, Hugh M. *A linguagem do espaço e do tempo*. Tradução de: Marcos Barbosa de Oliveira. São Paulo: Perspectiva, 1972.

LACOMBE, Américo. *Obrigação tributária*. 2.ed. Florianópolis: Obras Jurídicas, 1996.

LAMEGO José. Nótula do tradutor: um filho de seu tempo. *In*: LARENZ, Karl. *Metodologia da ciência do direito*. Tradução de: José Lamego. 3.ed. Lisboa: Calouste Gulbenkian, 1997.

LARENZ, Karl. *Metodologia da ciência do direito*. Tradução de: José Lamego. 3.ed. Lisboa: Calouste Gulbenkian, 1997.

LEIBNIZ, Gottfried Wilhelm. *Novos ensaios sobre o entendimento humano*. v. 2. Tradução de: Luiz João Baraúna e Carlos Lopes de Mattos. São Paulo: Nova Cultural, 1988.

LÉVÊQUE, Pierre. *As primeiras civilizações*: os impérios do bronze, v. I. Tradução de: António José Pinto Ribeiro. Lisboa: Edições 70, [s/d].

LIMA, Paulo Jorge. *Dicionário de filosofia do direito*. São Paulo: Sugestões Literárias, 1968.

LISZT, Franz von. *A teoria finalista no direito penal*. Tradução de: Rolando Maria da Luz. Campinas, SP: LZN, 2003.

LOSANO, Mario G. Introdução. *In*: KELSEN, Hans. *O problema da justiça*. Tradução de: João Baptista Machado. 4.ed. São Paulo: Martins Fontes, 2003.

______. *Sistema e estrutura no direito*. Tradução de: Luca Lamberti. São Paulo: WMF Martins Fontes, 2010.

______. *Teoría pura del derecho*: evolución y puntos cruciales. Traducción de: Jorge Guerrero R. Santa Fe de Bogotá: Temis, 1992.

LOURENÇO, Frederico. Tradução do grego, apresentação e notas. *In*: *Bíblia*, volume 1: novo testamento: os quatro evangelhos. São Paulo: Companhia das Letras, 2017.

LUFT, Celso Pedro. *Dicionário prático de regência verbal*. 9.ed. São Paulo: Ática, 2010.

MACCORMICK, Neil. *Argumentação jurídica e teoria do direito*. Tradução de: Waldéa Barcellos. São Paulo: Martins Fontes, 2006.

MACHADO, Hugo de Brito. Arts. 3º a 5º. *In*: MARTINS, Ives Gandra da Silva (coord.). *Comentários ao Código Tributário Nacional*, v. 1. 3.ed. São Paulo: Saraiva, 2002, p. 23-41.

______. *Curso de direito tributário*. 21.ed. São Paulo: Malheiros, 2002.

______. Impossibilidade de tributo sem lançamento. *Revista dialética de direito tributário*, São Paulo: Dialética, n. 90, p. 56-61, 2003.

______. *Os princípios jurídicos da tributação na Constituição de 1988*. São Paulo: Revista dos Tribunais, 1989.

MACHADO, Raquel Cavalcanti Ramos. *Competência tributária*: entre a rigidez do sistema e a atualização interpretativa. São Paulo: Malheiros, 2014.

MACHADO SEGUNDO, Hugo de Brito. *Código tributário nacional*: anotações à Constituição, ao Código Tributário Nacional e às leis complementares 87/1996 e 116/2003. 3.ed. São Paulo: Atlas, 2013.

MAIA, Mary Elbe Gomes Queiroz. *Do lançamento tributário*: execução e controle. São Paulo: Dialética, 1999.

MARANHÃO, Juliano Souza de Albuquerque. *Estudos sobre lógica e direito*. São Paulo: Marcial Pons, 2013.

______. *Positivismo jurídico lógico-inclusivo*. São Paulo: Marcial Pons, 2012.

MARQUES, Márcio Severo. *Classificação constitucional dos tributos*. São Paulo: Max Limonad, 2000.

MARTINS, Ives Gandra. *Sistema tributário na Constituição de 1988*. 3.ed. São Paulo: Saraiva, 1991.

MARTINS, Sergio Pinto. *Manual de direito tributário*. 10.ed. São Paulo: Atlas, 2011.

MATOS, Andityas Soares de Moura Costa. Norma fundamental: ficção, hipótese ou postulado? *In*: KELSEN, Hans. *Sobre a teoria das ficções jurídicas*: com especial consideração da filosofia do "como se" de Vaihinger. Tradução de: Vinicius Matteucci de Andrade Lopes. Rio de Janeiro: Via Verita, 2012, p. 11-59.

MELLO, Henrique. *Os terceiros na sujeição passiva tributária e o alterlançamento*. São Paulo: Noeses, 2020.

MELLO, Marcos Bernardes de. *Teoria do fato jurídico*: plano da existência. 18.ed. São Paulo: Saraiva, 2012.

MELO, José Eduardo Soares de. *Curso de direito tributário*. 4.ed. São Paulo: Dialética, 2003.

MELO NETO, João Cabral de. *Morte e vida severina e outros poemas para vozes*. 4.ed. Rio de Janeiro: Nova Fronteira, 2000.

MENDONÇA, Cristiane. *Competência tributária*. São Paulo: Quartier Latin, 2004.

MERKL, Adolf Julius. *Escritos de teoria do direito*. Tradução de: Matheus Pelegrino da Silva. São Leopoldo, RS: UNISINOS, 2018.

MICHAELIS: moderno dicionário da língua portuguesa. São Paulo: Companhia Melhoramentos, 1998.

MILL, John Stuart. *Sistema de lógica dedutiva e indutiva e outros textos*. Tradução de: João Marcos Coelho e Pablo Rubén Mariconda. 2.ed. São Paulo: Abril Cultural, 1979.

______. *Utilitarismo*: texto integral. Tradução de: Ricardo Marcelino Palo Rodrigues. São Paulo: Hunter Books, 2014.

MIRANDA, Jorge. *Contributo para uma teoria da inconstitucionalidade*. [S.l.]: Coimbra Editora, 1996.

MONTEFIORE, Simon Sebag. *Os Románov*: 1613-1918. Tradução de: Claudio Carina, Denise Bottmann, Donaldson M. Garschagen, Renata Guerra e Rogério W. Galindo, São Paulo: Companhia das Letras, 2016.

MONTORO, André Franco. *Introdução à ciência do direito*. 20.ed. São Paulo: Revista dos Tribunais, 1991.

MORA, José Ferrater. *Dicionário de filosofia*. Tradução de: Roberto Leal Ferreira e Álvaro Cabral. São Paulo: Martins Fontes, 2001.

MORAES, Bernardo Ribeiro de. *Compêndio de direito tributário*, v. 2. 2.ed. Rio de Janeiro: Forense, 1994.

______. *Curso de direito tributário*: sistema tributário da Constituição de 1969, v. 1. São Paulo: Revista dos Tribunais, 1979.

MOREIRA, André Mendes. *A não-cumulatividade dos tributos*. 4.ed. São Paulo: Noeses, 2020.

MORESO, José Juan. *Normas jurídicas y estructura del derecho*. México: Distribuciones Fontamara, 1997.

MORRIS, Charles W. *Fundamentos da teoria dos signos*. Tradução de: Milton José Pinto. São Paulo: EdUSP, 1976.

MORRISON, Wayne. *Filosofia do direito*: dos gregos ao pós-modernismo. Tradução de: Jefferson Luiz Camargo. 2.ed. São Paulo. WMF Martins Fontes, 2012.

MORTARI, Cezar A. *Introdução à lógica*. São Paulo: UNESP, 2001.

MOUSSALLEM, Tárek Moysés. *Fontes do direito tributário*. 2.ed. São Paulo: Noeses, 2006.

NABAIS, José Casalta. *O dever fundamental de pagar impostos*: contributo para a compreensão constitucional do estado fiscal contemporâneo. Coimbra: Almedina, 2004.

NASCENTES, Antenor. *Dicionário de sinônimos*. 3.ed. Rio de Janeiro: Nova Fronteira, 1981.

NAVARRO, Pablo E.; SANTI, Eurico Marcos Diniz de. São válidas as normas tributárias imprecisas? *Revista dialética de direito tributário*, São Paulo: Dialética, n. 148, p. 69-80, jan. 2008.

NAWIASKY, Hans. *Cuestiones fundamentales de derecho tributario*. Traducción de: Juan Ramallo. [S.l.]: Olejnik, 2021.

NEWTON, Isaac. *Princípios matemáticos da filosofia natural*. Tradução de: Carlos Lopes de Mattos e Pablo Rubén Mariconda. São Paulo: Nova Cultural, 1987.

NEVES, Marcelo. *Teoria da inconstitucionalidade das leis*. São Paulo: Saraiva, 1988.

NIETZSCHE, Friedrich. A filosofia na época trágica dos gregos. *In*: SOUZA, José Cavalcanti de (super.). *Os pré-socráticos*: fragmentos, doxografia e comentários. Tradução de: Carlos A. R. de Moura. São Paulo: Nova Cultura, 1990.

______. *Além do bem e do mal*: prelúdio a uma filosofia do futuro. Tradução de: Paulo César de Souza. São Paulo: Companhia das Letras, 1992.

______. *Assim falou Zaratustra*: um livro para todos e para ninguém. Tradução de: Paulo César de Souza. São Paulo: Companhia das Letras, 2011.

______. *O nascimento da tragédia ou helenismo e pessimismo*. Tradução de: J. Guinsburg. São Paulo: Companhia das Letras, 1992.

NOGUEIRA, Ruy Barbosa. *Curso de direito tributário*. 9.ed. São Paulo: Saraiva, 1989.

______. *Teoria do lançamento tributário*. São Paulo: Resenha Tributária, 1965.

OGDEN, Charles Kay; RICHARDS, Ivor Armstrong. *O significado de significado*: um estudo da influência da linguagem sobre o pensamento e sobre a ciência do simbolismo. Tradução de: Álvaro Cabral. Rio de Janeiro: Zahar Editores, 1972.

OLIVEIRA, Vivian de Freitas e Rodrigues de. *Lançamento tributário como ato administrativo*: procedimento e controle. São Paulo: Quartier Latin, 2009.

OLIVEIRA, Yonne Dolacio de. *A tipicidade no direito tributário brasileiro*. São Paulo: Saraiva, 1980.

PAGE, Jimmy; PLANT, Robert. *Stairway to heaven*. 1971. Disponível em: https://www.letras.mus.br. Acesso em: 27.10.2019.

PAIVA, Ormezindo Ribeiro. *Elemento temporal do fato gerador da obrigação tributária*. São Paulo: Resenha Tributária, 1977.

PALAU, Gladys. *Introducción filosófica a las lógicas no clásicas*. Barcelona: Gedisa, 2002.

PEDROTTI, Irineu Antonio; PEDROTTI, William Antonio; CARLETTI, Amilcare. *Máximas latinas no direito*: anotadas. Campinas, SP: Servanda, 2010.

PEIRCE, Charles Sanders. *Semiótica*. Tradução de: José Teixeira Coelho Neto. 3.ed. São Paulo: Perspectiva, 2003.

PEIXOTO, Daniel Monteiro. *Competência administrativa na aplicação do direito tributário*. São Paulo: Quartier Latin, 2006.

______. *Responsabilidade tributária e os atos de formação, administração, reorganização e dissolução de sociedades*. São Paulo: Saraiva, 2012.

PERELMAN, Chaïm. *Lógica jurídica*. Tradução de: Vergínia K. Pupi. São Paulo: Martins Fontes, 2000.

______. *Retóricas*. Tradução de: Maria Ermantina Galvão G. Pereira. São Paulo. Martins Fontes, 1997.

PERELMAN, Chaïm. OLBRECHTS-TYTECA, Lucie. *Tratado da argumentação*: a nova retórica. 2.ed. Tradução de: Maria Ermantina de Almeida Prado Galvão. São Paulo: Martins Fontes, 2005.

PESSANHA, José Américo Motta. Consultoria. *In*: SOUZA, José Cavalcanti de. *Os pré-socráticos*: fragmentos, doxografia e comentários. Tradução de: José Cavalcante de Souza *et al.* São Paulo: Nova Cultural, 2000.

PINHO, Alessandra Gondim. *Fato jurídico tributário.* São Paulo: Max Limonad, 2001.

PIZOLIO, Reinaldo. *Competência tributária e conceito constitucional.* São Paulo: Quartier Latin, 2006.

PLATÃO. *A república.* Tradução de: Maria Helena da Rocha Pereira. 9.ed. Lisboa: Calouste Gulbenkian, 2001.

______. *Diálogo V*: O banquete; Mênon (ou da virtude); Timeu; Crítias. Tradução de: Edson Bini. Bauru/SP: EDIPRO, 2010.

PONTES DE MIRANDA, Francisco Cavalcanti. *Comentários à constituição de 1946.* v. II. São Paulo: Max Limonad, 1953.

______. *Tratado de direito privado.* Parte Geral: Introdução. Pessoas físicas e jurídicas. Tomo I. Atualização de: Vilson Rodrigues Alves. 2.ed. Campinas: Bookseller, 2000.

______. ______. ______: Exceções. Direitos mutilados. Exercício dos direitos, pretensões e ações e exceções. Prescrição. Tomo VI. 3.ed. Rio de Janeiro: Borsoi, 1970.

______. ______. Tomo XXII. 2.ed. Rio de Janeiro: Borsoi, 1964.

POPPER, Karl R. *A lógica da pesquisa científica.* Tradução de: Leonidas Hegenberg e Octanny Silveira da Mota. 11.ed. São Paulo: Cultrix, 2004.

______. *O mito do contexto.* Tradução de: Paula Taipas. Lisboa: Edições 70, [s/d].

PUTNAM, Hilary. The meaning of "meaning". *In*: GUNDERSON, Keith (ed.). *Language, mind and knowledge.* Minnesota studies in the philosophy of science, [s. l.]: [s. n.], v. 7, 1975, p. 131-193.

QUINE, Willard Van Orman. *Quiddities*: an intermittently philosophical dictionary. Cambridge, Massachusetts: Harvard University Press, 1987.

RAY, Christopher. *Tempo, espaço e filosofia*. Tradução de: Thelma Médice Nóbrega. Campinas, SP: Papirus, 1993.

RAZ, Joseph. *O conceito de sistema jurídico*: uma introdução à teoria dos sistemas jurídicos. Tradução de: Maria Cecília Almeida. São Paulo: WMF Martins Fontes, 2012.

REALE, Miguel. *O direito como experiência*. São Paulo: Saraiva, 1968.

______. *Teoria tridimensional do direito*. 5.ed. São Paulo: Saraiva, 1994.

REICHENBACH, Hans. *Experience and prediction*: an analysis of the foundations and the structure of knowledge. The University of Chicago: Chicago & London, 1938.

RIBEIRO, Ricardo Lodi. A tipicidade tributária. *Revista de direito do estado*, Rio de Janeiro: Renovar, ano 2, n. 8, p. 221-243, out./dez. 2007.

ROBLES, Gregorio. *Cinco estudios de teoría comunicacional del derecho*. [S.l.]: Olejnik, 2018.

______. *O direito como texto*: quatro estudos de teoria comunicacional do direito. Tradução de: Roberto Barbosa Alves. Barueri, SP: Manole, 2005.

ROCHA, Valdir de Oliveira. *Determinação do montante do tributo*: quantificação, fixação e avaliação. 2.ed. São Paulo: Dialética, 1995.

ROSS, Alf. *Direito e justiça*. Tradução de: Edson Bini. Bauru, SP: Edipro, 2003.

______. *Tû-Tû*. Tradução de: Edson L.M. Bini. São Paulo: Quartier Latin, 2004.

RUSSELL, Bertrand. *Ensaios escolhidos*. Tradução de: Pablo Rubén Mariconda. 3.ed. São Paulo: Nova Cultura, 1989.

RYLE, Gilbert. Linguagem ordinária. *In*: _____. *Ensaios*. Tradução de: Balthazar Barbosa Filho. 4.ed. São Paulo: Nova Cultura, 1989, p. 1-18. (Os Pensadores).

SACCONI, Luiz Antonio. *Grande dicionário Sacconi*: da língua portuguesa: comentado, crítico e enciclopédico. São Paulo: Nova Geração, 2010.

SANTI, Eurico Marcos Diniz de. As classificações no sistema tributário brasileiro. In: TORRES, Heleno Taveira (coord.). *Justiça tributária*: direitos do fisco e garantias dos contribuintes nos atos da administração e no processo tributário. São Paulo: Max Limonad, 1998, p. 125-147.

______. *Decadência e prescrição no direito tributário*. 2.ed. São Paulo: Max Limonad, 2001.

______. *Lançamento tributário*. 2.ed. São Paulo: Max Limonad, 2001.

SANTI, Eurico Marcos Diniz de; CANADO, Vanessa Rahal. Direito tributário e direito financeiro: reconstruindo o conceito de tributo e resgatando o controle da destinação. *In*: SANTI, Eurico Marcos Diniz de (coord.). *Curso de direito tributário e finanças públicas*: do fato à norma, da realidade ao conceito jurídico. São Paulo: Saraiva, 2008, p. 608-625.

SANTI, Eurico Marcos Diniz de; PEIXOTO, Daniel Monteiro. PIS e Cofins na importação, competência: entre regras e princípio. *Revista dialética de direito tributário*, São Paulo: Dialética, n. 121, p. 34-54, out. 2005.

SANTI, Gilberto. *Lançamento tributário em autos judiciais*. São Paulo: Baraúna, 2014.

SAUSSURE, Ferdinand. *Curso de linguística geral*. Tradução de: Antonio Chelini, José Paulo Paes e Izidoro Blikstein. 25.ed. São Paulo: Cultrix, 2003.

SCHÖPKE, Regina. *Dicionário filosófico*: conceitos fundamentais. São Paulo: Martins Fontes, 2010.

SCHOUERI, Luís Eduardo. *Direito tributário*. 6.ed. São Paulo: Saraiva, 2016.

______. *Planejamento fiscal através de acordos de bitributação*: treaty shopping. São Paulo: Revista dos Tribunais, 1995.

SCHUMACHER, Cristina. *Inglês urgente! para brasileiros*: soluções simples e práticas para aprender de vez. 21.ed. Rio de Janeiro: Campus, 1999.

SEARLE, John Rogers. *Actos de habla*. Traducción de: Luis M. Valdés Villanueva. 9.ed. Madrid: Cátedra, 2007.

______. *Expressão e significado*: estudos da teoria dos atos da fala. 2.ed. Tradução de: Ana Cecília G.A. de Camargo e Ana Luiza Marcondes Garcia. Martins Fontes: 2002.

SHAKESPEARE, William. *Sonho de uma noite de verão*. Tradução de: Marilise Resende Bertin. São Paulo: Martin Claret, 2018.

SILVA, De Plácido e. *Vocabulário jurídico*. 13.ed. Rio de Janeiro: Forense, 1997.

SILVA, Joana Lins. *Fundamentos da norma tributária*. São Paulo: Max Limonad, 2001.

SILVA, José Afonso. *Curso de direito constitucional positivo*. 33.ed. São Paulo: Malheiros, 2010.

______. *Execução fiscal, segundo o novo código de processo civil*. São Paulo: Revista dos Tribunais, 1975.

SOUSA, Rubens Gomes de. *Compêndio de legislação tributária*. São Paulo: Resenha Tributária, 1975.

______. Sistema tributário brasileiro. *Revista de direito administrativo*, Rio de Janeiro: FGV, v. 72, p. 1-22, 1963.

SOUSA, Rubens Gomes de; ATALIBA, Geraldo; CARVALHO, Paulo de Barros. *Comentários ao Código Tributário Nacional*: parte geral. 2.ed. São Paulo: Quartier Latin, 2007.

SOUZA, Paulo César de. Notas. *In*: NIETZSCHE, Friedrich. *Genealogia da moral*: uma polêmica. Tradução de: Paulo César de Souza. São Paulo: Companhia das Letras, 1998.

TAHAN, Malba. *O homem que calculava*. 83.ed. Rio de Janeiro: Record, 2013.

TELLES JUNIOR, Goffredo. *Direito quântico*: ensaios sobre o fundamento da ordem jurídica. 7.ed. São Paulo: Juarez de Oliveira, 2003.

______. *Tratado da consequência*: curso de lógica formal: com dissertações preliminares sobre o conhecimento humano e sobre a definição e a divisão da filosofia. 6.ed. São Paulo: Juarez de Oliveira, 2003.

TIPKE, Klaus. *Moral tributaria del estado y de los contribuyentes*. Traducción de: Pedro M. Herrera Molina. Madrid: Marcial Pons, 2002.

TOLSTÓI, Liev. *De quanta terra precisa o homem?* Tradução, adaptação e ilustrações de: CárcamO. São Paulo: Companhia das Letrinhas, 2009.

TOMÉ, Fabiana Del Padre. *A prova no direito tributário*. 3.ed. São Paulo: Noeses, 2011.

TORRES. Ricardo Lobo. *Curso de direito financeiro e tributário*. 17.ed. Rio de Janeiro: Renovar, 2010.

______. O conceito constitucional de tributo. *In*: Heleno Taveira Torres (coord.). *Teoria geral da obrigação tributária*: estudos em homenagem ao Professor José Souto Maior Borges. São Paulo: Malheiros, 2005, p. 559-593.

______. O princípio da tipicidade no direito tributário. *Revista eletrônica de direito administrativo econômico*, Salvador, n.5, n.p., fev./mar./abr. 2006.

TUHR, Andreas von. *Derecho civil*: teoría general del derecho civil alemán. v. II. Traducción de: Tito Ravà. Buenos Aires: Depalma, 1947.

UMA BREVE história dos papas. Tradução de: Constantino Kouzmin-Korovaeff. São Paulo: Escala, 2012.

VAIHINGER, Hans. *Die philosophie des als ob*: system der theoretischen, praktischen und religiösen Fiktionem der Menschheit auf Grund eines idealistischen Positivismus. Mit einem Anhang über Kant und Nietzsche. 7. und 8. aufl. Leipzig: Felix Meiner, 1922.

VALLE, Maurício Dalri Timm do. O princípio da seletividade do IPI. *Cadernos da Escola de Direito e Relações Internacionais*, Curitiba, v. 17, p. 456-473, 2012.

______. *Princípios constitucionais e regras-matrizes de incidência do IPI*. São Paulo: Noeses, 2016.

______. Sobre as concepções normativas: sintática, hilética e expressiva. *Revista Eletrônica do Curso de Direito da UFSM*, Santa Maria, RS, v. 12, n. 2, p. 593-619, ago. 2017.

VANZOLINI, Paulo. *Ronda*. 1953. Disponível em: https://www.letras.mus.br. Acesso em: 27.10.2019.

VIEIRA, José Roberto. *A regra-matriz de incidência do IPI*: texto e contexto. Curitiba: Juruá, 1993.

______. Competências tributárias no Brasil: mitos e mentiras. *In*: CARVALHO, Paulo de Barros (coord.). SOUZA, Priscila de (org.). *30 anos da Constituição Federal e o sistema tributário brasileiro*. São Paulo: Noeses, 2018, p. 601-648. (XV Congresso Nacional de Estudos Tributários).

______. Crédito Presumido do IPI na industrialização por encomenda: um estado "maquiaveliano" e talvez "maquiavélico". *In*: CARVALHO, Paulo de Barros (presid.). SOUZA, Priscila (coord.). *Sistema tributário brasileiro e crise atual*. São Paulo: Noeses, 2009, p. 451-519. (VI Congresso Nacional de Estudos Tributários).

______. Denúncia espontânea e multa moratória: confissão e crise na "jurisdição administrativa". *In*: GUNTHER, Luiz Eduardo (coord.). *Jurisdição*: crise, efetividade e plenitude institucional. Curitiba: Juruá, 2009, p. 367-429.

______. E, afinal, a Constituição cria tributos! *In*: TORRES, Heleno Taveira (coord.). *Teoria geral da obrigação tributária*: estudos em homenagem ao Professor José Souto Maior Borges. São Paulo: Malheiros, 2005, p. 594-642.

______. Equiparações de estabelecimentos comerciais a industriais: ficções que tangem o divino ou que tocam o demoníaco? *In*: CARVALHO, Paulo de Barros (coord.). SOUZA,

Priscila de (org.). *Direito tributário e os novos horizontes do processo*. São Paulo: Noeses, 2015, p. 675-730. (XII Congresso Nacional de Estudos Tributários).

______. Fundamentos republicano-democráticos da legalidade tributária: óbvios ululantes e não ululantes. *In*: FOLMANN, Melissa (coord.). *Tributação e direitos fundamentais*: proposta de efetividade. Curitiba: Juruá, 2006, p. 181-217.

______. Imposto sobre produtos industrializados: uma águia garciamarquiana entre os tributos. *In*: SANTI, Eurico Marcos Diniz de; ZILVETI, Fernando Aurélio; MOSQUERA, Roberto Quiroga (coord.). *Tributação das empresas*: curso de especialização. São Paulo: Quartier Latin, 2006, p. 157-196.

______. Imposto sobre produtos industrializados: atualidade, teoria e prática, *In*: CARVALHO, Paulo de Barros (presid.). *Justiça tributária*: direitos do fisco e garantias dos contribuintes nos atos da administração e no processo tributário. São Paulo: Max Limonad, 1998, p. 513-557. (I Congresso Internacional de Direito Tributário).

______. Medidas provisórias tributárias e segurança jurídica: A Insólita Opção Estatal pelo "Viver Perigosamente". *In*: CARVALHO, Paulo de Barros (presid.). SANTI, Eurico Marcos Diniz de (coord.). *Segurança jurídica na tributação e Estado de Direito*. São Paulo: Noeses, 2005, p. 317-373 (II Congresso Nacional de Estudos Tributários).

______. O direito constitucional tributário comparado numa visão copernicana: uma homenagem ao Prof. George Gomm, *In*: AKEL, Michele Heloise; GRILLO, Fabio Artigas; TOROSO, Fabriccio Petreli; MOROSI, Matheus Monteiro (coord.). *Direito tributário paranaense*: edição comemorativa aos 50 anos do IDT/PR, v. II. Curitiba: Instituto Memória, 2017, p. 15-46.

______. O papel da lei complementar no estabelecimento das fronteiras. IPI x ISS: óculos para macacos. *In*: CARVALHO, Paulo de Barros (presid.). SOUZA, Priscila (coord.). *Sistema tributário brasileiro e as relações internacionais*. São Paulo: Noeses, 2013, p. 563-624. (X Congresso Nacional de Estudos Tributários).

VILANOVA, Lourival. *As estruturas lógicas e o sistema de direito positivo.* 3.ed. São Paulo: Noeses, 2005.

______. *Causalidade e relação no direito.* 4.ed. São Paulo: Revista dos Tribunais, 2000.

______. *Lógica jurídica.* São Paulo: Bushatsky, 1976.

______. Teoria jurídica da revolução (anotações à margem de Kelsen). *Revista brasileira de estudos políticos*, Belo Horizonte: UFMG, v. 52, p. 59-103, 1981.

VILLEGAS, Héctor Belisario. *Curso de finanzas derecho financiero y tributario.* 10.ed. Buenos Aires: Astrea, 2016.

WALKER, Timothy. *Introduction to american law.* 2.ed. Cincinnati: Derby, Bradley & Co, 1846.

WALTER, Robert. A teoria pura do direito. *In*: KELSEN, Hans. *Teoria pura do direito.* Tradução de: J. Cretella Jr. e Agnes Cretella. 9.ed. São Paulo: Revista dos Tribunais, 2013. (1.ed., 1934).

WEBER, Max. *Metodologia das ciências sociais.* Tradução de: Augustin Wernet. 5.ed. São Paulo: Cortez, 2016.

WITTGENSTEIN, Ludwig. *Investigações filosóficas.* Tradução de: Marcos G. Montagnoli. 9.ed. Petrópolis-RJ: Vozes, 2014.

______. *Philosophische untersuchungen / Philosophical investigations.* 2.ed. Translated by: G.E.M. Anscombe. Massachusetts: Blackwell, 1958.

______. *Tractatus logico-philosophicus.* Tradução de: Luiz Henrique Lopes dos Santos. 3.ed. São Paulo: USP, 2001.

WRIGHT, G. H. von. Deontic logic. *Mind*, Oxford University Press, v. 60, n. 237, p. 1-15, jan. 1951.

______. *Norma y acción*: una investigación lógica. Traducción de: Pedro Garcia Ferrero. Madrid: Tecnos, 1970.

WOOD, Gordon S. *A revolução americana.* Tradução de: Michel Teixeira. Rio de Janeiro: Objetiva, 2013.

XAVIER, Alberto. *Do lançamento no direito tributário brasileiro*. 3.ed. Rio de Janeiro: Forense, 2005.

______. *Tipicidade da tributação, simulação e norma antielisiva*. São Paulo: Dialética, 2002.